Sous la direction de
Hélène Romano

Bébé secoué
Des vies fracassées

ITPR

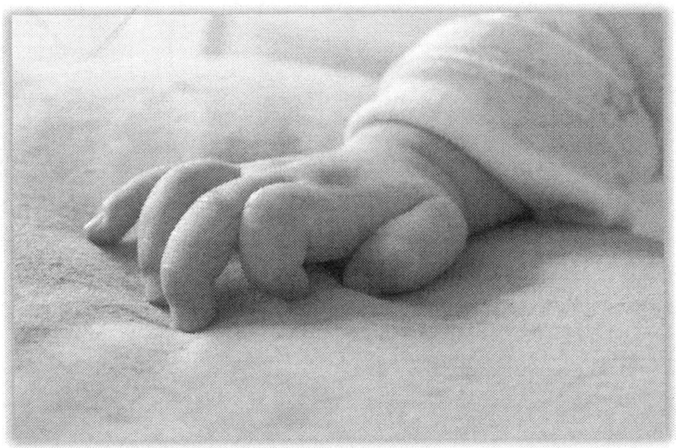

Ce livre est dédié à tous ces bébés secoués,

À ceux qui n'ont pas pu survivre...et à ceux qui, au quotidien, vivent les conséquences trop souvent déniées de cette maltraitance indicible ;

À leurs proches protecteurs qui si souvent s'épuisent face aux démarches administratives, judiciaires, institutionnels et se retrouvent trop fréquemment incompris et impuissants face à ce drame.

Nous espérons qu'il permettra aux professionnels qui, au quotidien font tout leur possible, de mieux comprendre ce que vivent ces bébés et leurs proches protecteurs.

Nous remercions tout particulièrement tous ceux qui ont accepté de témoigner dans ce livre et de dépasser leur douleur ; sans eux, cet ouvrage n'aurait jamais eu la même importance.

Nous pensons aussi à tous ceux que nous avons pu rencontrer tout au long de ces années, et qui ont témoigné, autrement, de leur souffrance et du cauchemar vécu.

Hélène Romano

PRÉSENTATION DES AUTEURS

Ce livre n'existerait pas sans le témoignage des parents de ces bébés secoués, des proches, et de ces enfants secoués dans l'enfance. Nous les en remercions infiniment, car nous savons combien cela est difficile et douloureux de témoigner d'une telle épreuve.

Ont également participé bénévolement à cet ouvrage, et nous les en remercions :

Muriel BRUNO : Sage-Femme.

Laurence RAMEAU : Puéricultrice et formatrice auprès des professionnels de la petite enfance.

diplômée d'une maîtrise (Master 1) de Sciences de l'Éducation et d'un D.E.S.S (Master 2 professionnel) de Sciences Sociales, est infirmière-puéricultrice et formatrice petite enfance. Elle a aussi été directrice de crèche à Paris, et occupe aujourd'hui le poste de directrice petite enfance dans une société développant les crèches, la garde à domicile et la formation. Créatrice du concept de la pédagogie *Itinérance Ludique* (**www.itineranceludique.e-monsite.com**), elle est l'auteure de nombreux ouvrages et articles sur la petite enfance.

Hélène ROMANO : Dr en psychopathologie-HDR, psychothérapeute spécialiste des traumatismes psychiques de l'enfant.

Natacha HALEBLIAN : Avocate spécialiste en droit du dommage corporel.

Abréviations

AEMO	Action éducative en milieu ouvert
ASE	Aide sociale à l'enfance
AVP	Accident de la voie publique
CIVI	Commission d'indemnisation des victimes d'infraction
CP	Code Pénal
CRIP	Cellule de recueil, de traitement et d'évaluation des informations préoccupantes
EEG	Electro-encéphalogramme
FO	Fond d'œil
GOS	Glasgow Outcome Scale (score de Glasgow)
GSTF	Global Strategy Task Force
HAS	Haute Autorité de santé
HED	Hématome extra-dural
HR	Hémorragie rétinienne
HSD	Hématome sous-dural
HTIC	Hypertension intracrânienne
IRM	Imagerie par résonance magnétique
IOE	Investigation et orientation éducative
IM	Institut Médico-Légal
IP	Information Préoccupante
ITT	Incapacité totale de travail
JE	Juge des Enfants
JI	Juge d'Instruction
LCR	Liquide céphalo-rachidien
MJIE	Mesure judiciaire d'investigation éducative
OPP	Ordonnance de placement provisoire
PC	Périmètre crânien
PC	Partie Civile
PJJ	Protection judiciaire de la jeunesse
PMI	Protection maternelle et infantile
RVP	Rupture des veines ponts
SNC	Système Nerveux Central

SBS-SBBS	Syndrome du bébé secoué – Shaken baby syndrome
SOFMER	Société française de médecine physique et de réadaptation
TA	Traumatisme accidentel
TC	Traumatisme crânien
TCA	Traumatisme crânien accidentel
TCI	Traumatisme crânien infligé
TCNA	Traumatisme crânien non accidentel
TCNI	Traumatisme crânien non intentionnel
TGI	Tribunal de Grande Instance
TNA	Traumatisme non accidentel
UMJ	Unité Médico-Judicaire

PRÉALABLE

À l'origine de cet ouvrage il y a ces enfants et adolescents secoués bébés, il y a leur détresse, leur vécu et toutes les questions qu'ils ne cessent de se poser depuis que ces violences ont bouleversé leur vie. Il y a aussi ces parents non mis en cause qui se trouvent désemparés face à la situation de leur enfant et aux conséquences multiples de cette violence. Et il y a tous ceux qui, endeuillés, ont perdu leur bébé victime de secouement.

Chaque histoire est différente, chaque situation spécifique, mais le point commun est cette souffrance indicible avec à cette violence subie par un tout petit. Passé le temps de l'urgence médicale, il y a pour certains le drame du décès de leur bébé et pour d'autres les démarches sans fin qui s'imposent à eux pour permettre à leur bébé de récupérer au mieux (rééducation, démarches administratives, scolaires, judiciaires).

Ensuite il y a la vie qui reprend ou plus précisément une autre vie qui pour certains est une forme de survie ; une vie qui, en tous cas, ne sera jamais plus celle qu'elle aurait été sans ce drame. Une vie où chaque jour rappelle l'agression de leur enfant, par son absence quand il est décédé des suites du secouement, par sa présence et les séquelles plus ou moins visibles qui ne permettent pas d'oublier que cette violence a eu lieu.

Il y a le couple, qui certaines fois (quand les deux parents sont protecteurs) tient le choc, mais bien souvent qui s'épuise et finit par se séparer.

Il y a un parent qui se retrouve face à son bébé secoué et son conjoint (ou sa conjointe) mise en cause dans cette violence criminelle et tout un monde qui s'effondre.

Il y a les autres enfants, ceux déjà nés qui se trouvent souvent sacrifiés bien involontairement tant les parents sont préoccupés et les enfants qui naîtront ensuite et qu'il faudra accompagner pour leur expliquer l'histoire de la famille, de leur fratrie et surtout leur permettre de comprendre qu'ils ne sont pas des enfants de « remplacement » et qu'ils sont « légitimes » (expression d'enfants).

Il y a certaines fois les procédures, violemment vécues, souvent incompréhensibles qui projettent dans un autre monde inconnu, celui du judiciaire qui a son propre vocabulaire, sa temporalité, ses procédures si particulières.

Il y a les proches qui tentent de comprendre, ceux qui lâchent et qui finissent par abandonner les parents protecteurs par incompréhension, sentiment d'impuissance, lassitude, lâcheté, jugements de valeur, égoïsme...

Il y a les institutions qui devraient être soutenantes et qui certaines fois ne font que renforcer les difficultés avec leurs démarches sans fin, leurs comptes-rendus où peuvent être écrits des jugements de valeur indécents à l'égard des parents protecteurs, ces procédures administratives épuisantes où il faut sans cesse justifier de la moindre demande d'aide et faire encore et encore des dossiers...

Pour beaucoup d'enfants, de fratries, de parents, c'est un quotidien où le déni des conséquences s'impose bien souvent. Certes, les professionnels de santé sont bien mieux formés qu'il y a quelques années, mais il reste à sensibiliser tant de personnels dans tous les autres secteurs scolaires, socio-éducatifs, judiciaires et périscolaires.

De nombreux professionnels experts sur ce sujet ont établi de précieuses recommandations et initié différents articles pour que le syndrome du bébé secoué soit mieux connu, repéré et pris en charge. Sans leur travail et leur investissement, cette violence si singulière resterait méconnue et leurs publications sont des plus importantes. Mais elles restent souvent écrites pour des professionnels et le vécu des personnes les plus impliquées (bébés survivants, proches) n'est que trop peu abordé.

Cet ouvrage n'a pas la prétention d'être un ouvrage scientifique de plus sur le sujet, mais un livre pour ceux qui sont directement touchés par cette violence pour permettre de comprendre, au plus près des vécus ce que ces bébés survivants et les proches ont vécu et vivent encore. Il souhaite être un ouvrage simple, source de résilience, accessible à chacun sur le Syndrome du Bébé Secoué – SBS.

Conçu pour répondre à des questionnements de parents et de proches dont un bébé a été secoué, cet ouvrage a pour objectif de répondre à ce manque d'écrits sur le vécu des bébés secoués survivants et de leurs proches non mis en cause (dont ceux qui ont perdu leur enfant). La méconnaissance de ces vécus est souvent source de majoration de la détresse de ceux qui sont concernés au plus près par ces violences, car les intervenants ou les proches peuvent bien involontairement être maladroits dans leurs propos ou dans leur demande. Il s'est bâti progressivement, au fil d'années de prises en charge thérapeutique et expertale de bébés secoués survivants et de proches endeuillés ou bataillant au quotidien pour permettre à leur enfant de vivre malgré les séquelles de ces secouements. De nombreux témoignages illustrent ce manuscrit afin d'expliquer, au plus intime des ressentis, les conséquences de ces actes criminels qui n'épargnent ni les bébés ni leurs proches.

Il est important ici de préciser que cet ouvrage a été pensé pour les familles et les bébés survivants et que les **témoignages sont ceux de victimes et de leurs proches.** Les situations présentées sont donc celles vécues par ces impliqués, à savoir des violences commises majoritairement par des tiers extérieurs à la famille qui sont le plus souvent des professionnelles. Il y a là un biais inévitable avec les statistiques, car ne témoignent que des parents non mis en cause dans des situations où majoritairement l'auteur est une personne qui gardait le bébé (ce qui n'est statistiquement pas le plus fréquent). Nous l'assumons. Notre objectif, une nouvelle fois, n'est pas de proposer un ouvrage scientifique avec des données quantitatives, mais un recueil de récits de vie pour permettre à chacun de comprendre ce que vivent ces bébés et leurs proches protecteurs afin d'éviter que les prises en charge (médicales, sociales, judiciaires) ne majorent les souffrances endurées.

Nous espérons qu'il apportera à ceux qui sont confrontés à cette épreuve des réponses à leurs questions, des repères pour traverser au mieux cet indicible traumatisme et se sentir moins seuls. Nous souhaitons qu'il permette aussi aux professionnels de comprendre les enjeux psychiques à l'œuvre pour ne pas réduire ces petits corps à des objets d'analyses de toutes sortes ou à des prédictions des plus utopistes au plus dramatique sur leur devenir, pour ceux qui survivent. Afin d'éviter de survictimiser davantage les parents protecteurs avec ces propos si souvent entendus et lus dans des rapports jugeant leur attitude et leur reprochant d'être trop anxieux, trop attentifs, trop vigilants après un tel drame. Ces adultes, les fratries, sont des victimes collatérales du SBS. Victimes silencieuses, sacrifiées face à d'autres impératifs avec cette injonction dénégative (on ne l'a dit pas, mais c'est tout comme) : « continuez de vivre comme avant »....ce qui est impossible. Il y a encore trop souvent un déni de leurs propres troubles post-traumatiques, une banalisation quand l'enfant a survécu et grandit des violences subies « car ce n'était qu'un tout petit bébé », voir un renversement des culpabilités et au lieu de prendre soin de ces familles, elles se retrouvent stigmatisées et mises en cause parce que leur bébé et/ou leurs autres enfants a/ont des troubles liés aux événements. Il faut que cela change, mais ce n'est envisageable que s'il existe une réelle volonté politique de reconnaître le traumatisme chez le bébé est ses conséquences à long terme et des décisions fortes en termes de formation des professionnels. Aujourd'hui nous en sommes si loin, les politiques ne manifestent un intérêt pour les enfants maltraités que lors de la journée annuelle consacrée à ce sujet (et encore...). Il est vrai que les enfants ne votent pas, mais ce qu'ils oublient c'est qu'un jour, ces bébés seront des électeurs....

La mort et la souffrance, font partie de la vie, même si nous l'oublions bien souvent. Mais la mort n'est pas l'oubli, comme tous ces témoignages de parents de bébés décédés nous le rappellent en partageant avec une infinie pudeur leur histoire et en nous permettant de ne pas oublier tous ces petits qui ne sont plus là.

Ces drames nous rappellent combien la vie est fragile et que tout peut basculer d'un moment à l'autre. Mais les témoignages des enfants, des parents, des professionnels nous amènent aussi à savoir combien, une meilleure compréhension, un plus grand soutien et une réelle attention à tous ces bébés et à leurs proches permettraient de limiter bien des souffrances.

C'est donc un livre aussi plein d'espoir et qui nous rappelle que la résilience individuelle qui permet de surmonter des drames ne saurait se penser et s'envisager sans résilience collective, c'est-à-dire sans soutien de tous à ceux qui vivent de tels drames.

Hélène Romano

ÉTAT ACTUEL DES CONNAISSANCES

UNE MALTRAITANCE DE LONGUE DATE

Si le « syndrome du bébé secoué » fait depuis quelques années l'objet de différentes publications, ce n'est pas une maltraitance moderne. 200 ans après Jésus-Christ il est retrouvé dans la littérature des descriptions dans le choix des nourrices faisant référence aux risques de maltraitance par secouement sur les bébés : « Il ne faut pas confier un nouveau-né à des femmes coléreuses ou ayant mauvais caractère, car elles peuvent le laisser tomber ou le secouer dangereusement. » (Soranus). En 1682 Bonnet, médecin-légiste décrit que certaines contusions retrouvées sur le crâne de nourrissons peuvent être la faute de la nourrice qui laisse tomber l'enfant ou le projette contre quelque chose de dur. »

Au XIXe siècle, la littérature sur l'éducation des jeunes enfants alerte sur les « coups violents sur la tête peuvent entraîner une production d'eau à l'intérieur du cerveau et la façon dont certains parents manifestent leur colère envers un enfant en le secouant violemment peut entraîner de sérieuses conséquences. »

Ambroise Tardieu, médecin légiste français particulièrement mobilisé pour décrire les traces des maltraitances est le premier à faire le lien entre hématome sous-dural constaté chez les jeunes bébés et mauvais traitements. Mais il faut surtout attendre la fin de la Seconde Guerre mondiale pour que l'attention aux enfants maltraités devienne une véritable priorité avec, en particulier, celle concernant les bébés.

C'est en 1965 que le Pr Neiman propose la première présentation de dix cas de bébés secoués (hématomes sous duraux avec fractures associées) lors d'un colloque à Nancy de la Société de Pédiatrie, mais sans parvenir à convaincre ses collègues de l'étendue de cette réalité. Il faudra attendre une décennie pour que cette réalité finisse par être admise réellement par la communauté scientifique.

L'expression « shaken baby syndrome » qui associe hémorragies intracrâniennes, hémorragies rétiniennes, fractures osseuses chez des enfants secoués violemment et sans lésion traumatique externe, est ainsi proposée en 1972 par John Caffrey.

DÉFINITION

Secouer un bébé est une forme grave de maltraitance physique et psychologique. *Maltraitance,* car il s'agit d'un acte intentionnel qui dénie toute altérité au bébé et fait que l'adulte ne le considère plus comme un sujet, un autre que soi-même à protéger. *Physique,* car elle peut entraîner des conséquences multiples et dramatiques au niveau neurologique avec de multiples conséquences sur le développement de l'enfant. *Psychologique,* car elle témoigne, au moment où le secouement est commis, d'une rupture totale de toute attention bienveillante et protectrice entre le bébé et l'adulte qui se met à le secouer. Le bébé n'est plus perçu pour ce qu'il est (un petit d'homme en développement qui a besoin de protection, de sécurité et de valorisation de lui-même) et l'adulte perd tout contrôle à son égard, oubliant sa fragilité liée à son statut de bébé sans défense et particulièrement vulnérable.

La difficulté de diagnostiquer un bébé secoué est liée au fait que bien des situations ne conduisent pas à un malaise nécessitant l'hospitalisation du bébé qui ne manifeste que bien plus tard des troubles. Et dans les cas les plus graves lorsque les secours médicaux interviennent, l'auteur ne reconnaît que rarement les faits, mais parle davantage « d'accident ». C'est en fait toute une association de troubles lésionnels qui conduisent à évoquer le fait que le bébé ait été secoué. Et pour qu'il y ait de telles lésions, il ne s'agit pas d'un « petit » secouement, mais de gestes répétés d'une extrême violence. L'expression « syndrome du bébé secoué » a été proposée par Caffey en 1972 et regroupe trois termes qui ont chacun leur importance :

- <u>Syndrome</u> selon le dictionnaire Larousse est un « ensemble de plusieurs symptômes ou signes en rapport avec un état pathologique donné et permettant par leur regroupement d'orienter vers un diagnostic ». Le diagnostic clinique est celui de l'association d'un hématome sous-dural ; d'hémorragies rétiniennes et de l'absence de toute lésion traumatique externe.

- Bébé est un terme qui fait référence à un nouveau-né encore totalement immature qui n'est pas sevré (« a besoin d'être allaité ou d'être nourri avec un lait spécifique »). Si aucune définition autre n'est faite pour délimiter l'âge de ce qu'est un bébé, dans la pratique ce qualificatif est utilisé pour décrire tout enfant qui ne marche pas encore, globalement tout petit de moins de un an.
- Secoué désigne l'acte maltraitant commis sur ce nourrisson qui consiste à lui imposer des mouvements de va-et-vient en l'agitant très violemment.

C'est la Haute Autorité de Santé qui, en France a proposé comme définition « le syndrome du bébé secoué (SBS ou SBBS) dans une assimilation entre causes et origines : « le SBS est un sous-ensemble des traumatismes crâniens infligés ou traumatismes crâniens non accidentels (TCNA), dans lequel c'est le secouement, seul ou associé à un impact, qui provoque le traumatisme craniocérébral ». C'est aussi la Haute Autorité de Santé qui a permis l'élaboration de recommandations pour une meilleure prise en charge du bébé secoué à partir de l'avis des experts médicaux et des représentants d'associations spécialisées sur ce sujet. Créée par la loi du 13 août 2004 relative à l'assurance maladie, la Haute Autorité de Santé est une « autorité publique indépendante qui contribue à la régulation du système de santé par la qualité. » Autrement dit, elle a pour objectifs « d'assurer la qualité du système de santé à travers des évaluations non seulement des produits de santé, mais aussi des pratiques des professionnels et de l'organisation de soins » (art. 161-137 du Code de la Sécurité sociale). Elle établit des recommandations après des évaluations et peut également faire des accréditations et des certifications. Elle doit aussi participer à améliorer l'information du grand public et la qualité de l'information médicale.

C'est avec ces objectifs qu'elle a mis en place, en lien avec la Société Française de Médecine Physique et de Réadaptation, en 2011, à l'issue des auditions des experts en ce domaine, des recommandations pour une meilleure prise en charge et un repérage plus précis du syndrome du bébé secoué (lésions à observer, bilan clinique et paraclinique à effectuer, critères diagnostiques, diagnostics différentiels, datation des lésions, mécanisme causal, démarches juridiques possibles). Ce texte, fondamental à connaître pour tout professionnel, a été actualisé en juillet 2017. Il reste un écrit très précieux, mais surtout rédigé en direction des professionnels, car pour les parents, trop souvent, les explications médicales restent difficiles à comprendre et surtout, ne témoignent pas de leur vécu.

Pour synthétiser, le SBS est donc une maltraitance qui conduit à un traumatisme crânien non accidentel et qui a des implications médico-légales inévitables. D'où la nécessité d'un diagnostic précoce pour limiter tant que possible la survenue de lésions cérébrales aux conséquences majeures et ne pas incriminer la responsabilité d'adultes qui ne sont en rien responsables des traumatismes présentés par leur bébé (cas des parents qui se précipitent aux urgences avec leur bébé compte tenu de ses troubles liés en fait à un secouement par la nourrice ou le professionnel en charge du bébé).

LES SPÉCIFICITÉS DE LA TÊTE ET DU CERVEAU D'UN BÉBÉ

Un bébé est tout petit par rapport à un adulte et c'est un être particulièrement fragile. Ses particularités anatomiques et physiologiques font qu'il naît totalement dépendant de l'adulte pour sa survie et qu'il va avoir de longues années de développement avant de devenir autonome et moins vulnérable. Une autre spécificité du bébé humain est la taille de sa tête proportionnellement plus grande et plus lourde que le reste de son corps (elle représente à la naissance près de 25 % de son poids total alors que chez l'adulte elle est de 2,5 %). C'est ce qui explique qu'un tout petit ne peut pas tenir sa tête tout seul et que l'adulte doit être particulièrement attentif à soutenir celle-ci. Chez un bébé la croissance du cerveau (encéphale) n'est donc pas terminée et les os de son crâne de sont pas encore soudés comme chez l'adulte. Il y a ainsi deux espaces particuliers qui permettent de le constater et qui s'appellent les fontanelles. Elles sont situées au sommet du crâne et permettent la croissance progressive de l'encéphale :

<u>La fontanelle antérieure</u> : elle a la forme d'un losange et c'est la plus grande, car elle mesure entre 2 et 3 cm de large. Elle se ferme entre un an et demi et deux ans et demi selon les enfants. Elle est située entre les os frontaux et ceux du côté du crâne (os pariétaux).

<u>La fontanelle postérieure</u> : elle est plus petite (environ 0,5 cm) et a une forme triangulaire. Elle est située à l'arrière du crâne entre les os pariétaux et l'os occipital et sa fermeture se fait beaucoup plus tôt quand le bébé a environ 2 à 3 mois.

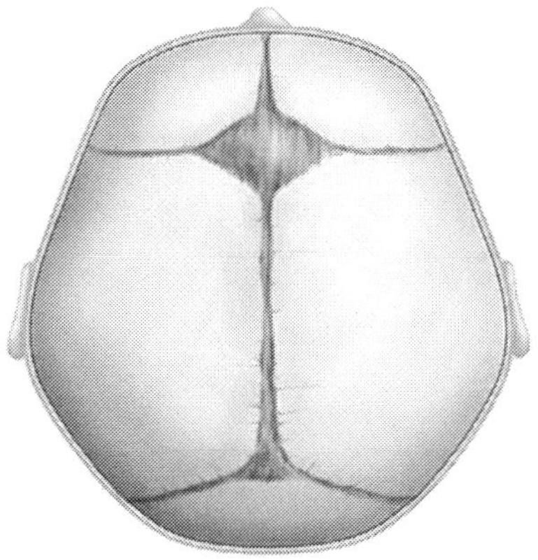

Le système nerveux central correspond au cerveau et à la moelle épinière (c'est elle qui permet la transmission à l'ensemble du corps des informations données par le cerveau). Il est protégé par trois membranes successives appelées les méninges (du grec *menigx* qui signifie membrane). Les méninges contiennent un liquide (le liquide céphalo-rachidien-LCR) dont la fonction est de protéger le système nerveux central. Ce liquide sert en quelque sorte « d'amortisseur » pour protéger le cerveau en cas de choc. Celui-ci est encore tout petit par rapport à la boîte crânienne contrairement au cerveau adulte qui a grandi et qui adhère totalement à la boîte crânienne.

Les trois méninges

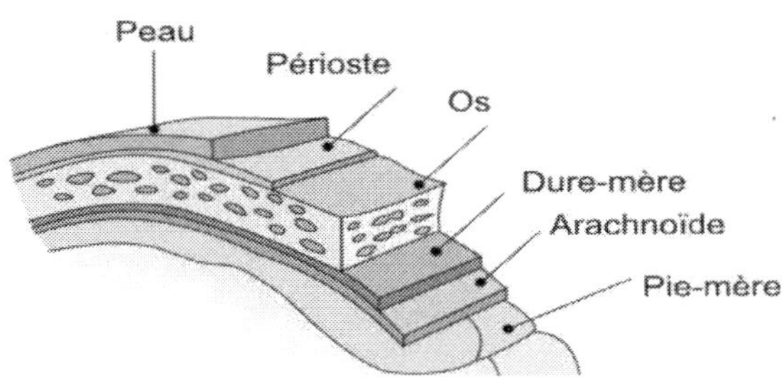

La dure-mère (pachyméninge) : c'est la plus extérieure et la plus épaisse. C'est elle qui sépare l'encéphale (le cerveau, le tronc cérébral et le cervelet) de la boîte crânienne.

L'arachnoïde : c'est la méninge du milieu qui constitue un espace qui contient le liquide céphalo-rachidien qui est le liquide biologique transparent dans lequel baignent le cerveau et la moelle épinière. Il permet de maintenir une certaine pression pour protéger le cerveau des chocs.

La pie-mère (leptoméninge) : c'est une membrane très fine qui adhère directement au système nerveux central.

LES MULTIPLES CONSÉQUENCES PHYSIQUES DU SECOUEMENT D'UN BÉBÉ

Le fait que le cerveau à la naissance n'ait pas encore la taille d'un cerveau adulte fait qu'il ne remplit pas totalement la boîte crânienne. L'espace entre le cerveau et les méninges du bébé est donc plus important que chez l'adulte ce qui fait que le cerveau ballotte dans la boîte crânienne et se trouve beaucoup plus exposé au risque de choc que le cerveau adulte qui lui a pris toute sa place et adhère aux os du crâne.

Mais ce n'est pas n'importe quel mouvement brutal du bébé qui provoque des lésions cérébrales. Par exemple, ce n'est pas le simple fait de jouer avec son bébé comme le font en particulier certains pères en le levant brusquement au-dessus de soi qui conduit à un SBS, même si ce type de « jeux » devrait être proscrit en raison des risques de chute du bébé si le parent le rattrape mal. Ce n'est pas plus un accident de voiture ou un choc en balade de poussette qui peuvent se traduire par les troubles constatés dans le SBS.

Dans le SBS, le bébé est le plus souvent empoigné très fermement par le thorax. Les secousses sont très violentes et répétées ce qui conduit à des mouvements rapides d'accélération et de décélération transmis au niveau de la tête du bébé ; le menton cogne le thorax et l'arrière du crâne (l'occiput) frappe en retour le dos. Les muscles du cou sont trop peu développés pour amortir la violence du secouement. Ce mouvement brutal de va-et-vient fait que le cerveau du bébé subit aussi des mouvements de rotation. Et comme il n'adhère pas à la boîte crânienne tous les mouvements conduisent à des chocs. Ils peuvent occasionner des lésions graves en particulier au niveau cérébral avec la déchirure de vaisseaux sanguins cervicaux, créant ainsi l'apparition e ce qui est appelé hématome sous-dural (HSD) spécifique et des hémorragies rétiniennes au niveau du nerf optique qui se situe à proximité ; lésions tout aussi significatives d'un SBS.

La difficulté de diagnostic d'un SBS est liée à la variabilité des modes de présentation clinique des bébés secoués, car les symptômes peuvent être très variables selon l'étendue des lésions et leur gravité. Certains se manifestent de façon évidente et immédiate, d'autres sont moins francs et ont une expression plus différée. Les auteurs les évaluent comme très fréquentes entre 50 à 60 % des cas de bébés secoués (Frasier LD. 2008 ; King & al., 2003 ; Starling SP, & al. 2004). L'incidence réelle du nombre de bébés secoués est difficile à évaluer, mais selon différentes études elle serait de 12 à 25 enfants pour 100 000 de moins de un an aux États-Unis et environ près de 200 cas annuels en France (Leroy B, Renier D., Meyer Ph., 2011 ; Feldman & al., 2001 ; Barlow & al. 2000).

Effets sur le cerveau dans la boîte crânienne du secouement
(le cerveau qui est encore petit et n'occupe pas toute la boîte crânienne est « ballots » brutalement et cogne le crâne ce qui conduit à des hématomes de toutes sortes)

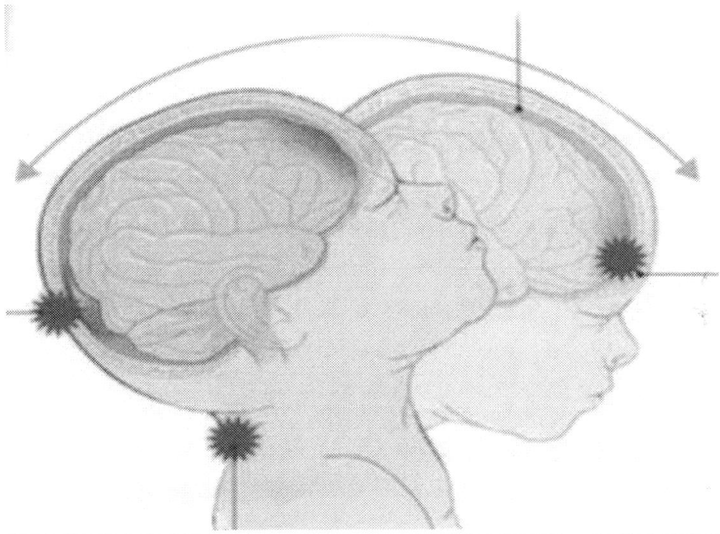

Les conséquences peuvent donc être multiples et complexes et sont majoritairement liées à l'atteinte du cerveau du bébé et aux séquelles de toutes sortes que cela peut entraîner (Altimier L. 2008 ; Barr RG et Runyan DK.2008 ; Couser, 1993 ; Duhaime et al., 1987 ; Ewing-Cobbs et al., 1998 ; Haviland & Russel, 1997 ; Loh, Chang, Kuo, & Howng, 1998 ; Ludwig & Warman, 1984 ; Prasad, Ewing-Cobbs, Swank, & Kramer, 2002 ; Sinal & Ball, 1987 ; Stipanicic A, Nolin P, Fortin G, Gobeil MF. 2008). Il peut y avoir en particulier des :

Lesions CEREBRALES : le symptôme qui est décrit comme le plus révélateur est lié aux atteintes neuro-cérébrales. Si le cerveau d'un bébé est à haut risque d'être lésé lors de secouements c'est, comme nous l'avons expliqué, que chez le tout petit bébé le cerveau est en cours de développement et n'adhère pas encore à la boîte crânienne. Lors du secouement, le cerveau subit des forces d'accélérations et de décélérations violentes et va donc cogner fortement la boîte crânienne (en tous cas beaucoup plus qu'à l'âge adulte où le cerveau s'est développé et adhère à la boîte crânienne). Le cerveau se trouve ballotté violemment et heurte le crâne. Selon la force des secouements, les lésions cérébrales seront plus ou moins importantes, le cerveau bouge, cogne, ce qui peut entraîner des saignements multiples et des lésions cérébrales telles que des hémorragies sous-durales ou sous-arachnoïdiennes qui sont en fait une accumulation de sang. L'hématome sous-dural est ainsi repéré dans 92 % des cas de syndrome du bébé secoué.

Ces lésions cérébrales se traduisent par des formes de malaises graves avec des convulsions plus ou moins immédiates où le bébé a des troubles de la conscience inhabituelle comme s'il ne parvenait pas à rester éveillé alors qu'il n'est pas l'heure de sa sieste ou de son coucher. Cette somnolence et cette perte de vigilance sont souvent associées à une hypothermie ; des difficultés à respirer, une apnée sévère ; une pâleur subite (due à l'anémie liée à l'accumulation de sang ayant conduit à l'HSD) ; un déficit moteur brutal ; un ralentissement du rythme cardiaque (bradycardie), une tension qui devient très instable ; un collapsus voire un coma ; des vomissements ou des difficultés à déglutir. Cela peut aller jusqu'au coma dans les cas les plus graves. Cet état de crise comitiale peut être particulièrement long (plus de 30 minutes de malaise) ou s'exprimer par des crises très rapprochées. Il est retrouvé dans 65 % des cas et dans 20 % des SBS les médecins constatent aussi un état de mal épileptique. C'est un événement aux conséquences pouvant être particulièrement graves pour l'enfant dont le comportement change brutalement (pleurs de douleurs, irritabilité inhabituelle, retrait brutal avec un bébé qui ne répond plus aux stimulations, régression et perte des apprentissages).

Le médecin peut repérer lors de l'examen clinique du bébé la présence d'une déformation inhabituelle de la tête comme un bombement du crâne au niveau de la fontanelle antérieure, mais cela n'est pas systématique, car un grand nombre de bébés secoués ne présentent pas de traces externes visibles. Dans les semaines, voire les mois qui suivent, si le bébé n'est pas décédé et même quand il est sorti de l'hôpital sans troubles apparents, il peut être diagnostiqué des signes d'hypertension intracrânienne, un périmètre crânien qui croit subitement et qui devient supérieur à la moyenne, des vomissements chroniques en jet, un retard de développement, une perte des apprentissages, des paralysies et des troubles post-traumatiques ((Altimier L. 2008 ; Barr RG et Runyan DK.2008 ; Couser, 1993 ; Duhaime et al., 1987 ; Ewing-Cobbs & al., 1998 ; Haviland & Russel, 1997 ; Loh, Chang, Kuo, & Howng, 1998 ; Ludwig & Warman, 1984 ; Prasad, Ewing-Cobbs, Swank, & Kramer, 2002 ; Sinal & Ball, 1987 ; Stipanicic A, Nolin P, Fortin G, Gobeil MF. 2008).

Il peut aussi arriver que le médecin découvre inopinément un hématome sous-dural suite au constat d'une cassure de la courbe du périmètre crânien lors d'un examen dit « de routine ».

D'autres lésions peuvent être aussi constatées dans l'immédiat ou plus tard quand l'enfant grandit, s'il a survécu à ces violences. Il s'agit en particulier au niveau somatique de :

Lesions ophtalmologiques : les secouements répétés peuvent conduire à une atteinte des vaisseaux sanguins de l'œil, en particulier au niveau de la rétine qui devrait être systématiquement recherchée (ces lésions sont présentes dans 65 % à 80 % des cas). Le bébé peut présenter immédiatement des troubles de la motricité oculaire (regard qui ne fixe plus et qui « part dans le vide »). Il peut développer également des troubles visuels multiples, un strabisme ou un nystagmus subi ; dans les cas les plus graves, il peut devenir aveugle. Dans la majorité des cas, les lésions sont des deux côtés (bilatérales). Elles ne se voient pas à l'œil nu et nécessitent un examen ophtalmologique spécialisé impératif à réaliser.

La HAS décrit trois types d'hémorragies rétiniennes qui peuvent être constatées lors de l'examen d'un fond d'œil, mais encore une fois, qui ne sont pas visibles à l'œil nu :

> « Les hémorragies intra rétiniennes, en flammèches, en tâches ou punctiformes, situées au pôle postérieur de l'œil.
> Les hémorragies en dôme pré rétiniennes, de petites tailles, inférieures ou égales à un diamètre papillaire ("perles jacobines"), localisées au pôle postérieur de l'œil, autour de la papille et le long des arcades vasculaires, ou en moyenne périphérie.
> Les hémorragies multiples de tous types (intra, pré ou sous-rétiniennes), profuses, tapissant toute la rétine ou l'éclaboussant jusqu'à la périphérie, associées à un placard hémorragique pré-maculaire (rétinoschisis), uni ou bilatéral. »

Ce sont ce type de lésions qui caractérisent le SBS. Elles se différencient d'autres types d'hémorragies qui peuvent apparaître par exemple en raison des conditions de l'accouchement (forceps entraînant une hyperpression veineuse) et qui sont alors diffuses et disparaissent en moins de deux mois. D'autres causes d'hémorragies rétiniennes peuvent survenir de manière exceptionnelle lors d'une réanimation cardio-respiratoire prolongée par exemple ou d'états de mal convulsifs durables chez un bébé, mais dans ces situations il n'y a jamais d'hématome sous-dural associé.

Il peut également y avoir d'autres lésions ophtalmologiques comme un œdème papillaire, un décollement de la rétine, une luxation du cristallin ou une lésion du nerf optique. Là encore, il est nécessaire d'avoir un examen ophtalmologique précis des yeux de l'enfant pour pouvoir établir le diagnostic d'où la nécessité de pouvoir réaliser systématiquement un examen des yeux et plus particulièrement du fond d'œil dès que l'hypothèse d'un SBS est faite, et ce, le plus tôt possible après les premiers symptômes. Les hémorragies rétiniennes sont retrouvées dans 65 à 95 % des cas de SBS. Il est aussi important, quand l'enfant grandit de veiller à sa vision, car les troubles ophtalmologiques peuvent être majeurs, mais s'ils sont isolés et se manifestent en différé, les parents comme les professionnels ne feront pas toujours le lien avec les violences subies bébé.

Lesions au niveau de la nuque : lors du secouement les muscles du cou sont fortement sollicités et il peut exister à ce niveau-là des traces d'hématomes ou des lésions, mais ce n'est pas systématique et ce type de blessures n'est pas toujours facilement repérables en particulier, car le bébé n'ayant pas la parole ne peut pas se plaindre de ses douleurs à cet endroit. Il peut manifester au moment des changements de position (passage de bras en bras, installation dans son lit ou dans son siège bébé, toilette, change), des douleurs, mais ne peut en témoigner qu'à travers des pleurs sans que l'adulte ne comprenne les causes de cette manifestation de douleurs. En grandissant, il est fréquent que les enfants se plaignent de maux de tête et soient particulièrement sensibles aux douleurs cérébrales.

Lesions osseuses : les bébés secoués sont des enfants maltraités et différents autres types de lésions et de fractures peuvent se retrouver. Lors du secouement il y a souvent d'associées lors des gestes brusques sur le corps du bébé qui se trouve empoigné par l'auteur, des compressions du thorax. Avec les mouvements de va-et-vient des extrémités, ces violences peuvent occasionner des fractures du crâne, mais aussi au niveau des côtes et des fractures avec arrachements métaphysaires des os longs (Labbe & Fortin, 2004). Si les fractures ne sont pas repérées bébé, elles peuvent l'être bien plus tard quand l'enfant a grandi à l'occasion d'un bilan radiologique pour tout à fait autre chose (par exemple la fracture d'un membre suite à un accident qui révèle des traits de fractures anciennes). Ces fractures anciennes sont repérées grâce au constat de l'existence de ce qui s'appelle un cal osseux qui correspond en fait à l'accumulation de tissus conjonctifs fabriqués par l'organisme pour consolider un os fracturé. Quand ces lésions sont multiples et anciennes, on parle de Syndrome de Silverman, du nom du pédiatre et radiologue américain qui a été le premier à les décrire en 1953. Les lésions osseuses sont présentes dans 25 à 30 % des cas des SBS. Les bébés n'ayant pas la même mobilité que des enfants en capacité de marcher, les fractures passent souvent inaperçues si aucune radio n'est effectuée, car les plaintes douloureuses sont moins fortes.

La radiographie, ou imagerie, a donc un rôle essentiel dans le diagnostic de ces maltraitances, car dans certains cas, il n'y a pas de trace externe de violence ; seule l'imagerie médicale permet de constater des lésions d'agressions qui mettent en danger la vie du bébé. Il est bien évidemment indispensable de s'assurer qu'il n'y ait pas de maladie génétique ni de pathologie de maladie osseuse (ex. maladie de Menkes) ou de déficience en cuivre. Une radiographie du corps entier n'est pas assez précise pour exclure des fractures spécifiques. Une scintigraphie osseuse peut être nécessaire pour pouvoir observer plus précisément les os, mais aussi les articulations. La HAS recommande aussi un bilan d'imagerie très complet qui devrait comprendre différentes radiographies : du thorax ; du crâne (face et profil) de la colonne vertébrale (face et profil), des membres, des pieds et des mains. Il s'agit d'évaluer non seulement le nombre des fractures, mais aussi l'intensité de la déformation osseuse pour adapter au mieux les soins et la mise en place éventuelle d'une réduction orthopédique.

LESIONS CUTANEES : lors du secouement, les bébés secoués sont maintenus avec tellement de vigueur que des traces d'hématomes peuvent être constatées en particulier au niveau du buste. Dans certains cas, le secouement entraîne aussi des chocs de la tête sur un mur, un meuble et peut entraîner d'autres blessures, plus ou moins visibles (hématomes, plaies, saignements…)

Au-delà de toutes ces blessures physiques, le SBS a, comme nous le verrons, de multiples autres conséquences au niveau psychotraumatique pour le bébé, mais également pour ses proches dont la vie se trouve définitivement bouleversée.

ÉPIDÉMIOLOGIE

Mais combien de bébés sont victimes de ce type de maltraitance ? À cette question, il est difficile de répondre, car au niveau des statistiques et de l'épidémiologie, les seuls chiffres disponibles sont ceux des enfants pris en charge et diagnostiqués. Tous les autres enfants, non médicalisés, ou non diagnostiqués comme des bébés secoués, ne sont pas référencés en tant que tels. Il est fréquent que les bébés qui n'ont pas été secoués très fortement présentent des troubles peu impressionnants et ne perdent pas conscience. Les troubles peuvent être compris par des proches protecteurs comme un mal-être lié à un état viral, et beaucoup de bébés ne sont même pas vus par un médecin et ce, d'autant plus, que le « secoueur » ne se vante pas de son geste. Si aucune conséquence ne transparaît, il ne faut pas compter sur lui pour dénoncer son acte violent. Bien des parents se retrouvent ainsi aux urgences avec leur bébé qu'ils ont récupéré chez la nourrice qui ne leur a rien dit d'autre que « la journée s'est bien passée » alors que plusieurs mois plus tard, l'enquête permettra de prouver qu'elle avait secoué le bébé et qu'elle l'avait rendu endormi aux parents sans plus de commentaires sur son état inhabituellement amorphe ; voire même qu'elle avait essayé de justifier son état en expliquant que le bébé n'avait pas fait de sieste et était fatigué.

Les données épidémiologiques sont donc inévitablement biaisées et en deçà de la réalité, car les seules référencées correspondent à des enfants hospitalisés et ne permettent pas de prendre en considération tous les autres cas. Avec une donnée supplémentaire liée au déni des maltraitances sur les tout-petits qui peut conduire des soignants à ne pas signaler certaines maltraitances. Selon la Haute Autorité de Santé, le SBS serait la principale cause de mortalité due à des mauvais traitements physiques envers les enfants avec dans les 2/3 des cas un bébé de moins de six mois (Reece, 2001) et le plus souvent des garçons (63 % des bébés décédés selon la recherche INSERM, A. Tursz, P. Gerboin-Rérolle, M. Crost, H. Romano, 2005).

L'incidence du syndrome du bébé secoué varie entre 14 et 56 cas pour 100 000 enfants de moins de un an. En extrapolant, ces données au nombre de naissances en France, les études estiment qu'environ **120 à 240 nourrissons pourraient être victimes chaque année de cette maltraitance**. Il est considéré que **20 à 25 % des bébés en meurent**. (Frasier LD. 2008 ; King & al., 2003 ; Starling SP, Patel S, Burke BL, Sirotnak AP, Stronks S, Rosquist P. 2004).

Chaque année, plus d'une centaine d'enfants est ainsi victime de cette forme de maltraitance avec un risque accru de récidive quand il n'est pas repéré, car les auteurs n'ont alors aucune raison de ne pas recommencer. La méconnaissance de ce diagnostic est donc dramatique et n'est pas facilitée par le contexte sociétal actuel qui conduit bien davantage à dénier la maltraitance sur les tous petits qu'à la repérer.

Ces chiffres ne représentent donc qu'une part de l'ensemble des bébés secoués, à savoir les cas les plus graves qui arrivent aux urgences ou en consultation médicale. Pour tous les autres cas, moins sévères donc moins impressionnants, le bébé n'est pas pris en charge médicalement, en tous cas pas immédiatement. Et quand, devenu plus grand, il présente de troubles moteurs, des troubles du comportement ou/et des troubles visuels, des difficultés d'apprentissage, des crises de panique dans certaines situations, il est rare que les professionnels pensent qu'il ait pu être secoué tout petit.

Pour un parent, reconnaître auprès d'un professionnel qu'il s'est énervé et qu'il a secoué un bébé est une impossibilité majeure, car beaucoup savent que cela signifierait un signalement judiciaire avec placement de leur enfant. Pour une assistante maternelle, une nourrice, une baby-sitter, ou une auxiliaire de puériculture, cela conduirait au risque de perdre leur travail et n'est pas davantage avoué. Différentes études menées auprès de parents évaluent entre 5 et 30 % les cas de bébés secoués non diagnostiqués en tant que tels lors d'une consultation (Clément, Bouchard, Jetté, & Laferrière, 2000 ; Conway, 1998 ; Jenny & al., 1999 ; Kivlin & al., 2000).

FACTEURS DE RISQUE

Il reste encore aujourd'hui une représentation des maltraitances sur enfants comme étant prioritairement des violences agies par des adultes frustres, carencés affectivement, dépendants à l'alcool ou aux drogues, précaires financièrement, sans soutien familial et plus ou moins désinséré socialement. Si cette catégorie existe, elle n'est pas exclusive. Bien des enfants maltraités le sont dans des familles sans problèmes financiers, avec des parents diplômés bien éloignés des représentations statistiques générales ou par des professionnels censés, pourtant, être spécialisés dans la prise en charge des enfants. Un des bais est celui des signalements réalisés par des professionnels avec les interprétations subjectives inévitables qui fait qu'il est toujours plus facile d'admettre que des actes terribles aient été commis par des personnes très éloignées d'eux que par des personnes qui leur ressemblent au niveau socioprofessionnel (Tursz, P. Gerboin-Rérolle, M. Crost, H. Romano, 2005.).

Dans son étude remarquable menée sur les morts suspectes de nourrisson, Anne Tursz et son équipe ont ainsi constaté que si toutes les catégories socio-économiques étaient concernées, celles présentant un bon niveau d'études voire un niveau d'études supérieures l'étaient bien davantage, mais les signalements beaucoup moins fréquents et les poursuites judiciaires moins lourdes pour les rares cas signalés.

Dans les facteurs de risque relevés, il y a avant tout le jeune âge du nourrisson, son sexe (les petits garçons sont plus à risque que les petites filles), des grossesses non désirées, non suivies et non investies et les situations où il y a eu une séparation précoce néonatale ayant mis en souffrance l'établissement de premiers liens d'attachement mère-bébé.

L'état d'épuisement psychique des parents est aussi relevé comme facteur de risque lié à l'énervement du parent conduisant à des secouements. Les causes peuvent être multiples : jeunes parents totalement dépassés par les besoins de leur bébé ; grossesses rapprochées ou multiples ; maladies du bébé en particulier prématurité, handicap, difficultés alimentaires ; burn-out professionnel ou stress dû à une perte d'emploi ; deuil récent ; maladie ; isolement familial et social ; séparation d'avec le père ; contexte de violences conjugales (Goldstein, Kelly, Bruton, & Cox, 1993; Overpeck, Brenner, Trumple, Trifiletti, & Berendes, 1998 ; Becker, Liersch, Tautz, Schlueter, & Andler, 1998 ; AAP, 2001; Carty & Ratcliffe, 1995; Coody, Brown, Montgomery, Flynn, & Yetman, Chiocca, 1995; Spaide, Swengel, Scharre, & Mein, 1990; Swenson & Levitt, 1997 ; 1994). L'adulte se trouve face à un tout petit dont il n'arrive pas à apaiser les pleurs, il est submergé par des sentiments où se mêlent l'incompréhension, la culpabilité, l'impuissance, l'épuisement, la colère, et le secouement intervient en bout de course, comme l'échec à toute capacité de réassurance de ce bébé inconsolable. Les hommes sont les plus souvent mis en cause (dans 50 % des cas, il s'agit du père, dans 20 % des cas le beau-père ou le compagnon de la mère). Les mères représenteraient 12 % des auteurs (King & al., 2003 ; Starling & al., 2004, 2007) et dans 18 % des cas, il s'agit d'un autre adulte s'occupant de l'enfant (nourrice, baby-sitter, fratrie ; grands-parents, King & al., 2003 ; Starling & al., 2004, 2007).

Si dans bien des cas la fatigue, l'immaturité, le sentiment d'impuissance à apaiser un bébé qui pleure, peut conduire à des secouements, c'est surtout le délai entre ces violences et la prise en charge du bébé qui entraîne souvent des conséquences dramatiques pour la survie de l'enfant (Fulton, 2000 ; Showers,

2001). Les auteurs de secouement expliquent « qu'ils ne savaient pas les conséquences possibles », « qu'ils n'ont pas voulu faire de mal au bébé », mais qu'ils « voulaient juste qu'il se taise ».

Le SBS concerne donc essentiellement des tout-petits, entre 0 et 12 mois, mais avec une période à risque autour des trois mois du bébé (Dashti & al., 1999 ; Duhaime, Christian, Moss, & Seidl, 1996 ; Spaide & al., 1990 ; Starling & al., 1995). Plus le bébé grandit plus le poids de sa tête s'harmonise avec le reste de son corps, plus les muscles de son cou se renforcent et plus son tissu cérébral s'épaissit ce qui protège davantage son cerveau et le rend moins fragile. Mais cela ne signifie pas qu'un bébé plus âgé est préservé de tout risque en cas de secouement et le SBS concerne aussi des enfants de 12 mois et plus secoués avec violence (Alexander & al., 1990 ; Ludwig et Warman, 1984).

Les enfants prématurés ou handicapés seraient particulièrement à risque d'être secoués soit parce qu'ils ne répondent pas toujours aux attentes de leurs parents, soit à cause du surplus de travail et d'épuisement que leur pathologie occasionne, soit parce qu'ils pleurent plus fréquemment (AAP, 1993 ; Coody et al., 1994 ; Duhaime al., 1998 ; Kivlin et al., 2000). De même, les jumeaux pourraient être particulièrement à risque fdu ait qu'ils représentent aussi un surcroît de travail pour les parents avec toute la fatigue et le stress associés (Becker, Liersch, Tautz, Schlueter, & Andler, 1998).

Dans la majorité des situations, le bébé secoué est un garçon et plus particulièrement des petits garçons de 3 mois (Tursz & al., 2005). Les chiffres varient de 56 % à 75 % selon les études. Cette prévalence masculine est régulièrement discutée pour tenter de la comprendre. Certaines hypothèses font référence à l'anatomie spécifique du cerveau des garçons liés au fait qu'il existe un espace plus important entre le cerveau et la boîte crânienne que chez la petite fille, ce qui le rend encore plus vulnérable aux chocs en cas de secouements (Dashti & al., 1999 ; King & al., 2003 ; Kivlin & al., 2000 ; Starling et al., 1995). D'autres explications plus socio-éducatives mettent en avant le fait que les garçons sont plus toniques et que les adultes ont des gestes moins souples avec eux qu'avec des bébés filles. Enfin, une autre hypothèse pourrait être faite sur la difficulté à supporter qu'un petit garçon pleure alors que notre société patriarcale est fondée sur le modèle d'un homme fort et qui devrait donc l'être dès ses premiers mois de vie (Tursz & al., 2005 ; AAP, 1993 ; Coody & al., 1994 ; Duhaime & al., 1998 ; Kivlin & al., 2000).

Lorsque les parents sont mis en cause, le SBS concerne, en grande majorité (92 %) des premiers bébés. L'étude d'Anne Tursz a permis de constater que dans près de 50 % des cas il s'agit du premier enfant et lorsqu'une première situation de bébé secoué est banalisée, très souvent un second bébé est également concerné de façon bien plus dramatique.

En l'état actuel des connaissances scientifiques, il n'est pas possible de savoir si un unique mouvement violent de secouement peut conduire à des lésions majeures ou s'il est nécessaire d'exercer plusieurs mouvements violents pour provoquer un hématome sous-dural aigu. Pour *l'American Academy of Pediatrics,* la coexistence de lésions d'âges différents peut aussi permettre d'évoquer des secouements réguliers.

PROFILS DES AUTEURS

Il est difficile d'établir un profil type des auteurs, car seuls sont connus ceux qui ont reconnu avoir secoué un bébé ou qui se sont retrouvés mis en cause par des preuves incontestables. Les biais sont donc majeurs et il est probable que nous méconnaissons encore aujourd'hui un nombre important de profils d'auteurs.

Il est certaines fois dit que secouer son bébé peut arriver à tout parent. Une telle affirmation est contestable, car secouer son bébé jusqu'à le tuer ou entraîner des séquelles dramatiques ce n'est pas un geste simple d'énervement. Les études sont à ce sujet-là très claires sur le fait que ce sont des mouvements d'une violence extrême, répétés, qui conduisent au SBS. Et si, aucun parent ne peut assurer n'avoir jamais été énervé par son bébé, considérer que tout parent pourrait agir des violences mortelles sur son enfant présente le risque de banaliser cette maltraitance. Le SBS n'est pas qu'un simple mouvement d'humeur ; c'est une violence criminelle. C'est un acte d'une violence extrême et cela, tout parent ne risque pas de l'agir. Une hypothèse, que nous formulons à partir d'expertises d'adultes ayant tué un bébé par secouement, est qu'au moment du passage à l'acte le lien d'altérité entre l'adulte et le bébé est rompu. Ce lien c'est ce qui tisse l'humanité entre les sujets, ce qui fait que je respecte l'autre, que je prends soin du plus faible, que je ne fais pas à l'autre ce que je ne voudrais pas subir, etc. Dans la maltraitance il y a rupture de toute altérité, un déni de toute humanité de l'enfant objet des sévices. Et les causes sont multiples : le bébé n'est pas vécu par son parent comme gratifiant, mais comme persécuteur ; le parent (ou le professionnel) se sent blessé narcissiquement, car il n'arrive pas à apaiser ses pleurs et à prendre soin de lui ; le parent (ou le professionnel) peut être épuisé physiquement, psychiquement (isolement social et familial, burn-out, deuil, maladie) ; le parent peut être dans un état second (alcoolisation, prise de toxique). Dans d'autres cas qui est celui des violences conjugales, le bébé est utilisé comme un véritable objet de vengeance, support pour blesser l'autre et le parent se venge sur lui de violences qu'il ne peut plus exercer sur son (ex)conjoint(e) et de la rage qu'il ressent à son égard.

Quand le SBS est intrafamilial, les cas juridiquement connus permettent de constater que les auteurs sont majoritairement des hommes adultes ou de grands adolescents, vivant ou côtoyant le bébé : père de l'enfant (50 % des cas), compagnon de la mère (20 %), grand frère (King & al., 2003 ; Starling & al., 2004, 2007 ; Heisler, Kurt W., 2007). Les mères sont moins concernées dans les statistiques comme auteures de secouement (12 % des cas), mais cela ne vise que les situations recensées médicalement et juridiquement donc les cas les plus graves de SBS (King & al., 2003 ; Starling & al., 2004, 2007).

Dans 61 % des cas, le couple parental vit ensemble depuis plus de cinq ans et seuls 16 % des parents « secoueurs » auraient un passé personnel difficile. Les auteurs ont souvent une méconnaissance importante des besoins fondamentaux d'un nourrisson, de ses capacités (ce qu'il peut faire et ce qu'il ne peut pas faire) et ne supportent pas de ne pas obtenir ce qu'ils attendent du bébé (qu'il se calme immédiatement, qu'il ne pleure pas, qu'il dorme sans problème, qu'il mange sans rechigne, qu'il leur obéisse…) Dans leurs représentations il y a une véritable impasse psychique à penser ce décalage inévitable entre le bébé rêvé, imaginaire et celui de la réalité. Et moins le bébé répond à leurs attentes, plus il est vécu comme un objet persécuteur et blessant narcissiquement.

Dans ces situations la réaction adaptée du parent protecteur qui serait d'être en colère à l'encontre de l'auteur, ne plus jamais souhaiter le voir et tout faire pour protéger son bébé, s'il a survécu, de nouveaux secouements, n'est pas si fréquente. Bien souvent le parent qui n'a pas secoué manifeste une sorte de déni face à l'impensable commis par son conjoint. Il peut tenter d'excuser son geste, demander une peine minimum, se remettre en couple avec lui s'il a eu une condamnation de prison. Cette réaction peut apparaître choquante si l'on ne comprend pas les processus psychiques à l'œuvre au sein du couple. Dans ces situations les couples sont souvent fusionnels et reconnaître que l'un d'eux a pu faire un acte pareil revient à s'assimiler à lui. Autrement dit « s'il a fait ça, comme c'est mon conjoint (ma conjointe), cela veut dire que je peux faire pareil et ce n'est pas pensable, donc il/elle doit avoir des excuses ». Ce mode de pensée qui vise à annuler psychiquement l'horreur de l'acte et à prendre sur soi la culpabilité de l'auteur[1] peut mettre en danger le bébé survivant et les autres enfants, car le parent dit « protecteur » n'est plus en capacité de l'être réellement. Il protège bien davantage l'auteur. Il y a comme une annulation de la gravité des actes qui peut être aussi favorisée par la capacité qu'ont certains auteurs à se victimiser et à ne pas assumer leur geste. C'est le bébé qui les tyrannise, il n'avait qu'à pas pleurer ; c'est leur conjoint(e) qui les a exposés(es) à cette situation, etc. Ils se déresponsabilisent par immaturité, irresponsabilité, déficience intellectuelle ou perversité. L'attitude du parent protecteur est confuse et conduit souvent à une clémence judiciaire à l'égard de l'acte commis, sans injonction thérapeutique systématique de soin avant toute reprise de contact éventuelle avec l'enfant, sans aucune protection réelle pour le bébé s'il a survécu au nom du « maintien

---

[1] Avec des expressions telles que « c'est de ma faute, je n'aurais pas du lui confier le bébé, il n'avait pas l'habitude » ; « j'aurais dû lui expliquer comment le calmer » ; « il est tellement fatigué en ce moment, je comprends qu'il n'ait pas pu garder son calme », etc.

du lien parental ». Autrement dit bien des parents qui ont secoué leur bébé et qui ont été condamnés pour cela, demandent à récupérer un droit de visite si le bébé a survécu, dans un déni total de la violence qu'ils ont commise. Et il n'est pas rare qu'à force de procédure ils obtiennent gain de cause dans un inversement impensable de ce que devrait être la protection de l'enfant : le bébé survivant est alors utilisé pour réparer » le parent violent et « l'aider à retrouver sa place de père », alors que ce devrait être au parent maltraitant de tout faire pour reconnaître sa violence et se réparer à l'égard de son enfant.

Par ailleurs si un agrément peut être retiré à un professionnel qui a secoué un bébé, aucune loi ne peut empêcher un adulte d'avoir d'autres enfants avec tous les risques que ceux-ci soient exposés à ce même type de violence sauf si un travail psychothérapeutique authentique est réalisé pour comprendre cet acte, l'assumer, s'en excuser et tenter de reconstruire des liens avec l'enfant, si et seulement si celui-ci le demande ; alors que dans notre système judiciaire l'avis de l'enfant n'a aucune importance : un bébé secoué peut ainsi se retrouver en obligation de droits de visite ou de visites médiatisées avec son parent maltraitant au nom de cette fameuse idéologie de la filiation. Car le parent, lui, obtient des droits de visite et une autorité parentale qui n'est plus qu'exceptionnellement supprimée.

Quand le SBS est dû à une personne extérieure aux parents, ce qui est statistiquement plus rare, il s'agit essentiellement de personnes s'occupant du bébé donc soit de professionnelles (nourrice, assistante maternelle, gardienne, puéricultrice, auxiliaire, voir du proche de la personne gardant l'enfant par exemple le compagnon ou le grand adolescent de celle-ci), soit de proches (fratries, amis, grands-parents, oncles, tantes, baby-sitter...). Les profils sont donc extrêmement variables, mais quand les SBS sont extrafamiliaux les auteurs sont généralement des femmes. Il peut s'agir d'un adulte épuisé physiquement et psychiquement qui tout d'un coup ne se contrôle plus du tout sans qu'il n'y ait jamais eu précédemment le moindre signe de violence ; il peut s'agir d'une jeune femme immature et totalement débordée par les besoins d'un tout petit et submergée par son impuissance à le consoler, d'adultes s'engageant dans la garde d'enfants (comme l'avait expliqué un avocat défendant un bébé secoué décédé) «en étant insuffisamment formée et en gardant des enfants comme si elle garderait des oies » ; il peut s'agir dans des cas encore plus rares de personnes présentant un problème de santé gravissime (exemple alcoolisme, bouffée délirante, tumeur cérébrale ayant conduit à des actes de violences rares). Enfin, comme dans tout métier, il, peut exister des profils de personnes perverses agissant sur le bébé des violences sadiques bien souvent en reviviscences de violences qu'elles-mêmes ont subies très jeunes, mais qui n'ont jamais été dénoncées. Ce n'est pas, et nous insistons sur ce point, parce que des professionnels commettent l'irréparable que toute une profession est à stigmatiser. Une nouvelle fois les violences exercées par des professionnels de l'enfance sont rares, la grande majorité sont des personnes remarquablement investies dans leur travail. Mais il en suffit d'une pour que la vie d'un bébé et de toute sa famille soit fracassée. Cela ne peut pas être dénié. C'est le cas dans toutes les professions.

Quand l'auteur est une personne qui garde l'enfant et qui ne prévient aucunement les parents du secouement, il peut exister un délai important entre le moment où les parents récupèrent leur bébé et celui où ses troubles vont les alerter et les conduire aux urgences de l'hôpital. Et c'est ici un élément souvent dramatique d'aggravation de l'état du bébé avec des conséquences majeures sur ses chances de survie (Fulton, 2000 ; Showers, 2001). C'est également pour les parents non responsables, l'épreuve de la suspicion puisque comme ce sont eux qui amènent leur bébé à l'hôpital, les professionnels vont, en première intention, les interpeller directement. Certaines situations dramatiques ont ainsi conduit au placement du bébé secoué, de sa fratrie, à la garde à vue d'un ou des parents, car ils se sont trouvés soupçonnés alors que bien plus tard, l'enquête a démontré que c'était la nourrice qui était la responsable. Selon les études actuelles, les adultes les plus à risque de secouer leurs jeunes enfants seraient :

- les parents jeunes (Goldstein, Kelly, Bruton, & Cox, 1993 ; Overpeck, Brenner, Trumple, Trifiletti, & Berendes, 1998)
- les parents surexigeants qui ne supportent pas que leur bébé ne réagisse pas comme ils le souhaiteraient. Qui ont des attentes irréalistes envers leur enfant, ce qui est souvent le cas
  des parents perdus face aux besoins du nourrisson (AAP, 2001; Carty & Ratcliffe, 1995; Coody, Brown, Montgomery, Flynn, & Yetman, 1994)
- des parents qui considèrent leur enfant comme un « mini-moi », objet narcissique et qui s'attendent à ce que leur enfant comble immédiatement tous leurs besoins (AAP, 1993; Chica, 1995; Spaide, Swengel, Scharre, & Mein, 1990; Swenson & Levitt, 1997)
- les parents exposés aux violences conjugales dans un état de survie et d'épuisement qui ne leur permettent pas de protéger leur bébé (AAP, 2001)
- les parents qui vivent des situations stressantes liées par exemple à des problèmes financiers ou émotionnels, à des difficultés professionnelles, à des problèmes graves de santé, ou à un manque de soutien familial en particulier à la maison (AAP, 1993 ; Carty & Ratcliffe, 1995 ; Chiocca, 1995 ; Coody et al., 1994 ; Spaide et al., 1990)

- les parents qui consomment des drogues ou de l'alcool (AAP, 2001 ; Chiocca, 1995 ; Coody & al., 1994 ; Dashti & al., 1999 ; Fulton, 2000)
- les parents ayant déjà secoué antérieurement un de leur bébé (7 % des cas selon A.Tursz & al., 2005).

Cet ouvrage étant consacré aux bébés victimes et aux témoignages de leurs proches nous aborderons essentiellement des situations où les deux parents ne sont pas mis en cause. Quand un proche (conjoint par exemple) est mis en cause, c'est pour l'autre parent une situation effroyable où se mêlent colère, rejet, incompréhension, culpabilité. La grande majorité des couples se séparent, même s'il n'existe aucune étude quantitative à ce sujet, mais il peut arriver que les couples restent unis, ou même aient un autre enfant. Dans ces situations-là, le parent non mis en cause se charge d'une part de la culpabilité de son conjoint, considérant que l'acte de secouer aurait très bien pu être causé par lui/elle, compte tenu de leur état d'épuisement au moment du drame.

Une autre difficulté qui peut prendre la forme d'une véritable violence psychologique est la réaction de l'entourage (famille, amis). Si déjà celui-ci a bien du mal à réaliser la souffrance que représente l'épreuve d'avoir eu un bébé secoué, quand la suspicion tombe sur l'un des parents, c'est l'exclusion presque garantie. L'auteur s'il a conscience de sa responsabilité s'effondre souvent gravement (dépression, conduites addictives, tentatives de suicide, suicide), car il ne peut supporter le fait d'assumer un tel acte, même quand la justice l'a sanctionné. Du côté de la « belle-famille » le rejet pourrait se comprendre comme une réaction de protection à l'égard du bébé s'il a survécu ou de colère innommable s'il est mort ; du côté de la famille du mis en cause ou de la responsable, il y a une exclusion fréquente qui peut se comprendre comme un mécanisme de mise à distance permettant de leur éviter d'être inconsciemment contaminés par la responsabilité de cet acte. Autrement dit si mon frère a secoué et tué son bébé, c'est monstrueux. Mais si mon frère a commis un acte monstrueux, c'est qu'il peut être un monstre, or c'est mon frère. S'il est monstrueux, cela pourrait signifier que je le sois aussi ce qui n'est pas supportable. Donc comme je ne peux pas supporter de me retrouver face à une telle réalité, autant tenir à distance celui qui a commis l'irréparable.

Dans les groupes de soutiens de parents de bébés secoués, il est exceptionnel qu'un parent soit présent quand c'est son conjoint/sa conjointe qui est mise en cause ce qui témoigne de cette crainte d'être incompris, jugé, dévalorisé et qui ne fait que renforcer la solitude de ses parents.

Mais comme nous le verrons par la suite, même dans les situations où les parents ne sont pas mis en cause, l'entourage n'est pas si simplement une ressource, et ce pour de multiples raisons que nous décrirons plus loin.

LE CONTEXTE DU SECOUEMENT

Un bébé est un petit d'homme qui n'a pas encore beaucoup de moyens pour se faire comprendre : les mouvements de son corps, ses cris, ses pleurs, sont les principaux signaux qu'il peut émettre pour tenter de se faire comprendre de celui censé prendre soin de lui. Cela nécessite de la part de l'adulte une capacité d'ajustement constante pour être, comme l'expliquait le pédopsychiatre D. Winnicott « suffisamment » bon : ni trop collé à son bébé, ni trop distancié ; ni indifférent ; ni envahissant. Cet ajustement relationnel est très complexe et nécessite une attention de chaque instant et une disponibilité psychique qui ne va pas de soi. Dans notre société où avoir un bébé est si valorisé il y a une idéalisation de la parenté[2] quand l'enfant est tout bébé, comme si cela était très simple alors qu'un tout petit a encore plus besoin de l'adulte que les enfants plus grands et qu'il ne peut pas s'exprimer facilement. Ses réactions peuvent être de véritables énigmes pour les parents et les adultes qui s'occupent de lui et qui tentent de les décrypter : a-t-il faim ? A-t-il mal ? A-t-il froid ou trop chaud ? Est-il sale et gêné par sa couche souillée ? A-t-il sommeil ? La difficulté est d'autant plus grande quand le parent a tendance immédiatement à se culpabiliser et à douter de sa valeur de « bon parent ». Face à ce bébé qui manifeste par ses cris quelque chose qu'il ne comprend pas, l'adulte peut réagir par une violence sur l'enfant à la hauteur de la violence psychique interne ressentie. Il peut hurler dessus, s'énerver sur le landau ou le lit ou dans certains cas s'en prendre physiquement à lui. Dans ces situations, le plus souvent, il empoigne

[2] La parenté est ici entendue comme le fait d'être parents aux niveaux administratifs. La parentalité est un terme utilisé pour décrire le processus psychique qui nous amène à nous imaginer parent, sans forcements le devenir.

l'enfant en criant, le secoue pour le faire taire bien, dans un contexte où ces violences arrivent après un moment où l'adulte a tenté de le calmer sans succès (Cary & Radcliffe, 1995 ; Show ers, 2001 ; Golberg & Goldberg, 2002). C'est dans ces situations de pleurs incessants du bébé où se mêlent colère, incompréhension, frustration et sentiments d'impuissance, que les secouements ont habituellement lieu.

Le témoignage de ce père illustre bien ce qui est ainsi souvent rapporté par ceux qui se mettent violemment à secouer un bébé : « je ne voulais pas lui faire du mal, je voulais juste qu'il s'arrête de pleurer. Cela faisait plus d'une heure qu'il hurlait et que je n'arrivais pas à le calmer, ni dans les bras, ni dans la poussette... rien... c'était insupportable... il était propre, il avait mangé, il n'avait aucune raison de pleurer comme cela, mais il n'arrêtait pas... je n'en pouvais plus.... Alors je l'ai empoigné, je lui ai hurlé dessus de se taire, mais il a continué à pleurer... je ne voulais pas lui donner de fessées et encore moins de claques pour ne pas lui faire de mal, alors.je ne sais pas ce qui m'a pris je l'ai secoué pour qu'il se taise... une fois, deux fois, peut-être trois ou plus je ne sais plus... j'ai arrêté quand il ne pleurait plus. Mais ce n'était plus moi. J'étais à bout de nerfs... totalement hors de contrôle... j'étais tellement énervé, tellement épuisé.... après ça a été un grand silence... il ne pleurait plus, mais j'ai bien vu qu'il n'était pas dans son état normal, comme s'il était dans le coma... j'ai paniqué... j'ai appelé les secours, mais je dois avouer que du coup je me suis mis aussi à le secouer pour qu'il réagisse... je ne savais plus quoi faire... Mais je ne savais pas que secouer un bébé pouvait être si grave ».

Comme ce père, certains « secoueurs » justifient leur acte en le minimisant et expliquent même l'avoir commis pour éviter de frapper le bébé. Dans une étude québécoise menée auprès de parents, 61 % expliquent perdre patience au-delà de trente minutes de pleurs de leur bébé. (Coody et al., 1994 ; Golberg & Goldberg, 2002 ; Thomas, 1994) et 37 % déclarent ignorer les conséquences dramatiques que peut avoir le secouement. Mais tous les parents excédés ne secouent pas leur bébé. Cet acte d'une violence extrême aux conditions dramatiques ne saurait être banalisé comme certains tentent de le faire valoir.

Les études menées sur les pleurs de nourrissons permettent de savoir qu'elles sont plus importantes au premier trimestre de vie puis diminuent progressivement avec les mois qui passent. Les premiers mois de vie, les bébés ont ainsi facilement des pleurs en fin de journée liées à la fatigue et à cette angoisse archaïque face à la nuit qui tombe sans que cela ne remette en cause les capacités parentales. S'il était rappelé aux parents et aux adultes s'occupant de tout-petits qu'il est adapté qu'un bébé pleure en fin de journée sans que cela remette en cause leurs qualités de parents, sans doute que bien nombre de secouements n'auraient pas lieu, l'adulte n'interprétant pas ces pleurs comme un signe de faute de sa part ou ne se remettant pas immédiatement en cause dans ses capacités parentales (ou professionnelles s'il s'agit d'une nourrice ou d'un baby-sitter).

LA PRISE EN CHARGE et L'ANNONCE

La prise en charge du bébé et les soins médicaux qui lui sont donnés dépendent de son état clinique, d'où la nécessité d'intervenir au plus vite.

LES EXAMENS RÉALISÉS

Compte tenu des troubles présentés par un bébé secoué, son hospitalisation se fait le plus souvent en urgence après une crise comitiale souvent décrite par les parents comme un « malaise soudain » avec des troubles de la conscience (somnolence, endormissement inexpliqué voir coma).

Le bébé n'étant pas en capacité de parler, seuls les propos des adultes l'accompagnant peuvent être pris en compte. Il est essentiel pour les soignants de comprendre le contexte du traumatisme cérébral dont l'origine peut être multiple :

- cause inconnue des parents
- chute de faible hauteur
- choc direct
- secouement (le plus souvent justifié par le fait que le bébé aurait eu un malaise)

Quand la description du contexte fait par ceux qui amènent l'enfant ou qui en étaient responsables est incompatible avec les lésions observées, cela entraîne la plupart du temps un signalement aux autorités judiciaires. Cela conduit à sa prise en charge immédiate en soins intensifs et la mise en place de différents dispositifs de prise en charge pour prévenir la survenue d'une nouvelle crise et d'éviter l'apparition de crises convulsives conduisant à des séquelles souvent dramatiques. Devant un tableau neurologique grave, plusieurs examens sont à réaliser au plus vite :

Un examen clinique complet : il permet de repérer d'éventuels hématomes suspects, un bombement anormal de la fontanelle, une pâleur extrême, des traces de griffures, morsures, brûlures, cheveux arrachés. Les médecins tentent de dater les lésions et de les reportent graphiquement, voire les prennent en photos. L'état général du bébé est évalué pour repérer un éventuel retard de développement ou une cassure dans la courbe de croissance staturo-pondérale. Les médecins font aussi la recherche d'éventuels troubles métaboliques et d'anémie et sont attentifs au comportement du bébé (est-il en interaction adaptée à l'adulte ou non, manifeste-t-il des signes de douleurs ou des tentatives de retrait et de protection).

Un IRM (Imagerie par Résonnance Magnétique) : les progrès récents de l'imagerie médicale ont conduit la Haute Autorité de Santé et la Société française de médecine physique et de réadaptation (SOFMER) à proposer d'actualiser les recommandations pour l'analyse des atteintes neurologiques pour bien préciser le type de lésions neurologiques constatées. Les examens par imageries cérébrales font partie des examens de référence à effectuer pour affiner les critères diagnostiques (évaluation des anomalies parenchymateuses, constatation d'un changement de couloir vers le haut de la courbe du périmètre crânien, présence d'hématomes sous-dural...) Quand l'IRM n'est pas possible, il peut être proposé un scanner qui permet d'identifier un hématome extra-dural et détecter une fracture du crâne. Si l'IRM et le scanner ont de nombreux points communs, leur principe physique est différent. Le scanner est basé sur l'exposition aux rayons X et permet d'établir des images en 3 D des organes et des tissus scannés. L'IRM repose sur l'aimantation des atomes d'oxygène présents dans tous les organes où il y a de l'eau et de la graisse et est donc particulièrement indiqué pour l'analyse des tissus « mous » tels que le cerveau, les viscères ou la moelle épinière.

La tomodensitométrie : derrière ce nom complexe se cache un examen qui permet de repérer s'il existe ou non un hématome sous dural (HSD). Si oui, il permet de connaître sa situation précise, son volume, sa densité. Quand l'HSD est récent, il est très dense, quand il est plus ancien, il y a une hypodensité. Quand il existe une hypodensité du parenchyme, cela signifie que l'HSD est important, ce qui est souvent de mauvais pronostic pour le devenir du bébé.

Examen du fond d'œil : cet examen ophtalmologique devrait toujours être réalisé, car dans les 2/3 des cas de SBS des hémorragies rétiniennes (HR) sont retrouvées. Mais cela nécessite un examen par un professionnel aguerri pour repérer en particulier des hémorragies d'âge différent. La difficulté est aussi que les hémorragies rétiniennes disparaissent rapidement, parfois en moins de 24 heures. Ce qui signifie que l'absence d'HR, évaluées à plusieurs mois d'intervalles, ne signifie pas qu'il n'y a pas eu de secouements.

Radiographie du squelette complet : elle devrait être systématique quand un HSD est constaté. L'objectif est de rechercher la trace d'éventuelles fractures récentes ou anciennes (le plus souvent retrouvées au niveau des membres ou du thorax). Dans près de 10 %, elles sont constatées et il est nécessaire d'évaluer si elles sont d'âge identique ou non. Chez le bébé (qui bouge peu), les fractures sont généralement non déplacées. La radiographie permet aussi le repérage de troubles de l'ostéogenèse (fabrication du squelette) liés à certaines pathologies génétiques très rares.

Bilan sanguin : avec en particulier la vérification que l'enfant n'est pas porteur de chromosomes ou d'anomalies sanguines sans lien avec ses troubles, ni qu'il a été drogué de psychotropes. Cela permet aussi de vérifier qu'il n'y a pas de pathologie métabolique.

Ces examens loin d'être uniques sont souvent répétés en raison du suivi de l'enfant et des expertises comme pour Maïssa secouée par son père à quelques mois de vie et qui a dû se soumettre à tous ces examens lors du bilan de maltraitance durant son hospitalisation. Elle a dû ensuite avoir de nouveau quatre examens d'IRM de son cerveau et de sa moelle épinière et quatre consultations de neurochirurgien en l'espace d'un an, autant d'épreuves pour ces tout-petits, car ces analyses peuvent être douloureuses et sont des facteurs inévitables de stress en raison des réactivations post-traumatiques qu'elles impliquent.

DIAGNOSTIC DIFFÉRENTIEL

Le diagnostic du SBS n'est pas simple à effectuer non seulement parce que l'envisager c'est déjà supporter cette idée qu'un tout petit, totalement vulnérable a pu être victime d'actes maltraitants de personnes censées le protéger. Mais au-delà de cette réaction défensive inconsciente, une autre difficulté est liée au fait que les signes cliniques sont rarement d'emblée visibles et que le babil traumatique du bébé ne donne pas accès à ce qu'il a vécu. Enfin, certains troubles ne sont pas spécifiques de ceux du SBS et se retrouvent dans des atteintes neurologiques liées à certaines pathologies ou accidents. Il faut donc examiner l'enfant avec la plus grande attention, écouter ceux qui s'occupent de lui pour repérer des éléments contextuels qui pourraient expliquer ses troubles, ce qui nécessite du temps, une disponibilité et une connaissance de cette spécificité clinique.

Le principal diagnostic différentiel à effectuer est celui de traumatisme crânien accidentel qu'il peut être bien difficile à poser. Des vomissements liés à une gastroentérite peuvent être évalués, à tort, comme des spasmes ou des maladies liées à des reflux gastro-œsophagiens. Le bilan clinique et l'analyse attentive du carnet de santé peuvent permettre d'apprécier les lésions au regard des explications données par les parents. La cohérence de leurs explications ou au contraire leur confusion et leurs contradictions sont aussi des éléments à prendre en compte tout comme le nomadisme médical, c'est-à-dire le fait de changer constamment de lieu de prise en charge.

Les études menées ont permis de constater que seuls les traumatismes accidentels avec décélération très forte comme certains accidents de la route très particuliers peuvent entraîner des hématomes sous duraux multifocaux et une rupture de veines-ponts au niveau ophtalmologique. Mais ces situations exceptionnelles font que les hémorragies sont alors le plus souvent associées à d'autres lésions cérébrales et osseuses que l'on ne retrouve pas chez les bébés secoués. Il en est de même pour les chutes de bébés de moins d'un mètre cinquante (explications fréquemment données par les parents ou ceux qui gardent le bébé pour justifier les troubles de l'enfant) : il peut y avoir des lésions cérébrales, mais ni d'hématome sous-dural (HSD) plurifocal ni d'hémorragie rétinienne diffuse et/ou bilatérale. Ce type de chute ne conduit jamais à l'association d'HSD et d'hémorragie rétinienne comme dans les cas de bébés secoués ; de même que les manœuvres de réanimation que les parents décrivent avoir réalisées à la suite d'un « malaise » de leur enfant (ou celles effectuées par d'autres sauveteurs).

Au niveau médical, l'examen clinique du bébé peut être associé à d'autres types d'explorations qui permettent de limiter tout doute sur le diagnostic : analyse médullaire complète ; cervicale complète ; osseuse complète ; IRM (qui est plus précise que le scanner et qui montre des petites lésions non visibles au scanner comme un hématome sous-dural de petite taille). Il est aussi important d'éliminer les cas de pathologies rares comme certaines collections sous-durales bénignes existant dans les cas d'hydrocéphalie externe ; des maladies métaboliques (galactosémie, pyridinémie familiale, acidurie glutarique, maladie de Menkes) ; une fragilité osseuse constitutionnelle (maladie de Lobstein ou plus communément appelée « maladie des os de verre ») ; comme une rupture d'anévrisme ou de kyste arachnoïdien ou une méningite infectieuse.

Dans toutes les situations, limiter les erreurs diagnostiques est fondamental avant tout pour le bébé, mais aussi pour ses proches pour éviter toute mise en cause par erreur avec toutes les conséquences possibles (placement du bébé et des autres enfants s'il y a une fratrie, incarcération, suspension d'un agrément pour un professionnel). Cela nécessite la mise en place d'une évaluation pluridisciplinaire et l'existence d'un réseau de spécialistes pouvant être sollicités par les professionnels de terrain moins aguerris en cas de doute. C'est de cette pluralité d'analyses et de protocoles stricts que bien des situations pourront être prises en charge au plus tôt et dans les meilleures conditions pour le bébé et ses proches protecteurs.

L'ANNONCE AUX PARENTS

Les parents protecteurs qui constatent que leur bébé n'est pas dans son état normal téléphonent le plus souvent sans tarder au secours ou arrivent aux urgences dans un état de panique bien compréhensible. Qu'ils viennent spontanément ou via l'intervention des secours (SAMU, pompiers), ils sont généralement dans un état psychique de choc face à quelque chose qui les dépasse totalement et qu'ils ne comprennent pas.

L'annonce ce sont des mots, mais aussi, et surtout des attitudes. La communication passe également par le comportement et les parents en attente de diagnostic sont aux aguets de la moindre réaction des soignants. Le médecin qui ne passe plus qu'en coup de vent ou qui les reçoit en tentant de ne jamais croiser leur regard, l'infirmière qui fait les soins rapidement sans prendre le temps d'échanger un mot, les soignants qui évitent le box du bébé et qui sont désormais débordés dès qu'on les interpelle etc. toutes ces attitudes témoignent des réactions défensives des soignants face à un pronostic particulièrement dramatique. Les parents ne sont pas dupes et captent vite la gravité de la situation. Ils quêtent le moindre indice, quitte à interpréter à tort tel regard ou telle discussion interrompue par les équipes au moment où ils passaient. Et ce sont les mêmes regards fuyants, les mêmes comportements gênés que les parents auront à supporter tout au long de la vie du bébé secoué quand celui-ci survit avec des séquelles.

La situation est d'autant plus complexe que bien souvent à l'accueil du bébé, personne ne sait qui est l'auteur. Un parent qui peut être des plus angoissé et des plus attentif peut avoir secoué son enfant. À l'inverse un parent très retenu dans ses émotions et défensif dans son rapport aux soignants peut être le parent protecteur, mais il apparaîtra souvent suspect par rapport aux représentations erronées des professionnels. Dans certaines situations les parents sont accueillis avec la plus grande attention et à la demande des équipes médicales, le magistrat ordonne un placement provisoire immédiat (OPP). Certains professionnels sans la moindre attention et sans connaître le/les personne(s) suspecté(e)s par le magistrat mettent immédiatement à distance les parents du bébé même s'ils ne sont pas du tout mis en cause, comme l'explique cette maman d'un petit Benoit âgé de deux mois :

> « quand je suis rentrée du travail le SAMU était à la maison avec mon mari et mon bébé qui convulsait. Il m'a dit l'avoir récupéré dans cet état de chez la nourrice je n'avais aucune raison de ne pas le croire. On est parti aux urgences et tout est allé très vite. La police, le SAMU, les questions incessantes des uns et des autres. Alors que j'étais avec mon bébé en train de lui parler au milieu de tous ces fils, une femme (l'assistante sociale) est venue me sortir littéralement de la pièce en me disant sans aucun ménagement « dehors, il faut que vous sortiez, plus aucun contact avec votre bébé, c'est une décision de justice ». Je ne comprenais rien. Je l'ai suppliée de me laisser le temps de faire un bisou à mon fils, de lui expliquer que je ne l'abandonnais pas et que je restais à côté, elle m'a sortie avec l'aide d'un infirmier comme une criminelle. Je pense que sous Vichy, elle aurait fait une formidable carrière ...Avec le recul je peux comprendre qu'elle avait des ordres et qu'elle devait les faire respecter, mais dans sa manière d'agir ça a été d'une violence extrême. Elle aurait pu avoir des mots d'attention...rien...Quand mon mari a avoué avoir secoué notre bébé et qu'il a été incarcéré, j'ai pu retourner près de mon bébé et bien cette même personne ne s'est même pas excuser. Elle a fait comme si de rien n'était, me disait bonjour, osait même me demander comment j'allais. Je trouve cela

honteux, insupportable. Et je sais par d'autres parents que je ne suis pas la seule à avoir été traitée comme ça. Je comprends que cela soit compliqué pour les soignants, mais ils pourraient au moins nous laisser deux minutes dire au revoir à notre bébé et nous expliquer qu'ils n'ont pas le choix et que c'est le temps de l'enquête qui veut ça. Il y a des façons de parler aux parents et de ne pas les maltraiter. Quand mon bébé a pu sortir la même assistante sociale qui visiblement s'imaginait être le centre du monde, m'a dit « de toute façon, c'est le père. Quelle que soit la décision du juge, il reste le père et votre enfant voudra un jour le voir et son père aura le droit de l'avoir ». Mais pour qui se prenait-elle ? À faire des prédictions comme cela et à tenir des affirmations à la place du juge ? Elle m'a dit que j'étais trop fusionnelle avec mon enfant et que c'était mon attitude qui risquait de traumatiser davantage mon bébé. C'est totalement dingue de tenir de tels propos !!! Le père a failli tuer notre fils, il n'a cessé de mentir pour ne pas à avoir à assumer son geste, il a tenté de manipuler tout de monde et cette professionnelle ose s'en prendre à moi, me juge dans mon comportement avec mon fils et me reproche d'être inquiète pour lui ? On marche sur la tête !! » Pour la mère de Maylis, c'est aussi le même cauchemar de suspicion avec une équipe médicale qui lui dit qu'elle va la signaler, car elle est trop présente et ne respecte pas l'OPP. 3alors même que mon mari était mis en garde à vue parce qu'il venait d'avouer avoir secoué notre petite fille, cette assistante sociale me disait qu'elle envisageait un signalement pour placer mon bébé, car je n'avais pas su le protéger ! Mais quand il l'a secouée, j'étais dans mon bain, je venais juste de me poser après une journée de travail. Je lui ai expliqué et elle m'a répondu que lorsque l'on a un bébé il y a d'autres priorités que de prendre un bain quand on rentre de son travail ! Pour elle j'étais une mauvaise mère et à l'entendre si mon mari avait secoué ma fille c'est que je l'avais laissée seule avec elle, bref c'était de ma faute. Moi j'étais effondré, toute ma vie volait en éclat et j'avais en face de moi une personne qui m'enfonçait davantage alors que j'avais tellement besoin d'aide. J'ai essayé de comprendre son attitude, je me suis dit que pendant plusieurs heures elle avait été présente pour consoler mon mari qui pleurait et qu'elle avait sûrement du mal à comprendre qu'elle ait pu se tromper et que ce soit lui le responsable, mais sincèrement c'est tellement injuste d'être traité comme cela. Moi ça m'a fait perdre totalement confiance dans les professionnels. »

Ce témoignage n'est pas exceptionnel et nombre de parents protecteurs expliquent combien le temps de l'incertitude sur l'identité de l'auteur des faits a pesé sur l'attitude des professionnels à leur égard. Ils sont aussi nombreux à expliquer combien, des années après, d'autres professionnels leur ont reproché leur anxiété, leur hypervigilance comme si les faits initiaux étaient totalement déniés et que c'étaient eux les responsables des manifestations post-traumatiques de leur bébé. Le peu de formation des professionnels à ce sujet, le manque de temps et de moyens, l'absence quasi générale de supervision, explique sans aucun doute ces attitudes des plus inadaptées qui ne font que majorer la souffrance psychique de ces parents qui loin d'être soutenus, se vivent comme jugés et totalement abandonnés par le système (santé, justice). Mais ces situations ne sont pas systématiques et d'autres parents expliquent combien l'attention des équipes a été bienveillante et précieuse tout au long de l'hospitalisation de leur bébé.

Un contexte de stress majeur pour les parents protecteurs

Ce contexte de stress extrême peut conduire à des réactions adaptées (pleurs, cris de désespoir, agressivité face aux sauveteurs), mais également à des attitudes de stress dépassé plus méconnues et pourtant possiblement bien présentes (en moyenne, 10 % des personnes présentent un état de stress dépassé lorsqu'elles sont confrontées à un événement traumatique ; et voir son bébé entre la vie et la mort est cette expérience de l'innommable confrontation à la mort). Il peut s'agir :

- *De prostration (inhibition stuporeuse)* : comme si le parent était paralysé. Il ne bouge plus, ne répond plus à aucune question, ne sait plus qui il est, ni où il est.
- *De conduites automatiques :* la personne confrontée à la « mort en face » réagit de façon automatique, « comme si de rien n'était ». Elle continue de faire ce qu'elle était en train de faire et ne porte pas secours ou ne semble pas comprendre par exemple que son bébé est mort, comme cette mère qui après l'annonce répond froidement qu'elle a encore le temps d'aller à son stretching ou ce père arrivé aux urgences avec le corps sans vie de son bébé qui le réinstalle dans son cosy pour le » promener dans le parc de l'hôpital » alors que les médecins viennent de lui confirmer son décès.
- *De fuite panique :* la personne fuit de façon totalement désordonnée et sans réfléchir. Comme cette mère qui traverse la route sans regarder ; se père qui prend un sens unique en voiture sans s'en rendre compte ; cette mère qui fuit le service de l'hôpital « dans un état second » et qui est retrouvée errante et hagarde à des kilomètres de là plusieurs heures plus tard.

- *De dissociation péritraumatique :* la personne explique qu'elle avait l'impression d'être dans un « mauvais film », « comme dans un cauchemar » ; « comme si elle était là sans être là, avec l'image, mais pas le son ». C'est une expérience de déréalisation chez une personne qui n'avait aucun trouble psychotique auparavant.

Quand les sauveteurs ou les personnels des urgences repèrent des troubles inadaptés, il est essentiel qu'ils l'indiquent dans le dossier d'intervention, car il s'agit de troubles liés à une blessure psychique intense dont les manifestations peuvent conduire à des interprétations erronées (par exemple une indifférence face au drame ; ou une incompétence professionnelle s'il s'agit d'une assistante maternelle ou d'un soignant).

Ces réactions de stress dépassé sont très déroutantes pour les personnes extérieures et vécues dans l'incompréhension la plus totale. Le comportement apparemment indifférent de certains parents leur vaut d'être suspectés par les soignants d'être les auteurs des secouements tellement leur attitude est en décalage avec la gravité des faits et donne, à tort, l'impression qu'ils sont insensibles à ce qui se passe pour leur bébé. Si les soignants connaissaient mieux ce type de réactions très spécifiques, ils pourraient, en parlant avec ces parents, réaliser qu'ils étaient incapables de parler de ce qui venait de se passer, qu'ils n'avaient plus aucun repère spatio-temporel et qu'ils étaient même dans l'impossibilité de penser la réalité qui s'imposait à eux.

Ces troubles sont provisoires (et peuvent durer de quelques minutes à quelques heures), mais ils peuvent être dangereux pour la personne elle-même (elle peut prendre sa voiture et rouler à contre sens, se défenestrer pour « aller plus vite ») et pour l'entourage en particulier pour le bébé secoué qui, s'il n'est pas pris en charge à l'hôpital, voit ses troublées pris en charge avec un retard certaines fois fatal ». Ce sont aussi des réactions très déroutantes pour les autres enfants confrontés à un parent totalement inadapté qu'ils ne reconnaissent plus. Il se passe en fait comme un « court-circuitage » psychique face à une situation extrême. La personne n'est plus dans son état normal. Elle exprime une blessure psychique majeure, intense, à laquelle elle tente de faire face, inconsciemment, en réagissant avec des réactions habituelles, mais totalement inadaptées au contexte. Et dans l'après-coup sa culpabilité d'avoir ainsi réagi est considérable et aggrave bien souvent sa détresse.

Si elles sont rares (10 % des situations) avec un retour spontané à « la normale » dans les minutes qui suivent (et au plus tard dans les 72 heures), les études démontrent que ces réactions de stress dépassé conduiront dans près de 80 % des cas à des troubles post-traumatiques (Romano & al., 2009). C'est aussi la raison pour laquelle leur repérage est important pour permettre une prise en charge psychothérapeutique adaptée la plus précoce possible. Pour les personnes qui présentent ce type de troubles en immédiat une déclaration d'accident devrait être faite systématiquement ou une déclaration d'accident du travail pour les professionnels (« exposition à un événement traumatique majeur susceptible d'entraîner des troubles post-traumatiques en différé ».) Faire la déclaration à son assurance pour les parents ou à l'employeur, n'empêchera pas les troubles, mais si jamais ceux-ci se manifestaient des semaines, des mois, voire des années après l'événement, ils pourraient être reconnus comme liés à un accident de vie (ou du travail) et toutes leurs conséquences prises en charge par l'assurance. Si aucune déclaration n'est faite dans les 48 heures, aucune prise en charge ne pourra être prise en compte (par exemple financement d'une psychothérapie, reclassement...)

Passé le temps de la prise en charge en urgence et souvent de l'accueil en réanimation, il y a un temps d'attente qui paraît souvent une éternité pour les proches totalement démunis face à l'incertitude de ce qu'à leur enfant et de ce qui s'est passé pour lui. Passé cette période interminable, les premiers bilans tombent, tels des couperets ; les premières hypothèses sont élaborées et les premières hypothèses médicales sont données. Généralement es premiers diagnostics et pronostics sont donnés avec une grande prudence des médecins sur le devenir du bébé tant il est fragile et les conséquences d'un secouement complexes et particulièrement dramatiques.

La confrontation à une réalité impensable

La maltraitance des bébés reste une réalité déniée et la prise en charge, quand elle se fait, est réalisée dans l'urgence avec bien souvent un temps de flou pour comprendre ce qui a pu mener l'enfant à présenter de tels troubles et qui en sont les responsables. Les équipes doivent s'adapter à des personnes qu'elles ne connaissent pas, intervenir bien souvent en dehors des murs de l'hôpital (au domicile) et reconnaître des symptomatologies très spécifiques. D'où l'importance d'accompagner de façon plurielle ces bébés et ces parents pour tenter de comprendre au mieux le contexte, mais également de prendre soin des équipes (supervision, analyses de pratiques, formation) pour qu'elles puissent rester disponibles psychiquement et qu'elles ne se précipitent pas sur des diagnostics qui s'avéreront erronés.

L'urgence n'est pas la précipitation et il s'agit en fait pour les intervenants d'être affectés par ce qu'ils constatent, mais non contaminés par la dimension traumatique de la situation, c'est-à-dire qu'ils peuvent être débordés par leurs émotions, car ce sont des êtres humains, mais qu'il est essentiel qu'ils apprennent à mettre des mots dessus, à leur donner du sens pour redevenir disponibles. Il est fondamental qu'ils gardent leurs capacités de discernement, d'élaboration et de raisonnement et le fait de mettre du sens sur ce qu'ils ressentent leur permet de ne pas être totalement submergés par leurs émotions. Il n'est pas simple de rester disponibles et d'informer des adultes sans savoir s'ils ont ou non une responsabilité dans l'état de l'enfant. Il est tout aussi difficile d'être, à son insu, instrumentalisé par un adulte qui tente d'inverser les culpabilités comme cette nourrice qui fait tout pour accuser les parents ou ce père qui ment pour que la mère soit mise en cause. La complexité de ces témoignages (liés au fait que le bébé ne parle pas et que, s'il était plus grand, son état ne lui permettrait pas de s'exprimer) peut expliquer le recours fréquent au signalement judiciaire pour que des enquêteurs essayent d'y voir plus clair et que les soignants restent dans leur domaine du soin et ne soient pas trop parasités par le fait de savoir qui est responsable de l'état du bébé.

Un temps suspendu hors du temps

L'annonce d'un SBS est particulièrement grave, car elle engage des séquelles potentiellement dramatiques pour le bébé et signifie une dimension médico-légale conduisant normalement à un signalement aux autorités judiciaires. Pour les parents protecteurs c'est un temps particulièrement traumatique puisqu'ils sont confrontés au risque de décès de leur bébé ou, s'il ne décède pas à des conséquences multiples pour son développement dont certaines seront définitives et catastrophiques. C'est une confrontation violente où en un instant leur vie bascule. Ce temps traumatique est un temps hors temps, comme suspendu ce qui explique que bien des années plus tard les parents se rappellent le plus souvent de détails liés à ce moment : la façon dont ils étaient habillés, les mots utilisés par le médecin, la météo du jour, ce qu'ils faisaient au moment où ils ont été appelés par l'hôpital, etc.

« C'est une annonce qui a définitivement bouleversé notre vie. Il y a un avant et un après ; il y a la vie et subitement le cauchemar et la survie ; il y a l'insouciance et violemment la réalité de cette horreur. On part le matin travailler en confiant notre bébé plein de vie à une nourrice et l'on nous explique le soir même que notre tout petit va rester paralysé toute sa vie. C'est juste incompréhensible… on se dit qu'on est dans un mauvais film, qu'on va se réveiller et sortir de ce cauchemar ; que ce n'est pas possible ; qu'il doit y avoir une erreur… mais ce n'est pas une erreur… c'est bien la réalité, notre réalité ».

Ce témoignage illustre les propos de tous ces parents hagards aux urgences, comme assommés par l'annonce qui vient de leur être faite. Certains réagissent avec colère, par des cris, des insultes, des réactions, des coups dans les murs, des menaces à l'encontre de celui ou de celle qui apparaît responsable… autant des manifestations dont la violence est à la hauteur de leur désespoir ; d'autres restent mutiques, prostrés comme anesthésiés psychiquement ou répètent en boucle « ce n'est pas possible, ce n'est pas possible ». Comme tout parent confronté à l'annonce d'un diagnostic grave de leur enfant (et celui-ci est d'autant plus délicat que les conséquences ne sont pas toutes prévisibles et que les médecins parlent en termes de pronostic, de % de risques sans certitude absolue) ces parents sont brutalement face à une réalité où l'incertitude et l'impuissance sont majeures. Ils ne peuvent rien faire pour leur bébé que de le confier aux équipes médicales avec l'espoir qu'il n'y aura pas de séquelles majeures. Il est fréquent qu'au sein du couple parental, mère et père ne réagissent pas de la même façon. Les mères s'autorisent habituellement plus souvent à libérer leurs émotions quand les pères la retiennent (sans doute en raison des référentiels éducatifs de multiples cultures où les hommes apprennent très tôt, et nous le pensons à tort que pleurer est un signe de faiblesse et qu'ils doivent être forts. Ce décalage peut conduire à des incompréhensions comme si l'un souffrait plus que l'autre alors que c'est l'expressivité de cette souffrance qui est différente et non son intensité. Il peut également y avoir des reproches comme, par exemple, « c'est toi qui as choisi cette nourrice » ou des culpabilisations massives exprimées à travers des expressions telles que « c'est de ma faute... si j'avais su... je n'aurais pas dû... ou j'aurais dû... »

Comme pour toute annonce d'un diagnostic grave celle du SBS confronte à différentes logiques : celle du rationnel scientifique médical (ce bébé a été secoué, car il présente tels et tels symptômes), celle de la représentation sociale face à la maltraitance d'un tout petit et celle du monde psychique des impliqués (parents, professionnels, fratrie, entourage) marqué de leurs convictions, de croyances, de vécus traumatiques éventuels antérieurs, des représentations fantasmatiques sur la filiation, sur le handicap, la maladie, la violence, la mort.

Le moment de l'annonce d'un SBS bouleverse l'équilibre personnel et l'économie psychique de chacun (c'est-à-dire dans les ressources qui permettent habituellement de faire face aux difficultés). Il y a un temps de confusion où plus personne ne comprend rein, car le fait qu'un bébé puisse être maltraité alors qu'il est si petit et sans défense est juste inconcevable. Psychiquement cela conduit, inconsciemment, à se protéger face à cette réalité qui vient anéantir tous les repères antérieurs. Un bébé symbolise la vie, l'avenir, l'amour, l'innocence, le bonheur, donc il est porteur dans nos représentations de valeurs positives. S'il est tué ou lourdement blessé après avoir subi des secouements ce sont toutes ces représentations qui se trouvent brutalement anéanties. La mort rôde, la souffrance, la douleur extrême du chagrin, la culpabilité, sont des ressentis qui viennent envahir les proches protecteurs et véritablement faire, psychiquement « traumatisme », car cela vient effracter le psychisme de chacun (le terme est fort, mais volontairement choisit, comme une balle vient effracter un corps). C'est d'une violence indescriptible qui fait basculer en quelques secondes les proches de la vie à la mort en les confrontant à des faits et à une réalité qu'ils ne sont pas en capacité de comprendre tellement elle est insupportable et impensable.

Nous pouvons repérer deux niveaux d'effraction psychique d'une annonce de diagnostic grave liés à la conflictualité simultanément intrapsychique et intersubjective :

- *Un traumatisme primaire* direct dû à la confrontation à la réalité du diagnostic médical. Il exprime les peurs face aux risques de séquelles lourdes, voire de décès du bébé ; les inquiétudes face à sa souffrance ; les angoisses face aux représentations que les parents se font des conséquences possibles des secouements.
- *Un traumatisme secondaire* qui intervient dans l'après-coup, souvent plusieurs semaines voire plusieurs mois plus tard et qui s'inscrit en résonance avec ce traumatisme primaire. Il est lié à l'histoire individuelle et familiale de chacun, en particulier à la réactivation d'éventuels autres événements douloureux qui ont pu exister : fausse couche, personne de la famille décédée, accident, handicap ou maladie grave dans la famille, antécédents de maltraitance chez l'un des parents (ou les deux), vécu d'abandon, etc.

Au moment de l'annonce du diagnostic, les parents protecteurs sont projetés dans une réalité qu'ils n'avaient pas pu s'imaginer. Ils sont sur les rives d'une planète où la mort rôde, où la souffrance est omniprésente, bien éloignée de la vie des bisounours dans laquelle ils pouvaient vivre précédemment avec leur bébé. Et ils ont le sentiment subi d'être seuls au monde, sans personne pour comprendre ce qu'ils ressentent, sans personne pour vivre et réaliser réellement leur souffrance. Au niveau psychologique, différent ressentis peuvent s'éprouver. Selon les parents (leur histoire, leur lien avec l'enfant, la dynamique au sein du couple) ces émotions sont variables et en s'expriment pas avec la même intensité. Nous les citons, en sachant que pour chacun, ils n'auront pas la même force dans l'expression :

La souffrance

Voir son enfant souffrir est une souffrance indicible pour tout parent normalement constitué. Bon nombre de parents de bébés secoués disent d'ailleurs qu'ils voudraient « être à sa place ». Ne pas pouvoir empêcher ses douleurs, être impuissant face à ce qu'il vit est une souffrance psychique sans nom qui peut se manifester chez les parents par des troubles somatiques multiples (pleurs constants, anxiété, maux de tête, maux de ventre, perte d'appétit, douleurs musculaires de toutes sortes, mal de dos, épuisement, insomnies...).

> La mère de Maïssa petite fille secouée par le père explique :« J'ai ressenti un coup de poignard dans le cœur, je souffrais de douleurs pour ma fille, j'avais mal pour elle physiquement. C'est comme si je devenais elle avec sa jambe cassée, son cerveau anéantit et toutes ses douleurs ... et j'imaginais la scène d'horreur qu'elle avait du vivre et sa détresse... Je ressentais alors la pire souffrance de ma vie tout entière ; un mal d'une intensité indescriptible. Et deux ans plus tard quand ma fille exprime sa peur ou sa souffrance, ce sont les mêmes douleurs qui m'anéantissent. »

Le parent protecteur s'identifie projectivement à son bébé et tout se passe comme si son corps devenait le support des souffrances vécues par son enfant, d'où l'importance de leur porter toute l'attention nécessaire, car leur bébé va avoir besoin de toute leur force et de leur énergie pour tenir face au combat qu'il mène pour survivre.

La colère et la haine

Quand le diagnostic de SBS est posé par les équipes médicales, les parents protecteurs cherchent à savoir « qui » a pu « faire ça » à leur enfant. Et comme il s'agit majoritairement d'un proche, ou d'une personne de confiance (nourrice, personnel de crèche), le sentiment de trahison est inévitable avec tous les sentiments de colère, de rage, de haine bien compréhensibles qui l'accompagnent. Il arrive dans les services de réanimation, qu'une personne mise en cause (père, mère, nourrice) tente de venir prendre des nouvelles, ce qui conduit de la part du parent protecteur (ou des parents) à des réactions de colère à la hauteur du désespoir et de l'inquiétude pour leur bébé, comme ce père hurlant dans le service alors qu'il vient d'apercevoir la nourrice mise en cause « si elle approche, je la tue » ; ces parents « priant pour que la nourrice subisse le même mal qu'elle avait fait » à leur bébé, cette mère qui témoigne « n'avoir jamais ressenti de haine dans sa vie, mais avoir espéré que son mari qui avait fracassé leur bébé « subisse ce qu'il lui a fait subir qu'il se retrouve lui-même avec les mêmes séquelles et handicaps, je le voyais comme une ombre noire qui ne devait plus exister ».

> Il arrive que les personnels aggravent ces ressentis comme dans cette situation d'un bébé entre la vie et la mort, secoué par son père et alors qu'une Ordonnance de Placement Provisoire a été posée par le juge pour interdire au père l'accès à son bébé, la mère découvre que l'équipe soignante communique avec lui et lui donne des informations sur l'évolution de son état, ce qui la rend, à juste titre, « folle de

rage » pour reprendre son expression. Elle interpelle, en vain, l'équipe qui semble totalement imperméable à la situation et à ses obligations médico-légales : « mais comment pouvez-vous lui donner des informations et lui parler de son fils alors qu'il a failli le tuer ?! Comment ça « c'est son père » ?!! Ça n'a aucun sens de dire une chose pareil, un père ne secoue pas son bébé avec le risque de le tuer. Il n'est plus son père, mais un meurtrier en puissance. Le juge a interdit tout contact, mais vous, vous prenez sur vous au nom d'une idéologie du lien paternel, pour donner des nouvelles de mon bébé qui a failli mourir ?? Vous ne respectez même pas l'ordonnance du juge et vous osez me dire que c'est un accident et que c'est moi qui suis trop fusionnelle et trop proche de mon bébé ? Après ce qu'il a fait ?? D'ici peu vous allez m'accuser d'être responsable du fait qu'il est secoué notre bébé, mais vous réalisez deux minutes votre attitude et ses conséquences ?! »

Que la colère et la rage du parent protecteur s'expriment est une étape inévitable (pleurs, cris, insultes) et souvent présente chez des parents habituellement calmes et sereins. Les professionnels doivent s'y préparer et limiter les risques de la majorer par des attitudes ou des propos inadaptés (jugement de valeur, banalisation, excuses données à l'auteur, informations transmises au mis en cause, etc.) Sans cela le risque est grand, comme pour cette mère à l'égard de cette infirmière, que la colère ne se retourne contre les personnels soignants.

L'altération du sentiment d'appartenance

Il se manifeste en particulier par l'effondrement des croyances en particulier celles concernant le savoir médical, souvent idéalisé dans une toute-puissance susceptible de guérir tous les maux et de réparer toutes les « erreurs » de la nature. Les parents sont souvent incrédules, demandent au médecin s'il est « sûr », si « aucune erreur n'est possible », « s'il n'y a vraiment rien à faire ». Ils peuvent réagir avec violence, agressivité, remettre en cause la compétence de l'équipe médicale, se sentir abandonnés, incompris, avoir l'impression qu'on ne leur dit pas tout, changer d'hôpital leur bébé et envisager d'avoir d'autres avis supplémentaires avec en trame de fond la cassure entre le temps d'avant l'annonce et le temps d'après. L'altération du sentiment d'appartenance est liée à la suspension de leur devenir parent qu'entraîne ce diagnostic : la vie quotidienne de leur enfant ne va plus de soi, tous les projets autour de lui sont suspendus, remis en cause. La représentation de l'enfant des rêves porteur de tous les espoirs est altérée, l'enfant fantasmatique cet enfant enfoui dans l'inconscient des parents, héritier direct de leur complexe d'Œdipe est atteint au moment même où l'éventualité de la mort de l'enfant réel est envisagée. L'unité psychique de chaque parent en tant que sujet, leurs sentiments d'identité sont brisés : en un instant, leur vie bascule, ils sont expulsés du monde idéalisé de la parentalité parfaite et projetée dans une réalité qui les dépasse bien souvent. Ce dont témoigne ce couple lorsqu'il nous dit : « nous sommes passés du monde merveilleux rose bonbon où tout était facile, heureux, au cauchemar et à l'enfer ».

La déshumanisation extrême ressentie par certains parents peut conduire une désorganisation psychique persistante qui se traduit par un profond sentiment d'étrangeté à l'égard de soi-même comme à l'égard des proches. La mère, le père ne se reconnaissent plus et leur entourage ne les reconnaît pas davantage :

> « Je ne suis plus comme avant, je ne suis plus le même, je ne me reconnais pas » ; « j'ai l'impression d'être devenu pour moi-même un étranger » ; « on a l'impression d'être seuls au monde » ; « on ne me regarde plus comme avant », « dès que je vois un enfant de l'âge de mon fils, je pense à mon petit

garçon, à sa maladie, à sa différence » ; « Je ne sais plus où j'en suis » ; « je ne sais plus ce que je veux et ce que je ne veux pas ».

Il arrive également que le parent protecteur se trouve placé par certaines attitudes d'intervenants, de force, face à ce sentiment d'appartenance quand la gravité des faits est banalisée par des tentatives de justifications voire des excuses données au responsable des secouements (souvent très habile pour se victimiser et attirer la compassion sur son sort que ce soit du côté des enquêteurs que du côté des soignants qui, inévitablement s'identifient projectivement à cet individu en s'imaginant qu'ils auraient pu être à sa place et oublient que derrière la couveuse de réanimation, un bébé se bat pour survivre). Le parent protecteur est placé dans une confusion majeure et se retrouve souvent la cible de l'agressivité au lieu d'être protégé dans un mouvement défensif bien connu du retournement des culpabilités. Certains soignants ont une attitude « négationniste » face à des réalités pourtant avérées des faits. Cela est grave, porte un dommage considérable au bébé survivant et à son (ses) parent(s) protecteur(s) et est probablement lié au manque de formation et de supervision à ce sujet qui laisse libre cours aux projections et représentations de toutes sortes.

Pour exemple cette assistante sociale d'un service pourtant réputé spécialiste dans le SBS, interpellant la mère sur son refus que le père (qui avait reconnu avoir secoué leur bébé) ait des informations et la menaçant de demander le placement du bébé si elle persistait dans sa volonté de protégé son bébé de tout contact avec le père : « plus vous montrer votre désaccord avec votre mari, plus votre fille risque d'être placée ». Cette jeune mère nous explique : « j'ai dû étouffer mes émotions pour protéger ma fille qu'on menaçait de m'enlever. J'ai compris que cet hôpital serait incapable de la protéger et que le plus urgent était de sortir avec mon bébé, trouver une autre structure, engager des procédures et espérer que des professionnels appliqueraient enfin les décisions de justice et ne serait pas dans cette toute-puissance soi-disant, car ils sont « centres de références ». De telles attitudes de soignant et ces propos sont plus que déplacés. Il s'agit de faute professionnelle et de manquement éthique majeur. Si les intervenants étaient formés de telles attitudes seraient limitées ce qui éviterait aux parents protecteurs ces violences institutionnelles majeures qui détruisent profondément le sentiment de confiance en soi de ces parents et qui les anéantissent alors que les professionnels devraient les protéger.

L'expression d'un sentiment d'arbitraire et d'impuissance

Dès l'annonce du SBS, les parents (non mis en cause) témoignent très souvent de l'insoutenable sentiment d'impuissance que représente la confrontation à quelque chose qu'ils ne contrôlent pas et qu'ils subissent sans en comprendre les raisons : « pourquoi notre bébé à nous ? » ; « qu'est-ce qu'on a fait pour que ça nous arrive à nous ? », « pourquoi ça nous tombe dessus ? », « je n'ai jamais eu de problème pour mes autres enfants, il n'y a rien dans ma famille, pourquoi ça m'arrive à moi ? », « Pourquoi maintenant ? » Tous ces « pourquoi » sont autant de tentatives pour tenter de retrouver au plus vite un sens à cette annonce et au désastre qu'elle peut représenter pour chacun d'eux. Cette confrontation à l'arbitraire est une expérience de perte absolue de protection interne et externe, un véritable désastre psychique qui annihile tous les repères antérieurs, met à mal l'équilibre parental et familial et projette les parents sur une scène inconnue qui est du registre du vide, de l'agonie représentationnelle, de la « terreur sans nom » (Bion, 1962).

La culpabilité

Elle est une réaction de défense psychique face à l'indicible très fréquemment exprimée par les personnes exposées à des événements traumatiques. C'est le cas pour les parents de bébés secoués qui dès les premiers troubles de leur enfant puis lors de l'annonce du diagnostic se charge de ce ressenti de faute comme s'ils étaient responsables de ce qui arrive à leur bébé.

Ce mécanisme de défense, inconscient, traduit la tentative pour les parents de lutter contre ce sentiment d'arbitraire en se réappropriant une responsabilité face à ce qui vient d'arriver, avec des propos tels que » ; « c'est de ma faute c'est moi qui... » ; « je n'aurai pas dû, ce ne serait jamais arrivé » ; « j'aurai dû... » Un enfant seul cela n'existe pas et tout ce qui le touche, tout ce qui lui arrive contamine son univers familial et vient raisonner dans l'histoire de chacun. De la nature, de la qualité des interactions familiales, dépendront bien souvent les effets de la maladie ou de l'accident et la place que cet événement pendra dans l'histoire de chacun ; l'inscription qu'il pourra en être fait dans l'histoire familiale. Il faut du temps pour que s'élabore l'inconcevable. L'écoute et l'attention portée à chacun restent essentielles pour accompagner les parents comme leur enfant autour de leurs incertitudes, de leurs interrogations, de leurs croyances, de leur espoir. Les parents se sentent impuissants, perdus, totalement dépendants face au savoir médical et placés dans une situation de soumission infantile à l'égard des équipes médicales. Selon l'état du bébé et l'étendue des blessures le diagnostic est plus ou moins facile pour les équipes qui, de façon plus ou moins consciente s'identifient souvent à ce bébé secoué, frappé, abîmé, voire détruit par d'autres adultes ce n'est pas si simple, émotionnellement, de prendre soin de lui. Les soins d'urgence, très techniques, font certaines fois disparaître le corps du bébé derrière tout le dispositif médical.

L'annonce est donc, en tant que tel, un moment déséquilibré entre les soignants qui ont un niveau de connaissance clinique sur l'état du bébé bien différent des parents. Et il est important que ce temps ne soit pas un temps de survictimisation en évitant les propos qui risqueraient de renforcer la culpabilité (l'expression « pourquoi » par exemple) ou ceux visant à déculpabiliser de façon compassionnelle (« vous n'y êtes pour rien, ce n'est pas votre faute »). Ce type d'arguments n'est en rien aidant pour des parents qui tentent par tous les moyens de donner du sens à ce à quoi ils sont exposés. En revanche bien d'autres expressions peuvent les aider comme celles qui visent à leur permettre de restaurer un sentiment d'appartenance (« ce que vous dites, beaucoup de parents nous le disent », sous-entendus vous n'êtes pas seuls à vivre un tel drame ; les aider à temporaliser (« aujourd'hui vous pensez que c'est de votre faute, mais demain vous verrez peut-être autrement la situation ») ; les soutenir dans le travail d'élaboration et de mise en sens (« est-ce que vous pourriez m'expliquer, si cela vous semble possible, ce qui vous amène à penser que c'est de votre faute ? »)

Des risques constants de survictimisation

Bien souvent, sans penser à mal et même pensant bien faire les professionnels peuvent renforcer par des propos ou des attitudes inadaptées ces ressentis et majorer la détresse psychique des parents qui se sentent incompris et si désespérément seuls face à ce qui vient de leur être annoncé.

Si la HAS a édité des recommandations sur les modalités d'annonce de diagnostic grave, l'intensité émotionnelle présente dans ces situations peut conduire les professionnels à être totalement contaminés par la dimension traumatique de la situation et débordés dans leurs propres mécanismes de défense. D'où ces expressions inappropriées qui blessent, bien involontairement psychiquement les parents. L'idéal serait de prendre le temps de partir de ce qu'ils ont compris de la situation, des troubles qu'ils ont pu constater, de ce qui a pu leur être déjà dit, de ce qu'ils s'imaginent. Partir du savoir des parents, leur permettre de témoigner de ce qu'ils savent de leur bébé. Cela amène les professionnels à être au plus près de l'ajustement relationnel nécessaire pour ne pas effracter psychiquement les parents par des annonces dramatiques très éloignées de ce qu'ils ont compris de la situation. Le temps de l'annonce devrait être un temps de co-construction des savoirs : des parents aux professionnels et des professionnels aux parents. Mais une telle démarche nécessite du temps et surtout d'accepter d'être dans cette représentation « horizontale » du savoir alors que notre culture est très marquée par une approche « verticale » : les médecins savent, les patients et leurs proches suivent. Être dans cette dynamique d'ajustement éviterait pourtant de majorer l'impact traumatique de l'hospitalisation du bébé, car cela restaure les parents dans leurs compétences parentales, dans leurs propres savoirs de parents et les rends de ce fait bien plus disponibles pour entendre les informations que les médecins ont à leur donner. Dénier leur parentalité, ne pas faire attention à leurs référentiels familiaux et culturels, ne permet pas d'avoir la bientraitance nécessaire pour limiter la violence d'une telle annonce.

Et même quand passée l'annonce le professionnel est très sollicité par des questions de tout type, il est important de ne pas se précipiter à répondre, mais d'essayer, tant que possible de comprendre la réponse que le parent a déjà anticipée, de s'étayer sur leur compréhension pour leur apporter une réponse qui sera faite en fonction de leurs ressources psychiques à ce moment-là. Soutenir, guider, accompagner, apprivoiser sont autant de termes qui pourraient être utilisés pour décrire tout ce procédé d'annonce d'un SBS.

LA RÉANIMATION

Quand un bébé présente des manifestations cliniques signes d'un traumatisme crânien, il est le plus souvent hospitalisé en réanimation pédiatrique afin de pouvoir bénéficier des meilleurs soins intensifs possibles, car son état nécessite une attention très spécifique et constante. Sa prise en charge vise en priorité à limiter puis corriger les signes de détresse vitale (troubles cardiaques, respiratoires, instabilité hémodynamique, coma). Ce traitement préventif de fond vise également à empêcher toute apparition d'autres états de crises comitiales.

L'accueil en réanimation d'un bébé secoué est toujours complexe, car ce sont des situations d'urgence et le bébé présente une association de lésions, plus ou moins visibles d'emblée qui vont mener à faire l'hypothèse d'un secouement. La raison de l'admission reste le plus souvent l'état du bébé consécutif à l'hématome sous-dural. Au moment de l'accueil, le diagnostic de secouements et de traumatisme non accidentel est rarement déjà posé. Le SBS est le résultat d'une violence intentionnelle avec tous les enjeux médico-judiciaires à l'œuvre qui nécessitent la plus grande rigueur dans l'établissement du diagnostic à partir d'une prise en charge multidisciplinaire dont l'objectif principal sera la survie du bébé et la prévention de l'apparition de lésions cérébrales irréversibles, sources de séquelles majeures.

Le bébé peut être amené directement par des parents aux urgences par suite de manifestations inquiétantes de leur bébé ou via les services de secours (SAMU, pompiers). Le bébé peut être intubé et ventilé pour l'aider à respirer et tout cet appareillage technique est particulièrement impressionnant pour les parents. La première urgence est donc l'installation du monitorage c'est-à-dire le matériel technique nécessaire pour surveiller les différents paramètres physiques et biologiques du bébé. Il s'agit d'un appareil électronique qui permet en particulier de faire l'enregistrement du rythme cardiaque et respiratoire (électrocardiogramme) et d'évaluer les différentes pressions des vaisseaux. Lorsqu'un organe témoigne d'une défaillance, une alarme se déclenche ce qui permet à l'équipe d'intervenir. Tout un système d'assistances techniques permet ainsi de se substituer aux fonctions vitales du bébé. La réanimation médicale pédiatrique peut être très anxiogène pour les parents qui voient en quelques instants leur bébé disparaître derrière les capteurs, sonde gastrique, respirateurs, cathéter, perfusions, et autres câbles afférents. Le terme même de « ré-animation » représente en lui-même un entre-deux entre la vie et la mort, un temps suspendu où la vie est relayée par une technicité de plus en plus grande.

L'objectif de l'hospitalisation est de permettre à l'organisme du bébé de tenir en assurant provisoirement ses fonctions vitales : cardiaque, respiratoire, neurologique, digestive, métabolique. Il s'agit aussi de s'assurer qu'il ne souffre pas et de limiter les stimuli sensoriels agressifs (lumière vive, bruit). Mais pour les parents, c'est brutalement la confrontation à un monde qu'ils ne connaissent pas, dans un espace totalement décalé à leur quotidien qui leur renvoie d'emblée la gravité de la situation. Il règne dans ces lieux hypertechnicisés une ambiance toute particulière où se mêlent étrangement une ambiance feutrée où la mort rôde et le bruit incessant des machines prêtent à se mettre en mode alarme au moindre souci.

La vision de leur bébé ainsi technicisé peut être en soi traumatique, tant sa fragilité est renforcée par l'importance du nombre de machines mobilisées pour le sauver. Les soins intensifs les tiennent à distance du corps de leur bébé qu'ils ne reconnaissent plus. L'image du bébé imaginaire, gratifiant, en bonne santé fait subitement place à celle d'un tout petit entre la vie et la mort dont le devenir dépend de ces machines. Pour les parents l'hospitalisation est un temps de blessure, narcissique bien connue, car ils sont dépossédés de leur rôle protecteur et qu'ils se trouvent contraints de confier leur petit à des équipes médicales qu'ils ne connaissent pas et qu'ils n'ont pas choisies. Et pour de nombreux parents, l'hospitalisation de leur bébé est la première, à une période de relation fusionnelle liée à ce que le pédopsychiatre Winnicott appelait la « préoccupation maternelle primaire ». Cela les oblige à un travail psychique considérable face à cette rupture et cette épreuve d'être dépossédés de leur rôle parental protecteur et de se retrouver démunis devant ce sentiment d'impuissance insupportable puisque désormais ce sont les professionnels de l'équipe médicale qui les remplacent. Et dans les services très technicisés, ce vécu parental est d'autant plus grand que les professionnels de santé sont plus nombreux et interviennent en nombre autour de l'enfant. Certains parents peuvent s'effondrer, d'autres réagir avec une agressivité qui n'est que la manifestation des ressentis ambivalents à l'égard de ce bébé qui leur renvoient une image narcissique dépréciée puisqu'ils ne sont plus là pour le protéger. La confiance dans l'équipe médicale est primordiale pour que les parents supportent au mieux cette période où les soins à leur bébé leur échappent sans se sentir culpabilisés, dévalorisés ni rejetés par les équipes.

Si l'accueil des parents à l'hôpital a fait des progrès considérables depuis les années 70 où leur présence était interdite, il en reste de multiples à poursuivre ce qui n'est pas des plus simples dans le contexte actuel où la logique comptable a remplacé la logique soignante c'est-à-dire où le professionnel est sommé par son institution de multiplier les actes et a de moins en moins de temps à consacrer à la dimension relationnelle pourtant si fondamentale avec l'enfant et ses parents. Car bien au-delà de la dimension technique de l'accueil d'un enfant aux urgences et en réanimation, il y a aussi et surtout à porter soin à l'enfant en tant que sujet, à respecter sa singularité et à porter attention aux modes relationnels parents-enfants. L'équipe médicale va souvent être une interface entre l'enfant, les soins et les professionnels et tout faire pour maintenir les échanges parents-enfants malgré cette technicité médicale si impressionnante (par exemple lorsque cela est possible médicalement la mise dans les bras des parents, des temps de « peau à peau » pour garantir à l'enfant une continuité de liens avec ses parents tant que ceux-ci ne sont pas mis en cause dans son état.

Dans cet espace où la frontière entre la mort et la vie devient floue, la multitude d'intervenants et d'assistances techniques va rapidement être réassurante pour les parents avec cette idée que s'il arrive quoi que ce soit l'alarme sonnera et tout sera fait pour sauver leur enfant. Et il y a là quelque chose d'insupportable à accepter pour les parents, c'est qu'au-delà des progrès considérables de la médecine (en particulier en réanimation néonatale) la mort fait partie de la vie et cette issue continuera toujours de représenter un risque pour un bébé hospitalisé en réanimation où vie et mort s'intriquent intimement.

LA PRISE EN CHARGE CHIRURGICALE

Une des caractéristiques du SBS est l'hématome sous-dural souvent expliqué aux parents par la métaphore que « le cerveau saigne ». La cicatrisation d'un HSD peut prendre plusieurs semaines. Quand l'étendue de l'hématome est telle (plus de 1 mm d'épaisseur), qu'il fait une pression trop importante sur le cerveau et qu'il menace celui-ci de séquelles irréversibles, il peut être décidé d'une intervention chirurgicale qui s'organise en urgence, chaque minute passée étant une perte de chance pour le bébé. L'objectif d'une telle intervention chirurgicale est d'évacuer du mieux possible l'hématome afin de diminuer au plus vite la pression sur le cerveau qui entraîne la destruction des zones cérébrales touchées. Ces interventions se font sous anesthésie générale avec différentes méthodes selon les situations :

- *la ponction transfontanellaire* : cet acte est décidé quand l'état clinique de l'enfant est grave, car il permet de diminuer immédiatement et rapidement la pression intracrânienne. Mais si cette technique est relativement simple, elle a une limite majeure, c'est qu'elle doit être répétée tant qu'il n'y a pas de restauration de la compliance cérébrale (c'est-à-dire la capacité du cerveau à adapter son volume à la pression liée à l'HSD). Elle peut être réalisée en anesthésie locale ou générale.
- *La mise en place d'une dérivation sous-durale externe* : c'est un acte plus complexe, mais qui peut être nécessaire quand l'hématome est très récent, compressif et qu'il est constitué de caillots sanguins qui risquent d'obstruer le matériel de dérivation interne. Elle permet d'évacuer en continu le liquide sous-dural. La principale complication de cette

méthode est l'infection. Le maintien du matériel ne peut dépasser 15 jours en raison de ces risques infectieux.

- *La mise en place d'une dérivation sous-duro-péritonéale* : il s'agit de la méthode chirurgicale la plus fréquemment envisagée quand cela est possible et que le drainage doit être intense (60 % des cas). Elle permet la pose d'un système pour plusieurs mois si nécessaire (trois maximum dans la majorité des cas, mais chaque situation de bébé est particulière et les neurochirurgiens s'adaptent au mieux, selon l'évolution de l'enfant). Elle est réalisée soit en première intention dans la plupart des cas si l'hématome est isodense, soit après quelques jours de drainage externe si l'épanchement persiste. Cette opération est pour les parents très impressionnante. Elle signifie qu'il y a « une opération de la tête » de leur bébé, ce qui est très anxiogène même si cela est indispensable pour tenter de sauver leur bébé et introduire le cathéter (forme de petit tube très fin et long) au niveau cérébral jusqu'à une dérivation dans une autre partie du corps (vers l'ombilic). Autrement dit le cathéter permet de créer une voie artificielle pour permettre d'évacuer l'excès de liquide céphalo-rachidien lié à l'HSD, ce qui le conduit à être réabsorbé dans la circulation sanguine au niveau du péritoine (zone de l'ombilic). Une valve est le plus souvent mise en place et permet de réguler la pression sans être obligé de réopérer le bébé, grâce à un aimant posé sur la tête au niveau de cette valve (magnétique). Pendant plusieurs semaines voire plusieurs mois, le bébé porteur de valve doit éviter tout nouveau choc à la tête et si l'enfant présente certains symptômes il faut s'assurer immédiatement qu'ils ne sont pas dus à une anomalie de la valve (fièvre élevée, maux de tête incessants, nausées et vomissements, troubles de la coordination et de l'équilibre, faiblesse subite ; troubles brutaux de la vision, somnolence inhabituelle, irritabilité et trouble du comportement.) La pose comme le retrait de la dérivation nécessite une hospitalisation et des soins spécifiques.

SÉQUELLES POUR LES BÉBÉS SECOUÉS

Nous pourrions dire qu'il existe autant de pronostics de SBS que de situations de bébés secoués. Certains nourrissons récupèrent de façon étonnante quand d'autres vont présenter des séquelles majeures alors que le pronostic médical n'était, initialement, pas si dramatique. De multiples facteurs peuvent expliquer une telle variabilité des situations : le contexte des secouements (fréquence, intensité), le délai entre la prise en charge médicale et les secouements, l'état de santé antérieur du bébé, l'âge de l'enfant (plus d'un bébé secoué sur deux de moins de 3 mois présentera des séquelles neurologiques lourdes), les réactions parentales au retour au domicile....

Mais le SBS reste une violence gravissime avec un pronostic vital souvent engagé et des séquelles neuropsychologiques souvent considérables. Le taux de mortalité est évalué à 8 % des bébés secoués pris en charge. Et quand l'enfant présente un état de mal comitial lors de son hospitalisation, la mortalité peut atteindre 24 %. Pour la très grande majorité des bébés survivants, c'est une longue période de rééducation fonctionnelle qui débute dès que leur état le permet (ergothérapie, kinésithérapie, orthophonie...) avec pour objectifs de limiter les séquelles sensori-motrices et neuro-cognitives.

Pour son devenir, compte tenu des risques de séquelles, il serait fondamental que les parents pensent à réaliser une déclaration d'accident à leur assurance, ce qui est rarement fait par méconnaissance ou en raison des multiples démarches qu'ils ont déjà à effectuer. Cette déclaration doit être faite dans les 48 heures normalement pour pouvoir être prise en compte. Elle peut permettre, selon les polices d'assurance, et en dehors de toute procédure pénale, d'obtenir certaines aides : soutien à domicile pour s'occuper des autres enfants ou être présent auprès du bébé qui grandit, s'il a besoin d'une aide spécifique à la maison, accompagnement pour les démarches juridiques, prise en charge des soins psychothérapeutiques, etc.

C'est un point important qui peut paraître tellement dérisoire face aux urgences à traiter, mais il est fondamental de ne pas l'escamoter compte tenu des enjeux dans le temps. Si le bébé secoué peut, plus tard être scolarisé, il sera peut-être nécessaire qu'il ait une Auxiliaire de vie scolaire s'il présente des troubles visuels, attentionnels, d'apprentissage ou de comportement. Il y aura alors de multiples démarches à faire (et refaire chaque année auprès de la MDPH) et avec l'établissement scolaire pour la mise en place d'un PAI (Projet d'Accueil Individualisé pour permettre la scolarisation de l'enfant dans les meilleures conditions). Si depuis la loi de 2005 le milieu scolaire doit s'adapter aux besoins spécifiques de chaque enfant, il reste, en pratique d'innombrables obstacles pour les parents pour permettre une telle prise en charge. Beaucoup d'enseignants méconnaissent le SBS et peuvent avoir du mal à comprendre que les attaques de panique d'un élève de collège, que les troubles attentionnels ou les conduites autoagressives d'un autre mettent à mal sa scolarisation des années après avoir subi ce traumatisme. C'est pourtant fréquent. Et l'incompréhension de l'institution scolaire, peut-être une vraie souffrance infligée aux parents.

> Comme ce médecin scolaire, refusant la mise en place d'un PAI à une jeune collégienne secouée bébé et considérant que ses troubles « sont liés au stress de ses parents et non au SBS. Que le fait de lui avoir dit qu'elle avait été secouée bébé était pire que tout, car parler du vécu des traumatismes ne fait que renforcer les troubles, il n'y a qu'à voir les résultats sur les descendants des survivants de la Shoa… » Non seulement ce

médecin disqualifie les parents, non seulement elle dénie la réalité des troubles post-traumatiques du SBS, mais elle projette ses propres représentations en énonçant des affirmations totalement contredites par les études : les bébés secoués savent ce qu'ils ont vécu. Ils n'ont pas le savoir de leurs parents, mais ont un savoir encrypté via l'expérience sensorielle des secouements. Il est essentiel de mettre des mots sur leurs troubles pour leur permettre de faire ce lien indispensable entre leur vécu et ce qu'ils ressentent au plus profond d'eux-mêmes.

Mais cet exemple illustre que nous nous trouvons ici face au déni général du traumatisme vécu par les bébés et de ses conséquences sur son devenir et sur ses proches. Si la réalité de la douleur somatique des bébés a mis des années à être prise en compte, celle de la réalité de leur souffrance psychique tarde encore à être comprise en tant que telle et en particulier par les professionnels. Il n'est ainsi pas rare d'entendre dire « c'est un bébé il va oublier » ; « il ne faut pas lui en parler, ça va le traumatiser » ; « cela ne sert à rien de lui dire, son cerveau ne peut pas mémoriser ». S'il est vrai que la maturité neuro-cognitive et neuro-affective d'un bébé n'est en rien comparable à celle d'un enfant plus grand cela ne veut pas dire qu'il est préservé des effets du traumatisme psychique. Bien au contraire il est souvent doublement impacté : par son propre traumatisme et par celui de ses parents totalement impactés par ce qu'il a subi et eux-mêmes bien trop traumatisé pour être disponibles psychiquement pour leur bébé.

QUAND LA MORT S'IMPOSE

L'ANNONCE DU DÉCÈS DE L'ENFANT

Il peut arriver que le bébé décède durant le transport aux urgences ou lors de son hospitalisation. Les parents ont, le plus souvent, été alertés par les soignants de la gravité de l'état de leur bébé avec cette formule si souvent utilisée de « pronostic vital engagé ».

Il peut aussi exister des situations où les séquelles neurologiques sont tellement dramatiques que la question de l'arrêt ou de la poursuite des soins actifs se pose. Pour les parents qui n'ont, pour la plupart, pas encore réalisé que leur bébé est en réanimation, cette annonce est d'une violence extrême, car elle nécessite pour les parents de se poser la question de la qualité de vie envisageable pour leur bébé compte tenu de ses blessures. Et quand celle-ci est considérée comme inacceptable pour le bébé, il est décidé de l'arrêt des traitements de suppléance vitale ce qui conduit au décès du nourrisson. Les liens tissés par les équipes médicales avec les parents, aussi ténus soient-ils, permettent de repérer ce que les parents ont compris de la situation et leurs ressources à encaisser une annonce de mort possible à court terme. Mais ces situations sont particulièrement complexes à gérer, car les parents sont dans une situation de court-circuitage psychique majeure où ils n'ont pas le temps d'élaborer l'état de gravité de leur enfant qu'il leur est demandé leur avis sur son devenir en précisant que ce devenir sera des plus incertains. Décider de la vie ou de la mort d'un bébé présentant des séquelles majeures et irréversibles est une violence psychique majeure qui fait ressurgir les conflits psychiques chez les impliqués (soignants, parents) et les dilemmes éthiques.

La mort d'un enfant est en soi, insupportable, car elle n'est pas dans l'ordre des choses naturelles où ce sont les personnes âgées qui décèdent ; la mort d'un bébé l'est d'autant plus pour les parents et les proches bien sûr, mais également pour les professionnels qui ne sont pas parvenus à le sauver. Cette issue insupportable les confronte aux limites de leur métier et bien souvent à l'échec de ce qui a été à l'origine de leur vocation : « sauver, soigner ». Brutalement plus rien n'est possible, ni soin, ni sauvetage. La mort s'impose malgré tous les efforts fournis et toutes les assistances techniques médicales mis en place. Les soignants ne peuvent que dire aux parents que leur bébé est mort. Cet enfant qu'ils leur avaient confié, ce petit patient dont ils étaient devenus responsables est mort. C'est pour beaucoup de soignants un vécu d'échec intolérable d'autant plus difficile à vivre que la charge de travail quotidienne est de plus en plus importante et ne permet plus le moindre espace pour se dégager de la charge émotionnelle de ce type de prise en charge.

Être disponible comme il le faudrait pour des parents qui viennent de perdre leur bébé dans de telles circonstances devrait être systématique, mais il peut arriver que, compte tenu de ce contexte, les soignants ne le soient pas suffisamment, renforçant bien involontairement la souffrance des parents.

LES EXAMENS MÉDICO-LÉGAUX

À la suite d'un décès, il peut être décidé d'un examen du corps, appelé autopsie judiciaire. En France pour toute personne décédée d'une mort inexpliquée ou d'une mort violente, le médecin qui établit le certificat de décès rédige un « Obstacle Médico-légal-OML ». L'OML, réalisé le plus souvent par le médecin du SAMU entraîne immédiatement la saisie du Procureur qui peut d'emblée classer le dossier (après échange avec le médecin) ou ordonner une autopsie médico-légale à laquelle les proches ne peuvent pas s'opposer. L'autopsie a alors lieu dans un endroit spécifique l'IML-Institut médico-légal et est réalisée par un médecin légiste sur réquisition judiciaire. Le médecin légiste ne peut réaliser que les examens inscrits par le magistrat sur sa réquisition. Il y a souvent une analyse macroscopique et des analyses histologiques dont les résultats peuvent être longs à obtenir (près d'un an pour le cerveau). Des représentants des différents cultes sont rattachés aux IML pour permettre que les soins rituels au corps puissent être réalisés dès la fin de l'autopsie. L'autopsie « médico-légale » signifie que le médecin légiste ne fait pas ce qu'il veut, mais qu'il doit réaliser exclusivement les examens demandés par la justice et indiqués sur sa réquisition. Le délai entre l'autopsie et la levée de l'OML qui permet l'inhumation peut être de quelques jours à plusieurs mois si le corps est très endommagé ou si l'enquête se prolonge avec des possibilités de nouveaux examens ou de nouvelles analyses d'anatomopathologie demandées par le magistrat. Enfin, le médecin légiste ne peut pas communiquer avec les parents, car il est soumis au secret de l'instruction. Pour les proches, la seule façon d'avoir les résultats est d'écrire au Tribunal de grande Instance, au Parquet en demandant au Procureur ou au Juge d'instruction qui aurait été désigné les conclusions de l'autopsie. Les délais peuvent alors être très longs. Dans certaines enquêtes, les proches peuvent avoir des renseignements transmis par les enquêteurs.

Un autre type d'autopsie est possible : l'autopsie médicale qui est proposée aux proches pour tenter de comprendre, dans l'état actuel des connaissances médicales, les causes du décès. Cette autopsie ne peut pas être imposée et elle peut donc être refusée. Le médecin qui prend le temps d'expliquer aux parents l'importance de l'autopsie, qui est disponible pour répondre à toutes leurs questions, permet une prise de décision plus sereine ce qui explique que dans les centres de pédiatrie expérimentée, les accords parentaux pour autopsie sont importants. Quand elle est acceptée, les parents signent une autorisation, mais c'est une décision très difficile à prendre à un moment où ils sont submergés par la douleur d'avoir perdu leur bébé et qu'ils ont déjà tant de mal à supporter cette terrible réalité. Les parents peuvent avoir un délai de réflexion, mais il est limité à quelques heures. Le médecin est aussi un médecin spécialisé en médecine légale, mais qui réalise l'autopsie dans un hôpital et non un IML. Le médecin légiste est libre de faire les examens qui lui semblent pertinents et qui peuvent être très variables. Contrairement aux autopsies judiciaires, le légiste a ici le droit de communiquer directement avec les parents et les délais sont souvent beaucoup plus courts (24-48 heures). Le corps peut être vu avant l'autopsie, ce qui n'est pas le cas à l'IML. La charge financière d'une autopsie médicale revient, de principe, aux proches, mais la majorité des hôpitaux s'organisent pour que ces frais ne soient pas adressés aux familles. Les études réalisées auprès de parents ayant donné leur accord pour l'autopsie médicale de leur bébé témoignent que dans la quasi-majorité ils ne regrettent pas leur décision sauf quand ils constatent que l'examen a été réalisé de façon trop succincte (pas d'histologies, médecin légiste insuffisamment expérimenté) et qu'aucune réponse n'est donnée à toutes leurs questions. Beaucoup de parents qui ont refusé, expliquent bien après, avoir regretté cette décision.[3]

La représentation sociale de l'autopsie est souvent associée à des images effrayantes. Il est important pour les parents de comprendre que dans tous les cas (autopsie médicale ou médico-légale) le plus grand soin est apporté au corps et que celui-ci peut être vu ou présenté au proche après l'autopsie sauf dans certains cas très exceptionnels de refus du Parquet. Au niveau des questions religieuses dans les cas d'autopsies judiciaires des représentants du culte sont présents pour assurer tous les soins au corps qui auraient dû être effectués sans ce type d'examens.

Quand un bébé décède, cela n'est pas dans l'ordre des choses de la vie où un enfant est appelé à vivre et où ce sont les personnes âgées qui meurent. Le décès d'un bébé est donc considéré comme une mort particulièrement difficile pour les proches. La perte d'un enfant est une violence insoutenable pour les parents et à l'initiative de pédiatres et de médecins légistes spécialisés en pédiatrie un groupe de travail a été constitué en 1983 par la DGS-Direction Générale de la Santé qui a conduit à organiser un dispositif spécifique au niveau national : les centres de référence régionaux créés par la circulaire GS/DH/225/2B du 14 mars 1986 « relative à la prise en charge par les établissements d'hospitalisation publique des problèmes posés par la mort subite du nourrisson — MSN ». Les objectifs étaient en particulier de permettre une meilleure formation au niveau des professionnels, la mise en place d'études et de recherches pour prévenir les MSN et d'apporter aux parents confrontés à la mort brutale de leur nourrisson un accueil

---

[3] E BRIAND. *Parents d'un nourrisson mort subitement : un parcours exposé à de nombreux facteurs de survictimation*. Mémoire de DU de victimologie, Paris V, 1999.

spécifique. 30 centres ont ainsi été créés, mais depuis les difficultés se sont multipliées pour leur fonctionnement en raison du manque de moyens dédiés en personnels et en budget (excepté pour quelques rares centres qui ont obtenu comme Clamart et Grenoble des subventions du Conseil départemental.[4] Sur le terrain, le fonctionnement de chaque centre reste très lié à l'implication, ou non, du médecin responsable de chaque service concerné dans un contexte où la logique comptable prime désormais sur la logique soignante et où le fait de prendre du temps apparaît trop souvent comme une ineptie pour certains dirigeants institutionnels.

Le décret n° 96-141 du 21 février 1996 « relatif au transport de corps vers un établissement de santé en modifiant le code des communes » a permis de faciliter le transport du corps des bébés, en particulier dans les cas où un bébé est transporté dans un premier temps dans un hôpital non spécialisé et que l'on souhaite ensuite permettre la prise en charge de son petit corps dans un Centre de référence (ce qui est une exception, car en dehors de ces cas le SAMU, comme les pompiers ou les services de police et de gendarmerie n'ont pas le droit de transporter de corps. Le médecin du SAMU (ou des pompiers) suite au constat de décès d'un bébé et si le Procureur ne s'y oppose pas, demande alors aux parents leur accord pour le transport au Centre de Référence régional s'il fonctionne (l'enfant n'étant pas encore déclaré décédé). Cela permet un accueil spécifique des parents dans un cadre plus calme et serein qu'un IML et la réalisation d'une autopsie médicale. Si les parents refusent, le corps de leur bébé n'est pas transporté à l'hôpital, mais la plupart du temps directement à l'IML.

[4] Selon une étude réalisée en 1999 auprès des 30 Centre de Référence Régionaux, 87 % d'entre eux fonctionnaient sans aucun moyen dédié.

L'attention portée aux bébés mort de façon inexpliquée a permis la prise en charge de bébés décédés dans des circonstances qui, après autopsie, ne relèvent au final pas de mort inexpliquée, mais de mort suite à des maltraitances trop souvent déniées tant la représentation de tels actes sur un bébé. Mais au-delà de ce constat, rappelé en particulier dans l'étude dirigée par Anne Tursz, les difficultés de prises en charge sur le terrain restent toujours aussi importantes.

La réaction psychique face à la perte

Si la mort fait partie de la vie, nous tenons habituellement bien éloignée de nous cette réalité.

Et quand la mort s'impose, elle est vécue d'autant plus violemment qu'elle ne concerne pas une personne très âgée ou malade depuis longtemps. Alors quand c'est un bébé qui meurt ce sont toutes les croyances en la vie qui s'effondrent subitement : « ce n'est pas juste » est une des expressions les plus fréquemment verbalisées. Perdre un tout petit, qui avait toute la vie devant soi est une réalité insupportable, car les parents passent d'une période souvent merveilleuse de la naissance du bébé et de ses premiers mois à l'horreur. Et savoir qu'il est mort de secouements est juste inintelligible : « dites-moi que ce n'est pas vrai...ce n'est pas possible ». Cet indicible peut conduire à des réactions de colère à l'encontre du ou de la responsable du secouement ; réactions à la hauteur du sentiment de culpabilité d'avoir confié son enfant à cette personne.

Le deuil est, psychiquement, la réaction face à la perte. Quand un bébé est secoué et qu'il survit, il y a ce travail psychique de s'adapter à ce bébé de la réalité post-secouement qui est inévitablement différente de celui qu'il aurait été sans cette agression, même si médicalement les séquelles sont minimes. Car avoir expérimenté cette mort qui rôde et la mise en risque du pronostic vital de son enfant est une épreuve sans nom qui ne laisse pas sans conséquence le vécu intrapsychique de chacun et les relations intersubjectives en particulier au niveau familial. Quand le tout-petit meurt, le processus de deuil débute en fait dès l'annonce de la gravité de son état et ce moment de rupture violente dans la vie. De l'annonce de la mort à une période où l'absence de ce bébé sera apprivoisée, différentes étapes vont traverser la vie des parents et des proches (fratrie, grands-parents, amis). Assimiler progressivement cette réalité insupportable que son bébé est mort prend un temps très variable selon les vécus de chacun, les liens préalables avec le bébé et le contexte de la mort de celui-ci.

Spécificité du deuil d'un bébé secoué

La particularité du deuil d'un bébé secoué, c'est qu'il est décédé des suites de violences intentionnelles et que cette mort est perçue comme profondément injuste. Elle est vécue comme hautement culpabilisante pour les parents qui se chargent de cette responsabilité d'avoir confié leur bébé à celui ou celle qui l'a secoué. Il y a cette illusion que cette mort aurait pu être empêchée « si » la nourrice avait été différente ; « si » le congé parental avait été plus long ; « si » les troubles avaient été repérés plus tôt... Autant de « si » qui témoignent de la révolte à l'œuvre, bien légitime lorsque l'on pense aux faits.

Le deuil d'un bébé secoué est aussi bien souvent parasité par toute la dimension médico-légale qui entoure ce décès :

- *Le signalement judiciaire* qui peut venir à mettre en cause des parents, dont l'enquête prouvera qu'ils étaient protecteurs et totalement extérieurs aux secouements.
- *Le fait de ne pas avoir toujours la possibilité de se recueillir près de son bébé mort* si le Procureur a ordonné une autopsie immédiate et si le corps est déjà parti à l'institut médico-légal. Pourtant pouvoir habiller son bébé une dernière fois, le porter, l'embrasser, le cajoler avant cette séparation définitive serait si fondamental pour les parents.
- *L'autopsie médico-légale* qui, une fois que le corps du bébé a quitté l'hôpital, ne permet plus d'avoir accès au corps de

celui-ci avant la fin de cet examen spécifique du corps et la levée par le Procureur de tout obstacle médico-légale. Si les centres ressources des morts subites de nourrissons avaient été créés dans les années 1986 pour éviter aux familles la violence de ce qu'est un IML – Institut médico-légal, nombre de ces lieux n'ont plus actuellement les moyens de fonctionner. Ce qui fait qu'au lieu d'être pris en charge par un médecin légiste à l'hôpital (qui pourrait expliquer aux parents ce qu'il a constaté à l'autopsie), l'examen est réalisé dans un lieu dépendant du ministère de la Justice, sans possibilité de s'y opposer, sans connaître les résultats du médecin légiste en raison du secret de l'enquête, et sans savoir à quel moment les parents pourront récupérer le corps de leur bébé. Si les délais sont habituellement de quelques jours, il peut arriver que le magistrat s'oppose à la levée de tout obstacle médico-légal, car il envisage d'autres analyses et que le corps du bébé reste des mois à l'IML. Le processus de deuil est alors suspendu au temps où le petit corps pourra être retrouvé et les funérailles effectuées.

• *L'impossibilité de ritualiser le petit corps défunt* comme les parents le souhaiteraient quand il y a autopsie médico-légale. Or les rites sont fondamentaux, car ils humanisent les morts comme les vivants. Ils permettent ce passage de la vie à la mort par la prise en charge du corps du défunt. Dans le cas des bébés secoués, à la période de technicisation médicale, suis cette logique judiciaire certaines fois implacable, non négociable où la question des répercussions psychiques de ces deuils traumatiques n'est qu'exceptionnellement envisagée par les magistrats, pris par bien d'autres priorités.

• *Les étapes de la procédure judiciaire qui peut durer des années*. À chaque fois il y a les auditions, la lecture des procès-verbaux, les expertises, les résultats de celles-ci, les perquisitions, les dernières affaires du bébé mises sous scellés, les décisions judiciaires certaines fois incompréhensibles, les appels, les recours en cassation. Et le temps passé avec ces périodes de réactivations traumatiques constantes comme en témoigne ce papa : « pendant dix ans nous avons vécu avec chaque jour l'attente d'un courrier de notre avocat ou du juge. Et souvent, au moment où nous n'étions plus envahis par cet espoir de recevoir des nouvelles de la procédure, des avis tombaient, comme un couperet. Au début nous ne comprenions rien à tout ce verbiage juridique ; maintenant nous sommes devenus incollables. Mais avant d'obtenir la condamnation définitive de la nourrice, il aura fallu se battre encore et encore ; emprunter pour payer les avocats ; ne pas se séparer avec ma femme quand tout cela nous rendait dingues, car je vous assure, il y a de quoi devenir totalement dingue avec ces procédures qui n'en finissent pas. On est ballotté dans l'incertitude ; ils nous font douter de nous, de notre conjoint ; ils nous culpabilisent avec leurs questions sur les raisons qui nous ont menés à choisir cette nourrice et le pire, ça a été au moment du procès. Avec les photos de notre petit Victor tout mort…avec les interventions de ses avocats qui n'avaient aucune compassion pour nous et qui ont tout fait pour semer le doute auprès des jurés avec cette idée que peut-être la nourrice avait eu un geste déplacé, mais que si nous avions été plus réactifs en récupérant notre bébé et en allant à l'hôpital tout de suite il serait sûrement encore en vie. C'est une violence indescriptible. Elle n'a été condamnée qu'à dix ans. Dix ans pour avoir tué notre bébé, ce n'est rien. Dix ans pour avoir détruit nos vies ça n'a aucun sens. Mais au moins elle a été condamnée, même si elle n'a fait que deux ans de prison pour raisons de santé. On nous fait croire que porter plainte ça va nous aider pour faire le deuil de noter bébé, mais tout cela ce sont des foutaises ; c'est du grand n'importe quoi. Si nous avions attendu les résultats des procédures pour vivre, on serait tous déjà morts depuis longtemps. Plein de fois avec ma femme nous avons pensé à tout arrêter, car c'étaient des piqûres de rappel constantes de la mort de notre bébé. Mais on a tenu, pour sa mémoire à lui, pour son grand frère et surtout pour que cette femme ne puisse plus jamais avoir l'autorisation de garder un bébé.

Au-delà de tout le chagrin vécu par les parents, le temps de la procédure est une période très paradoxale : engager des procédures leur permet de ne pas être passifs face à la mort de leur bébé, mais en même temps c'est un temps d'inévitables reviviscences. Ce que le père de Victor nous décrit si bien c'est que la restauration psychique ne peut pas passer par la réparation judiciaire. Le recours à une démarche de plainte peut être structurant si les parents sont préparés à ce qu'est une procédure et s'ils sont soutenus tout au long de celle-ci, ce qui est loin d'être le cas.

Ne pas rester seul

Le partage du traumatisme qu'est la perte d'un bébé dans ce type de contexte permet de mettre en commun les émotions (tristesse, colère), les questionnements sur la prise en charge médicale, les conséquences physiologiques du SBS, la filiation, la parentalité, la mort, les rituels, les démarches administratives et les procédures. L'existence d'associations spécialisées dans le deuil d'un bébé et plus particulièrement dans le SBS permet aux parents de comprendre qu'ils ne sont pas seuls et que d'autres vivent ou ont vécu une telle épreuve. Pouvoir partager ce vécu est d'autant plus nécessaire que les proches des parents sont souvent désemparés, ne sachant pas quoi dire ni comment le dire. Jasmine, une grand-mère de six petits-enfants dont le dernier est mort d'un SBS nous décrit « la rupture que cette mort a entraînée dans la famille. Au début tout le monde était là pour entourer ma fille et son mari, car ce bébé était leur premier enfant. C'est après que c'est devenu difficile puis impossible en raison en particulier des fêtes de famille. Ma fille et mon gendre n'ont pas voulu venir au premier Noël. (3 mois après la mort de leur bébé). D'un côté je comprenais que voir d'autres enfants leur était insupportable, mais de l'autre nous pensions qu'être en famille était aussi important pour qu'ils sachent qu'on pensait à eux. C'est important la famille... Ils ont essayé de venir à mes 70 ans, six mois après la mort de leur petit, mais ils n'ont pas supporté. Et pour nous c'était compliqué, car on ne pouvait pas non plus être en permanence triste. On voulait leur montrer que la vie continuait, mais ils ont compris cela comme si on ne prenait pas en compte leur peine et qu'on avait oublié le drame qu'ils avaient vécu. Ça a été un moment très violent où ma fille nous a sorti toute sa détresse et où plein de choses anciennes, pleines de vieilles rancœurs de jalousie avec sa fratrie remontaient à la surface. Cette mort de notre petit fils ça a aussi été une petite mort de notre famille unie. »

L'existence de groupes de soutien, animés par un professionnel ou un membre d'une association formé à la régulation de ces groupes, peut permettre une expression respectueuse de chacun, sans jugement de valeur, sans condamnation, mais aussi sans fausse compassion. Auprès de parents qui ont vécu la même souffrance, même si les histoires de chacun restent toujours singulières, il y a cette expérience commune qui crée un lien de compréhension invisible. Ce n'est pas spécifique aux parents qui ont perdu leur bébé secoué bien évidemment, mais il est important qu'ils sachent que ces espaces-là existent aussi pour eux, car ils sont bien peu à oser les investir : « on n'a pas forcément besoin de parler, parce qu'on se comprend. On sait ce que les autres vivent, car on le vit aussi » explique une maman. Une autre témoigne « de l'importance que cela a eue à un moment où j'avais l'impression de devenir folle, car je ne parvenais pas à pleurer alors que j'étais effondrée ». L'accueil des émotions, leur mise en mot, le partage des ressentis à l'égard des auteurs, permet à ces groupes de soutien d'assurer une protection psychique des parents endeuillés par la compréhension mutuelle des vécus. Les identifications qui peuvent se nouer d'un parent à l'autre peuvent amener à l'expérience du soutien mutuel qui est des plus valorisante.

Se projeter avec ses autres enfants et agrandir la famille

Perdre son bébé ne condamne pas les parents à devoir rester hors la vie. S'autoriser de nouveau à rire avec ses autres enfants si le bébé avait des aînés, envisager d'avoir un autre enfant fait aussi partie du processus de deuil. Si le désir d'être à nouveau parent ne disparaît pas avec la perte de son bébé, dans les cas de décès liés à un SBS un certain nombre de parents ne parviennent pas à se projeter sur ce type de devenir, comme si la pulsion de vie était bloquée par la terreur de perdre à nouveau un futur bébé. Quand la mort d'un bébé est liée à un acte intentionnel et lorsque le soutien familial est limité, il est fréquent que le processus de deuil soit comme bloqué dans une phase souvent dépressive où aucune projection positive n'est possible. L'évolution différente entre les parents peut conduire à ce que les couples se séparent tant les mouvements psychiques liés au processus du deuil chez chacun d'eux sont différents et la détresse de l'autre devient insupportable à gérer[5]. Père et mère ne se reconnaissent plus, ont l'impression de ne plus rien partager en commun en tous cas plus le même projet de vie et leur chemin se séparent ; ce qui devient un autre deuil qui se surajoute à celui de leur bébé. Quand le couple parvient à s'autoriser de reprendre le cours de la vie (souvent passé la première année) et s'il est encore fertile, il peut se projeter sur une autre grossesse. C'est aussi cela la vie… Un certain nombre de parents, qui le pourraient, de n'y autorisent pas par crainte de « trahir la mort » de leur bébé (sic), « par peur d'être jugés », par « peur qu'il n'arrive encore un malheur » ou de « ne pas savoir comment parler de celui qui est mort ». Les études réalisées auprès de bébés nés après le décès d'un aîné nous permettent de savoir que si cet enfant n'est pas conçu pour « réparer », s'il n'est pas investi comme un « pansement » au deuil parental, « sil existe pour lui-même, sans mensonge ni secret de famille au sujet du décès du plus grand, ces enfants grandissent sereinement. Cela reste un choisi pour chaque couple et personne ne devrait le juger, car quel qu'il soit, il est à respecter.

[5] Selon les études, un couple occidental sur deux qui perd un bébé se séparerait (Romano, 2015).

LE TEMPS DE LA SUSPISCION

UN CONTEXTE MÉDICO-LÉGAL INÉVITABLE

Du fait du contexte médico-légal, les adultes qui accompagnent l'enfant lors des secours sont, a priori, les premiers interlocuteurs des équipes médicales. Passé le temps de la prise en charge de leur bébé, ils se trouvent soumis à différents entretiens selon les lieux d'accueil. Le plus souvent, ceux-ci sont réalisés en binôme (médecin, psychologue, assistant social, infirmier). L'objectif des équipes est de comprendre au mieux le contexte ayant conduit aux troubles du bébé, mais également de façon plus générale d'avoir des éléments sur le développement du bébé et son cadre de vie : déroulement de la grossesse, conditions de l'accouchement, mode de garde, place dans la fratrie s'il y en a une, image du bébé et sa place dans la famille, etc. Les professionnels de santé portent également attention aux réactions des parents par rapport à l'état de leur bébé ; d'où l'importance qu'ils soient formés aux réactions de stress dépassé qui peuvent se manifester dans de telles situations traumatiques et qui desservent bien souvent les parents, car ils ne réagissent pas de façon habituelle face à la gravité de la situation.

Il peut être important d'avoir un temps spécifique avec chacun des parents si cela est possible, car il est fréquent que les propos ne soient pas les mêmes quand un père ou une mère est vu(e) seul(e) ou en couple. Dans les contextes de violences conjugales il ne faut pas méconnaître le processus d'emprise (Curtet, 2018) qui peuvent conduire une femme à ne pas être en capacité de se dégager de la violence de son compagnon, qu'elle justifie en se culpabilisant (s'il s'énerve, c'est forcément sa faute).

Dans ces situations les femmes sont en incapacité psychique de penser la violence de leur compagnon, et quand elles y parviennent elles ont trop honte et se sentent trop coupables et trop terrorisées à l'idée de la réaction de leur conjoint s'il apprenait qu'elles ont parlé. Certaines sont tellement désubjectivées et réduites à l'état d'objet de violences, qu'elles ne perçoivent même plus la violence des actes que peut poser leur compagnon pour leur bébé, comme pour elles-mêmes.

LE TEMPS DU JUDICIAIRE

Quand le diagnostic d'un SBS est posé, la dimension du soin bascule d'un coup dans le champ du médico-légal, c'est-à-dire que les soignants ont l'obligation de signaler cette maltraitance au Procureur (avec copie au Président du Conseil départemental via la CRIP, Cellule de Recueil d'Informations Préoccupantes) qui décide généralement d'une enquête ou nomme un juge d'instruction pour la réaliser. Le temps de celle-ci, il est fréquent que le bébé soit placé en OPP- ordonnance de placement provisoire à l'hôpital, c'est-à-dire que les parents n'en sont plus responsables, mais que c'est l'hôpital qui se trouve désigné pour s'occuper du bébé le temps du placement fixé par le magistrat. La durée de celui-ci peut être extrêmement variable et dépend de l'enquête : si une nourrice avoue immédiatement être responsable, l'OPP est levée très rapidement et les parents recouvrent tous leurs droits et peuvent voir leur bébé comme ils le veulent (et que son état le permet). S'il n'y a aucun aveu, mais des suspicions à l'égard des parents, l'OPP est maintenue et il n'est plus possible aux parents de voir leur enfant comme ils le souhaiteraient. S'ils peuvent l'approcher, c'est alors sous surveillance d'un soignant et uniquement si le juge l'a autorisé. Pour les parents qui sont protecteurs et totalement étrangers au drame subi par leur enfant, cette procédure de sauvegarde est une violence supplémentaire qui s'impose à eux avec d'autant plus d'incompréhension qu'ils ne savent pas qui est à l'origine de ces violences. Pour les soignants c'est une autre difficulté qu'ils se trouvent à gérer : après le temps de l'attention, celui de la suspicion peut les conduire à changer brutalement d'attitude à l'égard des parents. Ils deviennent plus impatients, ne communiquent plus (du fait de l'enquête en cours), modifient leur regard et leur attitude.

> Une infirmière de réanimation pédiatrique témoigne de ce qui est ressenti par nombre de soignants dans cette situation : « quand on a accueilli les parents de la petite Anita, c'étaient pour nous des parents désemparés, qu'on a essayé de calmer, de rassurer comme on le fait avec tous les parents d'enfants hospitalisés en urgence. Puis quand l'hypothèse d'un SBS a été formulée, on nous a expliqué qu'il y avait un signalement et qu'on ne savait pas qui avait secoué le bébé, mais que c'était peut-être les parents. C'est très violent pour nous aussi soignant, car en quelques secondes ceux que l'on considérait comme des pauvres parents basculent de l'autre côté du miroir et on se dit que c'est peut-être eux ces monstres qui ont tué leur bébé en le secouant. On a l'impression d'avoir été trahi dans la confiance qu'on leur avait donnée, on se trouve même parfois ridicules d'avoir été aussi bienveillants avec eux… On essaye de rester polis, mais on n'a plus le droit de communiquer avec eux de la même façon en raison de l'enquête. On les regarde différemment ; on s'en veut de ne pas y avoir pensé. Et puis quand on apprend qu'au final ils n'y étaient pour rien, on rebascule dans un autre monde, mais il y a comme un doute qui persiste et là encore on se

culpabilise : pourquoi a-t-on douté d'eux ?? On se met à leur place et on se dit que ça a dû être horriblement violent comme situation. En fait avec le SBS on a l'impression certaines fois d'être dans la situation d'un culbuto : prêt à basculer d'une version à l'autre. Ça parasite beaucoup notre façon d'être soignant ; en tous cas c'est comme dans toutes les situations de maltraitance très difficile, et en plus ce sont des bébés. »

Non seulement les parents sont suspectés d'avoir agi des violences indicibles sur leur bébé, mais en plus ils sont privés de toute possibilité de le voir et de s'en occuper. C'est une double peine qui conduit bien des parents à des dépressions réactionnelles quand la procédure finit par les disculper.

Signaler un SBS c'est protéger ce bébé, mais d'une certaine façon également celui qui l'a causé pour éviter un autre drame. Autrement dit et pour qu'il n'y ait aucune incompréhension**, il ne s'agit pas de protéger l'auteur en lui évitant toute poursuite et toute sanction.** Ce que nous souhaitons expliquer c'est que ne rien dire de gestes violents constatés (avec cette idée « c'est un cas isolé » ; « ça peut arriver à tout le monde » ; « il n'y a pas eu de drame » ; « ça va lui faire du tort » ; « et on va devoir subir les rumeurs » ; « ça va détruire sa famille », etc.), risque surtout de conforter certains mis en cause dans la banalisation de leur acte et de conduire à d'autres drames plus tard. Signaler un acte de violence sur un enfant c'est ne pas dénier la gravité de cet acte pour ce petit d'homme (au niveau somatique comme psychologique), mais c'est aussi prévenir d'autres risques de passages à l'acte et faire en sorte que celui qui l'a commis ne soit plus en mesure de recommencer (donc d'une certaine façon l'empêcher de commettre d'autres actes violents voire criminels). Le signalement est un acte de protection, mais dans notre culture française il reste très marqué su spectre de la dénonciation et de tous les relents liés à la Seconde Guerre mondiale. Il ne s'agit pas là d'accuser injustement des personnes, mais d'alerter sur des actes commis et qui pourraient s'avérer dramatiques. Cette dimension médico-légale s'accompagne d'inévitables auditions, confrontations, perquisitions et certaines fois de gardes à vue. Les parents, après avoir été brutalement projetés dans l'incompréhension du monde médical doivent simultanément faire face à une autre logique, celle du milieu judiciaire.

Il peut arriver qu'un magistrat, convaincu de la culpabilité d'un ou des parents, ordonne le placement immédiat en foyer ou en famille d'accueil des autres enfants de la fratrie avec la notion de les protéger de possibles maltraitances. Mais si, au final, ce ne sont pas eux qui sont à l'origine du SBS, de telles décisions sont totalement déstructurantes pour les fratries et l'ensemble des liens parents-enfants.

> Une maman nous explique ainsi être « tombée sur un jeune juge « qui avait des a priori, c'est sûr. Sans la moindre preuve, il nous a mis en garde à vue puis en détention provisoire. Nos deux grands enfants ont été placés avec l'intervention des forces de l'ordre en pleine nuit qui ont été les chercher chez leurs grands-parents. Ce qui leur a été dit c'est que nous, leurs parents, nous étions dangereux, que nous avions blessé à mort leur petit frère et qu'on risquait aussi de les tuer… c'est totalement atroce comme discours… Nos enfants ont été évacués en pleine nuit, arrachés à leurs grands-parents qui ne comprenaient rien. Ils ont été séparés pendant plus de trois mois, sans aucun contact possible entre eux et avec nous, mis dans une autre école…ça a été un cauchemar…et puis quand finalement, le juge a expliqué que le compagnon de la

nourrice avait avoué avoir secoué notre petit garçon et l'avoir tué, il nous a remis en liberté, sans aucune excuse... c'est la procédure », c'est tout ce qu'il a été capable de nous dire... et il a fallu encore attendre trois mois pour récupérer nos deux grands. Ils nous ont mis un éducateur, on se demande pourquoi, comme si on était responsable de la mort de notre bébé alors qu'on était victime. Et quand on a enfin pu récupérer nos enfants, six mois après cet enfer, là il n'y avait plus personne pour nous aider à gérer les conséquences de ce qu'ils avaient subi et toutes les horreurs entendues sur notre compte. Je ne sais pas moi, mais dans ces cas-là les juges pourraient au moins expliquer aux enfants qu'ils se sont trompés et qu'on n'y était pour rien, qu'on n'était pas dangereux. Mais non, rien de tout cela. Pour accuser ils sont très forts, par contre pour reconnaître leurs erreurs, ils sont aux abonnés absents. Dix ans plus tard, cela reste une épreuve atroce que je ne souhaite pas à mon pire ennemi ».

Ce témoignage illustre toute la complexité de la prise en charge des parents lorsque le diagnostic d'un SBS est posé. La logique judiciaire n'est pas la logique des soignants ni celle des psychologues. Les magistrats doivent savoir qui est responsable du SBS et leur priorité est de protéger l'enfant secoué, s'il est encore en vie, et les autres enfants s'il y a une fratrie. Ce qui peut les amener à prendre des décisions radicales qui peuvent surajouter au traumatisme du SBS. Pour le petit garçon dont nous venons de citer le témoignage, il a fallu du temps pour que les aveux du responsable se fassent après une enquête complexe, des recoupements et sa mise face à ses contradictions. Pour ses parents et ses fratries, les deuils (au sens de perte) ont été multiples : la mort de Jonathan, les séparations parents-enfants, la détention et la mise en foyer. Sans temps de reprises pour expliciter aux parents comme aux fratries la procédure et les mesures prises, ces décisions de justice ne peuvent faire que violence pour ceux qui les subissent injustement ; avec tout le discrédit imaginable à l'encontre de la loi et de ceux qui la représentent.

Nous remercions Maître Natacha HALEBLIAN pour ses réponses aux questions qui lui ont été transmises et qui sont le plus souvent posées par les parents de bébés victimes de SBS.

1 - Quand on découvre que son bébé a été secoué, c'est un drame absolu et les parents non mis en cause sont totalement perdus. Quelles sont les démarches qu'ils peuvent faire ?

La première chose à faire est d'emmener le nourrisson dans un hôpital, de préférence spécialisé pour traiter ce type de maltraitance ou ayant un service dédié aux pathologies infantiles. Il est important de solliciter une copie du dossier médical et de s'assurer que tous les symptômes soient bien décrits par le médecin intervenant pour soigner le nourrisson. Le dépôt d'une plainte pénale doit aussi être envisagé rapidement, car les investigations qui ont lieu dans un temps rapproché des faits permettent de conserver plus facilement les preuves.

2 - Comment porter plainte ?

La plainte doit être déposée dans un commissariat le plus rapidement possible pour que les investigations soient faites rapidement. Le commissariat le plus proche du lieu des faits est à privilégier pour faciliter le traitement de la procédure (en milieu rural, les démarches sont à faire habituellement auprès de la gendarmerie). La plainte peut aussi être déposée directement auprès du Procureur de la République par courrier adressé en accusé de réception. Cependant, le temps que la plainte soit enregistrée par les services du Procureur et envoyée au commissariat compétent pour réaliser les investigations peut allonger les délais.

Quand son bébé est hospitalisé, les parents veulent rester à ses côtés. Les enquêteurs peuvent faire des dépôts de plainte à l'hôpital, mais c'est rare. Les parents peuvent aller directement au commissariat, mais ils sont déjà pris par leur stress de l'hospitalisation et peu disponibles pour ces démarches pourtant indispensables. Compte tenu de la saturation de certains commissariats et du manque de formation des enquêteurs, il est aussi possible décrire directement (avec un courrier en recommandé avec accusé de réception) au Procureur pour dénoncer les faits. Le parent doit être aidé, car il lui faut qualifier les faits et son seul témoignage ne sera pas suffisant. Certaines mairies ont des astreintes d'avocats, les associations spécialisées peuvent aussi conseiller comme la Maison du droit et de la justice présente dans chaque département. Le parent est alors aidé pour rédiger sa plainte (ou les parents) et le Procureur ordonne par la suite les convocations pour les auditions.

3 - Faut-il porter plainte « contre X ou nommé la personne ? »

Déposer plainte contre X signifie qu'on ne connaît pas l'auteur de l'infraction ou du moins qu'on n'a pas la certitude que telle ou telle personne ait commis l'infraction. Dans cette hypothèse, la plainte sera déposée contre X.

Néanmoins, afin de faciliter le travail des enquêteurs, il est important de donner des détails sur la journée du nourrisson avant les faits, les personnes qui ont été en contact avec lui (lesquels seront entendus par les enquêteurs) et quels symptômes ont laissé penser aux parents que leur nourrisson a été victime d'un ou de plusieurs secouements violents. Dans l'hypothèse où les parents sont en capacité d'identifier précisément l'auteur de ces violences, alors la plainte devra être déposée contre lui.

4 - Quelle plainte formuler ? (Violences volontaires, involontaires ?)

Le syndrome du bébé secoué relève de la qualification de violences volontaires, car le secouement est un acte positif et d'une extrême violence. La plainte devra donc être déposée sous cette qualification, toute autre apparaissant de fait exclue.

Dans le premier temps des investigations, il est possible que l'état du nourrisson soit si grave qu'on ne sache pas s'il survivra. Il est donc probable que les enquêteurs retiennent une qualification de violences volontaires, laquelle sera affinée au fil des investigations et au moment de la décision de poursuite.

En effet, il existe plusieurs types de violences aggravées.

Les qualifications les plus opportunes en présence d'un nourrisson victime du syndrome du bébé secoué sont les violences volontaires ayant entraîné la mort sans intention de la donner (en cas de décès du nourrisson) et les violences volontaires ayant entraîné une mutilation ou une infirmité permanente (en cas de survie du nourrisson avec séquelles).

5 - Quel est le délai de prescription ?

La prescription est le délai au-delà duquel les poursuites pénales ne sont plus possibles.

Les qualifications de violences volontaires aggravées indiquées précédemment sont des qualifications de nature criminelle dont la peine encourue est de 15 ans de réclusion criminelle, lesquelles peuvent être augmentées en fonction des circonstances aggravantes.

En matière criminelle, la prescription des faits est de 20 ans.

Cependant, il est important de déposer plainte dans un temps rapproché afin d'éviter une perdition des preuves et faciliter les investigations.

6 - Si un enfant a survécu, que ses parents ont porté plainte quand il était bébé et qu'il n'y a pas eu de suite, peut-il, adulte, porter plainte à nouveau ? Quel délai a-t-il ?

Si la plainte a été classée sans suite ou que la personne poursuivie a bénéficié d'un non-lieu par le Juge d'instruction ou qu'elle a été relaxée par le Tribunal ou la Cour d'appel, les voies de recours pénales sont épuisées sauf si un événement nouveau venait changer toute la compréhension de la situation (comme un aveu tardif).

Il n'est donc pas possible de déposer une nouvelle plainte.

Si les investigations sont toujours en cours et que le nourrisson devenu adulte a de nouveaux éléments susceptibles d'éclairer l'enquête, il pourra en faire état dans le cadre de la procédure.

Enfin, dans l'hypothèse où aucune plainte pénale n'a été déposée et sous réserve que le délai de prescription ne soit pas acquis, alors le nourrisson victime devenu adulte pourra déposer plainte. Cependant, la preuve de la culpabilité risque d'être difficile à établir.

7 - Quelle différence entre une plainte au civil et une au pénal ?

La plainte pénale vise à condamner l'auteur des faits pour l'infraction qu'il a commise. Quant à la constitution de partie civile au procès pénal, elle permet à la victime d'être partie au procès pénal et de solliciter l'indemnisation de son préjudice.

Il faudrait, de principe, conseiller au(x) parent(s) de se constituer partie civile, sinon il ne peut pas avoir accès au dossier, ni demander la moindre procédure (auditions supplémentaires, expertise...). La constitution de Partie Civile est possible jusqu'à la veille d'un procès (pour les rares cas où il y en a un) et toutes les personnes victimes peuvent se constituer Partie Civile (fratrie, grands-parents....) Mais attention se constituer Partie Civile nécessite le versement d'une caution. Certaines assurances la prennent en charge, d'autres non. Cette caution est systématiquement remboursée à l'issue de la procédure et quel que soit le résultat (poursuites ou non), mais il faut la demander au greffe du tribunal où elle a été versée...

Il est difficilement concevable qu'une victime du syndrome du bébé secoué se contente d'assigner l'auteur des faits devant les juridictions civiles pour obtenir l'indemnisation de son préjudice sans avoir déposé une plainte pénale au préalable. En effet, ce sont les investigations réalisées par les enquêteurs qui vont permettre d'établir ou non la culpabilité d'une personne.

Sans cette démonstration préalable, l'action devant les juridictions civiles a très peu de chances d'aboutir.

8 - Qu'est-ce que la CIVI ? Faut-il la solliciter et si oui, dans quel délai et comment ?

La Commission d'indemnisation des victimes d'infractions (CIVI) est une juridiction autonome présente au sein de chaque Tribunal de grande instance chargée d'indemniser les victimes d'infraction.

En présence d'un nourrisson victime d'un syndrome du bébé secoué, la CIVI peut être saisie, car il s'agit de violences volontaires condamnées par le Code pénal.

Les délais de saisine sont de 3 ans à compter de la survenance des faits ou d'un an à compter de la dernière décision définitive (ordonnance du juge d'instruction, jugement du Tribunal, arrêt de la Cour d'appel…)

L'indemnisation sera avancée par le Fonds de garantie si celui-ci ne conteste pas l'existence de l'infraction ou le droit à indemniser. Dans le cas contraire, la CIVI devra trancher entre les demandes de la victime et les oppositions du Fonds de garantie.

La CIVI peut être saisie par une simple requête accompagnée de certaines pièces justificatives, dont la pièce d'identité du requérant, et les décisions qui démontrent que le nourrisson a été victime du SBS. Si de prime à bord la saisine de la CIVI peut sembler aisée, en pratique cela s'avère un peu plus complexe. Il est donc conseillé de ne pas effectuer les démarches seul pour ce type d'infraction.

9 - Qui paye la procédure ?

Pour les victimes d'infraction de nature criminelle, mineures ou sans ressources, l'aide juridictionnelle peut être accordée. Toutefois, ces procédures sont longues et complexes de sorte que d'autres modes de prise en charge seront en général privilégiés.

Les frais d'Avocat peuvent néanmoins être mis à la charge du Fonds de garantie ou de l'auteur de l'infraction en fonction de la juridiction devant laquelle les demandes sont formulées.

DEVENIR DES BÉBÉS SECOUÉS

Nous l'avons expliqué, les secouements peuvent entraîner des blessures multiples dont la gravité varie en fonction de l'âge du bébé, de la fréquence et de l'intensité du secouement, du délai entre les violences et la prise en charge médicale, de l'étendue des blessures.

Les troubles sont pour certains très visibles pour d'autres, totalement invisibles. Il est des cas où ils se manifestent tout de suite, d'autres où ils seront différés.

Nous proposons un rappel des différents troubles qui peuvent s'exprimer dans les suites d'un secouement (des semaines, des mois voire des années plus tard).

SÉQUELLES SOMATIQUES VISIBLES

Les séquelles somatiques visibles sont souvent liées aux blessures neurologiques et ophtalmologiques. Selon le niveau de gravité de la souffrance du cerveau, l'enfant peut survivre en étant dans un état dramatique d'infirme moteur-cérébral, sans pouvoir parler, sans pouvoir se mouvoir, condamné dans un lit d'hôpital à vie.

D'autres séquelles neurologiques conduisent à des symptômes épileptiques, à des troubles moteurs entraînant des difficultés plus ou moins importantes pour se déplacer, ou à des risques constants de dégradation subite de l'état neurologique. Les enfants en grandissant peuvent présenter des troubles spatio-temporels, des difficultés pour se représenter leur corps dans l'espace et avoir un réel retard développemental avec des acquisitions tardives par exemple de la marche, des difficultés à rester en équilibre, des vertiges rendant impossibles certaines activités (vélos, montées ou descente d'un escalier...), des difficultés pour devenir propre ...

Il se trouve souvent associé des troubles qualifiés de « troubles attentionnels » : l'enfant ne parvient pas à rester en place ni à se concentrer ce qui pose d'inévitables difficultés dans les apprentissages scolaires. La parole peut être plus ou moins possible en fonction des zones cérébrales atteintes.

Au niveau ophtalmologique, les hémorragies rétiniennes peuvent conduire là aussi à des conséquences très variables, allant de problèmes de vision qui peuvent être traités par des soins ophtalmologiques et/ou orthoptistes à la cécité totale.

Ces troubles sont visibles, ce qui ne signifie pas nécessairement une attention particulière de l'entourage qui peut se lasser de devoir s'adapter aux besoins spécifiques de l'enfant. Mais ces séquelles permettent une reconnaissance auprès de la MDPH et, selon le taux reconnu de handicap, certaines aides. Solliciter la MDPH n'est pas une démarche simple, car cela confronte les parents à la réalité, violente, des séquelles subies par leur enfant. Il y a aussi, pour certains, le fait que leur enfant est « traité » comme un enfant malade ou handicapé suite à un accident alors qu'un enfant victime de SBS a été victime de maltraitance. Une maman nous explique :

> « C'est comme si la société refusait d'accepter la réalité de ces violences. Ça dérange. À l'hôpital notre bébé était considéré comme un bébé victime de secouement, en grandissant il est devenu un handicapé. Pourtant ce n'est pas la même chose, mais il est traité pareil, comme si on nous imposait ce déni. Ce n'est pas juste... c'est comme si la société nous demandait d'oublier et d'effacer ces violences. Ce n'est pas que je minimise la souffrance des enfants infirme moteur-cérébraux suite à une prématurité, une maladie ou un accident, mais nous, si notre enfant est comme cela c'est à cause des violences qu'il a subies et ça, cela aurait pu être évité. Pour nous c'est très violent qu'il soit dans la même « case » pour la MDPH que les autres, car cela dénie la réalité de la maltraitance... C'est symbolique, mais c'est une histoire de reconnaissance, mais ça, notre société n'est pas prête de l'entendre. »

SÉQUELLES INVISIBLES

Au-delà de ces conséquences visibles qui nécessitent des soins, des heures de rééducation, des appareillages certaines fois très coûteux et trop peu remboursés, qui peuvent conduire les parents à être contraints de déménager et qui amènent bien des couples à imploser tant les difficultés s'accumulent, il y a toutes ces séquelles invisibles. Celles-ci sont liées à la souffrance psychique et aux troubles psychotraumatiques quand quelque chose vient réactiver les violences subies et qui se manifestent certaines fois de façon très impressionnante et dans un délai très variable. Il peut s'agir par exemple de crises clastiques où l'enfant se met à se frapper, se cogner, se scarifier, à hurler sans pouvoir être apaisé. Il y a ces troubles obsessionnels compulsifs de vérifications, ces troubles anxieux qui conduisent à des attaques de panique dès que l'enfant n'est plus dans son environnement ordinaire. Il y a ces épisodes de dissociation péritraumatique où l'enfant « décroche », il est là, sans être là, comme si subitement il n'était plus dans le réel et l'ici et maintenant. Il y a cette hypervigilance qui épuise l'enfant tant il concentre son énergie à être aux aguets pour anticiper sur un nouveau risque d'agression, il y a tous ces troubles liées aux reviviscences qui conduisent l'enfant subitement à être « en crise » pour reprendre l'expression d'une maman. Il suffit d'un regard qui ressemble à celui de son agresseur, d'un lieu qui rappelle celui où les faits se sont passés, d'un moment de la journée (comme celui de la sieste) pour que l'enfant déclenche brutalement une réaction bouleversante pour son entourage : il se raide, s'agite, devient inaccessible à toute réassurance, peut se mettre à hurler, crier, frapper les autres ou se cogner.

« C'est comme s'il n'était plus le même » nous explique un être parent. « Quand il y a quelque chose qui faut comme un révélateur, il disjoncte et là on perd tout contact avec lui. Il faut rester calme, ne pas crier, essayer de le rassurer avec une voie douce et il finit par se calmer. Ce qui est horrible c'est de voir sa détresse dans ces moments-là ; comme si tout d'un coup il revivait la scène de secouement et nous, on est totalement impuissants. »

Ces troubles post-traumatiques majeurs ne sont pas toujours compris en tant que tels et peuvent être interprétés par les adultes à grand renfort de représentations de toutes sortes (il pleure, car il fait « une colère » ; il dort subitement, car il est « fatigué » ; « depuis son hospitalisation il est devenu capricieux »). Ces troubles peuvent s'exprimer des années après en particulier avec des conduites autoagressives dès que l'enfant, l'adolescent, se retrouve dans une situation qui lui rappelle le secouement, en particulier dans des moments d'insécurité et d'anxiété. Il peut alors rentrer dans des colères incontrôlables, se frapper jusqu'à se blesser, sans forcément faire le lien avec les violences subies des années plus tôt. Son corps a fait trace et il exprime à travers des maux de toutes sortes ce qu'il ne peut pas exprimer autrement. Pour les parents et pour les fratries ces manifestations post-traumatiques sont d'autant plus violemment vécues qu'elles sont comme autant d'énigmes incompréhensibles et ce d'autant plus que les années passent et que tous, dans la famille, tentent de tenir à distance les souvenirs de cet événement.

Si la douleur physique des bébés est aujourd'hui nettement mieux prise en compte qu'au début du siècle où les bébés n'étaient pas anesthésiés lors d'opération sous prétexte que leur cerveau étant immatures ils étaient insensibles à la douleur), il reste un travail considérable à faire pour que la souffrance traumatique des bébés soit reconnue. Trop souvent les parents (et nombre de professionnels) pensent que le bébé ne peut pas se souvenir, qu'il ne faut pas lui en parler, qu'il va oublier, etc. Si ces affirmations peuvent reposer sur certains aspects physiologiques avérés (le cerveau d'un bébé n'est pas mature comme celui d'un adulte), le suivi des bébés traumatisés nous permet de savoir combien les bébés exposés à des événements traumatiques dans leur enfance sont blessés psychiquement. Bien évidemment ils ne comprennent pas comme des enfants plus grands ce qui leur arrive, mais leur corps est marqué, leur psychisme est bouleversé non seulement par ce qu'ils ont subi, mais aussi, car ils constatent l'effondrement psychique de leur entourage.

Cette méconnaissance, voire ce déni de la réalité traumatique du vécu des bébés secoués conduit à une incompréhension totale de leurs troubles qui se trouvent psychiatrisés et interprétés pour ce qu'ils ne sont pas, donc non pris en charge de façon adaptée. Comme ce petit garçon étiqueté d'enfant présentant « des troubles autistiques » ou cette collégienne catégorisée comme ayant des « troubles de phobie sociale » alors que ces enfants ont des troubles post-traumatiques.

Et pour les parents c'est souvent une double sanction : non seulement leur enfant n'est pas pris en charge de façon adaptée et ses troubles réactionnels aux violences sont déniés, mais en plus ils leur sont le plus souvent imputés : « si l'enfant à des troubles attentionnels, s'il a des attaques de panique c'est parce que ses parents sont anxieux ». Au lieu de soutenir les parents, inévitablement hypervigilants et anxieux compte tenu de ce qu'a subi leur enfant, ils sont stigmatisés et culpabilisés comme responsables des troubles. Ce qui est un facteur de survictimisation majeur et ce qui n'est pas sans conséquence pour l'enfant comme pour ses parents. Leur état d'épuisement psychique, physique, lié à tout ce stress accumulé depuis des années et le jour où leur bébé a été secoué, ils se trouvent abandonnés à l'incompréhension du monde médical, accusés d'être responsables de l'état de leur enfant. La prise en charge des parents protecteurs devrait être une priorité et être pensée dans le temps. Aujourd'hui rien n'est fait, passé le temps de l'hospitalisation…. ou si peu.

SCOLARITÉ

Lorsque l'on aborde la question de la scolarisation des enfants secoués bébés, comme celle des enfants malades ou en situation de handicap il y a les textes et l'application des textes...

En 2003, la circulaire du 8 septembre relative au projet d'accueil individualisé (PAI) permet aux enfants atteints de maladie chronique de prendre leur traitement à l'école et d'y avoir les soins et les aménagements nécessités par leur état de santé (comme le tiers temps aux examens pour les enfants ayant des difficultés attentionnelles). Et depuis la loi du 11 février 2005 la scolarisation des enfants à besoins spécifiques doit être une priorité. Entre la loi et la réalité, il y a bien souvent un véritable gouffre et les parents savent que scolariser son enfant peut devenir un vrai combat quand il ne rentre pas dans les cases prévues et qu'il a des difficultés nécessitant des aménagements. Il existe bien les PPS - projet personnel de scolarisation, mais sans moyen dédié les enseignants font ce qu'ils peuvent. Sans formation spécifique ils réagissent avec leurs ressources, leurs représentations et leurs défenses qui peuvent conduire au rejet de l'enfant à travers des remarques insupportables. Le service de médecine scolaire est malmené, voire maltraité par l'institution depuis des années, et les infirmières, médecins, assistants-sociaux, psychologues chargés de milliers d'élèves et courant entre plusieurs établissements, ne peuvent pas assurer les missions qui leur sont demandées. Les moyens donnés aux dispositifs d'accueil pédagogique à domicile qui devraient permettre d'assurer des heures de cours à domicile pour les élèves ne pouvant pas aller en établissement perdent année après année leur budget.

Mais le résultat est catastrophique pour bien des enfants : décrochage, absentéisme et certains chefs d'établissement qui finissent par dire aux parents de venir chercher l'exeat ce qui signifie une démission de l'établissement (ce qui leur n'est bien sûr pas dit) et qui conduit l'élève à ne plus avoir d'établissement de référence. Légalement l'Académie devrait rescolariser l'enfant, la CAF devrait être alertée puisque tous les ans elle demande un certificat de scolarité, les services de pédopsychiatries les MDA (maison des adolescents) ou les hôpitaux de jour devraient s'assurer de la scolarisation administrative des enfants qu'ils suivent, mais concrètement bien des jeunes se retrouvent sans AUCUNE scolarité pendant des mois, voire des années. Et quand à 15 ou 16 ans la question de leur devenir professionnel se pose ils n'ont accès à rien puisqu'ils n'ont aucun passé scolaire.

Bien des familles de bébés secoués qui ont grandi méconnaissent leurs droits. Aucun enfant ne devrait être déscolarisé de son établissement d'origine, car le chef d'établissement est alors responsable de trouver une solution. Les parents devraient en être informés, transmettre un arrêt maladie renouvelé régulièrement, car au final c'est bien de cela qu'il s'agit : leur enfant ne peut pas aller en cours des suites de troubles de santé liés aux SBS. Et dans ces situations-là, l'institution est obligée de l'accompagner jusqu'à ce qu'il ait une formation.

Il est donc essentiel que les parents soient mieux informés des droits de leur enfant et que l'institution scolaire intègre ce que sont les conséquences du SBS dans le temps et s'adapte, comme les textes le prévoient, aux besoins spécifiques de ces enfants et de ces adolescents secoués bébés.

LES FRATRIES, CES ENFANTS DE L'OMBRE

Les fratries des bébés secoués sont de véritables victimes collatérales de ces violences. Ils sont souvent encore jeunes et ne comprennent pas les bouleversements qui se passent. Leurs proches (non mis en cause) n'ont pas la disponibilité nécessaire pour être présents suffisamment pour eux, car leur bébé est aux urgences entre la vie et la mort où il est malheureusement décédé avec toutes les démarches à effectuer. Il est très difficile pour les parents d'expliquer ce qui se passe quand eux-mêmes se retrouvent face au cauchemar et à quelque chose d'incompréhensible.

Les sentiments des fratries à l'égard de leurs parents peuvent être ambivalents comme vis-à-vis du bébé secoué. Ils peuvent ressentir de la colère, se croire responsables, craindre de finir à l'hôpital ou de mourir à leur tour. Le SBS est un traumatisme pour les fratries et qu'il ne faut pas le négliger, mais qui n'est, actuellement pas pris en compte par les assurances par exemple ou lors des expertises sur les dommages liés à cette maltraitance.

Pour certains frères et sœurs, le vécu du SBS est tellement douloureux que « les mots ne viennent pas », « c'est impossible de trouver les mots pour décrire la souffrance ressentie ». Et cette souffrance n'est pas circonscrite au temps de l'hospitalisation, mais aussi aux années qui viennent, car cette épreuve est vécue par chaque membre de la famille et peut durablement blesser les uns et les autres. Certaines fratries décident ainsi de ne pas avoir d'enfants « parce qu'il sera impossible de faire confiance à qui que ce soit pour le confier » ; d'autres choisissent des métiers du droit, de la police, de la santé avec cette idée de participer à empêcher d'autres drames et de prévenir les conséquences des SBS.

Pour les frères et sœurs il peut être très difficile de voir le temps pris par les parents pour ce petit qui a besoin d'attention et de prise en charge spécifique. Ils peuvent se sentir rejetés et réagir par des attitudes de replis, une sorte de dépression, des conduites d'échec, des difficultés d'apprentissage ou des réactions beaucoup plus violentes avec des troubles oppositionnels, des pratiques dangereuses et des conduites à risque. Certains envisagent même de mourir, car ils ont « l'impression de ne plus servir à rien ». Ils ont mal pour eux-mêmes dont la vie est définitivement suspendue à cette situation de SBS, inquiets pour leur parents et quand il a survécu, pour leur petit frère ou petite sœur.

La place des frères et sœurs quand le bébé secoué a survécu, peut aussi être une ressource résiliente qui est mieux connue aujourd'hui grâce aux recherches menées auprès de fratries d'enfants traumatisés, malades ou handicapés cela ne signifie pas que cette ressource va de soi et que pour les fratries tout est simple ; loin de là. Selon les situations les réactions seront différentes et nous proposons d'aborder deux cas possibles celui où la fratrie existe et celui où des enfants naissent après un bébé secoué.

QUAND LE BÉBÉ SECOUÉ A DÉJÀ UNE FRATRIE

Cette situation nous amène à être particulièrement vigilants pour les frères et sœurs, véritables victimes collatérales du SBS et trop souvent ignorées dans leur souffrance psychique. La psychanalyste Simone Korff-Sausse qui a beaucoup travaillé auprès de fratries d'enfants handicapés a constaté que cet oubli du ressenti des fratries peut conduire, chez certains parents submergés de préoccupations pour l'enfant qui est hospitalisé, à une forme de déni de leur existence dans la vie mentale inconsciente du parent ; ce qui peut se traduire par un désinvestissement, un rejet voire un véritable abandon psychique, totalement involontaire, mais bien réel.

Pour la fratrie d'un bébé secoué, c'est toute la vie qui se trouve durablement bouleversée. Certains enfants sont déjà grands quand d'autres sont encore à l'âge des couches culottes. Pour les parents la difficulté est de pouvoir rester présents pour tous leurs enfants ce qui, en contexte d'urgence vitale n'est pas possible, voire pas pensable. La fratrie se trouve fréquemment gardée dans la précipitation aux urgences par des voisins, des amis sans avoir pu toujours emmener avec eux leurs affaires personnelles (doudous, affaires scolaires, vêtements). Ils ont certaines fois vu le bébé convulser, faire un malaise ou être découvert inanimé ; dans d'autres cas, ils sont à l'école et au lieu de rentrer chez eux le soir, se trouvent pris en charge par des tiers sans trop d'explications « pour ne pas les inquiéter ». Dans toutes ces situations, ils perçoivent le bouleversement de leurs parents et des adultes de leur entourage et subissent avec violence la rupture dans leur continuité de vie consécutive à l'hospitalisation de leur petit frère ou de leur petite sœur.

Passées les premières heures d'inquiétude et d'hospitalisation en urgence, les fratries voient réapparaître (pour quelque temps seulement) leurs parents, stressés, le visage souvent ravagé par les larmes et l'angoisse et surtout ne voient pas le dernier-né de la famille. Certains parents font alors comme ils le peuvent : certains inventent des histoires plus ou moins rocambolesques avec l'idée de ne pas inquiéter les enfants (« le bébé est parti en vacances chez les grands-parents »), d'autres expliquent que le bébé est « malade et à l'hôpital ». Dans les équipes de réanimation pédiatrique qui bénéficient de formation spécifique, les parents peuvent avoir des conseils sur ce qui peut être dit aux enfants en particulier sur l'importance de mettre des mots sur les faits pour éviter que des théories de toutes sortes ne viennent envahir l'esprit des fratries et pour leur permettre de comprendre au minimum le changement brutal d'attitude des parents. Par exemple « ce matin la nounou de ton petit frère nous a appelés pour nous dire qu'il n'allait pas bien. C'était grave et il a dû être emmené à l'hôpital. C'est pour ça qu'on n'a pas pu venir te chercher à l'école, car on était à l'hôpital. Là, les docteurs s'occupent de lui ». Si le pronostic vital du bébé est engagé il est important de ne pas tenter de faussement réassurer la fratrie en disant « tout va bien », car elle reprochera un jour ou l'autre aux parents de ne pas leur avoir dit la vérité surtout si le bébé venait à décéder ; et puis les enfants captent l'émotion ambiante, entendent les conversations des adultes et perçoivent la gravité qu'il est plus simple de ne pas leur cacher : « c'est très grave, c'est pour cela que tu m'as vu pleurer, que maman/papa est resté(e) à l'hôpital. »

Les fratries peuvent ne poser aucune question ou les multiplier comme autant de tentatives pour tenter de donner du sens à ce qui les déborde totalement dans leurs capacités de compréhension : « pourquoi il a eu ça ? » « Est-ce qu'il va mourir ? »

sont parmi les questions les plus souvent énoncées. Pour les parents, ces interrogations sont redoutables, car eux-mêmes n'ont bien souvent pas de réponse tant les incertitudes peuvent être grandes quant aux devenirs de leur bébé. Ils peuvent alors dire à leur enfant « je ne sais pas. Les docteurs font des examens pour comprendre ce que ton petit frère/ta petite sœur a eu… Ce que je peux t'assurer c'est que tout est fait pour le soigner du mieux possible et qu'il n'ait pas mal ».

Une autre question surgie alors bien souvent « je peux le voir ? » ou « moi aussi je peux aller à l'hôpital ? » Bien des parents répondent spontanément « non » tant leur propre venue en réanimation a été pour eux traumatique et ne veulent « surtout pas traumatiser aussi la fratrie ». Il est difficile pour un parent de comprendre l'importance pour une fratrie de voir le bébé alors même qu'ils en sont dépossédés. Mais nombre de recherches menées sur les fratries d'enfants en réanimation nous permettent de savoir combien il peut être apaisant pour une fratrie de se rendre en réanimation lorsque cela est possible quand ils le demandent. Voir est bien moins traumatogène que de fantasmer une réalité qui leur échappe. Alors il ne s'agit pas d'ouvrir la porte du box de réanimation et de les y pousser sans la moindre explication. Il faut prendre le temps nécessaire de leur expliquer que le bébé est avec plein de machines pour l'aider à vivre et qu'il n'est pas comme d'habitude avec son petit pyjama ou ses habits. Dans les services où existe, encore, un psychologue, un temps est souvent proposé aux fratries pour connaître leurs représentations du service de réanimation, s'adapter à ce qu'ils ont compris de ce qu'avait vécu le bébé, leur expliquer en utilisant comme supports un poupon ou un doudou tout le matériel technique installé sur le petit corps de leur frère ou de leur sœur. Certains enfants s'arrêtent là et ne veulent pas « voir » plus loin ; d'autre s'avancent au bout du couloir et affirment qu'ils ont « vu et que c'est bon on peut partir », « certains vont d'emblée regarder dans le box où se trouve le bébé et posent un tas de questions, d'autres restent silencieux, n'osant pas approcher du petit lit. Autant de situations que de fratries, ce qui nous rappelle l'importance de s'adapter à chacun, car la présence d'un membre de la famille en réanimation est un vrai choc pour tous et représente un risque d'effondrement narcissique pour les enfants comme pour les adultes. Et plus la situation est grave, plus les parents ont tendance à se replier sur leur détresse et à ne plus communiquer entre eux et moins encore avec leurs autres enfants. Les équipes médicales sont ici très précieuses pour créer des espaces de parole où la singularité de chacun sera respectée, où les émotions pourront être libérées, mises en sens et traduites par des mots. Certains parents sollicitent de l'aide, d'autre n'osent pas ou la rejettent d'emblée. Là encore, il est nécessaire d'être patients, compréhensifs, de tenter par petites touches d'apprivoiser leur défiance, de décrypter la dynamique de chacun et de créer un rapport de confiance qui leur permettra de se sentir restaurés dans leurs compétences parentales.

Le climat d'insécurité lié à l'hospitalisation en urgence du bébé n'est pas élaboré par la fratrie de la même façon selon les âges des enfants. La représentation du temps, la compréhension de la gravité de la situation, sont vécus différemment selon les âges, mais ce que nous apprennent ces enfants c'est combien ils sont triplement impactés par la situation :

- Pour eux-mêmes dont le quotidien est bouleversé et la continuité de vie définitivement rompue.
- Pour leur fratrie qui est hospitalisée et pour laquelle ils ont souvent des réactions ambivalentes, du rejet à l'identification massive avec l'angoisse « d'attraper » ce qui est arrivé à leur fratrie. Certains deviennent à l'extrême un parent de substitution, manifestent une

sollicitude extrême et sont projetés dans des responsabilités en total décalage avec leur âge. Certains s'interdisent tout propos négatif, toute révolte, tout décrochage scolaire, mais « payent » souvent ces réactions de défense par une fatigue psychique qui se traduit par une inhibition scolaire et souvent un décrochage. D'autres retournent l'agressivité contre eux-mêmes ou contre les autres. Enfin des fratries se mettent à présenter des troubles psychosomatiques pour tenter de capter l'attention, des parents.

- Enfin, ils sont préoccupés pour ce membre de la fratrie, si différent d'eux et avec lequel les relations s'inscrivent d'emblée dans une dysmétrie. Ils peuvent s'interdire toute révolte, évoluer « en faux-self » de façon hyper-adaptée sans poser le moindre souci jusqu'à un certain temps et souvent, au moment de l'adolescence lâcher toute leur détresse par des conduites multiples (agressivité contre eux-mêmes ou contre les autres, conduites d'échec, consommations diverses, pratiques dangereuses...) ou au contraire ne plus s'autoriser à vivre, développer une inhibition scolaire, des troubles anxieux. Certains développent des conduites très parentales à l'égard de leur petit frère/petite sœur secoué(e), le prenant en charge et assurant le relais des parents quand ils ne sont pas là, se positionnant comme son défenseur constant ou au contraire le rejette totalement tellement sa différence les stigmatise aussi. D'autres développent des capacités étonnantes pour le valoriser à travers l'humour et des créativités de toutes sortes.

Permettre à chacun de trouver sa place

La situation d'un bébé secoué nous rappelle combien il est complexe au sein d'une famille de permettre à chacun de trouver sa place et plus particulièrement quand l'un est différent du fait d'une maladie ou d'un handicap. Aider chacun des enfants à ne pas se sentir en danger dans ses liens avec ses parents, lui permettre de comprendre que chacun a sa valeur et sa place et que tous bénéficient des différences des uns des autres, tout en leur donnant les ressources pour supporter, apprivoiser des différences et reconnaître qu'ils ont aussi des ressemblances est la démarche bien délicate que les parents vont avoir à mener.

Pouvoir venir en réanimation pédiatrique

Permettre aux fratries de venir en réanimation pédiatrique est fondamental pour aider chacun à retrouver un équilibre même si celui-ci reste précaire, car suspendu à l'évolution de l'état de santé du bébé. Voir son petit frère ou sa petite sœur en réanimation est difficile, mais ce n'est pas traumatique si cela est au préalable accompagné, expliqué ; en tous cas cela l'est beaucoup moins que de rester dans l'incertitude, les représentations et théories de toutes sortes qui insécurisent les fratries et qui se traduisent par des conduites à risque, une suraccidentologie, des maladies psychosomatiques. C'est bien davantage un étayage psychique pour chacun qu'une prise de risque traumatogène. Cela permet à la fratrie de retrouver son intégrité et aux parents de s'autoriser à se recentrer sur les autres enfants alors que l'hospitalisation de leur bébé a conduit à un surinvestissement de celui-ci. Le bébé hospitalisé n'est plus un fantasme, mais prend sa place de sujet de la réalité, source d'une attention commune. L'accueil de la fratrie par les équipes médicales permet ainsi d'éviter que celle-ci ne se sente exclue et ne développe par la suite des ressentiments à l'égard du bébé. Car si la place des parents est fondamentale dans le développement du bébé, celle de la fratrie l'est tout autant.

Quand le SBS est posé, il est important que les parents puissent l'expliquer à la fratrie. Dire « il est malade » n'est pas la réalité. Expliquer que la nourrice ou la personne qui le garde a fait quelque chose de très grave qui a blessé la tête de leur frère ou de leur sœur (ou « fait un très gros bobo » si la fratrie est très jeune), que le cerveau saigne et que c'est pour ça que c'est très grave, car pour vivre on a besoin d'un cerveau qui n'est pas blessé. Souvent les parents nous expliquent qu'ils ne peuvent pas « dire ça » ; que « c'est trop violent » ; « que ça va inquiéter leur enfant » ; mais au final pour un enfant il est encore plus inquiétant de se dire que l'on peut arriver dans un tel état en étant « malade ». Et les enfants ne manqueront pas d'entendre les discussions entre adultes et finiront un jour ou l'autre par savoir que l'origine des blessures de leur fratrie n'est pas une maladie, mais un secouement. Les parents peuvent expliquer que pour l'instant ils ne savent pas tout, que la police essaye de comprendre ce qui s'est passé, mais que les docteurs sont sûrs, vu les blessures du cerveau, que le bébé a été secoué très fort. Et quand un bébé est secoué comme cela c'est que la personne qui s'en occupait s'est énervée et qu'en secouant le bébé elle fait comme un « bleu dans la tête » où « cela a fait saigner son petit cerveau ». Cela évite à l'enfant de se convaincre qu'il va « attraper la même maladie » que le bébé. Cela amène aussi les parents à expliquer que dans la vie il y a des gens gentils, des méchants et des gens qui avaient l'air gentils, mais qui peuvent devenir très méchants. Ce point est important, car il permet indirectement de prévenir d'autres violences (harcèlement, racket, agressions sexuelles), en rappelant à l'enfant que si jamais quelqu'un n'était pas gentil avec lui il faudrait leur dire tout de suite.

Le retour à la maison

Quand le bébé secoué revient au domicile avec des séquelles importantes, c'est tout son devenir qui est remis en question. La vie de la famille tourne désormais autour des séances de rééducation, de psychothérapies d'orthophonie, des expertises, etc. il faut certaines fois déménager, car le lieu d'habitation n'est plus adapté au handicap, donc souvent changer d'école, perdre ses repères. Les parents peuvent se séparer tant les difficultés s'accumulent (épuisement, isolement, difficultés professionnelles voir abandon du travail) en raison de la disponibilité nécessaire pour s'occuper du bébé. Les fêtes de famille n'ont plus la même ambiance, les vacances peuvent être totalement bouleversées comme pour Justine douze ans quand sa petite sœur survit à des secouements, mais avec des séquelles majeures qui l'ont rendue tétraplégique : « on adorait aller au ski, à la mer. Et bien tout ça s'est arrêté, car rien n'était fait pour son fauteuil. On nous mettait en colonies des vacances et nos parents n'ont plus jamais pris de vacances. La seule fois où on a essayé ça a été tellement la galère : une véritable expédition, car rien n'est fait pour les gens en fauteuil ».

Pour tout cadet une place est à trouver dans la fratrie et pour tout parent accueillant un nouvel enfant, il y a ce nouvel équilibre à trouver au sein de la famille pour que chacun se trouve bien et grandisse en se sentant protégé, valorisé, rassuré et aimer pour ce qu'il est. Autrement dit que le bébé secoué soit décédé ou qu'il ait survécu, si un autre enfant naît (ou est adopté) après ce drame, il devrait être accueilli pour lui-même et non pas pour réparer les parents face à cette épreuve.

Quand l'aîné a survécu à un SBS

Quand un enfant arrive dans une fratrie où son aîné (ou l'un des aînés) a survécu à un SBS, le vécu peut être variable selon le niveau des séquelles de celui-ci. Ce que l'on retrouve dans ces fratries ce sont beaucoup d'interrogations pour comprendre la différence quand l'enfant commence à grandir. Et dans les cas où les troubles sont majeurs c'est une certaine culpabilité à évoluer différemment, voir à acquérir des apprentissages que son aîné n'aura jamais (pour exemple la marche ou la lecture).

Cela peut créer au sein des fratries des réactions multiples de l'hyperprotection au rejet, des conduites d'échec au surinvestissement, de troubles oppositionnels à des réactions hyperadaptées où le cadet ne se plaint jamais et s'adapte à tout en toutes circonstances. Il est ici fondamental pour les parents d'être soutenu pour limiter les réactions également défensives vis-à-vis de l'un ou de l'autre.

Quand l'aîné est mort suite à un SBS

Perdre un enfant est une douleur indicible. Voir son enfant mourir d'un SBS quand vous l'avez confié à quelqu'un pour en prendre soin est une souffrance supplémentaire accompagnée, nous l'avons vu, d'une culpabilité d'avoir choisi celle/celui à l'origine de la mort de son bébé. Bien des parents, quand ils le peuvent encore, se posent la question d'avoir un autre enfant dans une sorte de projection vitale, pour se donner une nouvelle raison de vivre, pour ne pas se laisser submerger par le chagrin. Longtemps, il a été dit aux parents d'attendre avant d'envisager une nouvelle grossesse pour éviter que le bébé conçu après un deuil ne soit investi comme un « enfant de remplacement ». Les suivis de parents endeuillés nous permettent de constater que certains sont psychiquement prêts à accueillir un nouveau bébé rapidement quand d'autres ne le seront pas des années plus tard. La question d'envisager un nouvel enfant est liée à la place prise dans la mémoire par ce bébé décédé, c'est-à-dire à la possibilité des parents d'avoir pu élaborer psychiquement la perte de leur bébé, ce qui n'est pas si simple dans notre société où le deuil périnatal reste très tabou.

L'essentiel serait que ce bébé ait sa place (prénom différent, grossesse conçue en évitant que le bébé ne naisse à la période où son aîné est décédé). Pour cet enfant, le bébé mort de SBS est son aîné et fait partie intégrante de la famille et de sa fratrie. Il ne s'agirait surtout pas de « cacher » son existence. Ces grossesses et les mois qui suivent la naissance sont souvent vécus sur un mode plus anxieux, ce qui peut totalement se comprendre et qui nécessiterait un soutien spécifique pour ces parents qui certaines fois n'osent pas investir la grossesse puis les premiers mois du bébé par crainte qu'un nouveau drame ne se reproduise. Il est fréquent que tant que ce bébé n'a pas atteint l'âge de son aîné décédé de SBS, les parents soient hypervigilants et particulièrement anxieux. Au sein de la fratrie, l'enfant décédé a toute sa place, mais une juste place. Parler de lui est important, mais sans lui donner toute la place et l'idéaliser, car cela pourrait être très difficile pour l'enfant né pour donner suite à ce décès d'un précédent bébé de trouver sa place sans craindre de décevoir ses parents. En parler tôt, dès sa naissance, évite l'installation d'un secret souvent mortifère et est souvent libérateur pour les parents. L'enfant a besoin de paroles de vérité et il ressent bien qu'il s'est passé quelque chose de grave avant sa naissance. Les secrets de famille finissent toujours par être révélés et quand l'enfant découvre la vérité c'est toute sa confiance en ses parents qui se trouve atteinte.

Mettre des mots simples sur le fait qu'un aîné est mort tout petit bébé, car la nourrice qui le gardait l'a secoué très fort et a blessé tellement fort son cerveau qu'il en est mort, permet aux plus jeunes de ne pas fantasmer sur la mort de cet aîné, d'éviter les théories mégalomaniaques (« si lui est mort et pas moi, c'est que je suis meilleur ») ou de faire de ces fratries des enfants hantés par celui qui est mort (s'imaginer qu'ils sont par exemple les aînés peuvent les conduire à des attitudes inconscientes de risque de mourir).

Là aussi les parents peuvent avoir besoin, à un moment ou à un autre, de soutien, pour trouver les mots, décrypter le comportement de la fratrie cadette et sortir dans certains cas d'une relation morbide qui s'est construite avec le bébé décédé.

LE TEMPS DE LA SCOLARISATION DE LA FRATRIE

Avoir un frère, une sœur « différent(e) », est aussi douloureux pour les frères et sœurs, particulièrement dans notre société où la perfection prime sur tout et où « le maillon faible » est prié de disparaître. Quand le bébé secoué grandit et finit par être scolarisé, c'est souvent un vrai soulagement pour les parents avec cette notion d'accès à une certaine « normalité », car la vie d'un enfant est aussi celle d'être un élève. Mais pour la fratrie, ce n'est pas nécessairement si simple. Cette scolarisation de leur bébé secoué devenu grand peut être un temps maturatif, mais ce n'est pas systématique. Ils évoluaient en dehors de la maison dans leur monde, leur école, leurs camarades et n'avaient pas forcement parlé de leur petit frère ou petite sœur différente et voilà qu'il/elle débarque dans leur école, dans leur intimité. Ils ne sont plus élèves, mais deviennent le frère ou la sœur de cet enfant qui a telle ou telle séquelle. Dans certains cas les parents et les enseignants ne facilitent pas leur vécu en les instituant tels des tuteurs parentaux : « tu feras attention à lui/à elle » ; « est-ce que tu peux t'occuper de ton frère/sœur pendant la récréation ? », etc. La présence d'une AVS-Auxiliaire de Vie scolaire est des plus précieuse quand elle est possible (décision prise par la MDPH).

Il y a une identification projective encore plus forte et les mouvements d'identification et de différenciations à l'œuvre au sein des fratries peuvent devenir tendus. Le lien fraternel est mis à mal, car d'un côté, s'identifier à ce bébé hospitalisé c'est prendre le risque (inconscient) de devenir atteint des mêmes troubles que lui, mais le tenir à distance c'est ne pas lui reconnaître une partie commune de normalité et d'humanité. Ce qui est tout aussi douloureux. La fratrie peut être née (ou adoptée) avant le bébé secoué et il s'agit donc d'aînés ou elle peut être conçue (ou adoptée) après le drame du secouement. Selon le rang dans la fratrie, le sexe identique ou non au bébé secoué, la subjectivité de chacun n'est pas interpellée de la même façon et la qualité des liens intersubjectifs se construit différemment.

Pour les aînés beaucoup de questions se posent sur leurs croyances qu'ils auraient pu protéger le bébé. Ils peuvent développer une forme de jalousie à l'égard de ce petit qui prend subitement toute la place dans la famille ; lui en vouloir parce que leur vie est bouleversée tout en ayant des réactions de colère contre eux-mêmes, car ils se sont convaincus d'avoir failli dans leur fonction protectrice d'aîné ou parce qu'ils se ressentent comme moins importants que ce petit qui accapare toute la place.

Pour les cadets, tout va dépendre des séquelles de l'enfant secoué. Si celles-ci sont majeures, ils peuvent vivre une période difficile quand ils se mettent à progresser et à acquérir des apprentissages que leur aîné(e) ne pourra jamais avoir. Ils peuvent s'en vouloir et développer des conduites d'échec, ils peuvent ne pas oser exister pour eux-mêmes et rester dans un retrait permanent pour limiter les différences avec leur frère ou leur sœur ; la différence de leur fratrie met, indirectement en valeur leurs propres compétences, ce qui peut les culpabiliser. Ils peuvent se mettre à développer les mêmes troubles que lui et manifester une peur phobique à l'égard de toute personne extérieure.

Pour les parents c'est une situation des plus délicates. Déjà qu'au quotidien avoir des enfants est complexe, car si le lien fraternel est fondamental dans le développement d'un enfant, il peut être source de créativité et de ressources tout aussi bien qu'il peut devenir un espace de souffrance quand les rivalités et les incompréhensions sont exacerbées. Mais quand un SBS, une maladie, un handicap, un décès vient toucher un des enfants, le lien fraternel est encore davantage fragilisé. La façon dont les parents peuvent expliquer ce qui s'est passé, les mots qui peuvent être posés sur le SBS et les troubles du bébé sont souvent tout aussi importants que les séquelles elles-mêmes. Pour le bébé, la fratrie, les parents, les grands-parents, c'est toute la dynamique psychique de la constellation familiale qui est remaniée. Ne pas mettre de côté les frères et sœurs apparaît aujourd'hui comme la meilleure protection pour chacun d'eux comme pour le lien fraternel et de les inclure pour leur devenir d'adultes, car de tels ressentis peuvent avoir des effets pathogènes sur leur future vie sociale et familiale. S'il n'existe pas de motifs identiques pour chacun et que la singularité de tous devait être respectée, il est important de rappeler que face à un drame c'est tout l'équilibre familial qui est bouleversé et que nous n'avons pas toujours la disponibilité pour la prendre en considération.

Confrontées à quelque chose qui les dépasse totalement, qu'ils ne comprennent pas et qui survient brutalement, les fratries de bébés secoués tentent souvent de contrôler comme ils le peuvent cet indicible pour ne plus ressentir ce vécu insupportable d'impuissance. Les enfants ont ainsi une capacité à théoriser les choses qui se passent autour d'eux avec une aptitude inégalable pour se culpabiliser de tout ce qui arrive. Ils peuvent aussi bien se sentir responsables de l'état de leur fratrie que de la tristesse de leurs parents d'où l'importance de leur expliquer ce qui s'est passé pour les réassurer sur leur absence de responsabilité et leur permettre de se sentir soutenus narcissiquement et restaurés dans leur propre valeur, dans leurs compétences et leur sentiment d'existence. Il est important de décrypter cette culpabilité sans chercher à la dénier. Autrement dit, affirmer à la fratrie pour tenter de la déculpabiliser, « ce n'est pas votre faute » est, dans la vérité judiciaire juste, mais dans la représentation de ses enfants, et dans leur réalité, cela n'est peut-être pas le cas. Réalité et vérité sont deux notions à bien distinguer. Seul le fait de prêter attention à la façon dont ils justifient cette culpabilisation en les aidant à mettre des mots dessus peut les aider à s'en dégager ; par exemple « pour moi tu n'es pas coupable. Mais « est-ce que tu pourrais m'expliquer ce qui t'amène à croire que c'est ta faute ? » La mise en sens permet que les bribes traumatiques liées au vécu fraternel se réorganisent et puissent se mettre en récit.

Si rien n'est dit, il peut se développer au sein des familles ce que le psychanalyste René Kaës (1989) a écrit comme un « pacte dénégatif » qui lie inconsciemment chacun d'eux par un interdit de penser et de verbaliser ce qui s'est passé. Rien n'est jamais explicitement expliqué, mais tout est fait pour que l'on ne parle plus de ce drame même s'il reste omniprésent dans l'esprit de chacun et dans le quotidien.

LES CONSÉQUENCES FAMILIALES

ÊTRE PARENT, NAÎTRE PARENT D'UN BÉBÉ SECOUÉ

Avant même de devenir parent dans la réalité, homme et femme s'est psychiquement plus ou moins « pensé » parent. Ils ont imaginé, rêvé ce que pourrait être leur vie plus tard s'ils devenaient parents. Des jeux de poupées, aux scénarios de petits personnages et autres jeux de toutes sortes, la parentalité se construit par ces mouvements psychiques qui se nourrissent de l'histoire individuelle de chacun, de l'éducation, des référentiels culturels, familiaux et sociaux. La parentalité est ce processus psychique de se « penser » parents. Pour certain cela se concrétise par le fait de faire un enfant une fois adulte, pour d'autres cela les amène à décider de ne pas avoir d'enfant. Cela nous rappelle que pour « faire » un enfant il ne suffit pas de la fameuse « petite graine d'un papa et celle d'une maman », mais il est aussi nécessaire de l'intégrer dans ce qu'il représente dans la société, dans la place que lui donne la culture d'appartenance des parents, dans le sens que son existence va donner à chacun. En fait on ne naît pas parent, on le devient dans cette co-construction où dynamique intrapsychique et intersubjective s'intriquent l'une avec l'autre de façon permanente. Et ce processus parental se tisse dès les premiers temps, tout au long de la vie. Être un parent bientraitant c'est savoir et pouvoir être un parent protecteur, sécurisant, valorisant de son enfant. C'est savoir être là pour toujours, dans les moments heureux comme dans les situations difficiles et douloureuses. Et quand la maladie, l'accident, l'agression, le handicap vient toucher son enfant, c'est tout ce processus de parentalité qui est mis à mal et ce tissage psychique entre enfant rêvé et enfant de la réalité qui se trouve mis à mal. Et l'on devient parent d'un bébé victime de SBS en étant inévitablement un parent différent de celui que l'on aurait été s'il n'y avait pas eu cette violence infligée sur le bébé.

Ces parents ont été confrontés à quelque chose d'indescriptible en termes de violence : « on » s'en est pris à ce qu'ils avaient de plus précieux, leur enfant, leur bébé, tout petit, sans défense, sans pouvoir se défendre, sans capacité à appeler à l'aide, sans possibilité de témoigner de ce qu'il avait subi. Certains parents auront des éléments de ce qui s'est passé quand les auteurs avouent, mais c'est très rare. Les expertises permettent d'avoir certaines réponses, mais elles ne sont jamais suffisantes et de nombreux professionnels restent très prudents compte tenu de la complexité du SBS et de l'évolution de ses symptômes. Face à tant d'injustice, la colère est un ressenti très souvent exprimé. Elle est saine, juste, compréhensible. Mais notre société, interdit la « loi du talion » qui consiste à la réciprocité des violences subies (ou dit plus vulgairement « œil pour œil, dent pour dent »). Les parents ont besoin d'exprimer cette colère, de s'en libérer, pour éviter qu'elle ne finisse par se retourner contre eux (culpabilité conduisant à des dépressions ; conduites addictives ; suicides...). Mais comment faire ?! Ils ne peuvent pas, comme ce papa nous l'avait dit « aller casser la gueule » à la nourrice ; ils n'ont pas le droit de se « venger » .... ce qui ne réglerait rien pour leur bébé, mais les soulagerait (provisoirement). Il leur faut donc apprendre à contenir cette colère, à ne pas la retourner contre eux ou leur proche (en particulier les autres enfants). C'est très difficile. Les parents peuvent bien sûr porter plainte, mais les procédures sont longues, coûteuses et sans aveu ni preuve absolue bien des affaires sont classées. Et pour les rares plaintes qui conduisent à des procès, les condamnations peuvent, quelquefois apaiser (un peu) les parents, quand les auditions permettent de comprendre ce qui c'est passé et que l'auteur(e) est condamné(e), mais même dans ces cas-là, aucune condamnation ne rend la vie à un bébé mort secoué ; aucune condamnation ne rend la vue ou ses capacités cognitives à un bébé survivant avec d'innombrables séquelles. La colère peut être un véritable poison psychique, toxique qui nécessite que les parents et les proches soient soutenus, qu'ils puissent avoir des espaces pour en parler, la mettre en mot, y donner du sens (thérapie, groupe de soutien associatif, etc.) Les fratries ont-elles aussi besoin de lieux pour se libérer de tous ces bouleversements et de toute cette colère face à ce qui a détruit leur vie d'avant si l'on veut éviter qu'ils ne retournent un jour cette colère contre eux-mêmes (pratiques dangereuses, scarifications, tentatives de suicide, suicide, conduite addictives) ou contre les autres (parents, frères et sœurs, bébé survivant, camarades). Il y a là un travail considérable à faire pour que les responsables politiques comprennent que le judiciaire ne fait pas tout, loin de là et que la reconstruction psychique de chacun passe par une attention portée à ses ressentis. Nous en sommes très loin, car les lieux manquent tout autant que les professionnels spécialisés.

Sans relais extérieur, les parents peuvent tenter de mettre en mot leur colère à travers une lettre adressée à l'auteur(e) ; lettre qui ne lui sera pas envoyée, mais qui vise à libérer toute l'émotion, sans filtre, sans effet de style. Cela peut « soulager » comme nous l'avait dit une maman. D'autres vont acheter un puching-bull et frapper jusqu'à épuisement dessus pour s'éviter d'agresser l'auteur(e) qui ne manquerait pas de porter plainte et qui obtiendrait probablement des sanctions.

Il y a un vieux dicton français qui dit que « la colère est mauvaise conseillère », au sens où agir en état de colère peut nous amener à dire ou faire des actes qui vous nous causer bien plus de difficultés que de biens, car nous sommes envahis par l'émotion à l'état brute. Nous en raisonnons plus. C'est pourtant plus qu'adapté et légitime que de ressentir de la colère quand son enfant a été massacré par quelqu'un censé prendre soin de lui ! Mais pour être efficace, la libération de la colère doit être contenue (d'où la lettre, la course à pied, le macramé, le punching-ball, fléchettes...) pour ne pas se retourner contre ceux qui la ressentent. Ne pas rester seul, trouver des espaces pour être écouté avec bienveillance et compréhension est tout aussi important.

Certains parents sont dans un tel état de sidération, qu'ils « n'éprouvent rien d'autre qu'un vide immense » pour reprendre les termes de parents d'une petite Louise trois mois décédée des secouements de sa nourrice. La colère de ses parents s'est exprimée bien plus tard quand, après trois ans de procédure, leur plainte a été classée. Elle aurait pu rester enfouie encore des années, voire toute leur vie ; mais souvent, dans ces situations-là, ce sont des troubles dépressifs lourds qui s'imposent et des conduites autodestructrices.

UN CHEMINEMENT DIFFÉRENT ENTRE PARENTS

Naître parent d'un enfant victime du SBS c'est devenir parent d'un enfant qui aurait pu mourir, qui a failli mourir. C'est devenir parent d'un bébé dont la vie a été mise à mal et qui aura des séquelles possibles et extrêmement variables. Si certaines sont visibles (somatiques), d'autres auront une dimension psychique invisible. Pouvoir prendre le risque de la rencontre avec cet enfant qui n'est plus celui qu'il était et qui ne sera plus jamais celui qu'il aurait pu être n'est pas simple : il faut oser partir du ressenti du parent ce qui suppose de prendre en compte la qualité des liens antérieurs et ce que représente pour chacun des parents ce risque de la rencontre.

Les parents se retrouvent face à ce tout petit marqué à jamais par ce qu'il a subi. Des mouvements d'inquiétude, de culpabilité, d'angoisse, d'incertitude, d'incompréhension. Ils n'osent certaines fois même plus le prendre dans leurs bras, ils ne parviennent plus à retrouver leurs gestes habituels, ils peuvent avoir peur de lui faire mal, comme si toutes leurs compétences parentales préalables étaient anéanties par ce SBS. Quand le bébé présente des séquelles majeures avec un handicap majeur, les parents doivent non seulement supporter cette réalité qui bouleverse leur vie pour toujours, mais aussi tenir face aux remarques de leurs proches, qui peuvent être involontairement bien souvent maladroites et blessantes. La blessure psychique vécue par les parents dépend non seulement de ces séquelles, mais aussi sur les effets directs de celles-ci sur eux. René Kaës utilise le terme de « nid groupal » qui symbolise bien cette dimension de réassurance parentale qui est à faire pour permettre aux parents de se reconstruire dans le lien avec l'enfant.

Prendre du temps avec le père, la mère et leur enfant est indispensable pour les soutenir dans cette épreuve et les accompagner pour retisser les liens les plus sereins possible, chacun à son rythme. Cette « re-création », cette « re-découverte » mutuelle, est un temps de créativité qu'il est important d'essayer de ne pas manquer ni d'entraver (en laissant seuls les parents, en les jugeant négativement, en renforçant leur culpabilité, en stigmatisant le bébé, etc.). Les soignants doivent parvenir à rester patients, compréhensifs, réassurants et les professionnels sont là, pour les aider à retrouver leurs repères et ce d'autant plus que le soutien familial, social s'est souvent fragilisé. Il est en effet difficile pour des amis, des proches, de la famille de savoir que dire, que faire. La mort terrorise, le handicap, la différence font peur. Dans les familles où il y a des neveux et nièces, pour les familles qui ont aussi des enfants, il peut y avoir cette peur inconsciente que ce qui touche ce bébé secoué va aussi les contaminer. Il peut y avoir une gêne de voir leurs enfants, petits-enfants, en pleine santé quand ce petit bébé souffre et a ces séquelles pour le moins visibles.

Nous constatons qu'il y a en fait autant de devenir de bébés secoués que de bébés secoué, ce qui témoigne de l'importance de la singularité de chacun. Même quand les blessures somatiques sont les mêmes, chaque enfant évolue différemment, car au-delà des séquelles médicales c'est aussi tout le sens de celles-ci dans l'histoire familiale, la façon dont elles sont pensées, portées collectivement qui est à prendre en compte. Cela permet de comprendre que certains enfants moins atteints médicalement iront nettement moins bien dans leur développement global que des bébés pour lesquels les séquelles sont majeures. Certains parents s'isolent, se séparent, s'enfoncent dans le deuil impossible de ce bébé qu'aurait pu être leur enfant s'il n'avait pas été victime de SBS, et s'effondrent dans des troubles dépressifs durables. D'autres, épuisés psychiquement par tout ce temps de lutte pour que leur bébé survive quand il était hospitalisé, enchaînent par des années de procédures judiciaires et finissent dans un abattement physique et psychique total.

La façon dont notre société actuelle juge la différence, stigmatise ceux qui ne sont pas comme la majorité des autres, et prétend soutenir les parents d'enfants traumatisés est, disons-le à partir de nos 25 ans d'expériences professionnelles, indigne d'un pays qui se targue d'être le pays des droits de l'homme. Tant de parents touchés par le traumatisme d'un proche, tant d'enfants blessés psychiquement se retrouvent dans un isolement mortifère total lié au déni de notre société face à ce qu'est le trauma, cette blessure psychique invisible. Et ce déni conduit à de l'incompréhension, à des démarches institutionnelles et administratives sans fin et à la confrontation insupportable entre leur réalité et les belles campagnes de communication ministérielle sur la scolarisation des enfants à besoins spécifiques et l'attention portée aux personnes en situation de handicap. Car derrière tous ces beaux discours il y a la réalité, ce chemin du combattant parental pour permettre que son bébé victime de SBS puisse bénéficier des prises en charge auxquelles il a le droit. Mais il n'est pas bon d'être « différent » dans une société où tout le monde doit être parfait, performant, où la question du temps est réduite à l'immédiateté, où la solidarité est devenue de l'assistanat (qui entraîne une stigmatisation inévitable et la réduction de la vie de la personne blessée au statut de « victime »). Car passé le temps de l'annonce du SBS, passé celui des diagnostics posés (et pas toujours les mêmes…) il y a « l'après… » et là souvent, il n'y a plus grand nombre. Peu d'études d'ailleurs s'intéressent au devenir de ces bébés survivants alors que celle sur le diagnostic et la prise en charge immédiate sont multiples. Dans ses recommandations la Haute Autorité de Santé n'aborde pas davantage les besoins si fondamentaux dont vont avoir besoin ces enfants en grandissant. Comme si, une fois le SBS posé et le retour à la maison effectué, la vie devait reprendre « comme avant ». Mais elle ne sera plus jamais comme avant. Les parents, la fratrie vont vivre avec ce bébé différent. Il faut se battre pour avoir une place en crèche, puis à l'école ou en établissement spécialisé ; il faut supporter les signes de détresse liés aux reviviscences post-traumatiques des violences subies ; il faut être disponible pour les autres enfants ; il faut passer des heures et des nuits à renseigner dossier sur dossier pour les assurances, la MDPH, les services scolaires de l'académie, l'hôpital, le tribunal. Il faut supporter les remarques, les incompréhensions voir le rejet des proches et même de certains professionnels dépassés par les troubles que présentent l'enfant en grandissant et qui préfèrent lui mettre une étiquette psychiatrisante (« trouble autistique », « troubles psychotiques », « phobie sociale ») au lieu de parler de troubles post-traumatiques, déniant violemment la réalité des violences subies. Il y a là un travail considérable à faire pour que notre société comprenne le devenir de ces bébés et celui de leurs proches. Face au rejet si fréquent, les parents ne peuvent que se ressentir comme des « mauvais parents » même si cela n'est pas la réalité. Et si dans leur histoire ils ont déjà un passif de mauvais objet (exposé dans leur enfance à un rejet parental, voire à des maltraitances), de telles attitudes seront de profondes blessures narcissiques qui les blesseront personnellement tout autant qu'elles mettront à mal leurs liens avec leurs enfants (le bébé secoué comme sa fratrie). Ils se convaincront d'être de mauvais parents, de ne pas avoir pu protéger leur bébé et s'enfonceront dans un vécu culpabilisant massif alors qu'ils n'ont fait que faire confiance à un tiers pour s'occuper de leur bébé.

Accompagner les bébés secoués dans leur devenir c'est donc aussi prendre soin des parents protecteurs et des fratries. Ne pas dénier leur souffrance, les restaurer dans leurs sentiments de compétences et leur permettre de redevenir des acteurs dans leur vie et dans celle de leur bébé dont ils ont été dépossédés.

C'est aussi prendre soin des parents c'est-à-dire de veiller au couple parental, même quand père et mère se séparent, car ils restent pour toujours les parents de ce bébé. Or notre culture qui transmet très tôt aux petits garçons qu'ils ne doivent pas pleurer et « être forts », a tendance, quand un drame arrive à oublier que les hommes sont aussi blessés même s'ils ne manifestent pas leur détresse de la même façon. Quand un enfant est malade ou hospitalisé, ce sont les mères qui majoritairement arrêtent de travailler ; ce sont elles qui sont le plus fréquemment présentes à l'hôpital et il peut y avoir, involontairement, de la part des équipes comme d'autres professionnels (thérapeutes, avocats, juges) une tendance à prendre plus soin des mères que des pères. Or si le parent n'est pas reconnu en tant que tel, le processus de parentification (mon enfant me reconnaît comme son parent) peut être mis à mal si par exemple l'équipe médicale fait plus alliance avec l'un ou avec l'autre parent. Chaque parent vit le SBS de façons différentes en fonctions de ses ressources antérieures, de sa place dans la dynamique familiale, de la qualité de ses liens avec le bébé avant son hospitalisation. Mais il y a un lien commun entre chacun, c'est que le SBS effracte leur vécu et peut blesser leurs assises narcissiques à différents niveaux :

- En tant que parent de leur bébé secoué et de leurs autres enfants.
- En tant que conjoint en particulier quand il y avait un désaccord antérieur sur le mode de garde ou le choix de la nourrice si c'est elle qui a secoué le bébé. Et inconsciemment père comme mère peuvent s'en vouloir de ne pas avoir pu donner à l'autre un bébé gratifiant. Tout comme ils peuvent se comparer et se juger mutuellement sur leurs réactions considérant que l'un est « plus fort que l'autre », que « l'autre réagit mieux », etc.
- En tant qu'enfant de leurs propres parents avec la question inconsciente de savoir si leur bébé secoué peut s'inscrire dans la loyauté familiale ou vient la rompre, autrement dit, mon bébé, avec tous ses troubles, est-il digne de ce que mes parents attendent et de ce qu'ils m'ont donné ? La place des grands-parents est importante dans le devenir de chacun. Cette question de la projection inconsciente à leur propre place d'enfant peut renvoyer à des traumatismes infantiles qui se réactivent à cette occasion et peut venir totalement parasiter leur quotidien (parents envahis par des souvenirs de

violences subies, de deuil, de maladies passées, d'avortement ou de fausses-couches, etc.)

Le SBS est un événement traumatique majeur, car il confronte chacun des impliqués à l'imminence de la mort. C'est un temps hors temps, un temps figé ou passé, présent, futur ne font plus qu'un, où les ressentis se télescopent ou les émotions ne s'expriment plus de façon contenue. Mais c'est aussi une épreuve qui peut permettre, par les reviviscences antérieures qu'elle impose, de faire en sorte que des événements de vie encryptés dans la mémoire puissent être enfin élaborés.

L'IMPORTANCE DU SOUTIEN DES ASSOCIATIONS

Les associations sont ici d'un grand secours pour les parents et pour leur éviter d'être isolés face aux difficultés qui s'accumulent. Certaines sont très spécialisées dans le soutien au bébé secoué, d'autres davantage sur la question du deuil d'un bébé ou du handicap. Quelles qu'elles soient il est important de s'assurer de leur sérieux et de l'authenticité de leur engagement et de leurs connaissances du SBS, afin par exemple de ne pas se trouver piégé par une association pleine de bonne volonté, mais créée par des parents qui ont surtout besoin que l'on prenne soin d'eux et qui peuvent, inconsciemment utiliser les autres pour aller mieux ; ou par des associations qui n'y comprennent rien ; ou par certaines opportunistes qui s'imaginent faire fortune sur le sujet ou par d'autres, au fonctionnement plus pervers, qui sous couvert d'aider des parents protecteurs vont tout faire pour les décourager d’engager des procédures à l’encontre des auteurs. D’autres enfin sont en lien avec des réseaux sectaires et profitent de la vulnérabilité des parents pour les capter et ne plus les lâcher…donc prudence !

LE PARCOURS JUDICIAIRE

LES PROCÉDURES POSSIBLES

Signalement

Comme nous l'avons rappelé quand un SBS est posé par des professionnels après concertation et jamais dans la précipitation, le signalement judiciaire s'impose. Quand un professionnel est isolé (exemple d'un pédiatre en cabinet libéral) il est fondamental de ne pas rester seul et d'avoir d'autres collègues à contacter pour avis. Tout professionnel peut aussi appeler la CRIP (aux heures ouvrables) et 24 h sur 24 h le parquetier de permanence au tribunal de grande instance. Ces échanges sont indiqués dans le dossier du bébé. Toute personne qui a connaissance d'un mauvais traitement sur un mineur doit aviser sans délai l'autorité judiciaire. L'article 226-14 du code pénal permet aux professionnels de santé ayant connaissance d'un mineur en danger de ne pas être soumis au secret professionnel. Il n'existe aucun texte légal qui décrive le contenu d'un signalement ce qui fait que ceux-ci peuvent être très variables dans leur rédaction. Mais la plupart des professions ayant un ordre ont des recommandations sur les éléments que celui-ci doit impérativement contenir. LA Haute Autorité de Santé a également fait un rappel sur les mentions indispensables sur le fond comme sur la forme. Les magistrats rappellent aussi qu'il est important que chaque professionnel fasse sa page d'écriture et qu'il n'y ait pas des signalements où toute l'équipe co-signe car trop souvent cela fait perdre des informations fondamentales.

Il est important de rapporter les faits de façon factuelle sans jugement de valeur ni accusation. Si des propos sont rapportés, ils doivent l'être en étant cités entre guillemets et s'ils sont énoncés spontanément ou suite à des questions il est fondamental de le préciser (et d'indiquer par exemple la question posée).

Le signalement doit être rédigé sur du papier à en-tête actualisé, sans erreur de date, ni d'identité de l'enfant et doit être signé par chaque professionnel concerné.

Dans ces situations très chargées émotionnellement il est important que les professionnels veillent à contenir leur subjectivité et n'affirment pas des choses qui relèvent de leur propre subjectivité ; par exemple « les parents sont inquiets » serait à éviter et à remplacer par « les parents nous apparaissent inquiets, car... ». L'origine socioprofessionnelle des parents peut aussi inconsciemment induire des projections défensives de la part des intervenants : des parents médecins qui arrivent avec leur bébé présentant un SBS sont rarement accueillis comme des parents au chômage. C'est pour cela que les groupes d'analyse de pratique seraient indispensables dans ces services pour permettre aux professionnels d'avoir des espaces pour mettre du sens sur leur ressenti et limiter toutes ces réactions de défense qui peuvent conduire à des drames comme l'accusation de parents avec placement du bébé alors que l'enquête prouvera que c'était la nourrice qui avait secoué le bébé.

Suite au signalement le Procureur est censé informer les équipes qui l'ont rédigé des suites qu'il donne ; mais ce retour est effectué de façon très variable selon les activités des Parquets souvent débordés.

Le Procureur peut décider d'une OPP-Ordonnance de placement provisoire du bébé le temps de comprendre qui est à l'origine des secouements. Le bébé reste à l'hôpital et ses parents peuvent avoir interdiction de le voir selon le contenu de l'ordonnance du Procureur. Une OPP est valable 8 jours sans appel possible, période durant laquelle un juge des enfants est souvent saisi par le Procureur. Dans les 15 jours après sa saisine le juge des enfants doit avoir convoqué les parents (ou détenteurs de l'autorité parentale). Il peut lever ou prolonger la mesure de placement de l'enfant, ordonner des mesures d'assistance éducative, mais dans ces cas-là les parents peuvent faire appel.

Si le bébé était gardé par une assistante maternelle, le Président du Conseil départemental doit décider s'il la suspend à mesure conservatoire le temps de l'enquête ou non. Elle peut se voir retirer son agrément si elle avouait d'emblée être responsable. La difficulté actuelle est liée au fait que Le Président du Conseil Départemental est un élu avec tout le poids des pressions politiques qui peuvent exister. En cas de non-respect de ses obligations et de ses responsabilités liées à son agrément, une professionnelle peut voir celui-ci suspendu (art. L. 421-6 du CASF (Code d'Action Social et de la Famille). L'agent bénéficie cependant d'une indemnité compensatrice et, à sa demande, d'un accompagnement psychologique (CASF, art. L.423-8), ce qui est une réalité incompréhensible pour des parents victimes qui eux, ne se voient rien proposer comme soutien par le département ou exceptionnellement par une psychologue de la PMI sans que cela soit une obligation des textes du CASF. Le Département peut même engager une procédure de retrait de l'agrément. Il doit motiver sa décision, la transmettre sans délai, informer le maire de la commune de résidence et le président de la communauté de commune concernée et le signaler aux organismes débiteurs des aides à la famille, aux représentants légaux des mineurs accueillis et aux autres employeurs (art. L 421-6, L 421-8 & L421-9). Mais si cette professionnelle est très soutenue (exemple d'une assistante maternelle dans une MMAM - Maison Municipale des Assistant(e)s-

Maternel(les)), la décision du Département ne sera pas si facilement prise. C'est une réalité qu'il n'est pas « politiquement correcte » et habituelle de rappeler, mais qui, sur le terrain existe bien. Par ailleurs la suspension a une durée maximale de quatre mois alors que les procédures prennent des années et que les professionnel(le)s récupèrent leur agrément sans plus de difficulté passé ce délai.

Quant au retrait d'agrément, il reste exceptionnel (aucun chiffre officiel à ce sujet) et ne peut être acté qu'après une procédure de passage devant la CCPD – Commission Consultative Paritaire Départementale composée en nombre égal de représentant du département, d'élus et d'assistant(e)s maternel(le)s. La professionnelle (ou le professionnel) mis en cause peut toujours saisir le tribunal administratif pour dénoncer cette procédure. Certains peuvent même demander une indemnité de licenciement (art/L. 423-12 du CASF) s'ils parviennent à faire valoir que c'est un accident et qu'il n'y a pas « faute grave » (terme du texte). S'il se trouvait avec un retrait d'agrément, l'assistant maternel bénéficierait de toute façon d'un revenu, fixé selon les conditions prévues actuellement à l'annexe I de la convention du 14 mai 2014 relative à l'indemnisation du chômage. Cela est lié à leur statut : les assistants maternels et les assistants familiaux employés par des collectivités territoriales, des établissements publics de santé ou des établissements sociaux ou médico-sociaux publics ou à caractère public sont des agents non titulaires de ces collectivités ou établissements, selon les articles L.422-6 et L.422-7 du code de l'action sociale et des familles.

Il y a ici une profonde réforme à mener pour que les bébés gardés soient réellement protégés et pour que soit un jour entendue l'injustice ressentie par des parents qui voient la personne qui a massacré leur bébé continuer d'exercer.

Il y a aussi ces mères ou ces pères, dont le conjoint a massacré leur bébé et qui, peu à peu, loin d'être déchu de leur autorité parentale, loin d'être contraints à un travail thérapeutique pour comprendre leur passage à l'acte se retrouve traité presque comme des victimes et finissent par retrouver peu à peu leur droit de visite. L'idéologie familialiste française fait qu'aujourd'hui c'est le droit à l'enfant et non le droit des enfants qui prime. Si la France se targue d'être le pays des droits de l'homme, elle est tout sauf le pays des droits de l'enfant, en tous cas pas celui des enfants maltraités et des bébés secoués survivants. Aucun enfant maltraité ne devrait être utilisé pour « réparer son parent » contrairement à ce que l'on peut lire dans bien des jugements. On ne « licencie » pas un parent bourreau. La déchéance parentale n'est plus appliquée et c'est bien souvent le parent protecteur qui se trouve mis en cause par les professionnels. Accusés d'être « trop protecteur », « fusionnel », tout est fait pour le rendre responsable des troubles de son bébé quand il grandit, les professionnels oubliant la gravité des actes commis et le fait que l'attitude du parent protecteur (ou des parents) est au contraire très adaptée à la situation.

Procédure pénale

Dès la saisine du Procureur, celui-ci peut déclencher une enquête pénale ou décider d'un classement sans suite s'il ne peut pas caractériser suffisamment l'infraction. Il peut décider tout de suite ou après avoir lui-même fait une enquête de saisir un juge d'instruction. Ces enquêtes pénales conduisent à des auditions, des perquisitions, des confrontations. Elles sont longues, épuisantes (financièrement, psychiquement, temporellement). Sans aveu et sans preuve, aucun magistrat ne peut poursuivre. Et quand les preuves sont avérées et les culpabilités établies, il faut souvent plusieurs années avant qu'un procès ne se tienne. Selon les faits retenus par le juge d'instruction, celui-ci a lieu au tribunal correctionnel (juges professionnels dans le cas de « dits ») ou aux assises (pour les crimes avec des jurés issus de la population et tirés au sort parmi les inscrits sur les listes électorales). Les jugements correctionnels sont plus courts (une journée en moyenne) avec des délais plus rapides (un an ou deux après les faits là aussi en moyenne). Aux assises les délais sont très longs (quatre à cinq ans d'attente après l'ordonnance de renvoi en raison de la saturation des tribunaux). Les procès sont longs (plusieurs jours) et leurs résultats souvent incertains, car pour les neuf jurés il est très difficile de ne pas projeter inconsciemment leur situation sur celle de celui ou de celle mis(e) en cause. Et souvent les sanctions sont bien en deçà de ce qui est prévu dans le Code pénal. Si les mis en cause peuvent faire appel, il est important de rappeler ici que les parties civiles (parent(s) du bébé secoué) n'ont, elles, pas le droit de faire appel d'un jugement, mais que seul l'avocat général (le Procureur au procès) peut faire appel. C'est la réalité d'un système judiciaire qui n'est pas conçu pour les victimes contrairement à tout ce qui peut être avancé dans les campagnes faites pour inciter les gens à porter plainte. La réparation pénale n'est pas la restauration psychique et les procédures sont bien plus survictimisantes qu'apaisantes en raison de leur durée et de la logique du système pénal.

La procédure pénale peut être engagée suite à la saisine des enquêteurs par les soignants ou par un signalement par d'autres professionnels. Mais bien souvent, ceux-ci privilégient l'IP- l 'information préoccupante (signalement administratif près le Président du Conseil départemental via la CRIP – Cellule de Recueil des Informations Préoccupantes et non près le Procureur). C'est un niveau « moindre » d'alerte, prévu pour les enfants « en risques » et non « en danger », ce qui témoigne de la banalisation du SBS par les professionnels. Si les signalements au Procureur sont rapides (normalement…), les IP sont des évaluations beaucoup plus lentes (trois mois selon les textes). Dans le cas de la petite Maïssa qui avait pourtant des fractures multiples avérées, l'assistante sociale face aux mensonges et aux explications abracadabrantesques du père avec des versions multiples et incohérentes a ainsi décidé, dans un premier temps, de faire une IP alors que ce bébé état en danger avéré. Pour elle, des fractures multiples sur un bébé n'étaient pas une preuve de danger…. Il faudra attendre les résultats de l'IRM et des traces d'hémorragies cérébrales pour qu'elle finisse par admettre la nécessité de signaler en urgence au Procureur. Que de temps perdu…que de bébés sacrifiés…

Les auditions

Quand le diagnostic de SBS est posé, il y a inévitablement un signalement judiciaire par le service de l'hôpital au tribunal de grande instance. Le Procureur est saisi (magistrat dit du « Parquet ») il peut faire une enquête et effectuer tout un tas d'actes (auditions, confrontations, perquisitions, garde à vue…) pour finir par classer sans suite l'affaire s'il considère qu'elle est « insuffisamment caractérisée » c'est-à-dire qu'il n'a pas suffisamment d'éléments de preuves pour poursuivre. Il peut décider d'un renvoi immédiat au Tribunal de Police au Tribunal correctionnel selon la qualification qu'il fera des faits ou il peut transmettre à un juge d'instruction le dossier (magistrat dit du siège). La transmission au juge est certaines fois immédiate, d'autres fois elle se fait plusieurs années plus tard. Tout dépend du Procureur. Le Procureur peut aussi décider de saisir un juge des enfants et le Président du Conseil départemental (dans les cas où il s'agit d'une nourrice agréée par le CD). Ce sont donc d'inévitables procédures qui s'engagent avant même que les parents aient décidé de déposer plainte ou non. Au cours de ces procédures, les personnes de l'entourage de l'enfant sont généralement auditionnées ainsi que les soignants. L'audition peut se passer à l'hôpital ou au commissariat ou à la gendarmerie, au bon vouloir des enquêteurs. Habituellement en secteur rural ce sont les gendarmes qui enquêtent et en milieu urbain les policiers. Les auditions peuvent avoir lieu immédiatement, à plusieurs reprises, des mois voire des années plus tard. Au cours de l'audition, l'enquêteur pose des questions et la personne entendue répond. Si la personne est considérée par les enquêteurs comme suspecte, il est habituel qu'elle soit entendue sous le statut de « témoin assisté » (donc avec un avocat). Dans les situations où elle est mise en cause, il est généralement décidé d'une garde à vue. Tant que le magistrat n'a pas suffisamment d'éléments, il peut demander le maintien de l'enfant à l'hôpital via une OPP (ordonnance de placement provisoire). Si, à l'issue de l'hospitalisation le magistrat considère que les parents représentent un danger pour l'enfant, le bébé est alors placé en pouponnière ou en famille d'accueil et les visites avec les parents très cadrés (quand ils ont droit aux visites). On imagine la violence que peut représenter pour les parents protecteurs le fait d'être ainsi auditionnés voir mis en cause quand, ils sont injustement considérés comme les responsables du SBS.

Les expertises

Les expertises peuvent être multiples, ordonnées à différents temps de la procédure : par un Procureur lors d'une enquête ou un juge lors d'une instruction. Elles peuvent aussi être demandées par les assurances ou par la CIVI (Commission d'Indemnisation des Victimes d'infractions). Certaines fois elles sont effectuées très rapidement après les faits, dans d'autres cas des dizaines d'années plus tard. L'enfant est examiné en fonction des questions posées par le magistrat ou la CIVI pour évaluer les blessures, les répercussions et les préjudices (loi n° 71-498 du 29 juin 1971 ; décret n° 2004-1463 du 23 décembre 2004).

Étymologiquement le terme « expert » est issu du latin « expert » qui signifie qui a fait ses preuves. Il existe des recommandations sur les règles de l'expertise et chaque professionnel devrait les respecter par exemple ne pas poser de questions suggestives ou ne pas réduire un enfant aux résultats d'un questionnaire ou l'évolution de son développement à quelques minutes d'examen comme bien des parents et des enfants nous le rapportent. Il reste à ce niveau bien des progrès à faire pour que cette spécialité soit reconnue et que les professionnels qui s'y engagent soient formés spécifiquement à cette technique bien particulière d'évaluation.

Habituellement le magistrat est celui qui demande l'expertise pénale, mais celle-ci peut être sollicitée également par les parties civiles. L'expert est en fait mandaté pour répondre à des questions précises posées par le magistrat dans un domaine qui n'est pas le sien. Si les conclusions de l'expertise ne conviennent pas, il peut être demandé une contre-expertise. Normalement le magistrat fixe dans son ordonnance d'expertise un délai pour rendre son compte-rendu. Mais l'absence de valorisation de cette compétence expertale en France fait que peu de professionnels souhaitent s'y spécialiser et il manque des spécialistes de ce sujet, ce qui rend les délais de réalisation des expertises très longs. Cette durée sur plusieurs mois, voire plusieurs années de procédures fait que, dans certains cas la personne sollicitée par le juge n'a pas la compétence requise. Elle devrait le signaler et demander un « sapiteur » (collègue expert dans le domaine), mais très peu le font. Par exemple la demande d'évaluation des troubles post-traumatiques chez un enfant de 10 ans par un psychiatre adulte.

Différentes expertises peuvent exister, en dehors des expertises amiables rarement mises à l'œuvre dans le cas des SBS puisque les deux parties doivent être d'accord sur son principe :

- *l'expertise médico-légale* : elle est <u>imposée</u> et ordonnée par un Procureur ou un juge d'instruction et doit obligatoirement être réalisée par un médecin légiste. Les parents ne peuvent pas s'y opposer. Si le bébé est vivant, elle est souvent réalisée en réanimation pédiatrique ou dans les consultations d'Urgences médico-judiciaires situées habituellement au sein d'hôpitaux. Si le bébé est décédé, elle doit être réalisée dans un IML - institut médico-légal (lieu qui dépend du ministère de la justice et plus de celui de la santé). Elle permet de faire un certain nombre de constats, photos et de prélèvements (exemple de l'expertise ADN) que l'enfant soit vivant ou décédé elle se distingue ici des investigations scientifiques et techniques réalisées par les enquêteurs en raison de la nature médicale de la mission qui est confiée à l'expert. Celui-ci doit pouvoir répondre aux questions précises posées par le magistrat, par exemple est-ce que l'hématome sous-dural constaté est compatible avec la version de la nourrice qui explique que le bébé s'est cogné lui-même la tête avec un jouet ? Tous les prélèvements effectués sont mis sous scellés et deviennent des pièces d'instruction. Le médecin légiste qui examine un bébé ou le corps d'un bébé sous ordonnance judiciaire n'a pas le droit de communiquer ses résultats aux parents qui doivent attendre que le magistrat les leur donne, ce qui peut prendre des mois. Dans certains cas les parents qui ont porté plainte en se constituant partie-civile ont accès avec leur avocat à l'enquête et peuvent avoir plus rapidement les résultats. Dans les cas de bébés décédés, tant que des analyses sont susceptibles d'être faites à la demande du magistrat, celui-ci ne rend pas de mesure d'autorisation de « levée de l'obstacle médico-légal » et le petit corps reste à l'IML. Ce qui fait que les obsèques ne peuvent pas avoir lieu certaines fois avant des semaines voire des mois, ce qui est extrêmement douloureux pour les familles non mises en cause.

• *L'expertise médicale :* elle est proposée par les équipes médicales et ne peut être imposée comme l'expertise médico-légale. Dans ces cas-là, elle est toujours réalisée par un médecin spécialisé en médecine légale, mais qui réalise les examens qui lui paraissent utiles (et non ceux imposés par un magistrat). Il les effectue sur le site de l'hôpital, dans un délai souvent plus rapide, sans pouvoir faire de conservation (pas de scellés) et surtout il peut communiquer directement avec les parents sur les résultats. Si au cours de l'examen le médecin constate que les blessures (ou le décès) du bébé sont suspectes, il doit le signaler au Procureur et l'expertise devient médico-légale (si le bébé est décédé, son corps est transféré à l'IML). Les proches ne peuvent pas voir le bébé avant l'expertise et ne peuvent le voir ensuite que si le Procureur en donne l'accord.

• *L'expertise psychiatrique* : elle est ordonnée par un magistrat pour évaluer l'état mental d'une personne. Par exemple, celui d'une nourrice pour s'assurer qu'elle ne présentait pas une pathologie affectant ou abolissant son discernement lorsqu'elle a secoué le bébé. Autre exemple, l'évaluation des conséquences psychotraumatiques du secouement chez l'enfant qui a grandi.

• *L'expertise psychologique* : elle est ordonnée par un magistrat auprès d'un psychologue pour évaluer l'état psychologique d'une personne, par exemple le niveau de développement neuro-cognitif ou psycho-affectif d'un enfant par rapport à un enfant du même âge.

Il peut exister des *expertises privées*. Dans ces cas-là, l'expertise n'est pas ordonnée par l'autorité judiciaire, mais effectuée à la demande d'un particulier ou d'une partie au procès (mis en cause, victime, prévenu). Le rapport de l'expertise privée peut être utilisé pour faire valoir le point de vue de celui qui l'a demandé, mais souvent ces écrits ne sont pas envisagés par les juges de la même façon que ceux rédigés par les experts qu'ils ont, eux, choisi. Il existe toujours une crainte sur la partialité du professionnel sollicité par une des parties. La jurisprudence considère que ces expertises privées, surtout si le magistrat a refusé une contre-expertise, ne sauraient être retirées des débats, sous condition d'être discutées contradictoirement (la partie adverse doit en recevoir copie pour pouvoir l'analyser et faire son propre commentaire, voir sa propre expertise).

Un enfant victime de SBS et survivant est donc susceptible d'être expertisé à de multiples reprises surtout que, dans ces situations, les séquelles qu'il peut présenter conduisent souvent à des demandes d'expertises par des professionnels mandatés par des compagnies d'assurances ou des fonds de garantie, indépendamment de toute expertise judiciaire. Ce sont des temps éprouvants pour les enfants qui sont amenés à devoir être inévitablement exposés à des temps de reviviscences post-traumatiques de cette agression. Et pour les parents protecteurs qui accompagnent leur enfant, le même processus est à l'œuvre avec dans certains cas des remarques ou des questions d'experts qui les culpabilisent (par exemple « pourquoi n'avez-vous pas fait tel type d'examens ? »)

LA COMMISSION D'INDEMNISATION DES VICTIMES D'INFRACTION

Il existe en France depuis 1983, un système d'indemnisation directe des victimes d'infraction (ou leurs ayants droit) *via* la solidarité nationale. La première recommandation européenne sur l'indemnisation du préjudice date de 1977 et c'est six ans plus tard que la France crée la CIVI pour permettre aux victimes d'infraction pénale dont l'auteur est inconnu, décédé ou non solvable, de bénéficier d'une indemnisation. Celle-ci a été initialement plafonnée à un certain montant et l'application de cette mesure s'est avérée très délicate, car elle limitait son application aux victimes les plus graves et surtout elles devaient elles-mêmes apporter la preuve que l'auteur était insolvable. La commission Milliez (1986) a fixé un fonds de garantie qui permet la réparation intégrale des victimes d'actes terroristes. Puis la loi du 6 juillet 1990 a prévu une réparation intégrale pour toutes les victimes d'atteintes aux personnes ; pour les victimes d'atteintes aux biens, la réparation est strictement conditionnée :

> « Toute personne ayant subi un préjudice résultant de faits volontaires ou non qui présente le caractère matériel d'une infraction peut obtenir la réparation intégrale des dommages qui résultent des atteintes à la personne, lorsque sont réunies les conditions suivantes [...] Ces faits ont entraîné la mort, une incapacité permanente ou une incapacité totale de travail personnel égale ou supérieure à un mois [...] La personne lésée est de nationalité française ou les faits ont été commis sur le territoire national. La réparation peut être refusée ou son montant réduit à raison de la faute de la victime » (art. 706-3 du Code de procédure pénale). »

Cette loi modifie donc la logique de la justice pénale qui n'est plus exclusivement une instance qui juge et sanctionne, mais devient une instance de reconnaissance sociale, garante de la réparation des préjudices commis sur les victimes.

La CIVI est rattachée au tribunal de grande instance. Chaque TGI possède une CIVI qui a pour mission de statuer sur les demandes d'indemnisation des victimes d'infractions ou de leurs ayants droit. Les victimes ont trois ans pour saisir la CIVI à compter de la date des faits. Le délai peut être prorogé par la CIVI en cas de motif légitime. La CIVI peut être saisie soit auprès du TGI du domicile du demandeur, soit auprès du TGI du lieu de l'infraction. Pour les faits qui se sont déroulés à l'étranger, c'est la CIVI du TGI de Paris qui est compétente. En principe l'assistance d'un avocat n'est pas obligatoire, mais elle est très recommandée compte tenu de la complexité de la procédure. Depuis 2004 et afin de simplifier les démarches, les victimes peuvent saisir directement le Fonds de garantie des victimes des actes de terrorisme ou des autres infractions ; la saisie de la CIVI n'intervient qu'à défaut d'accord.

La CIVI est une juridiction civile, autonome, qui ne statue que sur l'objectif de l'indemnisation, et ce, quelles que soient les poursuites pénales. Elle peut être saisie par la victime ou ses ayants droit peuvent, dès le lendemain des faits et dans un délai de trois ans.

C'est une procédure souvent longue. Elle engage la réparation intégrale des dommages, tout en tenant compte des prestations versées par les assurances :

- quand l'infraction a entraîné la mort, une incapacité permanente, une incapacité totale de travail égale ou supérieure à un mois ;

- quand les faits constituent une infraction de viol, d'agression sexuelle, de traite des êtres humains, ou d'atteinte sexuelle sur mineur de quinze ans.

Si la faute de la victime est engagée, la CIVI peut considérer cela comme une clause

d'exclusion ou de réduction de l'indemnisation. En cas d'irrecevabilité, la victime ou son représentant peut saisir le Service d'aide au recouvrement des victimes d'infraction (SARVI) du Fonds de Garantie pour solliciter dans un délai d'un an une aide au recouvrement. C'est une procédure longue (plusieurs mois). Le SARVI aide à recouvrer les dommages et intérêts alloués par le tribunal à l'issue d'un procès pénal. Lorsque le juge pénal condamne l'auteur d'une infraction à payer à la victime des dommages-intérêts et des sommes destinées à couvrir les frais engagés pour le procès, si la personne condamnée ne paie pas les sommes dues, la victime (ou ses ayants droit) peut saisir le SARVI. Ce service versera à la victime une somme (dont le montant dépend du niveau de la condamnation prononcée) et se chargera de récupérer les sommes dues auprès du condamné.... Mais cela prend souvent beaucoup de temps (de quelques mois à des années) et d'énergie pour les parents protecteurs du bébé.

TÉMOIGNAGES

Ce livre est dédié aux bébés secoués et à leurs proches. Il n'aurait pas la même valeur sans leurs témoignages qui décrivent l'épreuve que représente un tel drame. Ceux qui ont accepté de témoigner ici décrivent leurs ressentis et les dommages collatéraux inévitables dans leurs familles.

Les témoignages sont transmis par ordre alphabétique des prénoms des bébés secoués ou des parents ayant accepté de témoigner et nous les en remercions.

Comme nous l'avons précisé dès l'introduction, cet ouvrage a été réalisé à la demande de parents de bébés secoués et pour la plupart de leurs histoires, l'auteur est une personne extérieure à l'entourage familial. Cela représente un biais par rapport à la réalité statistique qui nous rappelle que les auteurs sont plusfréquemment des parents (souvent des pères) que des professionnels. Mais de ce fait les témoignages concernent essentiellement des situations où le bébé a été secoué par une professionnelle qui le gardait.

Ces écrits sont bouleversants et permettent de mieux comprendre l'horreur vécue par ces parents protecteurs, les fratries, les proches.

Enfin et surtout, nous pensons ici à tous ces bébés décédés.

Nous pensons aussi aux autres bébés survivants, devenus grands et aux proches qui ne sont pas parvenus à écrire, tant mettre des mots sur cette horreur leur était difficile. Nous espérons que ces témoignages leur permettront de comprendre qu'ils ne sont pas seuls et que cela puisse, un peu, apaiser leur douleur.

ALICE

J'ai longtemps hésité avant d'écrire les lignes qui suivent. Je ne me sentais pas légitime. Mon fils fait partie des survivants, il est traumatisé crânien, mais il n'est pas lourdement handicapé. Toutefois, il m'a été clairement dit que nous étions tous victimes et que chaque histoire avait son importance. De plus, ne sachant pas encore comment j'aborderai son histoire avec mon fils lorsqu'il me posera des questions, si ma mémoire sera toujours aussi vaillante lorsqu'il réclamera les détails, j'imagine que poser des mots maintenant me permettra aussi de lui proposer de lire mon témoignage lorsqu'il sera en âge de tout comprendre.

À mon bébé miracle…

Suite à des soucis de santé, un gynécologue m'avait prévenue qu'il me serait difficile de tomber enceinte et qu'il me faudrait sans doute passer par un acte chirurgical ou une assistance médicale à la procréation.

J'ai ensuite rencontré l'amour et j'ai rapidement expliqué à mon compagnon ma situation. Aucun souci, c'est aussi ça l'amour et nous avons ensemble consulté un centre d'aide médical à la procréation. Alors que notre suivi débutait, oh miracle, nous avons appris que j'étais enceinte et qu'il ne serait pas utile de recourir à la médecine. Une vague de bonheur nous a envahis puisqu'en plus de savoir que nous serions prochainement parents, nous imaginions à quoi nous échappions et pouvions sereinement envisager une grossesse non médicalisée.

Cet enfant, j'en rêve depuis mon adolescence et je vais bientôt avoir 36 ans. Il est donc considéré comme notre bébé miracle et ma grossesse a été magique du début à la fin. Peu importe si des éléments désagréables se produisent, comme le syndrome du canal carpien, une entorse de la cheville ou le diabète gestationnel, les hormones de grossesse remplissent à merveille leur rôle et en dehors de quelques angoisses ponctuelles naturelles, je suis d'une humeur joviale quoiqu'il arrive. Heureuse et épanouie, les éclats de rire retentissent constamment : oui, je vais être maman !

Notre amour de bébé pointe son nez le lendemain de mon anniversaire. Évidemment, nous le trouvons magnifique et à la vue de sa frimousse, les difficultés rencontrées lors de l'accouchement s'envolent aussitôt. Comme la plupart des parents, nous sommes sous le charme, comblés de bonheur. Dans nos bras, nous tenons l'être le plus cher au monde, notre chair et notre sang, notre plus belle preuve d'amour, notre plus belle réussite.

Auparavant, j'occupais un poste de cadre et travaillais énormément, pour la venue de notre bébé, j'ai décidé de changer de vie et de prioriser ma vie de famille. Ainsi, je m'octroie une pause professionnelle de plusieurs mois pour être pleinement auprès de mon fils. Il est âgé de cinq mois quand nous envisageons de le confier à une assistante maternelle agréée et entreprenons nos recherches en ce sens. Nous trouvons la perle rare à nos yeux. Nous en avions entendu parler en bien, mais notre rencontre va au-delà de nos espérances. Il s'agit d'un véritable coup de cœur réciproque et notre fils l'a tout de suite adoptée en lui offrant ses plus beaux sourires et en finissant même par s'endormir tendrement dans ses bras. Nous fixons avec elle un essai qui se déroule merveilleusement bien. Des jumeaux qu'elle gardait venant de déménager, deux agréments sont disponibles, elle ne nous met donc pas la pression pour signer rapidement un contrat d'accueil avec elle. Cela me permet de chercher la formation que j'aimerais suivre dans le cadre d'une reconversion professionnelle. Je passe des tests de sélection et suis retenue pour retourner sur les bancs de l'école. Mais alors que nous allions signer le contrat avec cette merveilleuse assistante maternelle, à qui il reste encore une place d'accueil disponible, la PMI lui demande d'accueillir en urgence un enfant mis en danger dans son cadre familial. Elle ne peut décliner l'exigence de la PMI et se voit obligée de refuser d'accueillir notre fils.

Il nous faut donc trouver, en un temps record, une nouvelle assistante maternelle agréée... Quelle déception. Je ne trouve plus de perle... C'est bien trop rare... On me propose de m'adresser à une personne dont une place vient de se libérer chez elle. Elle semble dynamique et promène les enfants dès qu'elle le peut. Voilà la description qui m'est faite. À son domicile, je découvre un intérieur impeccable et elle présente plutôt bien. Elle a de nombreuses années d'expérience. Je n'ai pas de coup de cœur, mais je dois bien me faire une raison si je veux suivre cette formation. Pas aussi sereine qu'avec mon premier choix, je m'organise pour repousser d'un mois le début de ma formation et ainsi permettre à mon fils des temps d'adaptation en douceur. Il s'y rend donc une heure, puis deux, puis trois, une demi-journée repas du midi compris... Je ne suis toujours pas sereine et expose à mon conjoint, mes amies, ma sœur et ma mère, les éléments qui me dérangent. Il s'agit d'incohérences, de détails parfois... Je me pose alors des milliers de questions.

Par exemple, comment, en octobre, peut-elle sortir un bébé en poussette avec seulement des chaussettes aux pieds ? Je l'aurais personnellement couvert un peu plus. Comment ne trouve-t-elle pas irrespectueux de sortir un bébé dans la rue, sans lui avoir reboutonné la salopette à l'entrejambe et ainsi laisser sa couche à l'air ? Comment peut-elle s'imaginer que mon fils âgé de moins de huit mois devrait pouvoir se tenir debout ? Oui, il est très grand pour son âge, mais laissons-lui déjà le temps de savoir se déplacer à quatre pattes, avant d'exiger la position debout. Comment a-t-elle pu me dire, lors de notre première rencontre, qu'elle n'avait pas de table à langer, car elle trouvait cela trop dangereux et préférait effectuer les changes au sol sur un matelas ; puis me présenter une table à langer une semaine plus tard lorsque je lui demande si je peux changer mon fils chez elle avant de partir ? Comment peut-elle appeler mon fils par un autre prénom, qui n'est même pas celui d'un enfant qu'elle accueille actuellement ? Mon fils lui rappellerait-il un enfant qu'elle accueillait auparavant ? Comment peut-elle trouver mon fils nerveux, alors que tout notre entourage le trouve extrêmement calme, sociable, souriant et avenant ? Pourquoi mon fils ne veut pas boire chez elle, alors qu'il boit sans difficulté à la maison ? ...

Mes proches essaient de me rassurer autant que possible : en me rappelant notamment qu'elle n'est pas mon coup de cœur et qu'il faut que je fasse le deuil de mon précédent choix ; en m'expliquant qu'une assistante maternelle n'est pas une maman et que l'on ne peut pas avoir les mêmes exigences avec elle que celles que l'on s'impose soi-même. Mon entourage a certainement raison et je m'inquiète peut-être un peu trop inutilement, nous devons apprendre à nous connaître mutuellement. Et si mon fils pleure lorsque je le dépose chez elle, c'est parce qu'il a maintenant huit mois et ressent l'angoisse de la séparation, une étape normale dans son développement. S'il a parfois des gestes violents, comme s'il tentait de me donner une tape, c'est certainement qu'il a vu les autres enfants plus grands produire ce geste. Nous avons débuté la période d'adaptation depuis bientôt deux semaines et il s'y rend sept fois au final. Laissons-nous le temps, la période d'essai de deux mois existe aussi pour cela.

Un soir je récupère mon fils chez elle et il semble mal en point. Elle m'a prévenue par SMS dans l'après-midi qu'il avait vomi des glaires et qu'il couvait sans doute un rhume. Je sais qu'il fait une poussée dentaire en ce moment et à chaque poussée, des troubles ORL apparaissent. Un rendez-vous chez le médecin est pris pour le lendemain matin. En le découvrant blanc, presque gris, endormi dans la chaise haute, je me dis qu'il doit couver quelque chose de plus grave. À ce moment précis, inconsciemment, je n'ai plus envie qu'elle touche à mon fils. Je lui demande alors de me donner ses affaires, de le laisser dormir dans la chaise le temps que je dépose le tout dans mon véhicule et de revenir pour le prendre dans mes bras. Une fois de plus, elle ne m'a pas écoutée et je la retrouve à sa porte d'entrée tenant mon fils qui hurle. Je suis en colère après elle, mais peu importe, je dois être douce pour mon bébé et je le prends alors le plus délicatement possible tellement il me semble fragilisé. Nous rentrons à la maison.

Il a envie de dormir, alors je le change et lui prends la température : 36.3 C°... Cela ne lui ressemble pas du tout, il a 37 habituellement. Mais on m'indique que cela reste dans la norme et qu'il ne faut pas s'inquiéter. Je l'allonge pour qu'il se repose. Il gémit dans son sommeil. Au moment du dîner, il le refuse et vomit ce que j'imagine être des glaires comme l'assistante maternelle me l'avait dit, mais avec du recul je pense que c'était de la bile. Après cet épisode, il accepte un peu de potage et de yaourt. Puis, il s'endort de nouveau. La nuit semble longue et douloureuse pour lui. Il se réveille à plusieurs reprises et des bercements sont nécessaires... lui qui faisait ses nuits depuis qu'il avait un mois et quelques jours. Je commence à m'inquiéter un peu plus. C'est la première fois qu'il est malade ainsi. Avant de nous rendre au rendez-vous médical, il vomit son biberon du matin en jet. Le médecin qui l'ausculte conclut à une pharyngite et un début de gastroentérite. Nous rentrons avec le traitement adéquat à ce diagnostic.

Toutefois, l'état de mon fils ne s'améliore pas. Il continue de vomir régulièrement. L'assistante maternelle me demande des nouvelles et me propose de le reprendre, notamment deux jours plus tard, car elle se souvient que je suis inscrite à une formation d'initiation aux premiers secours. Je lui réponds que c'est la première fois qu'il est malade ainsi et préfère être à ses côtés, mais je la remercie. Oui, je trouve qu'elle fait preuve d'empathie et je commence à l'apprécier plus qu'auparavant.

Mon conjoint part plusieurs jours en déplacement professionnel. Je vois l'état de mon fils se dégrader et l'inquiétude s'accentue, il vient de passer une nouvelle nuit particulièrement difficile. Le lendemain de sa première visite, je contacte de nouveau le médecin qui me propose un rendez-vous le soir même. Il se déshydrate à force de vomir et devient hypotonique. Son constat est le même que le mien. Elle appelle le médecin urgentiste de garde pour le prévenir qu'elle nous oriente vers leur service en vue d'une hospitalisation afin de le réhydrater et elle me remet un courrier en ce sens, à présenter à l'accueil. Arrivés aux urgences, nous attendons de longues heures avant d'être pris en charge. Mon fils continue de vomir lorsque je lui propose une boisson ou un aliment, puis il s'endort exténué. Lorsque le médecin des urgences arrive enfin pour l'examiner, il le réveille brutalement, lui ouvre la bouche, lui pince la peau des cuisses et me dit qu'il n'est pas déshydraté et qu'il me suffit de lui mettre de force le biberon dans la bouche pour qu'il boive enfin. Il ajoute qu'il ne va tout de même pas mettre en place une hospitalisation abusive, puis il s'en va. De rage, je remballe vivement les affaires de mon fils et me rend promptement avec lui à l'accueil où je demande à récupérer le courrier de son médecin traitant. Je souhaite effectivement en pleine nuit, faire deux heures de route pour me rendre au CHU le plus proche, espérant que mon fils sera plus sérieusement examiné. On m'indique alors que ce n'est pas possible, car le courrier a été rangé dans le dossier médical. Ce à quoi je réponds qu'une copie me conviendra. Entre temps, d'autres membres de l'équipe passent des appels, puis je vois le médecin urgentiste revenir à moi en me disant qu'il ne m'a jamais permis de partir et qu'il va de nouveau examiner mon fils. Il nous oriente alors vers un échographe pour vérifier que mon fils n'a pas une invagination intestinale. Ce n'est pas le cas, mais ses intestins sont pleins de selles, ce qui pourrait engendrer l'impossibilité d'avaler quoi que ce soit et entraînerait ainsi des vomissements. Un laxatif lui est donc prescrit et on me certifie qu'il ira mieux le lendemain.

Néanmoins, après avoir tout évacué dans la nuit, l'état de mon fils ne s'améliore pas le lendemain. Au contraire, je suis effarée de le trouver si douloureux et léthargique. Il est comme une poupée de chiffon, refuse toujours le moindre aliment ou boisson. J'ai maintenant l'impression qu'il va s'éteindre. La pédiatrie de l'hôpital accepte de le recevoir en urgence et dès qu'il est examiné, le pédiatre constate qu'il est déshydraté et il décide de l'hospitaliser. Il demande à son équipe de le mettre sous perfusion. Seulement, il est trop déshydraté et ses petites veines devenues trop fines éclatent les unes après les autres. Il y aura diverses tentatives pendant plus de deux heures. Plus de deux heures à voir mon fils souffrir et pleurer, à le cajoler comme je le peux et tenter de le rassurer… Pour entendre une infirmière dire : « Il aurait dû être perfusé hier, c'est trop tard maintenant ». Ce n'est pas de sa faute, elle ne peut pas deviner que je me suis déjà présentée la veille pour que ce soit le cas. Mais je pense lui avoir jeté un regard noir comme jamais. Faute de parvenir à le perfuser, mon fils est mis sous sonde naso-gastrique. Ce procédé réhydrate en 24 heures, au lieu de quelques heures avec une perfusion. Il m'est maintenant demandé de patienter pour voir si son état s'améliore grâce à cela.

24 heures plus tard, il est réhydraté, mais son tableau clinique semble incohérent à la pédiatre de garde. Il reste hypotonique et douloureux. Elle attend l'arrivée de mon conjoint pour faire part de ses inquiétudes. Elle envisage une maladie rare et génétique du métabolisme se déclenchant vers les 8 mois de l'enfant et préfère nous orienter vers le CHU régional qui sera plus à même d'effectuer les analyses nécessaires. Nous sommes retournés par cette annonce. Ayant travaillé auprès de jeunes enfants polyhandicapés voués à décéder de leur maladie, j'envisage l'avenir douloureux qui nous attend. Mon conjoint, me voyant fatiguée par les 4 dernières nuits très mouvementées, me demande de rentrer à la maison pendant qu'il passera la nuit auprès de notre fils. Je rentre et m'effondre en larmes devant chaque objet appartenant à mon fils. J'hurle le mot « NON » en boucle. Me voilà seule en train de parler et crier à haute voix en pleine nuit. Je me répète que ce n'est pas possible, notre fils ne devrait pas ressentir toutes ces douleurs et vivre cette horrible expérience. Il est bien trop jeune et innocent pour mériter une telle épreuve. Je propose à qui veut bien l'entendre de prendre ma vie plutôt que la sienne. J'hurle que je ne pourrais pas survivre à son absence et j'essaie de me convaincre qu'il va s'en sortir... La nuit n'est pas plus reposante en étant seule à la maison.

Le lendemain, nous partons en ambulance pour un trajet de plus de deux heures. Je suis allongée sur un brancard et mon bébé est allongé sur moi. Il ne bouge pas une seule fois durant ces deux heures ; il ouvre de temps à autre les yeux pour me regarder, comme s'il vérifiait qu'il était entre de bonnes mains. Il gémit encore dans son sommeil. Ces deux heures sont très inconfortables et peu sécurisantes, pourtant je profite de ce câlin pour tenter d'envoyer toutes les ondes positives à mon bébé et espérer ainsi lui redonner des forces, la force de se battre.

Nous sommes maintenant au CHU, au service des urgences pédiatriques et c'est reparti pour les tentatives de mise sous perfusion. Ce n'est pas simple, mais les infirmières y parviennent enfin. Un échantillon sanguin est prélevé pour étudier la piste d'une maladie du métabolisme. Le lendemain, le résultat permet d'évincer ce diagnostic. Pensant alors qu'il puisse avoir une infection, sans savoir laquelle et où elle se loge, la pédiatre décide de vérifier s'il ne serait pas atteint d'une méningite et elle programme une ponction lombaire. Une épreuve particulièrement douloureuse lorsqu'on imagine la taille de l'aiguille pour un si petit être, mais il s'en sort plutôt bien et se rétablit plus vite qu'un adulte après cet examen. Les enfants sont véritablement surprenants. Il doit cependant rester allongé durant plusieurs heures pour éviter de provoquer des céphalées, ou semi-allongé le temps d'un repas. Bien réhydraté, il semble reprendre des forces, une purée lui est donc proposée. L'occasion de vivre une nouvelle angoisse lorsque mon fils, semi-allongé, fait une fausse route et s'étouffe. Mes réflexes étant encore présents, j'ai réussi à le dégager sans avoir suivi l'initiation aux gestes de premiers secours prévus trois jours plus tôt, et mon cœur s'est emballé une nouvelle fois !

Le résultat de la ponction lombaire est négatif, il n'a pas de méningite et aucune infection. Il faut donc poursuivre les recherches. Le personnel médical commence à nous poser des questions plus précises sur le mode de vie de notre fils et le déroulé de ses journées, questions auxquelles nous répondons sans souci. La pédiatre prescrit alors un scanner cérébral et une radiographie du squelette. Pour l'annonce du résultat, ce n'est plus une personne, mais un groupe qui débarque dans la chambre, dont la chef du service que nous n'avions encore jamais vue. À la simple arrivée de ces personnes, nous comprenons que ce moment va être très difficile. L'expression de leur visage est grave et leurs déplacements semblent tellement silencieux. L'ambiance pesant dans cette chambre bleue glaciale est lourde. La chef de service se présente et rappelle qui l'accompagne. Elle nous redemande de lui expliquer comment se déroulent les journées de notre fils, quels sont ses modes de déplacement, qui est à son contact… Puis elle nous annonce que le scanner révèle des hématomes sous-duraux et qu'une IRM sera rapidement programmée, ainsi que d'autres examens pour obtenir des résultats plus détaillés. Nous lui demandons comment peuvent apparaître des hématomes sous-duraux. Elle nous demande si notre enfant a fait une chute, si nous avons eu un accident de voiture… N'ayant constaté aucune chute et aucun accident de voiture, nous cherchons alors les coups à la tête qu'il s'est donnés en se déplaçant : en roulant sur lui-même, il s'est tapé la tête contre la plinthe en carrelage ; dans la baignoire, il a fait un mouvement brusque et avec le glissement lié au savon, il a heurté la robinetterie. Est-ce qu'un autre enfant accueilli chez l'assistante maternelle aurait pu sans le vouloir le blesser en le cognant avec un jouet, en faisant basculer sa chaise haute ou le transat, en ne parvenant pas à le soulever et en l'échappant ? Le plus âgé a quatre ans… Non, aucune de ces hypothèses ne correspond au résultat du scanner. Les hématomes sont liés à des chocs bien plus violents que tous ceux envisagés et un enfant de quatre ans n'a pas la force nécessaire.

Elle nous explique ensuite qu'elle attend les résultats de l'IRM et des autres examens, mais elle élimine également la chute, car la radio du squelette ne révèle rien et son corps ne présente aucune trace extérieure. Elle privilégie un acte de maltraitance : le syndrome du bébé secoué.

Je me souviens sentir mes jambes se dérober sous mon corps, me retourner vers mon conjoint en lui criant « elle n'a quand même pas fait ça cette P*** ! ». Elle qui était si prévenante depuis que notre fils était malade, elle qui demandait des nouvelles plusieurs fois par jour, qui nous envoyait des messages de soutien et d'encouragement ! Moi, qui pensais que je l'avais peut-être jugée trop hâtivement... C'était de l'hypocrisie, de la culpabilité, une façon de savoir si nous allions découvrir ce qu'elle avait fait ? Quel « monstre » !!! Je l'appellerai ainsi dorénavant. Nous avons sans doute tort de décréter qu'elle puisse être coupable de cet acte de maltraitance avant que l'enquête ne la désigne comme telle. Cependant sur le moment et face à la brutalité des évènements, la présomption d'innocence ne fait pas partie de notre vocabulaire. Je culpabilise déjà tellement d'avoir laissé mon fils entre ses mains et de ne pas avoir écouté mon instinct de maman. Comment pourrais-je être raisonnable en restant sur la réserve ? Cela ne m'effleure même pas l'esprit.

Le lendemain, l'IRM vient confirmer la présence d'hématomes sous-duraux bilatéraux. Un fond de l'œil ne révèle pas la présence d'hémorragie rétinienne, cependant ce type d'hémorragie peut disparaître en 72 heures (d'après le bilan du médecin légiste). L'électro-encéphalogramme ne détecte aucun signe d'épilepsie. Notre fils reste en observation et des échographies périodiques de la fontanelle viennent confirmer que les hématomes semblent se résorber par eux-mêmes. Cela lui permet d'éviter la pause d'une dérivation durant plusieurs mois.

Parallèlement aux soins apportés à notre fils, pour sa protection, l'hôpital est dans l'obligation d'effectuer un signalement auprès du Procureur de la République. Nous rencontrons dans ce cadre de nouveau la chef de service et la pédiatre qui nous expliquent la procédure. Connaissant trop bien ce genre de procédure par mon ancien métier, je m'effondre de nouveau en expliquant qu'il me sera impossible de voir mon fils être confié en famille d'accueil. Il vient d'être maltraité par un « monstre », le confier à des inconnus m'apparaît inconcevable. Après un tel choc, il n'est pas nécessaire de lui ajouter de nouvelles souffrances et de risquer de briser à jamais son équilibre. Nous sommes ensuite reçus par l'assistante sociale. Elle nous pose des questions très intrusives dans notre vie personnelle, mais cela nous semble logique au regard du contexte. Nous n'avons pas de tabou face à elle. Elle se doit d'être neutre et pourtant à l'instar de la chef de service et de la pédiatre, nous la trouvons bienveillante à notre égard et compréhensive. Leur empathie aucunement déplacée ou maladroite nous rassure un tantinet. Je suis plutôt surprise de ne pas avoir l'impression d'être jugée et les en remercie encore aujourd'hui, car nous ne retrouverons pas toujours cette réaction et parfois le devoir de réserve des professionnels leur est difficile à respecter. Un médecin légiste se rend au chevet de notre fils afin de récolter les éléments nécessaires à l'élaboration de son expertise qui sera transmise au Procureur. Nous sommes présents et ce médecin restera le plus neutre et silencieux possible durant son examen. Ce moment est pénible, car ce professionnel ne laisse rien transparaître et mon envie de tout comprendre et savoir ce que mon fils a subi exactement est extrêmement forte. Toutefois, je conçois que cette personne remplit sa mission en respectant des règles nécessaires au bien-fondé de celle-ci et je prends sur moi.

Il nous est très difficile de laisser notre fils seul dans sa chambre d'hôpital, cependant nous souhaitons déposer plainte. Nous décidons de le faire lorsqu'il s'endormira le temps d'une sieste et qu'aucune visite médicale ne sera prévue. La police se doit de recevoir toute plainte, peu importe où vous vous situez, néanmoins en réalité ce n'est pas aussi simple. Nous nous rendons à trois reprises au commissariat proche d'où notre fils est hospitalisé. La première fois, tous les agents de la brigade des mineurs sont indisponibles. La seconde fois, durant notre attente, nous sommes rappelés par la pédiatrie pour nous indiquer qu'une neurologue vient voir notre fils et que notre présence est souhaitable. La troisième fois, aucun agent de la brigade des mineurs ne peut nous recevoir, mais par téléphone il nous est expliqué qu'au lieu de revenir tous les jours dans leur service, il serait préférable de déposer plainte dans la ville où notre fils a subi ce crime. La plainte serait, d'après eux, plus facilement jointe au dossier du signalement qui a été fait auprès du Procureur de notre ville. C'est le cœur brisé que nous envisageons de partir loin de notre fils pour déposer plainte. Nous tentons de prendre un rendez-vous auprès de la brigade des mineurs de notre ville et une fois de plus, on nous refuse cette demande. On nous explique que nous pouvons nous présenter au commissariat pour déposer plainte, mais qu'il n'est pas possible de prendre rendez-vous pour cela et que les plaintes sont reçues par ordre d'arrivée des victimes. Nous décidons donc que nous nous présenterons à l'ouverture de leurs bureaux, espérant ainsi être les premiers et pouvoir le plus rapidement possible retourner auprès de notre fils.

Après avoir été vu par sa future neurologue référente, notre fils est transféré au service de neuropédiatrie. Cette neurologue est une femme extraordinaire. Elle sait être rassurante et réconforte par ses mots, sa voix, ses sourires, sa douceur, son professionnalisme... Elle est pour nous d'une aide incroyable et d'une force indescriptible. Persuadée que notre présence est bénéfique pour le rétablissement de notre fils et convaincue que son état se détériorerait s'il n'était plus avec nous, elle fera tout son possible pour éviter qu'il nous soit retiré le temps de l'enquête. Elle commence par nous expliquer que nous avons tout intérêt à aller déposer plainte, même si cela engendre notre absence durant une demi-journée ou un peu plus. Pour nous soutenir dans cette démarche, elle fait en sorte que son équipe entière soit respectueuse avec nous et aux petits soins pour notre fils. Nous nous accordons pour décider du moment où nous quitterons le CHU et il nous est possible d'appeler à tout moment l'équipe afin d'avoir des nouvelles de notre fils. Le service permet également nos appels durant la nuit si nous en ressentons le besoin. Oui, c'est un service pédiatrique où les enfants sont deux par chambre et où il n'y a pas de lit pour un adulte accompagnant. Il est possible de dormir à proximité cependant.

Cette équipe est constituée de beaucoup de personnes et un membre de l'équipe soignante qui n'était pas présent dès le début de l'hospitalisation sera un jour plus désagréable que ses collègues. Elle nous apparaît ainsi, mais en réalité elle respecte à la lettre les consignes devant s'appliquer dans un cas de soupçon de maltraitance. L'enquête n'ayant pas encore débuté, comment être certain que nous, les parents, ne sommes pas coupables ? Elle est froide et intransigeante. Nous nous sentons épiés et soupçonnés d'être les odieux auteurs du crime commis sur notre fils. Ainsi, des libertés qui nous étaient octroyées avec les personnels précédents ne le sont plus avec elle. Cela se produit sans en être prévenus par avance. Nous ne comprenons pas de suite ce changement de comportement, mais le constat est là. Puis, nous entendons des membres de l'équipe se disputer entre eux sur notre cas. Certains lui reprochent d'être inhumaine avec nous et elle leur rétorque à juste titre finalement qu'elle ne peut avoir aucune certitude sur nous et ne peut donc déroger aux règles applicables dans une telle situation. Ainsi, alors que nous avions la possibilité de fermer la porte de la chambre pour obtenir un peu plus de calme durant les temps de sieste, elle nous oblige à la laisser ouverte en continu.

Alors que certains atténuaient la luminosité à l'aide du store de la vitre qui séparait sa chambre de leur bureau, elle l'ouvre au maximum même si notre fils dort habituellement dans le noir. Alors que l'on nous avait proposé lorsqu'il pouvait sortir de son lit d'aller avec lui, accompagnés d'un membre du personnel, dans la salle de jeux ou dans une pièce dédiée aux familles, elle nous le refuse argumentant qu'elle ne voudrait pas qu'il fasse une crise d'épilepsie sans le savoir. Alors que nous pouvions débrancher nous-mêmes les électrodes permettant de suivre les constantes reliées à la machine, pour lui changer la couche ou lui donner le bain ; il nous faut maintenant une autorisation. Lors d'une visite de la neurologue, nous lui présentons la situation en lui expliquant que même si c'est particulièrement désagréable, nous entendons les obligations de chacun. Pour autant, nous demandons que les règles ne changent pas selon les intervenants. C'est déjà suffisamment difficile à supporter pour ne pas avoir en plus à composer selon les soignants. J'insiste également en disant que ce qui m'insupporte le plus est le tabou posé autour de la situation. Cette personne a posé ses règles sans aucune explication. Nous sommes des personnes censées et préférons qu'elle nous parle en toute franchise. Nous n'acceptons pas qu'elle tente de faire passer ses règles pour une obligation pour tous, alors qu'en réalité il s'agit de principes de précaution mis en place lors d'un signalement. Le sujet est rapidement abordé au sein de l'équipe et ils se mettent d'accord sur les libertés octroyées, car nous sommes coopératifs depuis le début et les règles incontournables à appliquer. La soignante à l'origine de ce débat est venue à notre rencontre en nous expliquant sa position et ce qui avait été décidé en équipe. Même si apparaître pour de potentiels parents maltraitants est insoutenable, l'honnêteté de l'équipe et le devoir de réserve nous ont permis d'accepter ce fait plus facilement ; le soutien de certains encore plus évidemment.

Le moment de déposer plainte dans notre ville est arrivé et nous voilà devant le commissariat dès son ouverture. Nous sommes les premiers à nous présenter. Le brigadier à l'accueil semble ému et nous accueille particulièrement bien. Il nous explique qu'aucun membre de la brigade des mineurs n'est actuellement disponible, mais qu'un autre agent va se mobiliser pour prendre notre plainte et ainsi nous éviter des déplacements supplémentaires. Après un temps d'attente, nous sommes reçus par un brigadier qui nous explique que la plainte devra être déposée « contre X ». Nous pouvons cependant citer chez qui nous avons récupéré notre fils, le jour où nous estimons que les faits se sont produits. Nous sommes venus avec tous les documents en notre possession pouvant éventuellement être utiles, tels que le contrat de travail de l'assistante maternelle, ses diverses attestations, son agrément et le calendrier d'accueil. Les SMS échangés entre elle et nous sont pris en photo. Nous racontons le déroulé des événements survenus ces derniers jours et pourquoi nous sommes certains que les faits se sont produits chez elle. J'ai parfois l'impression de m'adresser à quelqu'un qui ne connaît pas réellement le syndrome du bébé secoué, mais il s'agit là d'un ressenti et non d'une certitude. Peut-être conserve-t-il une distance nécessaire à l'exercice de ses fonctions ? Il nous indique que nous serons contactés ultérieurement par la brigade des mineurs, afin d'être entendus. Nous repartons avec un exemplaire de notre plainte. Passer autant de temps à tenter de clairement tout expliquer m'a vidée de mon énergie. Nous reprenons la route vers le CHU pour retrouver notre fils.

Les retrouvailles sont particulièrement agréables, notre fils va de mieux en mieux. Il retrouve petit à petit ses capacités et il s'est rendu dans la salle de jeux avec une éducatrice. Il nous accueille avec le sourire, quel soulagement de retrouver cette expression sur son visage ! Notre fils est de retour, je le reconnais enfin tel qu'il était ou presque et cela me rassure. Il mange de nouveau convenablement et n'a rendu sa purée qu'une seule fois. Toutefois, il refuse catégoriquement le biberon. Cet objet l'horripile, il le tape en le repoussant ou le jette. Je repense alors au « monstre » qui me répétait sans cesse que notre fils ne buvait pas suffisamment. Nous n'étions pas en période caniculaire et pourtant, il buvait correctement à la maison. L'aurait-elle forcé encore et encore, puis craqué face à son refus persistant ? Serait-elle passée à l'acte à cause de cela ? Nous montrons sa réaction face au biberon à la neurologue et bien qu'elle pense que nous n'aurons jamais de réponses à nos questions, elle a la même hypothèse que nous. Tout aurait pu partir de cet objet qu'il déteste tant maintenant. Elle nous conseille de ranger cet objet et de trouver des solutions alternatives afin qu'il puisse tout de même boire, le temps qu'il puisse éventuellement de nouveau accepter le biberon. Les aliments contiennent suffisamment d'eau, tant que nous ne sommes pas en période de fortes chaleurs. Nous adaptons donc son alimentation en conséquence. Sur le conseil d'une soignante, nous achetons une tasse magique. Impossible de la renverser, en pressant ses lèvres sur le rebord, l'eau coule doucement. Mais il est encore un peu jeune et ne comprend pas de suite le fonctionnement de cette tasse. La couleur vive lui plaît, c'est déjà ça. Il acceptera de nouveau le biberon 7 mois plus tard.

Quelques jours passent, les résultats des derniers examens sont très encourageants et la neurologue nous indique que notre fils est potentiellement sortant d'ici deux jours. Les hématomes continuent de se résorber d'eux-mêmes. Il semble ne pas avoir de séquelles visibles. Seules les années à venir permettront selon son évolution de voir comment ce traumatisme crânien se caractérisera chez lui. Peut-être fera-t-il même partie des rares miraculés qui s'en sortent sans aucune séquelle ? Elle veut être très rassurante avec nous et elle met en place un suivi au sein de ses services, en plus de ce qui sera proposé au quotidien, dont un scanner de contrôle dans plusieurs mois pour vérifier que les hématomes se seront bien totalement résorbés, des contrôles chez un ophtalmologue... Sachant que nous n'avons toujours pas été entendus par la brigade des mineurs, elle nous explique que, dans le cadre du signalement, si elle permet à notre fils de sortir, un juge décidera certainement en urgence de le placer le temps que l'enquête évolue. Cela lui est inconcevable pour le bien-être de son patient. Avec notre accord, elle nous propose donc de garder notre fils au sein de son service, tant que son lit ne sera pas nécessaire pour un autre enfant et en parallèle d'écrire à un pédiatre de l'hôpital de notre ville afin qu'il accepte d'accueillir notre fils dans son service de Pédiatrie. Le pédiatre accepte. Le retour dans notre ville permet de poursuivre plus facilement nos démarches et d'espérer voir l'enquête avancer.

Sortis de l'ambulance, nous sommes reçus dans le bureau de la cadre de santé du service Pédiatrie de l'hôpital. La situation est clairement présentée, elle est à l'écoute et nous propose si nous en ressentons le besoin de nous mettre en relation avec une psychologue de l'hôpital. Elle précise qu'elle reste à notre disposition et qu'il ne faudra jamais hésiter à venir à elle si nécessaire. Nous lui demandons que l'ensemble de l'équipe puisse être en accord sur les règles à respecter suite au signalement, ne souhaitant pas devoir vivre à nouveau des querelles entre professionnels. Elle fera en sorte que cela soit le cas, mais il faut avouer que cela est très difficile. Chaque professionnel vit la situation à sa façon.

Notre fils est conduit dans sa chambre et le retour dans ces locaux me paraît difficile. Je ressens un mal-être. L'accueil par le personnel soignant n'est pas particulièrement chaleureux dans sa globalité. Je perçois des regards jugeant, des moues de dégoût parfois. Certains baissent la tête et nous évitent. Ces expressions sont de véritables agressions pour moi. Je comprends alors que la seule information qui leur a été préalablement transmise avant notre arrivée est le dossier médical mentionnant qu'il a été victime du syndrome du bébé secoué. Le personnel ne sait pas que notre fils a été accueilli chez une assistante maternelle. Effectivement, le dossier médical de mon fils indique que je suis sans emploi, comment deviner que je m'apprêtais à suivre une formation et qu'il avait été confié dans cette optique. Il semble alors logique qu'ils nous perçoivent comme les auteurs de ce geste, et spécifiquement moi puisque je suis la personne qui passe le plus de temps avec notre fils. Les règles sont particulièrement dures comparées au CHU et aucunement semblables à notre premier séjour ici. Tout est respecté à la lettre, aucune dérogation n'est permise. Au fur et à mesure, des langues se délient et on me lance que l'équipe a été particulièrement choquée d'apprendre qu'il avait été victime de maltraitances, qu'aucun d'entre eux n'avait pensé à cela un seul instant. Il y a de la colère dans ces mots. Même si recevoir cela est extrêmement violent, j'entends cette réaction, étant moi-même très en colère. J'indique alors que moi non plus je n'ai pas pensé à cette possibilité. Cela me semble toujours inconcevable. Mon fils étant un bébé plutôt calme et souriant, comment imaginer qu'une personne puisse lui faire du mal ? Et j'ajoute que je ne me pardonnerais jamais de l'avoir confié à une assistante maternelle agréée. La personne face à moi présente alors un décroché de mâchoires comme il m'a été rare de le constater. Oui, elle ne s'attendait pas à ce que j'ose répondre et encore moins à cet élément dont elle n'avait pas connaissance. Elle s'adoucit alors et relaie certainement l'information puisque petit à petit, le personnel redevient plus agréable avec nous. Je ressens toujours cette tension, certainement liée à leur devoir de réserve et aux règles qu'ils doivent respecter à la lettre. Toutefois, l'humour réapparaît de nouveau et des petites attentions sont de retour.

Certaines personnes travaillent auprès de notre fils avec tellement de douceur, de bienveillance et d'humour, qu'elles resteront à jamais gravées dans mon esprit. Elles désamorcent des situations difficiles et je les en remercie. L'une d'entre elles, une dont mon fils semble éperdument épris, est même sortie de son devoir de réserve pour aller plus loin dans les blagues et dit à notre fils qu'avec sa jolie peau noire, elle peut sans difficulté se rendre une nuit ni vue ni connue chez le « monstre » afin de lui secouer le prunier. Elle lui fait tout un sketch autour de cela et nous rions tous aux éclats. Repenser à ce moment, me donne encore les larmes aux yeux, de joie. Elle sait tellement bien nous transmettre des messages de soutien, en passant par notre fils. Je me sens également comprise par un autre soignant et suis capable d'exprimer mes craintes. Depuis que je sais que notre fils a des hématomes sous-duraux, j'ai très peur de manipuler sa tête ou de provoquer accidentellement un choc supplémentaire. Et si par ma faute, les hématomes venaient à saigner de nouveau. Le moment du bain est très angoissant pour moi. Il le conçoit parfaitement et propose son aide chaque jour. Il perçoit les cernes sous mes yeux et est bienveillant avec nous. Quel soulagement de se sentir épaulés ainsi. Fatiguée par mes diverses angoisses et courtes nuits, mon corps se fragilise et j'ai parfois l'impression que mes jambes vont lâcher sous mon poids. Je fais de plus en plus de cauchemars, surtout depuis que nous sommes rentrés dans notre ville. Je me réveille en pleurs après avoir rêvé le « monstre » se pointer en pédiatrie, pour poignarder notre fils et ainsi « finir son travail ». Quelle horreur, je crois que je vais craquer. J'ai peur que notre fils ne soit pas totalement en sécurité dans cette chambre. Je demande donc à voir la psychologue de l'hôpital. Elle nous conseillera à la sortie de notre fils de nous rendre à l'institut du couple et de la famille, où nous pourrons tous être accompagnés.

Les journées à l'hôpital sont interminables. Mon fils va bien maintenant, de nouveaux examens le confirment, mais il n'a pas le droit de sortir de sa chambre. Il ne peut pas prendre l'air et il passe la majorité de son temps dans ce lit à barreaux de métal... Pendant que le « monstre » vit sa vie normalement et n'est inquiétée de rien, mon fils est cloisonné ici. C'est lui qui est en garde à vue, en prison, privé de ses libertés. Mon conjoint a repris le travail depuis notre retour et je reste chaque jour enfermée avec notre bébé dans cette chambre. Notre vie est suspendue...

Depuis notre retour, nous avons contacté notre protection juridique et un avocat. L'avocat nous reçoit rapidement et présente les suites possibles. Parfois, les parents sont mis en garde à vue en premier, parfois les assistants maternels le sont. Impossible de nous dire si nous passerons ou non par cette étape. Tout notre entourage, voisinage compris, sera interrogé... Notre enfant peut également être placé et si tel n'est pas le cas, un suivi par la protection de l'enfance sera mis en place... N'ayant pas de nouvelle de la brigade des mineurs, je tente de les contacter en vain chaque jour. Puis, à bout, je pleure au téléphone auprès d'un agent. Touché, il s'organise pour enfin me mettre en relation avec un membre de la brigade des mineurs. Rendez-vous est pris pour dans deux jours. Mon conjoint est reçu en premier. Il s'agit d'une audition libre. Il lui est demandé de tout raconter depuis notre rencontre. Les questions sont personnelles, parfois sur des faits, parfois sur des ressentis. Des questions sur notre entourage sont également posées. Je suis dans le couloir et la longue attente est pesante. L'entretien dure plus d'une heure trente. Il en sera de même pour moi. Le carnet de santé de notre fils est entièrement photocopié.

Heureusement, mon fils n'est pas seul à l'hôpital, une de mes tantes s'est libérée pour être avec lui et mes grands-parents doivent également lui rendre visite. Ils ne savent pas pourquoi nous sommes absents. Effectivement, depuis le début on nous a demandé de ne pas divulguer le résultat des examens médicaux pour le bien de l'enquête. Que ce soit au CHU, le brigadier qui a reçu notre plainte, ou l'avocat, tous nous ont stipulé que nous devions faire preuve de discrétion pour espérer « prendre par surprise » le coupable et ainsi avoir de meilleures chances d'obtenir des aveux. Seul le personnel médical qui est lié par le secret professionnel peut être informé. Honnêtement, ce silence auprès de nos proches est pénible. Ils demandent sans cesse des nouvelles et nous répondons en boucle que nous attendons encore des résultats, qu'ils ne trouvent pas ce qui l'a rendu malade, mais que son état s'améliore. Il reste en observation tant qu'aucune réponse médicale probante n'apparaît. Comment vont-ils réagir lorsqu'ils connaîtront la réelle raison de son état ? Comment vont-ils vivre nos mensonges à répétition, même si nous leur expliquons que c'était pour respecter le secret de l'instruction ? Nous essayons de ne pas trop penser à cela, nous imaginons qu'ils comprendront. Cette période est aussi difficile, car cette discrétion nous oblige à rester seuls dans notre combat. Au CHU, nous étions un peu dans une bulle, loin de tout et de tous ou presque _car des amis et de la famille sont venus nous rendre visite_. Ici, nous craignons de rencontrer du monde qui nous posera des questions auxquelles il nous sera difficile de répondre. Pire, nous pourrions tomber face à face avec le « monstre » ! Le commissariat est très proche de chez elle. Quelle serait notre réaction alors ? Cette simple pensée me donne la nausée.

Voilà mon tour, je suis donc entendue en audition libre par le même Officier de Police Judiciaire (OPJ) que mon conjoint. Je m'attendais à un interrogatoire musclé, mais il ne l'est pas véritablement. Les questions au départ restent basiques, elles ressemblent à celles de l'assistante sociale vue dans le cadre du signalement. Je me demande parfois si l'OPJ face à moi sait de quoi il parle. Il évoque des gestes ne correspondant pas à celui du syndrome du bébé secoué. Il me parle de courir avec notre bébé dans les bras et de lui cogner la tête dans le chambranle d'une porte, de tenter de le réanimer après un étouffement en le secouant la tête en bas et en le tenant par les pieds... Je comprendrai plus tard que ce genre d'excuses est donné par des coupables. Mais sur le moment, j'ai l'impression d'être face à un incompétent et j'imagine que le « monstre » ne devrait pas trop mal s'en tirer et n'avouera jamais si elle est reçue de la même façon. Il tente ensuite de me faire douter de mes propres parents en évoquant des histoires de pédophilie où le grand-père à qui il aurait « donné le Bon Dieu sans confession » a avoué simplement en se retrouvant face à lui. En bref, l'entendre ne me rassure pas sur la suite qui sera donnée à cette affaire et le plus difficile à digérer sera sa réponse quand je lui demande si les parents des autres enfants confiés à cette assistante maternelle seront interrogés. Elle est toujours coincée dans ma gorge : « Bien sûr que non Madame ! Imaginez si ce n'est pas elle, mais que par crainte les parents retirent leurs enfants. Elle se retrouverait au chômage sans raison, ce ne serait pas juste. » D'accord, nous connaissons tous la présomption d'innocence, mais je pensais que le principe de précaution pour les mineurs s'appliquait également. Il semblerait que non, quelle naïve je suis ! Je lui rétorque alors que la mise en danger du bébé de quatre mois qu'elle garde ne semble pas l'inquiéter. Faut-il attendre un décès pour réagir ? Il est persuadé que si elle est réellement coupable de ce qui s'est produit avec mon fils, elle aura certainement eu la peur de sa vie et devrait se tenir à carreau à l'avenir... Et il ajoute qu'entrer en contact avec ces parents ou l'entourage de cette femme entraînerait pour moi le risque d'être accusée de diffamation. J'ai bien entendu, cela signifie « tais-toi, ne bouge pas même si cela te démange et laisse-moi faire mon travail »...

Une excellente nouvelle ressort de ces auditions libres : nous pouvons de suite aller chercher notre fils à l'hôpital et rentrer à la maison avec lui. Non, il n'est pas placé le temps de l'enquête. Notre fils est enfin libre !!! J'apprendrais plus tard, en consultant le dossier judiciaire de notre fils que ce n'est pas grâce à ces auditions que notre fils n'a pas été placé. Dès l'étude du signalement, le Procureur a autorisé un retour en famille et n'a pas exigé de retrait d'agrément pour l'assistante maternelle. En conséquence, nous aurions pu rentrer tous ensemble chez nous plusieurs jours auparavant et contrairement à ce que je pensais, la PMI ne décide pas obligatoirement de retirer ou non l'agrément : elle suit les consignes du Procureur...

Le retour le soir même à la maison est tout simplement magnifique. Nous sommes heureux et notre fils fait clairement comprendre qu'il l'est également. Il s'esclaffe de joie devant tant de choses, en les montrant du doigt. Il fait la fête devant sa plante favorite, il crie à la vue des poissons et il n'arrête pas de rigoler en retrouvant sa chambre. Je revois encore ces images tellement belles. Nous sommes tous réunis, au chaud dans notre cocon et aujourd'hui notre fils fête ses 9 mois. Des moments de bonheur à l'état pur.

Rassurée d'avoir notre fils de retour avec nous, je sais également qu'il va me falloir rapidement retrouver un mode de garde. Je ressens au plus profond de moi que si je ne m'active pas sur ce point, je serai incapable de confier notre fils à qui que ce soit à l'avenir. Il ne s'agit pas de me libérer du temps pour faire ma formation, mais bien de ne pas tomber dans l'engrenage de la maman surprotectrice qui ne permet à quiconque de toucher à ce qu'elle a de plus précieux. Oui, c'est très tentant, c'est au plus profond de mes entrailles et je dois me faire violence. Je suis incapable de chercher un assistant maternel. Ma raison sait qu'il existe des professionnels en or, mais mon cœur n'est absolument pas prêt à laisser mon fils chez une personne seule. On me parle alors de chercher une nourrice à domicile et d'installer des caméras de surveillance. Cette option ne me convient absolument pas. D'une part, car je souhaite un minimum de collectivité pour son épanouissement personnel et d'autre part, car il me semble essentiel qu'il puisse se sentir bien dans d'autres lieux et non uniquement à son domicile. Enfin, même si la nourrice à domicile est prévenue d'une installation de surveillance, je trouve cela particulièrement intrusif et ne suis pas tellement à l'aise avec ce procédé. Je m'oriente donc vers les crèches. Sans surprise, elles n'ont aucune place disponible, même à temps partiel, elles n'ont pas la possibilité d'accueillir en urgence et les listes d'attente sont très longues.

Par chance, pour la première fois dans le secteur, une micro-crèche ouvre prochainement. Je rencontre le directeur au sein des futurs locaux, en présence de mon fils. À peine arrivés, nous nous sentons à l'aise dans ce lieu parfaitement bien adapté et bien pensé pour l'accueil des tous petits. Avant de nous présenter, le directeur explique comment le projet d'ouverture de cette micro-crèche est né. Lui-même papa de 3 jeunes enfants, il n'a jamais été capable de les confier chez un assistant maternel, de peur qu'un drame puisse se produire chez une personne seule. Imaginez les haut-le-cœur ressentis alors que ses premiers mots sont ceux-là, sans même nous connaître ! Je sens mes yeux s'humidifier, mais je le laisse poursuivre son histoire. Notre fils intègre cette micro-crèche. Le personnel connaît son histoire, est sensibilisé à ce syndrome et accorde une attention adaptée à son développement, comme cela est fait avec chacun des autres enfants. Je suis certaine que notre fils évolue particulièrement bien aussi grâce à cette équipe et aux autres enfants qu'il côtoie.

À sa sortie d'hôpital, il est primordial de mettre en place un suivi de rééducation avec un kinésithérapeute et il nous est conseillé de l'inscrire également au CAMSP (Centre d'Action Médico-Sociale Précoce) afin qu'il puisse bénéficier d'un suivi par un pédiatre et un psychomotricien. Notre région est touchée par le désert médical et paramédical. C'est pour cette raison que notre fils est suivi depuis sa naissance par un médecin traitant et non un pédiatre. Difficile de trouver un kinésithérapeute disponible. Sur la liste fournie par la pédiatrie de l'hôpital, j'ai la chance de connaître celui qui est en tête de liste, ayant déjà travaillé avec lui par le passé. Il est spécialisé dans la petite enfance et le handicap, il est particulièrement doué et souvent recommandé. Je ne sais toujours pas comment le remercier convenablement pour tout ce qu'il lui a apporté, ce qu'il nous a apporté à tous. En plus de générer des déblocages chez mon fils, il prend le temps de m'expliquer les choses et les exercices que je dois lui faire reproduire à la maison. Cela n'a pas de prix : comprendre me permet d'avancer plus sereinement.

Après le traumatisme crânien, à sa sortie de l'hôpital, notre fils âgé de neuf mois tient difficilement assis et ne parvient pas à s'asseoir seul. Tout son développement moteur est comme bloqué dans le temps, et cela durant plusieurs mois. Il donne l'impression de ne pas avoir conscience de la présence de ses jambes. Le haut de son corps est plutôt vif, le bas est vécu comme un poids mort. La rééducation mise en place et les massages lui permettent doucement de reconnecter ses membres à son cerveau et de se remuscler. Il parviendra à s'asseoir seul à 14 mois, puis il se mettra à ramper petit à petit...

Au CAMSP, la pédiatre constate également le retard moteur, mais elle est très confiante sur ses futures possibilités et encourage les séances de kinésithérapie. Notre fils est inscrit sur liste d'attente pour être reçu par une psychomotricienne et une psychologue de son service. Cela demandera plusieurs mois et les séances de kinésithérapie sont tellement efficaces que 3 rendez-vous espacés dans le temps avec elles suffiront. Elles restent cependant disponibles au cas où un nouveau besoin venait à apparaître.

Les mois défilent et nous n'avons aucune nouvelle de l'enquête. Ce silence est compliqué à supporter. J'essaie donc de joindre la brigade des mineurs. L'OPJ référant de notre enquête m'indique qu'il est difficile d'entendre l'assistante maternelle, car elle garde des enfants et ils ne peuvent pas la convoquer durant ces horaires. Mes parents n'ayant toujours pas été entendus, car ils n'ont pas été convoqués, je leur demande d'appeler eux-mêmes et de prendre les devants. Ils obtiennent ainsi un rendez-vous et bénéficient d'une audition libre. Personne d'autre de notre entourage ne sera entendu, que ce soit la famille, les amis ou le voisinage. Cela me donne l'impression qu'il n'y a pas d'enquête. Heureusement pour nous, notre fils n'est ni décédé, ni lourdement handicapé. Pour ces raisons, il n'intéresse certainement pas la justice, il n'est pas une priorité... La seule autre personne finalement entendue est l'assistante maternelle et cela plus de deux mois après les faits. Elle a eu le temps nécessaire de se préparer à cet entretien aucunement musclé. Ni son époux, ni ses enfants adultes, ni son voisinage ne seront entendus. Lorsque je pense qu'on me rappelait qu'il fallait respecter le secret de l'instruction et se taire auprès de nos proches !... Mais pour quelle raison ? Dans notre cas, pour rien. C'est tout du moins mon ressenti.

À force d'appeler encore et encore l'OPJ, il me fixe un rendez-vous pour m'expliquer où en est l'enquête. Enfin, c'est le motif qu'il me donne. En réalité, il profite de cette entrevue pour une nouvelle audition libre, en réponse à celle qu'il a eue avec l'assistante maternelle. Je découvre alors qu'elle lui a raconté des choses aberrantes, souvent sans aucun sens. Elle lui a notamment dit qu'elle nous avait prévenus que notre fils était constipé ce qui est faux, nous l'avions fait, c'était d'ailleurs noté dans la fiche contenant les habitudes de vie de notre fils, transmise dès le début de son accueil ; fiche qu'elle n'a sans doute pas lue. Elle estimait qu'il était déshydraté depuis le début de son accueil, car il ne buvait pas suffisamment. Elle assure qu'il était déjà atteint d'un retard moteur, puisqu'il n'était pas capable de se tenir de debout ! Elle hésite sur le nombre d'accueils possibles dans le cadre de son agrément ! Elle évoque tellement de choses improbables, que je ne peux toutes les citer ici. Elle ajoute qu'elle a été la seule personne au contact de notre fils, chez elle. J'en déduis donc qu'elle est soit l'auteur des faits, soit elle protège une autre personne, ce qui la rend tout aussi coupable à mes yeux puisque mon fils était sous sa responsabilité. J'indique à l'OPJ toutes les incohérences qu'il me cite, mais il ne prendra pas note de la plupart des éléments que je lui apporte. Son attitude révèle que je l'énerve (ce qui est parfaitement réciproque) et il refuse d'ajouter les éléments que j'estime importants sur le procès-verbal de cette nouvelle audition. Je suis ressortie du commissariat en contenant une colère indescriptible, je la ressens encore aujourd'hui en écrivant ces lignes ! Je prie pour ne pas croiser le « monstre » à la sortie du commissariat, car je pense ne pas être capable de me retenir de l'agresser à ce moment précis.

Au final, quatre mois après les faits, notre plainte contre X et le signalement seront classés sans suite faute d'élément probant. Pas étonnant, le dossier judiciaire de notre fils est particulièrement mince. En dehors des éléments que nous avons nous-mêmes transmis et du bilan du médecin légiste, seulement cinq personnes ont été entendues. Aucun antécédent n'a été recherché, le personnel référant à la PMI n'a pas été entendu non plus... Cela nous laisse le sentiment d'une enquête bâclée. Notre fils n'a pas d'importance dans ce monde, pas de valeur... Le CHU et notre avocat nous ont indiqué que le signalement entraîne une enquête socio-judicaire. Dans ce cadre, les services sociaux doivent nous contacter, afin de suivre notre fils, d'étudier son habitat, son mode de vie et son entourage, de vérifier qu'il est en sécurité avec nous. Plus d'un an après le signalement, nous n'avons jamais eu aucune nouvelle des services sociaux. Nous pourrions les remercier de nous avoir laissés vivre tranquillement, de ne pas avoir eu à nous justifier, de ne pas nous avoir jugés... Cela aurait été du stress additionnel inutile et des raisons supplémentaires d'en vouloir au « monstre ». Alors oui, pour cette paix, je les remercie. Paradoxalement, je suis choquée et même en colère de constater que l'enfant est ainsi abandonné à son sort, aucun contrôle, aucune protection... Pas étonnant que tant d'enfants puissent être maltraités en toute impunité. Un enfant échappe à la mort et il est ainsi relâché dans la nature sans aucun suivi. Sous les effets de la colère, je me dis que la justice et les services sociaux sont aveugles. Puis en creusant un peu plus, nous constatons qu'ils n'ont pas les moyens nécessaires pour agir. Le manque de budgets entraîne un manque de professionnels et donc de temps à consacrer... Classer une affaire sans suite coûte moins cher que de mener une enquête poussée. Une audition libre coûte moins cher qu'une garde à vue. Renvoyer une affaire devant le tribunal correctionnel coûte moins cher que devant la cour d'assises. Une peine avec sursis ou une courte peine qui pourra être aménagée coûte moins cher qu'une peine de prison ferme plus longue. Lorsque l'on comprend cela, même si cela nous révolte, il est plus simple de s'imaginer pourquoi beaucoup d'enquêtes sont classées sans suite lorsqu'un enfant ne décède pas ou n'est pas lourdement handicapé.

Psychologiquement, nous sommes chamboulés. Nous ne sommes plus les mêmes et ne serons jamais ce que nous aurions été si ce drame ne nous avait pas touché.

Nous ne mesurons pas encore quel sera l'impact sur la mémoire traumatique de notre fils. L'avenir nous le dira. Nous constatons qu'il a développé des troubles du sommeil qu'il n'avait pas auparavant. Il faisait ses nuits depuis qu'il est âgé d'un peu plus d'un mois. Suite à cela, des pleurs en dormant sont apparus et des réveils en sanglot sont fréquents, avec des besoins de réassurance avant de se rendormir parfois longs. Nous ne sommes pas certains que cela soit directement lié au traumatisme crânien, mais les nuits d'hospitalisation ont certainement beaucoup contribué à cela. Entre les bruits des machines, les bruits des autres enfants, le contrôle répétitif des constantes par les soignants, il était régulièrement réveillé durant la nuit et nous n'étions pas présents à ses côtés pour le rendormir. Sur les autres éléments de son développement, rien n'est particulièrement flagrant. Je me suis déjà demandé s'il ne développait pas des troubles du comportement lorsqu'il avait une nouvelle réaction inattendue face à moi. Mais finalement, il s'agit certainement d'attitudes liées à son âge et aux différentes étapes de son développement. Savoir le CAMSP à disposition en cas de besoin est rassurant. Ce service interviendra également à chaque étape particulière de sa vie, comme son entrée à l'école.

Mon conjoint semble mieux gérer que moi cette étape de notre vie. Une chose est certaine, des événements de ce genre peuvent détruire un couple ou tout du moins le fragiliser. Nous avons la chance de constater que cela renforce notre amour. Il est un véritable pilier pour moi. Sa force, sa sensibilité, sa capacité à m'écouter, me comprendre, m'accompagner et me soutenir dans mes moments de faiblesse et mes élans combatifs sont une bouffée d'oxygène qui me permet de garder la tête hors de l'eau. Nous nous sommes rendus ensemble à l'institut du couple et de la famille qui nous avait été conseillé par la psychologue de l'hôpital. Il y a évoqué tout ce qu'il avait sur le cœur et deux séances bénéfiques étaient suffisantes pour lui. Je ne souhaite pas lui en imposer plus que nécessaire et en accord avec l'institut, nous mettons fin à ce suivi.

En ce qui me concerne, je présente des troubles de stress post-traumatiques et pour ne pas transmettre mes angoisses à notre fils, je souhaite rapidement obtenir de l'aide. Je consulte une psychothérapeute également art-thérapeute, spécialisée aussi dans les traumatismes infligés aux enfants. Cette double casquette me réconforte. Elle comprend avec une facilité déconcertante les étapes par lesquelles je passe et ses outils m'aident à combattre mes plus grandes peurs. La thérapie par le dessin est utilisée pour mes angoisses immédiates et la thérapie par le conte est utilisée pour mes problématiques plus profondes. Ce travail est nécessaire pour notre quotidien. Le moindre choc « ordinaire » pour un enfant me terrifie chez notre fils. Ainsi, le voir risquer de se cogner la tête déclenche chez moi une crise de larmes et mon corps se tétanise. Quand il joue avec son papa et lui fait comprendre qu'il a envie d'avoir la tête en bas, je suis obligée de quitter la pièce au plus vite et d'aller prendre l'air pour reprendre mon souffle tellement cette image de simple jeu peut être violente. Mon fils a besoin de s'amuser, je ne peux tout de même pas l'empêcher de vivre sa vie d'enfant. J'ai également peur qu'il se brise un membre en jouant et dans ce cas ce n'est pas la fracture qui m'effraie (enfant, je me suis cassée plusieurs membres au sport) c'est de devoir nous rendre aux urgences qui me rend malade. Comme je le dis régulièrement, avec ce classement sans suite, j'ai toujours l'impression d'avoir une épée de Damoclès au-dessus de la tête. Ce classement ne nous lave pas de tous soupçons et si notre fils se blesse, comment être certain qu'un accident ne sera pas pris par les médecins pour de la maltraitance de notre part ? Puisque les services sociaux ne sont jamais venus nous contrôler, comment être certain qu'un signalement fait dans la hâte n'entraînerait pas par précaution un placement d'office ?

Nous nous sommes déjà présentés aux urgences pour de très forts épisodes de fièvre, ne trouvant pas ce qu'il avait, mais des analyses révélant une infection, notre fils a été hospitalisé. À peine arrivée en pédiatrie, j'ai de nouveau senti les regards inquisiteurs sur nous. Oui, le syndrome du bébé secoué apparaît sur son carnet de santé et dans son dossier médical. Notre fils présente des épisodes de constipation et lorsqu'il évacue, il crie en pleurant. Je me souviendrais toujours lorsque deux soignantes ont débarqué en courant dans sa chambre, le visage grave, après avoir entendu mon fils pleurer. Elles semblaient persuadées qu'étant seule avec lui, je venais de le maltraiter. Heureusement, je tenais de quoi le changer entre les mains et les barreaux de son lit étaient encore en position haute. Elles se sont stoppées net face à moi et lorsque je leur ai dit qu'il venait de crier, car il avait rempli sa couche, elles ont soupiré de soulagement.

Voilà, nous pourrons être éternellement soupçonnés et il nous faudra toujours montrer patte blanche. Je pense que nous n'avons pas le droit à l'erreur, ni à un accident de la vie courante. Pour ces raisons, je redouble de vigilance et tente d'anticiper les accidents potentiels. Je constate que cela fatigue mon entourage qui ne comprend pas mes réactions et j'envie tellement leur insouciance !

Nous envisageons de nous constituer partie civile, dans l'espoir d'obtenir une enquête digne de ce nom. Dans ce cadre, nous pourrions être mis en garde à vue cette fois-ci. Personnellement, je m'en moque, tant qu'il en est de même pour le « monstre ». Toutefois, l'idée de provoquer un choc supplémentaire pour mon fils me freine. Nous risquons de rouvrir des plaies et d'être finalement de nouveau déçus. Cela peut également nous mettre en difficultés financières. Alors, est-ce que cela en vaut réellement la peine ? J'en suis persuadée, notamment pour protéger les autres enfants de ce « monstre ». Seulement, j'ai récemment appris qu'elle avait d'elle-même arrêté d'exercer. Mais si l'idée lui venait de reprendre ses fonctions ? Que faire ? Je ne le sais pas et cela me ralentit dans les démarches administratives.

J'ai parfois l'impression qu'il s'agit d'une pause dans notre vie, une parenthèse pleine de questionnements. Souhaitant rester au maximum disponible pour notre fils, je n'ai toujours pas suivi la formation que j'avais choisie. Vais-je être capable de reprendre le travail ? Il le faudra bien ! Nous souhaitons un deuxième enfant, comment réagirons-nous avec lui ? Et que penser de l'avenir, puisque l'on nous a répété que seule l'avancée en âge de notre fils nous permettra de savoir s'il a des séquelles invisibles ou non ?

Aujourd'hui, je n'ai pas envie de me poser toutes ces questions. Je n'ai pas envie de réfléchir. Je vois mon fils et constate l'énorme chance que nous avons d'être tous ensemble. J'ai envie de rester positive et de vivre l'instant présent pleinement. Pour lui, pour nous et aussi pour tous ceux qui ne peuvent faire comme nous.

Mes pensées les plus douces vont vers les familles qui n'ont malheureusement pas eu notre chance, c'est aussi pour elles et pour tous les bébés à venir que je m'engage à faire de la prévention dès que je le peux, avec d'autres parents de victimes et auprès de professionnels. En espérant qu'ensemble nous parviendrons à faire évoluer les choses : que ce soit sur la prévention, le diagnostic, la protection, la prise de conscience en général et peut-être la justice un jour.

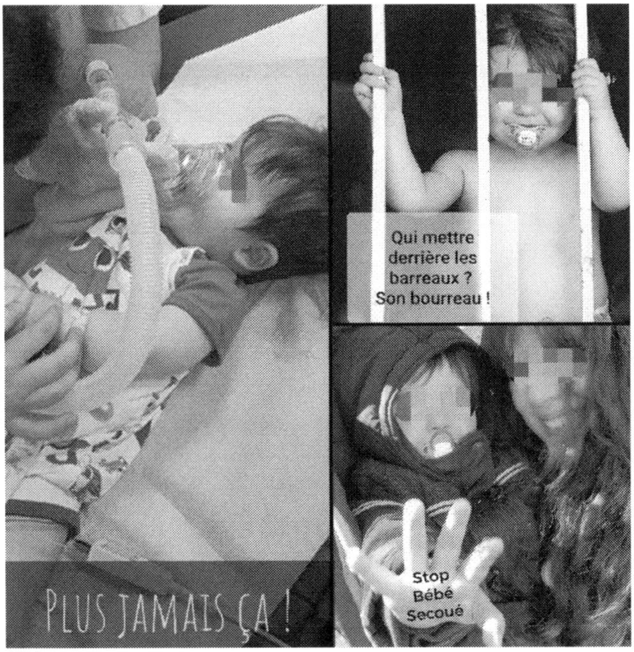

ANAÉ

Cette journée d'été 2014 et les jours qui ont suivi ce drame qui s'est abattu sur notre fille et notre famille sont et resteront gravés à tout jamais dans nos mémoires.

Notre fille, Anaé, âgée à l'époque de 6 mois et demi a été secouée par son assistante maternelle, et notre vie a alors basculé et n'est pas la vie que l'on avait tant imaginée.

Nous ne pourrons jamais oublier ce par quoi nous sommes passés et ce sentiment de pouvoir perdre notre fille, notre premier enfant que nous avons tant désiré. Ce sentiment est indescriptible, nous sommes passés par toutes les phases d'émotions et nous avions qu'une envie « se réveiller de ce cauchemar ».

Ce matin-là, j'avais pourtant senti quelque chose d'inhabituel, mais je n'ai rien pu faire et ne pouvais pas imaginer le pire. Je ne saurai

jamais vraiment l'expliquer, mais ce matin-là, j'étais connectée à mon enfant encore plus que les autres jours et ressentais déjà cette horreur que ma fille allait vivre quelques heures à peine après l'avoir déposé le matin.
J'avais un mal de tête comme jamais je n'en avais eu et la partie droite de mon cerveau se compressait de minute en minute. C'est seulement après que j'ai compris que j'avais ressenti la douleur de cet hématome sous-dural que ma fille allait développer sur sa partie droite de son cerveau, si fou que cela puisse paraître.

Vers 13h, je déjeunais avec deux collègues de travail, nous fêtions un futur projet de l'une d'entre elles. L'ambiance était joyeuse, jusqu'à ce que je sorte mon téléphone de mon sac à main et que je découvre un appel manqué de la nourrice.
Le genre de coup de téléphone qui inquiète. Je ne prends pas la peine d'écouter le message et la rappelle immédiatement. Je ressens une panique, des confusions dans ce qu'elle décrit, à vrai dire je ne comprends pas. La seule chose que je comprenne est qu'à ce moment précis les pompiers sont sur place avec ma fille. Je demande donc à parler à un de ses professionnels afin qu'il m'explique la situation. Il me dit qu'il n'y a rien d'inquiétant, et répète les dires de l'assistante maternelle comme quoi la tête d'Anaé serait partie un peu vers l'arrière quand elle a voulu la changer avant de la mettre à la sieste, qu'Anaé n'a pas de fièvre, qu'elle est fatiguée et qu'elle allait se reposer. Je demande à reprendre la conversation avec l'assistante maternelle et lui demande si elle souhaite que je vienne chercher ma puce, elle me répond qu'il n'est pas nécessaire que je me déplace et que je pouvais retourner au travail.
Je fais confiance à ce pompier et à la nourrice, mais de suite je contacte mon conjoint pour le tenir informé et me réponds à son tour de ne pas m'inquiéter que l'assistante maternelle a bien réagi

en appelant les pompiers et que s'il y avait eu quelque chose les pompiers auraient pris le relais.
Je raccroche, l'esprit inconfortable, je ne fais que cogiter et me demande ce qui a poussé l'assistante maternelle à contacter les pompiers et pourquoi elle me semblait si paniquée s'il n'y avait rien d'alarmant. Je rappelle à nouveau mon conjoint lui faisant part de mon inquiétude, étant proche du lieu où ma fille se trouvait il pouvait se déplacer pour observer si tout allait bien, mais tente une fois de plus de me rassurer.
À peine une demi-heure plus tard, je reprends mon téléphone découvrant un autre message que l'assistante maternelle m'avait laissé sur mon répondeur intentionnellement.
Ce message m'a beaucoup perturbé, j'entendais ma fille pleurer de manière inhabituelle et anormale alors que les pompiers eux n'avaient rien remarqué… et appelle donc une troisième fois mon conjoint afin qu'il aille chercher de toute urgence notre fille sans lui laisser le choix, car sinon c'est moi qui me déplacerais.
Nous ne pouvions pas rester les bras croisés et laisser notre fille ainsi sans savoir ce qu'il se passait réellement.
Mon conjoint arrive sur les lieux et découvre notre fille de couleur jaune pâle, verte…comateuse, vomissant à grands jets par la bouche et le nez.
L'assistante maternelle l'avait à ce moment précis dans les bras et était en ligne avec le SAMU, mais ce dernier ne sachant pas ce qu'il s'était passé et avec très peu d'explications et avec un discours toujours faussé, ne comptait certainement pas se déplacer.
Mon conjoint décide donc de ne plus perdre de temps et récupère notre fille. Il se rend immédiatement au cabinet médical, mais aucun médecin ne peut l'examiner de toute urgence et lui faire passer des tests neurologiques. Il prend donc la route direction les urgences pédiatriques situées a à peine 30 minutes. Il tient éveillé notre puce tout le long du trajet en chantant à haute voix, en claquant des

doigts afin qu'elle ne s'endorme pas, elle qui luttait tant pour ne pas s'endormir.
Mon travail se situant très proche de l'hôpital pédiatrique, je les attendais devant la porte des urgences. L'attente fut longue.
Il est environ 14h30, mon conjoint arrive avec ma fille dans son cosy et là je découvre Anaé d'un ton si pâle que j'ai du mal à la reconnaître.
Arrivés juste devant les guichets des urgences elle se met à vomir de nouveau à grands jets, toujours par la bouche et le nez. Une image si effroyable que je n'arrive même plus à tenir sur mes jambes. Je suis prise de panique et les médecins voyant cette scène (que jamais je ne pourrai oublier) prennent immédiatement en charge notre fille.
Arrivés dans un box où plusieurs médecins auscultent notre fille, on nous pose des questions et je leur fais comprendre immédiatement qu'il s'est passé quelque chose de grave, même si j'étais loin d'imaginer ce que l'on allait découvrir quelques heures plus tard.
Je leur raconte tout depuis ce fameux coup de téléphone, mais ils ne vont pas dans mon sens et ont bien du mal à me croire quand je leur répète qu'il a dû se passer quelque chose de grave chez cette assistante maternelle. Ils me disent de me calmer et me sens un peu seule face à toutes mes questions restant sans réponse.

Ils décident vers 15h-15h30 de passer une échographie de la tête à Anaé, et là, ils découvrent un hématome sous dural.
Ils décident de lui faire passer un scanner dans la foulée qui confirme que le cerveau saigne.
Tout va ensuite très vite, nous traversons de longs couloirs dans le sous-sol de l'hôpital, nous prenons l'ascenseur, nous reprenons un couloir, puis l'ascenseur. Nous étions déboussolés et ne comprenions toujours pas ce qu'il se passait.

Nous sommes arrivés dans une grande salle, mais incapables de vous dire aujourd'hui ce qu'il y avait dans cette pièce à part des machines.
Cette salle me semblait immense ! Notre fille était allongée sur un brancard et les médecins nous annoncent qu'il fallait qu'elle soit opérée de toute urgence afin de retirer l'hématome qui allait compresser son cerveau s'ils ne faisaient rien. Ils nous annoncent qu'ils ont appelé un chirurgien d'urgence spécialisé dans les opérations du cerveau, qui se trouvait dans l'autre hôpital rattaché à cet hôpital pédiatrique et qu'ils attendaient qu'il arrive (environ 15min-20 min de trajet).
Ils nous parlent de transfusion, car elle allait perdre beaucoup de sang lors de l'opération.
En réalité tout allait beaucoup trop vite autour de nous. Nous étions sous le choc, ne comprenant toujours pas pourquoi un hématome était là, dans le cerveau de notre fille.
On reprend de longs couloirs froids et on l'accompagne jusqu'aux portes à battants du bloc opératoire. Nous avons très peu de minutes pour lui faire des bisous et lui dire d'être forte, qu'il fallait qu'elle se batte et qu'on l'aimait plus que tout et que nous avions besoin d'elle.
Le brancard s'éloigne, les médecins traversent les portes et nous nous retrouvons là tous les deux, les larmes aux yeux.
On se regarde et on se dit « tout va bien se passer ». En réalité, nous n'en étions pas convaincus, mais nous l'espérions plus que tout.
On va alors s'installer sur les pelouses à l'entrée de l'hôpital où l'on va alors attendre pendant des heures, qui semblaient interminables...
Au bout de quatre heures environ, le service de réanimation pédiatrique nous contacte et nous demande de nous rendre à l'entrée du service.

Nous nous rendons immédiatement au second étage de cet hôpital. Ce fut la première montée dans cet ascenseur que nous allions ensuite prendre des centaines de fois… Cet ascenseur qui à la fin du séjour me donnait des nausées…
Arrivés à l'entrée du service, un personnel de l'hôpital nous invite à rentrer dans un petit bureau et nous demande d'attendre les médecins qui étaient sur le point d'arriver.
On s'assoit le cœur battant à toute vitesse, trois médecins arrivent (le chirurgien qui venait d'opérer notre fille, un médecin légiste et un médecin plus généraliste il me semble) et s'assoient à leur tour face à nous.
Ils nous regardent froidement, sans un mot, on se sent jugé et ne comprenons pas pourquoi tant de silence et mystère.
Le chirurgien prend enfin la parole et sans mâcher ses mots nous annonce que « la situation est très grave, votre fille a été violemment secouée et nous ne savons pas si elle va vivre, son pronostic vital est engagé ».
Et là c'est le choc, l'incompréhension, la peur de perdre notre fille, le vide total et la vie qui s'écroule…. Et pleins de questions qui nous viennent « Quoi ? Qui ? Comment ? Pourquoi ? »
« Bébé secoué ? Mais qu'est-ce que c'est ? » Nous qui n'en avions jamais entendu parler, cela nous paraît tellement inimaginable.
On vient même jusqu'à douter de nos gestes envers notre fille « Et si c'était moi qui en prenant Anaé pour la monter au-dessus de ma tête et la faire rire lui avait fait mal ? », « Et si on avait fait un mauvais geste sans s'en apercevoir qui aurait causé cela ? », « Mais comment cela s'est produit ? »…
Ils nous expliquent de suite que ce n'est pas cela qui provoque un tel hématome, qui d'autant plus celui-ci est accompagné d'hémorragies rétiniennes et que pour en arriver là, notre fille avait été secouée d'une extrême violence. Ce n'est pas un jeu qui peut en

être la cause et la personne qui a fait subir cela à notre fille savait pertinemment qu'elle lui avait fait du mal.
Viens alors une batterie de questions : « Cette grossesse était-elle désirée ? », « Vous avez accouché à combien de semaines aménorrhées ? », « Comment s'est passé votre grossesse ? », « Comment vous sentiez-vous lors de votre grossesse ? », « Comment ça se passe à la maison avec Anaé ? », « Pleure-t-elle souvent ? »....
Et tout va très vite, car l'appel au Procureur de la République se fait immédiatement pour protéger Anaé et pour lancer une procédure judiciaire.
Les jours qui suivent furent les plus longs et douloureux jours de notre vie, il fallait être forts pour notre fille qui n'était pas sûre de s'en sortir, car un œdème cérébral pouvait se contracter. Nous avons dû attendre cinq jours afin de savoir si notre fille allait vivre ou non et en lui répétant chaque jour que nous l'aimions plus que tout et qu'il fallait qu'elle reste avec nous... Elle était là dans son petit lit d'hôpital, branché de partout, avec un gros bandage qui lui prenait presque toute la tête. Nous ne pouvions la prendre dans les bras et la serrer fort contre nous. Ses jours semblaient si longs...
En parallèle, nous avons été entendus chacun à notre tour par les enquêteurs, car se sont nous, parents, qui étions les premiers suspectés.
Nous nous sentions observés en permanence. Pas seulement par les gendarmes, mais aussi par le corps médical. Le moindre fait et geste était épié alors que nous n'avions rien à nous reprocher.

Jour 5 – Il devait être 7h30-8h00 et nous avions l'habitude de nous poser au même endroit dehors pour prendre notre café. Je baisse la tête et découvre une petite étoile juste à mes pieds. Je la ramasse et dis à mon conjoint « c'est un signe cette étoile, il faut garder espoir ».

Dans cette matinée, les médecins qui nous convoquaient tous les jours dans le petit bureau pour nous informer de l'état de santé d'Anaé (ce même bureau où le diagnostic avait été posé ; ce bureau qui nous a également servi de dortoir plusieurs nuits ; ce bureau qui a été notre refuge pour essayer de se reposer tout en se sentant proche d'Anaé s'il arrivait quelque chose) nous annoncent que le pronostic vital de notre princesse n'est plus engagé.
Quel soulagement ! Un miracle, un poids en moins !
Notre fille allait vivre...On ne savait pourtant pas comment cela allait évoluer et encore beaucoup d'examens étaient programmés pour les jours à venir... Mais l'essentiel c'est qu'elle était bien là avec nous. C'est de loin le plus beau jour de notre vie... Et cette étoile ne m'a plus jamais quitté !
Le jour qui a suivi, notre puce a rejoint le service des nourrissons et de jour en jour, elle nous épatait ! Elle s'est battue comme une chef avec tout l'amour que l'on a pu lui donner et nous le rendait bien par tous ses progrès ! On a vite retrouvé le bébé que l'on connaissait avec même une petite pointe de caractère qui faisait son apparition ! Mais comment ne pas avoir de caractère quand on vient de se sortir de l'enfer et que l'on s'est battu pour rester en vie...
Seulement quinze jours après les faits, nous avons pu rentrer tous les trois dans notre petit chez nous, loin de ses machines branchées en permanence sur notre enfant, ces bips-bips continuels qui nous affolent au moindre bruit suspect, ces blouses blanches, ces pauses café au pied de l'ascenseur, ces déjeuners sur le pouce, ces siestes sur ce fauteuil collé au lit à barreaux de notre puce, etc.... Bref, nous allions retrouver un peu de calme loin de cette horreur et pouvoir retrouver notre vie à trois que l'on venait tout juste d'apprivoiser...
Notre puce a fêté ses sept mois à l'hôpital et pourtant très vite nous avions la sensation d'arriver à trois pour la première fois à la maison. Comme si nous arrivions tout droit de la maternité.

Il a fallu tout réapprendre…. Nous avions pourtant hâte de partir de l'hôpital, mais nous l'avons appréhendé ce départ… Les blouses blanches étaient là pour nous épauler, nous aider, nous guider, nous rassurer… Nous avions tellement l'impression qu'Anaé était fragile que nous avions très peur de mal faire. Les bips-bips permanents m'ont finalement tellement manqué à l'arrivée à la maison.
Il fallait que je regarde ma fille dormir pendant des heures afin de m'assurer que tout allait bien, qu'elle respirait bien, qu'elle n'était pas en crise épileptique, qu'il n'y avait pas de gestes anormaux…. Ça a été très difficile de se refaire confiance et la maman poule déjà existante est devenue la maman très, très protectrice…qui ne lâchait pas du regard sa fille par peur qu'il lui arrive quelque chose.
Cette peur de pouvoir perdre son enfant en l'espace de quelques secondes allait commencer à me ronger…
Et pas que… Il y a eu la perte de confiance aux autres aussi. J'ai eu beaucoup de difficulté à confier ma fille rien que pour un week-end à mes parents ou beaux-parents. Pour moi, elle n'était en sécurité qu'avec son père ou moi.

Presque cinq ans après les faits, j'ai bien avancé, mais je suis toujours très méfiante et laisse mes filles à très peu de personnes.

J'ai mis de côté mon travail pendant six mois pour me consacrer à Anaé. Pour assurer dans un premier temps ses rendez-vous médicaux et voir comment elle évoluait, mais dans un second temps, car il était pour moi inconcevable de laisser ma fille à un/une étrangère.
Je ne voulais plus entendre parler d'assistantes maternelles et en parallèle nous avions comme souhait de déménager le plus vite possible afin de ne pas croiser cette personne qui avait failli tuer notre fille. Nous ne savions donc pas où réellement chercher un mode de garde tant que nous n'avions pas trouvé de nouveau

logement. Après des jours à contacter des structures telles que les crèches ou micro-crèches, malgré notre parcours et celui de notre fille, nous ne trouvions aucune place en crèche. Nous n'étions pas prioritaires contrairement à ce que nous avait laissé entendre l'hôpital.
Le temps passait et nous avons donc pris la décision de refaire confiance à une assistante maternelle. Cela a été un gros travail sur moi et beaucoup d'angoisse. Mais il était pour moi important de reprendre une vie active et sociale, pour mon équilibre, celui de ma fille et de notre famille.
Les choses se sont décantées lorsque nous avons trouvé un nouveau logement. J'ai donc passé beaucoup de coups de téléphone auprès d'assistantes maternelles, fait un certain nombre d'entretiens seule dans un premier temps puis j'ai trouvé la personne qui a su me redonner un peu confiance aux autres, une personne avec qui j'ai eu de suite le feeling et que j'ai souhaité présenter au papa d'Anaé.
Nous avons décidé de la choisir et nous avons repris le cours de notre vie…
Suivie de près par le CAMSP (Centre d'Action Médico-Sociale Précoce), Anaé a marché à ses 18 mois, a commencé à manger seule vers 24 mois, rencontrait juste des problèmes pour s'apaiser lors des siestes, mais dans l'ensemble elle évoluait plutôt comme une petite fille normale et cela nous rassurait énormément…

L'esprit un peu plus apaisé, nous avons donc décidé très vite de donner un petit frère ou petite sœur à Anaé, car nous avions aussi besoin de cela pour essayer d'avancer du mieux possible et d'être moins rivés sur les moindres faits et gestes de notre puce.
Ma deuxième grossesse fut annoncée le jour des un an d'Anaé autour d'un goûter en famille.

J'en avais les larmes aux yeux, tellement fiers d'avancer malgré toute cette souffrance, fiers de pouvoir donner vie à un autre petit bout de chou.
Mais très vite ce traumatisme m'a rattrapé... Malgré que cette grossesse fût plus que désirée, j'ai ressenti très vite de la peur et beaucoup d'angoisse. « Et si on faisait du mal à mon autre enfant ? », « Et s'il lui arrivait quelque chose de grave à lui aussi ? ».
Les premiers mois de grossesse ont été très difficiles, ma psychologue m'a beaucoup aidée à faire face à toutes ses angoisses et ainsi être plus sereine. Je n'ai pas profité de cette grossesse comme je l'avais envisagée, mais au-delà de cela j'avais déjà Anaé à m'occuper donc forcément une deuxième grossesse bien différente de la première.
Anaé est devenue grande sœur un petit peu plus d'un an après avoir été secouée et cette petite princesse qui arrivait dans nos vies a fait le plus grand bonheur de notre famille.
Une nouvelle vie à quatre s'offrait à nous, cette petite princesse m'a permis de rendre un peu plus autonome Anaé et d'être moins derrière elle. Quand on n'a pas le choix, c'est toujours plus facile.
Les premiers mois de la vie de ma seconde princesse m'ont beaucoup aidée à être plus sereine, mais cela fut malheureusement de courte durée...

À ses quatre mois, nous avons dû remettre les pieds dans cet hôpital pédiatrique. Cet hôpital où nous avons vécu le pire cauchemar de notre vie. J'ai fondu en larmes dès que j'ai franchi la porte de la chambre en voyant ma petite princesse allongée dans ce lit à barreaux quasi au même âge qu'Anaé à l'époque des faits.
En effet ma petite dernière avait contracté une bronchiolite et a été admise à l'hôpital pour détresse respiratoire et branchée pendant 1 semaine où j'ai passé jours et nuits à ses côtés pendant que le papa s'occupait de notre petite Anaé.

Et sans pouvoir l'expliquer, à peine quelques semaines après son hospitalisation, mes angoisses ont repris de plus belle alors que pourtant ce n'était rien comparé à ce qu'avait subi Anaé… mais il est vrai que sans rien dire au papa, la semaine avait été très compliquée pour moi, car beaucoup de souvenirs et de flash de l'hospitalisation d'Anaé avaient refait surface.
Ce sont seulement quelques petits mois après que j'ai pris conscience que je venais de subir un nouvel électrochoc et que ça avait ré ouvert davantage les plaies qui étaient loin d'être guéries.

C'est à ce moment précis que je me suis réellement rendue compte du traumatisme que nous avions vécu et que le chemin allait être long, très long pour me reconstruire et que plus jamais je ne serai la même et que cette personne avait chamboulé notre vie à tout jamais.

Et la période du choc post-traumatique commençait seulement pour moi…
J'ai essayé de faire face, de relativiser, de me dire qu'il y avait pire que nous et me dire que notre puce évoluait correctement, mais ma vie avait bel et bien changé.

Puis viens l'entrée à l'école pour notre princesse, ce moment dont les médecins avaient évoqué à la sortie de l'hôpital, en nous demandant d'être vigilants, car les premières difficultés pouvaient voir le jour. Ces mots que nous avions tant occultés…
À peine un mois après sa rentrée, nous avons demandé un entretien avec la maîtresse, et là c'est le choc… une nouvelle douche froide qu'on se prend en plein fouet et qui nous laisse sans voix.
On nous parle d'une petite fille qui ne rentre pas dans les cases, très « différente » des autres enfants. Une petite fille qui se met dans des excès de colère, qui se déshabille, balance ses chaussures sur les

autres enfants, se cache sous les tables et crie tout ce qu'elle peut crier. Une petite fille qui refuse de rentrer dans les apprentissages et qui a beaucoup de mal avec la vie en collectivité et qui n'arrive pas à gérer tous les temps de transition. Une petite fille qui se tape même la tête contre les murs.
Tout simplement, une petite fille en souffrance que nous ne reconnaissons pas du tout.
Les mois passent et ne s'arrangent pas… Nous mettons vite en place un suivi psychologique avec le CAMSP dont elle est suivie depuis ce traumatisme.
Nous avons en face de nous une maîtresse d'école qui n'est pas armée face à ce genre de comportement, complètement dépassée et très peu pédagogue pour ne rien arranger.
Cette année scolaire fut rythmée de rendez-vous médicaux hebdomadaires ; de remarques inappropriées de la part du corps enseignant ; d'appels très réguliers pour me demander de venir chercher ma fille en crise ; de réunions d'équipe éducative pour parler de notre fille et nous rappeler qu'« elle n'est pas une enfant lambda », etc…
Beaucoup de mots difficiles que j'ai dû encaisser et qu'aucun parent n'a envie d'entendre, et encore moins au vu de notre histoire. On se sent incompris et tout simplement seul au monde.

Un vrai échec scolaire pour notre princesse qui je pense même l'a détruit encore plus psychologiquement et une vraie torture pour mon petit cœur fragile de maman.
Cette année scolaire me paraît interminable et je suis à bout de souffle comme jamais je ne l'ai été.
Le sentiment que tout ce que l'on avait vécu 3 ans auparavant ne nous lâchera pas et que notre combat allait être encore très long…
Ce n'était même que le début des vrais ennuis, malgré tout ce que l'on avait déjà vécu.

La colère s'intensifie de jour en jour, ainsi que l'incompréhension de ce geste de maltraitance.
Comment cette personne en quelques minutes a pu commettre l'irréparable et nous pourrir la vie ainsi ?! Comment a-t-elle pu maltraiter un bébé qui ne peut se défendre ? Pourquoi ?
Comment avancer avec cette colère ? Impossible pour moi sa maman qui voit son enfant souffrir et qui prend un chemin autre qu'elle aurait dû prendre...
Et sans aveux de la part de cette personne, cela ajoute malheureusement un poids en plus à cette colère.
Tout cela me ronge chaque jour un peu plus de l'intérieur. Je suis tendue H24 et grince très régulièrement des dents, surtout la nuit, j'ai le visage tendu en permanence, la nuque et le dos raide et me retrouve souvent la gorge serrée, car n'arrive pas à digérer et ait beaucoup trop de colère en moi qui m'empêche d'avancer comme je le souhaiterai.

Après une année de petite section qui m'a encore plus détruite psychologiquement et un début de moyenne section qui nous a confirmé les troubles de comportements de notre fille et ses grosses difficultés de frustration et concentration, j'ai dû faire des choix et me rendre à l'évidence. Je décide donc d'accompagner ma fille au quotidien et ainsi lui permettre de réduire son temps de scolarisation comme le souhaitait l'école depuis des mois. Finalement c'est un grand mot de dire que c'est un choix...il s'agit plus d'une nécessité... Je travaille donc depuis son milieu d'année de Moyenne Section à temps partiel, uniquement le matin, pour pouvoir m'occuper de ma fille tous les après-midi et également retrouver un équilibre familial et permettre de moins courir pour assurer l'ensemble des rendez-vous médicaux qui se sont intensifiés au fil des mois (psychologue, pédopsychiatre, psychomoteur, orthophoniste, etc...)

Elle est aujourd'hui en classe de Grande Section, avec une AVS (Auxiliaire de Vie Scolaire) qui l'accompagne 9h par semaine (qui est d'ailleurs insuffisant pour Anaé) quand elle en avait 12h par semaine en MS.
On peut noter des progrès concernant son comportement depuis qu'elle ne va à l'école que le matin, car arrive davantage à gérer sa fatigabilité sur un laps de temps plus réduit, même si tout cela reste fragile, car sa concentration reste très limitée et que tout doit passer par le jeu avec Anaé.
Le corps enseignant n'envisage pas une reprise de scolarisation les après-midi de sitôt et ses rendez-vous médicaux doivent être maintenus.

On me dit souvent, et de plus en plus de ne pas stresser, car ma fille est comme tous les autres enfants. Je reste souvent sans mots quand j'entends ce genre de remarque et comprends juste que les gens ne vivent pas notre quotidien et ne se rendent pas bien compte de tout ce que l'on peut ressentir.

Si ma fille était comme tous les autres enfants, elle n'irait pas toutes les semaines voir des spécialistes, elle n'aurait pas eu de traitement antiépileptique pendant quatre ans, elle irait à l'école toute la journée comme ses petits camarades et n'aurait pas d'AVS pour l'accompagner.

Et pour ma part je n'aurai pas eu à devoir réduire mon activité professionnelle…. Toutes ces choses-là que l'on n'a pas choisies finalement !

Bien sûr que lorsque l'on voit ma fille on ne peut pas s'imaginer l'horreur qu'elle a vécue et ce que nous endurons nous aussi au quotidien… Beaucoup de bébés secoués ont des handicaps invisibles et donc plus difficiles pour les personnes extérieures de juger sur quelques heures… Anaé fait partie de ces enfants… et oui même si ce n'est pas écrit sur ma fille, sa souffrance et la nôtre sont bien présentes, et cette peur pour son avenir l'est aussi, même si nous évitons d'y réfléchir, car nous ne savons pas comment cela peut évoluer. Seul le temps nous le dira et toutes les conséquences de cet acte seront appréciées que dans plusieurs années.

Ce que les gens ne savent pas ou oublient aussi, c'est tout l'aspect juridique que nous vivons à côté et dont nous attendons depuis tout ce temps.

Bientôt cinq ans après, le dossier d'instruction a avancé puisque nous avons reçu du juge d'instruction il y a quelques mois une ordonnance de renvoi devant le tribunal correctionnel et un maintien du contrôle judiciaire jusqu'à comparution devant le tribunal.

Une première victoire et enfin un écrit qui reconnaît Anaé en tant que victime !!! Whaouuu c'est déjà un grand pas en avant… mais nous attendons encore cette date de procès tant attendue !

Les procédures sont très longues et cela mine aussi psychologiquement.

Parce que oui, pendant que nous parents, nous rencontrons toutes ces difficultés avec notre fille et que nous attendons depuis tant d'années que cet acte soit enfin puni, cette personne qui a détruit la vie de ma fille et la nôtre est bien tranquille chez elle loin d'imaginer tout ce que l'on peut endurer depuis tout ce drame et des conséquences de son acte de maltraitance.

Je ne pourrai pas essayer de « tourner la page » temps qu'elle ne sera pas jugée pour ce qu'elle a fait.

Elle doit être punie à sa juste valeur ! Et j'espère qu'elle souffrira autant que nous pouvons souffrir.

Il y a également le côté financier qui rentre en compte, entre les frais d'avocat, les frais médicaux de notre puce, les frais de déplacement hebdomadaires à l'hôpital, la perte de salaire, les frais médicaux pour nous parents entre psychologues, réflexologues, Kinésithérapeutes, ostéopathes, etc…

Parlons aussi de cette culpabilité dont je vis avec depuis bientôt cinq ans !
Vous me direz, « mais pourquoi alors que vous avez tout fait pour sauver votre fille ? »
Et bien, il est très difficile de se dire que l'on n'a pas su protéger notre enfant, que l'on n'a pas vu venir ce drame et que l'on n'a rien pu faire pour l'éviter.
Tout cela me ronge de l'intérieur, car quand bien même nous avons eu les bons réflexes, l'irréparable était déjà commis.

Enfin, cette épreuve a eu un impact sur notre vie de couple, car nous réagissons chacun différemment.
Nous ne nous comprenons pas toujours ; Moi, maman d'Anaé, je me sens parfois seule face à un conjoint qui s'est réfugié dans son travail et qui évite au maximum de me parler de ce traumatisme et qui n'en ressent pas le même besoin que moi.
Je n'ai pas trouvé le réconfort que j'attendais, mais comment en vouloir réellement à mon conjoint ? Oui parfois, même souvent, je lui en ai voulu de devoir assurer seule tous ces rendez-vous médicaux qui me renvoient systématiquement à cette femme odieuse qui a fait du mal à mon bébé, et lui en veut aussi de ne pas être ouvert à la discussion moi qui ai tant besoin d'en parler pour pouvoir essayer d'extérioriser tout ce mal.
Parfois même je ressens une petite pointe de jalousie en me disant qu'il n'a rien changé à ses habitudes, mais que moi j'ai dû réduire mon activité professionnelle et ne peux jamais sortir la tête de tous

ces rendez-vous médicaux...même si j'avoue fortement que je ne l'aurai pas laissé réduire son activité et que selon moi c'est le rôle de la maman !
Je me suis également oubliée en chemin et ne vis que pour mes filles. Je fais quelques efforts, mais c'est plus facile à dire qu'à faire. Ce n'est pas facile de reprendre une vie « normale » et seul le temps m'apprendra à lâcher prise, je l'espère.

Notre vie est en dents de scie depuis ce fameux jour d'été 2014, et plus jamais nous ne serons les personnes que nous aurions dû être, plus jamais notre fille sera celle qu'elle aurait dû être, même si c'est une battante, que nous croyons en elle et que nous gardons espoir et sommes certains qu'elle fera de grandes choses avec tout l'amour qu'on lui porte.
Anaé est notre plus grande fierté et c'est elle du haut de ses cinq ans qui nous apprend à être forts chaque jour et qui nous permet de ne rien lâcher. Une vraie leçon de vie !

Derrière toutes ces souffrances et difficultés, nous gardons le sourire, car rire c'est la vie.
Il le faut aussi pour Anaé et notre seconde petite princesse qui ne demandent qu'à être heureuses...
Et parce que l'on n'a pas d'autres choix que d'avancer avec tout cela !

À ma princesse Anaé que j'aime de tout mon cœur !
Maman n'abandonnera jamais son combat pour TOI !

ARTHUR

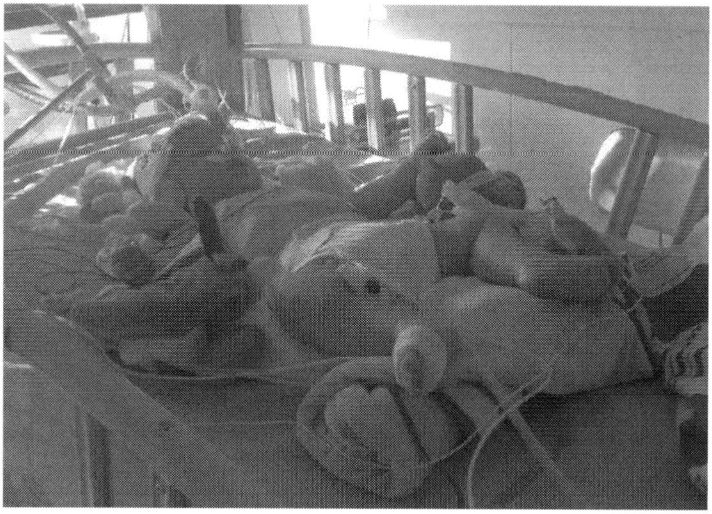

Notre petit fils est né après 7 ½ mois de grossesse, en février 2017. Il pesait 2kgs050 et, comme tous les prématurés, a nécessité de plusieurs jours d'hospitalisation avant de pouvoir intégrer la maison familiale, auprès de ses parents et de ses 2 grandes sœurs jumelles âgées de 5 ans.

Il s'est imposé tout naturellement à nous, dans un bonheur familial le plus total et partagé de tous.

Premier petit garçon à poursuivre la lignée de la famille, notre petit prince a évolué, entouré d'amour et d'attentions, dans ce cocon douillet d'une ambiance détendue et d'une disponibilité maternelle de tout instant pendant les 6 premiers mois.

Dans la perspective de reprise professionnelle de sa maman, les parents choisissent la nourrice qui devrait en assurer la garde.

Ils ont le coup de cœur pour une assistante maternelle, persuadés qu'elle bénéficie de qualités autant morales que matérielles adaptées à la garde de leur petit garçon.

Notre petit fils est à quelques jours de ses sept mois, et, après quelques périodes d'adaptation chez F., la reprise du travail est donc effective pour sa Maman, le lundi 18 septembre 2017.

Ce jour restera gravé dans nos mémoires à tout jamais, comme une profonde blessure, une douleur intense d'incompréhensions et de souffrances, nous plongeant dans un drame familial d'une violence inouïe.

Son Papa le récupère en fin d'après- midi et découvre, avec stupeur, son petit bonhomme très somnolent et le visage marqué. L'explication de l'assistante maternelle se traduit par le fait que la journée ne s'est pas bien passée, en lien avec le congé maternité de 6 mois avec sa Maman : Le bébé n'a pas voulu dormir, il n'a fait que pleurer, il voulait sans cesse être dans ses bras.

Le soir, à mon appel pour prendre des nouvelles de la journée, j'apprends que notre petit chou est très somnolent, inerte, qu'il n'a toujours pas mangé et qu'il n'a même pas esquissé un sourire. Les parents sont consternés et évoquent des marques sur le visage qu'ils expliquent par les pleurs de la journée. Je propose mes services pour le garder le lendemain et je sens sa Maman rassurée de cette solution ; il pourra ainsi récupérer de sa journée de garde pour y retourner le mercredi.

Dès mon arrivée, le mardi 19 septembre, à 8 h 20, notre petit fils se réveille, en pleurnichant... pas de sourire, regard hagard, apeuré. Les marques sur son visage sont, en effet, frappantes : le dessus du nez et la paupière inférieure gauche sont rouges. Un point d'injection de sang apparaît dans le blanc de l'œil droit. Les ailes du nez sont violacées et une trace violette est bien visible sur le menton à gauche.

Incontestablement, je ne retrouve pas le bébé tonique des jours passés.

Il ne veut toujours pas du biberon et demeure somnolent. Son sommeil est sensible et ses moments d'éveil ou d'endormissement ne sont que gémissements ou pleurs.

Je ressens profondément sa détresse sans pouvoir l'expliquer franchement, comme s'il avait besoin de se sentir protégé, câliné. C'est la première fois que je passe autant de temps avec lui. Je lui parle, le rassure en lui expliquant les choses du mieux possible. Je le blottis, avec tendresse et de manière enveloppante, contre ma poitrine. Cette intimité nous rapproche, chaleureusement, je le sens en confiance et j'ai le sentiment d'un réconfort évident.

Devant l'incertitude de son état, un rendez-vous chez le médecin traitant est pris le matin même et je m'y rends avec le Papa, la Maman étant au travail.

Notre petit fils se réveille peu avant la consultation. Son papa évoque une suspicion de maltraitance pendant sa journée de garde. À l'auscultation, il est plutôt bien réactif. Le médecin n'y voit rien d'inquiétant : s'il y avait eu fractures, il ne remuerait pas comme ça et les traces au visage sont probablement liées aux pleurs (pétéchies)... Il nous précise qu'il est neutre par rapport à nos suspicions, qu'il ne connaît pas l'assistante maternelle, nous conseille de surveiller sa température, car des virus courent toujours à cette période et qu'il n'est pas improbable qu'il couve quelque chose...

Nous sortons du cabinet médical un peu soulagés du diagnostic, d'autant que notre petit loulou semble plus présent, mais aussi déconcertés, à peine satisfaits de la réaction du médecin quelque peu indifférent aux inquiétudes évoquées, nous ramenant à l'idée qu'il avait dû beaucoup pleurer et que la séparation d'avec sa Maman pouvait être difficile à assumer.

Au cours de la journée, il n'a ni mangé ni bu de biberon, mais son éveil se confirme de plus en plus. Bien qu'il ait beaucoup dormi, il m'offre, avec bonheur, quelques minutes de babillages à la stimulation.

Je le reverrai, longtemps, assis sur son tapis d'éveil, pendant quelques minutes, le regard perdu dans une profonde tristesse, m'accordant quelques sourires grimaçants comme pour me convaincre d'aller mieux. Mais sa tonicité et sa spontanéité habituelle n'étaient pas de circonstances. En tentant de le mettre debout, pour explorer sa tonicité, je me rends compte qu'il plie les genoux et s'affaisse ; pas de raideur musculaire comme les jours précédents...

Quelque chose de visible, mais aussi d'impalpable se passe... cette subjectivité nous dit qu'il n'est pas dans son état habituel.

Par précaution, je conviens avec les parents de ma présence le lendemain.

Quand j'arrive, le mercredi matin, il dort dans le lit de ses parents. Lorsqu'il se réveille, les pleurs abondent, à nouveau, et de manière plus constante ; je constate, au fil de la matinée, qu'ils se prolongent à chaque changement de position. Il boit une partie de son biberon. Il s'endort sur ma poitrine en gémissant et dort pendant 3 h, par intermittence. Dès qu'il ouvre les yeux, c'est pour pleurer. Son état semble se dégrader et la relation établie la veille s'éloigne progressivement... c'est inquiétant... j'attire l'attention de son Papa en fin de matinée : pas d'amélioration, somnolence quasi constante.

À 12 h, sa Maman, prévenue, rentre du travail plus tôt et les parents décident d'aller, aussitôt, aux Urgences pédiatriques.

La prise en charge est rapide et efficace : le scanner cérébral ainsi que l'IRM révèlent un hématome sous dural bilatéral. Par ailleurs, les médecins détectent des ecchymoses récentes sur le visage, les 2 oreilles et dans la bouche (plaie de 0,5 à 1 cm), des pétéchies diffuses du visage sur les 2 joues, surtout les pommettes, une hémorragie sous conjonctivale externe gauche et face muqueuse de la paupière inférieure, ecchymose au niveau mandibule droite sur 1 cm.

Les consignes médicales imposent la position allongée, la prise en charge de la douleur et une hospitalisation pour surveillance et poursuites des examens.

Le fond d'œil ne montre pas d'hémorragie oculaire.

Le Procureur de la République est contacté le soir même pour signalement de maltraitance par les pédiatres du CHU.

Le diagnostic tombe : Syndrome du bébé secoué.

Et le cauchemar commence… une horreur… un chaos… Les parents, comme nous tous, sont ébranlés, déconcertés… nos doutes se confirment après plus de 24 h de flou, d'incompréhension, de mélange de peurs, de doutes, de réassurance, d'hésitations… c'est tellement improbable, irréel, violent… Une tornade s'abat sur nos esprits troublés, une douleur terrible ébranle nos cœurs meurtris… Notre petit Arthur a subi des tortures… c'est irréel, inimaginable, incroyable… Pourquoi ??

Quand et combien de temps le supplice a-t-il duré ?

Comment cela s'est-il passé ?

Comment peut- on faire mal à un enfant, à ce petit être innocent dont la vie commence ??

Nous sommes au cœur d'un drame familial, ses parents et ses sœurs, ses grands- parents, oncles et tante, cousins, cousine, et, pendant une dizaine de jours, dans la tourmente du pire, tous anéantis par la fragilité de la vie qui s'affiche devant nous et l'inquiétude des moments présents et à venir. Le fil des heures et des jours devient pesant, angoissant, oscillant de hauts et de bas qui nous tiennent en haleine. Le temps s'est figé sur le diagnostic, la terre, pour nous, s'est arrêtée de tourner.

Seul, le souffle de notre petit nous importe…

Nous sommes tous très inquiets de son état et toujours dans la sidération collective de cette brutalité.

Le vendredi, les parents craquent face à l'inquiétude grandissante. Il est toujours très endormi. Devant tous ces examens, la peur grandissante des séquelles possibles et la réalité de ce drame se concrétisent de jour en jour.

Le diagnostic de la scintigraphie osseuse, le jour même, révèle une fracture du tibia. C'est un nouveau choc dans cette cascade d'informations. Une violence supplémentaire qui nous brise le cœur...

Au terme de l'hospitalisation, nos esprits agités se réveillent et s'inscrivent, petit à petit, dans cette réalité implacable, alternant des périodes de troublante sidération, par rapport à ce que Arthur vient de vivre et a dû subir, et de conscience malheureuse du traumatisme collectif.

C'est un sentiment de profonde douleur, qui nous envahit dans nos chairs et dans nos cœurs, mêlé d'un indescriptible dégoût de ces vapeurs nauséabondes qui nous submergent tous...

Un écœurement, au sens de la véritable nausée éprouvée, qui nous possède et nous percute, face à ces insoupçonnables capacités humaines à pouvoir détruire le rythme de la vie et abuser de la vulnérabilité de l'être, si petit soit-il.

Pour notre petit prince, son avenir est devant... et nous le suivrons, pas à pas, dans la plus grande vigilance, en espérant que la Vie et l'Amour dissiperont, au fil du temps, nos inquiétudes les plus folles....

AUGUSTIN

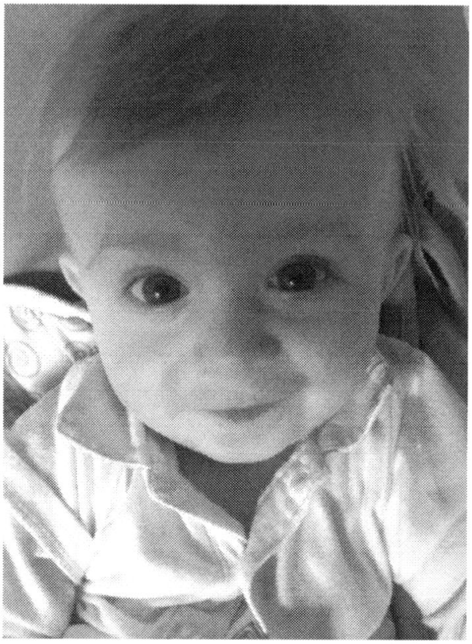

Ma vie normale s'est brusquement arrêtée ce 24 novembre 2015. Ma femme vient de m'appeler au bureau pour me dire qu'Augustin, notre petit bébé de 9 mois, allait être transporté aux urgences de l'hôpital Necker. Elle dit en pleurs : « viens vite, c'est très grave »

Elle venait de raccrocher avec les pompiers qui étaient chez la nourrice où était gardé notre fils.

Je suis parti en courant du bureau, j'ai sauté dans ma voiture, traverser Paris à toute vitesse vers l'hôpital

Arrivé là-bas, je la retrouve, elle est accompagnée d'une collègue. Elle n'arrive pas à parler, elle est comme tétanisée, choquée.

Augustin n'est pas encore arrivé, son état est trop grave, ils ne peuvent pas le transporter. On nous dit qu'il a fait des arrêts cardio-respiratoires, qu'il n'est pas stabilisé.

Après de longues heures, nous apprenons qu'il est en observation. Ils lui font des batteries de tests. Ils vont l'opérer en urgence. Il aurait un hématome au cerveau...

Nous ne comprenons rien...

Nous sommes orientés vers une salle de déchocage (sorte de petite salle isolée où nous attendons encore de longues heures.

Après une interminable attente, 3 chirurgiens arrivent, l'air grave. Ils nous disent qu'ils ont réussi à contenir l'hémorragie cérébrale, qu'un drain avait été posé, qu'il était maintenant en réanimation.

On nous dit aussi que son cas est extrêmement préoccupant, son pronostic vital est engagé. Les médecins nous posent toute une série de questions, est-il tombé, etc., etc. ?

Je les sens tourner autour du pot, ils ne veulent pas nous dire. On nous parle de convulsions très fortes, d'arrêt cardio-respiratoire, d'hémorragie interne...

Il va nous être possible de le voir, quelques minutes.

J'ai envie de me pincer pour savoir si je rêve ou pas.

Nous entrons dans la chambre et nous découvrons notre fils, allongé dans un grand lit, il a un énorme bandage sur la tête, des tuyaux partout reliés à des machines qui émettent des bips toutes les secondes. Une machine le fait respirer.

Il semble dormir. En fait, il est plongé dans un coma profond.

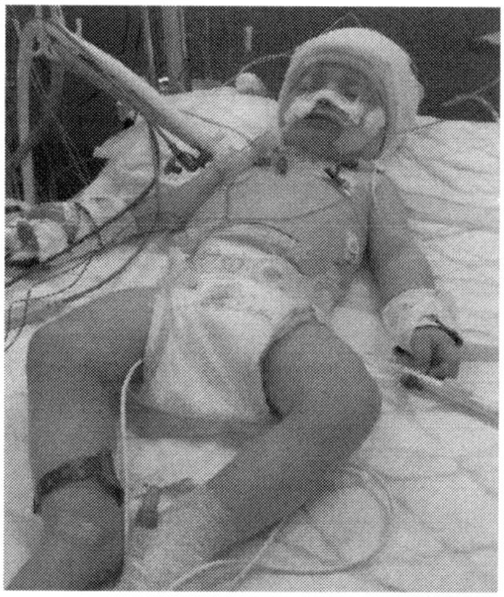

Comment mon petit bébé si souriant, si drôle, si gentil, si doux, peut-il se retrouver-là ? Comme ça. De la sorte. Que s'est-il passé ? Comment la vie peut-elle basculer comme cela ?

On nous demande de partir. Augustin a besoin de repos, il lui faut le moins de sollicitation possible, son cerveau doit rester le plus possible au repos.

Nous devons rentrer chez nous. Je rallume mon téléphone. Je vois que je suis assailli d'appels et de SMS de la nourrice. Elle veut savoir comment va Augustin, nous dit qu'elle a tout fait pour le sauver…

Nous rentrons à la maison. Nous devons expliquer à notre grand fils que son petit frère ne rentrera pas ce soir. Il est un peu malade. Les médecins ont préféré le garder à l'hôpital. À ce moment-là, nous ne doutons pas de sa survie. C'était tellement évident qu'il allait revenir avec nous. Et puis, c'est Necker, le meilleur hôpital pour enfants de France.

Augustin était entre de bonnes mains. On ne se pose même pas la question de savoir s'il aura des séquelles. Non, il va revenir, c'est certain. Nous n'avons pas encore conscience de la gravité de la situation, j'essaye alors de rassurer ma femme, mon fils, les grands-parents, les amis.

Augustin c'est un roc. Il va se réveiller et revenir vite avec nous.

Le lendemain, quand nous arrivons à l'hôpital, un policier de la brigade des mineurs se présente à nous. Il veut nous entendre, nous allons être auditionnés. Je m'y rends le soir même. Cela dure plus de 5 heures. Toute ma vie y passe. Qui nous sommes ? Comment avons-nous rencontré cette nourrice agrée ? Augustin est-il un enfant désiré, etc., etc. ? On se serait cru dans un film. Un mauvais film.

En fin d'interrogatoire, j'apprends qu'un juge d'instruction a été nommé.

Je commence à comprendre que la situation est certainement beaucoup plus grave que je ne l'avais imaginée. Le policier me dit : « connaissez-vous un bon avocat pénaliste ? Je vous conseille d'en trouver un assez rapidement, votre fils va en avoir besoin. Il va falloir le défendre. »

Je rentre et cette phrase me revient sans arrêt en tête. Un avocat pénaliste... Mais pourquoi ? Quand on va au pénal, c'est pour des crimes en règle générale. Petit à petit, je commence à comprendre que quelqu'un lui a fait du mal, que c'est un acte intentionnel, absolument pas accidentel.

Les jours qui ont suivi ont été assez chronophages. Augustin est allongé, bardé de capteurs et de tuyaux, il y a toujours ces bips, bips émis par la machine. Je ne les oublierai jamais ces bips-bips.

Même plus de 2 ans après, ils résonnent encore dans ma tête.

Les collègues de ma femme ont demandé à leurs enfants de faire des dessins.

Nous décidons de les mettre au mur. Toute la chambre se retrouve ainsi redécorée. Une fille lui a écrit une belle et longue lettre avec énormément de tendresse et d'amour. Dans cette lettre, elle lui dit que cette expérience le rendra fort, très fort. Elle lui donnera la force d'être un grand homme, car il aura appris à se battre dès son plus jeune. Augustin, ce sera un grand professeur de médecine ou un président de la République. Il saura se battre et le fera pour les autres. J'ai appris plus tard que cette fille avait 12 ans. Cette lettre m'a terriblement ému.

Nous restons les journées entières dans sa chambre. Il a toujours cet énorme pansement sur la tête. Son petit visage semble gonflé. Ce sont les médicaments nous dit l'infirmière. C'est à peu près la seule chose qu'on nous dit.

Lorsque les médecins viennent faire leur tournée, on nous demande de sortir. Puis ils repartent sans un mot.

Le 4e jour un médecin s'adresse à nous et nous dit que les jours qui vont suivre vont être cruciaux. Ils vont baisser la dose de médicaments pour qu'Augustin se réveille tout doucement. Si les convulsions ne reprennent pas, ce sera bon signe. Si elles reprennent, ce sera très mal engagé.

Je passe mes nuits sur internet à regarder tout ce qu'on peut lire sur le syndrome du bébé secoué parfois plus justement appelé traumatisme crânien infligé par secouement.

C'est effrayant. Certains enfants deviennent épileptiques. Leur cerveau est endommagé à vie. Pire, d'autres n'auront jamais une vie normale. Les séquelles sont atroces. D'autres encore auront des troubles du comportement qui apparaîtront beaucoup plus tard. Et puis, dans les cas les plus graves, environ 20 %, c'est la mort.

Mais je me dis que ce n'est pas possible. Pas lui. Pas nous. C'est un roc ce petit Augustin. Il va revenir avec nous très vite. C'est un vilain cauchemar. Nous allons nous réveiller. Il va se réveiller.

Tous les soirs en rentrant, j'appelle l'hôpital pour savoir si des choses nouvelles se sont passées. Même chose le matin avant de nous y rendre.
J'ai la gorge serrée. J'ai du mal à parler. Je crois que j'ai peur d'entendre des choses que je ne veux pas entendre. Pour cela, je m'isole dans la chambre.
Ma femme attend comme tétanisée sur le canapé du salon. À chaque fois, je reviens et d'un regard, je lui fais comprendre qu'Augustin est toujours en vie. Nous n'échangeons pas de mot.

Augustin a donc été plongé dans un coma artificiel profond pour mettre son cerveau au repos. Mais cette situation ne pourra pas durer éternellement. Son corps ne pourra pas supporter cette dose massive de médicaments. Il faut maintenant la réduire et voir si son cerveau peut fonctionner à nouveau correctement. Les médecins décident de baisser les doses.

Au fil des heures, Augustin semble doucement de réveiller.
Ses petits doigts commencent à bouger puis ses bras. Et enfin ses petits pieds.

À ce moment-là, on se dit que si ses quatre membres bougent, son cerveau n'est donc peut-être pas abîmé ?
Nous reprenons espoir.

Malheureusement, ce que nous croyons être des petits mouvements spontanés sont en fait les convulsions qui reprennent. Ces convulsions que nous redoutions tant, celles qui continuent de détruire son petit cerveau. Celles qui avaient obligé les médecins à le plonger dans le coma à son arrivée.
Un des médecins nous schématise la situation : « votre fils a normalement besoin de 220 volts pour vivre. À chaque crise de convulsion, c'est comme s'il recevait des décharges de 10 000 volts. Imaginez les dégâts sur son cerveau »....On lui remet une dose massive de médicaments. Les convulsions s'arrêtent. Il se rendort.

Durant les jours qui ont suivi, nous ne savons plus si nous devons continuer à y croire ou bien commencer à imaginer le pire.
L'infirmière, avec l'accord des médecins, propose à ma femme de prendre Augustin dans ses bras pendant quelques minutes.
Cela fait neuf jours que ma femme n'a pas pu prendre son petit bébé dans les bras. Elle lui dépose délicatement le petit corps inerte, toujours bardé de capteurs. Augustin semble apaisé, il est dans les bras de sa maman. La scène est grave, mais elle est belle.
Je les prends en photo. Elle lui fait des câlins, l'embrasse. Je n'oublierai jamais cette image. Ma femme avec son petit bébé, le corps inerte, les bras ballants. On aurait dit une poupée de chiffon. Je me dis que c'est probablement la dernière fois ou elle pourrait l'enlacer comme cela. C'était comme un ultime au revoir.
Je revois le regard désespéré de ma femme regardant Augustin. Elle qui l'a tant aimé, tant chéri.
Peut-être que ma femme a compris avant moi que c'était fini.

Je prétexte d'aller aux toilettes.

À peine arrivé, je m'écroule par terre.

Ma femme fait un dernier câlin à notre fils, maintenant je le sais, il va mourir. Comment va-t-on supporter cela ? Comment l'accepter ? Comment vais-je l'annoncer à son frère ? Lui qui était si fier d'avoir un petit frère. Ils partageaient la même chambre, ils s'échangeaient leurs doudous. Ils projetaient tellement de belles choses ensemble. Combien de fois ai-je entendu leurs éclats de rire. Ils faisaient des batailles de doudous. Dans le bain, c'était bataille d'eau. Qu'est-ce qu'on rigolait. Augustin ne se laissait pas faire, avec ses petits pieds et ses petites mains, il arrosait bien son grand frère.

Ce dernier n'arrêtait pas de me dire qu'il avait hâte qu'Augustin grandisse. Qu'il lui apprendrait à jouer au foot, il l'emmènerait au judo.

Qu'ils pourraient jouer tout le temps ensemble. Moi j'étais fier, mon fils avait un frère, un frère pour la vie.

C'est important d'avoir un frère, deux garçons pour affronter la vie.

Je ne sais pas combien de temps je suis resté assis comme ça, la tête dans mes mains. Je me suis passé de l'eau sur le visage et je suis parti les retrouver dans la chambre.

À mon retour, Augustin a été remis dans son lit. Ma femme à côté de lui, le câlinant.

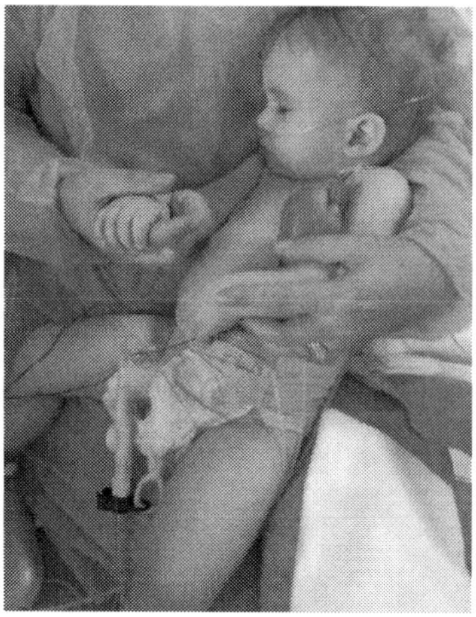

Je regarde ce petit corps. Mon petit homme qui lutte de toutes ses forces. Il est tellement fort, tellement digne. Je sens qu'il veut se battre pour vivre. Chaque petit mouvement de pied ou de main me le rappelle. Il veut rester avec nous. De toutes ses forces il veut rester.

Les médecins vont retenter de baisser les médicaments.
Soit les convulsions s'arrêtent, soit c'est fini.

Personne n'est préparé à perdre un fils. C'est déjà difficile de perdre un grand-parent, un parent. Mais on y est préparé. Enfin.. On sait que cela va arriver. On souhaite que ça arrive le plus tard possible, on essaye de ne pas y penser. Ça m'est arrivé de perdre des amis. Ce foutu accident de voiture ou ce foutu cancer.
Mais un fils... ce n'est pas envisageable. Cela ne va pas dans l'ordre des choses, ce n'est pas le sens de la vie. D'ailleurs, il n'y a même pas de terme pour définir la mort de son enfant...

Le soir à partir de 18 h, nous allons chercher notre grand à l'école. Nous devons reprendre une tête normale, cacher notre souffrance, la fatigue, nos yeux rougis
Il nous raconte sa journée, fait des blagues, demande à ce que je joue avec lui. J'ai l'impression que les rôles se sont inversés. Il sent notre souffrance, alors il multiplie les plaisanteries pour nous faire rire.
Il n'a même pas quatre ans. Nous en avons plus de quarante...il nous insuffle une énergie folle, l'énergie qui nous donne le courage d'y retourner le lendemain et de continuer la bataille.
Le 14e jour est certainement le plus terrible. Nous sommes dans la chambre quand quatre médecins arrivent.
On nous demande de sortir. Ils restent longtemps, c'est interminable. Je vois à travers la vitre que leurs visages sont graves.
J'ai les yeux fixés sur mon petit Augustin, sur ce petit corps inerte.
Nous sommes tenus à l'écart. Probablement qu'une décision est en train de se prendre
et nous n'y participons pas.
Nous finissons par être invités à rentrer. Nous sentons la tension. Il y avait une femme médecin. Nous ne l'avions jamais vu.
Après quelques phrases échangées où très vite on nous dit que la situation est catastrophique, elle nous envoie au visage cette phrase : « de toute façon, vu dans l'état désespéré dans lequel il est arrivé, il ne fallait pas s'attendre à ce qu'on puisse grand-chose. On a beau être à Necker, on ne fait pas de miracle. »
Ma femme et moi prenons cette phrase comme une gifle cinglante. C'est la première fois qu'un médecin se prononçait sur l'état réel d'Augustin. Il règne un grand silence...

L'infirmière comprend le malaise et place une chaise derrière ma femme.
Ma femme s'assoit, elle est groggy.

Je regarde cette femme médecin et je lui demande de sortir. Je lui demande une conversation en privé.
Nous partons dans le couloir. Je vois ma femme toujours assise, la tête posée sur Augustin. Elle est anéantie. Mais elle résiste, elle ne hurle pas. Mais pour combien de temps ?

Au médecin, je lui demande pourquoi elle nous balance cette vérité de la sorte à la figure. Je lui demande si Augustin va mourir ? Qu'à moi elle peut le dire.
Elle me répond que ce n'est pas les compétences des médecins de cet hôpital qui sont la cause de l'état de mon fils, mais bien celui ou celle qui l'a mis dans cet état.

Je me souviendrai toute ma vie de sa phrase : « nous ne pouvons pas faire de miracle. Vous avez vu dans quel état il est arrivé votre fils. Je ne sais pas qui lui a fait ça, mais il n'a pas dû y aller de main morte ».

Je me demande à ce moment-là si je dois m'excuser de la situation dans laquelle j'ai mis ce médecin. J'avais la sensation d'avoir en face de moi un grand professeur de médecine vexé de n'avoir pu sauver cet enfant. Elle se protégeait. Sa réaction a été maladroite.
Je préfère lui tourner le dos et rentrer dans la chambre.

Nous décidons d'appeler le parrain et la marraine d'Augustin.
Jusqu'ici nous avons tenté de préserver notre entourage. Maintenant, il fallait dire la vérité.
Pour Augustin, ce n'était plus d'une question de jours, peut-être d'heures.

La marraine vient le matin, le parrain l'après-midi. Cet après-midi-là, le chef de service vient nous voir. Le parrain d'Augustin est toujours là.
Il nous résume l'état d'Augustin. Il n'y a plus rien à faire, c'est fini. La prochaine étape sera de le "débrancher".

La médecine a fait tout ce qu'elle a pu. Mais elle a ses limites. Il nous parle d'un comité d'éthique qui va se constituer pour décider de la marche à suivre. Je le sens sincèrement désolé.
Cet homme qui a passé sa vie à sauver des patients. Avec Augustin, il a atteint les limites de ses compétences, de ce que la médecine sait faire.

Augustin est mort cérébralement. Et ce, depuis le début.
Mais nous ne l'avions jamais su.
Le médecin nous dit que si ça n'avait pas été l'hôpital Necker, un autre hôpital n'aurait probablement pas tenté tout ce qu'ils ont tenté depuis 14 jours.
Comme c'était Necker, ils voulaient tenter l'impossible, tout essayer. En vain

Son cœur bat encore. Mais il ne tiendra pas. Les médicaments sont trop forts.
Si on les maintient, son cœur lâchera. Si on les arrête, les convulsions vont repartir et Augustin risque de souffrir. Et les convulsions le tueront.
Les médecins ont donc décidé d'arrêter la bataille. C'est fini, il n'y a plus rien à faire.
Augustin est là, allongé devant nous. Que faire ?
J'ai envie de le prendre dans mes bras, de l'embrasser, de lui dire combien je l'aime. Je sais qu'il va mourir. C'est insoutenable.

Ma femme refuse la situation, elle bombarde le médecin de questions. C'est la maman lionne qui parle.
Il referme une par une toutes ses hypothèses.
Ma femme est à bout.
Elle tente de toutes ses forces de convaincre ce médecin qu'il y a forcément d'autres solutions.
Rien n'y fait. Il est catégorique. C'est fini. Augustin va partir, ils vont l'accompagner.
Nous le supplions de ne pas le faire maintenant. Pas avant demain ou après-demain.
Nous avions tellement cru à un miracle durant tous ces jours que maintenant nous essayons de négocier un délai pour essayer d'admettre ce que nous redoutions temps : la mort de notre fils

Que s'est-il passé ce 24 novembre, le jour du drame ?
Avait-il faim ?
Sa couche était-elle pleine ?
Avait-il du mal à s'endormir ?
Voulait-il juste un petit câlin ?

Nous ne le saurons probablement jamais.
Nous savons juste qu'une personne l'a bousillé.
Une personne l'a massacré. Au point de lui exploser le cerveau, de lui créer une hémorragie interne telle que même une chute d'un 2e étage sur du béton n'aurait pas provoquée.
Ce n'est donc pas un accident. C'est un acte criminel. Ultra violent et intentionnel.

D'une telle violence que les veines de son cerveau ont été sectionnées le rendant immédiatement aveugle.

Pourtant, c'est un bébé qui pleurait peu. Il était souriant.

Et quand bien même...

Le lendemain matin, nous revoyons l'anesthésiste.
Il nous prévient que le processus a démarré. Nous ne savons pas précisément ce qu'ils lui font et ne voulons pas savoir. On nous dit juste que ce sera rapide, quelques heures...

Un prêtre vient lui célébrer quelques mots. Il nous prend nos mains et les serre. Je sens chez lui une vraie compassion.

Augustin a déjà changé de couleur, il devient gris. il a comme des grosses veines qui apparaissent sur son visage.
Je le reconnais de moins en moins. Nous restons toute la matinée comme cela, à le regarder mourir, à agoniser en silence. Ma femme n'abandonne pas les petits câlins.

En début d'après-midi je dis à ma femme que je veux partir
Je ne peux plus rester là à le regarder mourir, ce n'est plus supportable, c'est trop sordide.

Je voulais l'accompagner jusqu'à son dernier souffle, je n'en ai pas eu la force. Je ne voulais pas entendre cette machine qui émet des bips-bips s'arrêter définitivement pour n’en émettre plus qu’un en continu.
Ma femme finit par accepter, non sans mal.

À tour de rôle, nous restons seuls avec lui.
Pour lui dire un dernier mot, un dernier adieu, le serrer une dernière fois, l'embrasser tendrement. Je sais que c'est la dernière fois que je le vois en vie. Je pose sa main sur son petit cœur que je sens encore battre.

Je vais être séparé à vie de mon petit garçon. Celui avec lequel j'avais projeté tellement de choses à vivre. On avait tout à construire ensemble. On avait la vie devant nous. Une vie heureuse.
Il n'aura même pas pu fêter un seul Noël avec nous, avec son frère, ses grands-parents.
Son premier Noël, il va le fêter seul, dans le froid d'un cercueil.

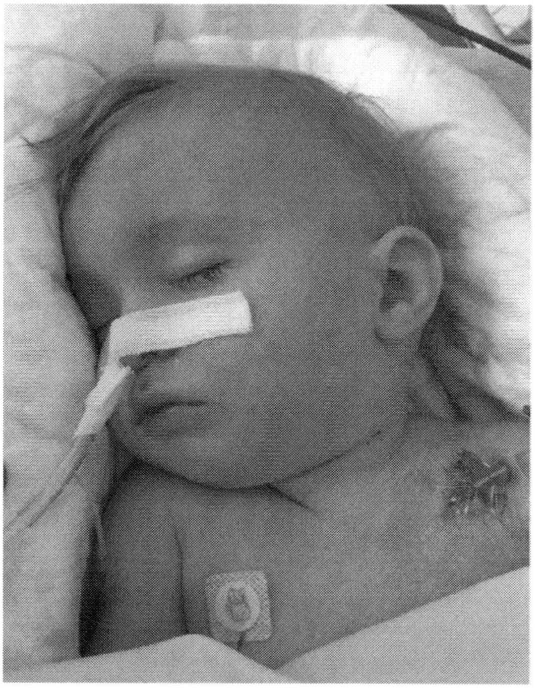

Je lui ai fait une promesse.

Nous rentrons chez nous. Je ne me souviens plus comment nous sommes rentrés.
Une fois arrivés, nous nous asseyons sur le canapé, à regarder au loin par la fenêtre.
Nous n'échangeons aucun mot.

À 17 h, le téléphone sonne. Augustin est parti au ciel. Il ne souffre plus.
Pour nous, c'est le début de la plus grande des souffrances.
Nous sommes le 10 décembre 2015, quelques jours avant Noël
Nous avions déjà fait le sapin, les cadeaux étaient faits., nous étions tellement heureux de la fêter à quatre cette année

Le lendemain, nous retournons à l'hôpital.
On nous dit qu'Augustin a été transporté à la chambre mortuaire de l'hôpital.
Nous nous y rendons pour le voir une dernière fois et récupérer ses affaires.
Nous avons pris son petit doudou bleu, celui que ma femme avait acheté pour sa naissance. Elle voulait qu'il l'ait avec lui pour qu'il ne soit pas tout seul pour son grand voyage.

Arrivé là-bas, on nous dit qu'une procédure judiciaire est en cours. Il ne nous est donc pas possible de le voir une dernière fois. Une autopsie va avoir lieu.
En revanche, d'accord pour prendre le doudou et lui donner.
Nous repartons avec un sac plastique dans lequel sont ses les petites affaires.
Ce sac est resté très longtemps sur la table du salon. Ni ma femme ni moi n'osions l'ouvrir. Il était à côté du sac que les policiers avaient récupéré chez sa nourrice. Ces deux sacs ont dû rester plus d'un an sur la table.

Trois jours plus tard, le corps est transporté au funérarium.
On nous dit que nous pouvons aller voir une dernière fois notre fils.
On nous indique un lieu.
Finalement, le corps n'y est pas. Quelqu'un s'est trompé. À ce moment-là, personne ne sait où est le corps de notre fils. Nous rentrons chez nous.

Finalement le lendemain on nous communique un autre lieu. Cette fois-ci, il est là. Son doudou à côté de lui. Il a été maquillé grossièrement.
De toute façon, avec l'autopsie, il ne restait plus grand-chose de lui. Mais ils avaient fait en sorte qu'on puisse le reconnaître un peu. Avec ma femme, nous sommes restés à quelques mètres du cercueil. Ce n'était déjà plus notre Augustin.

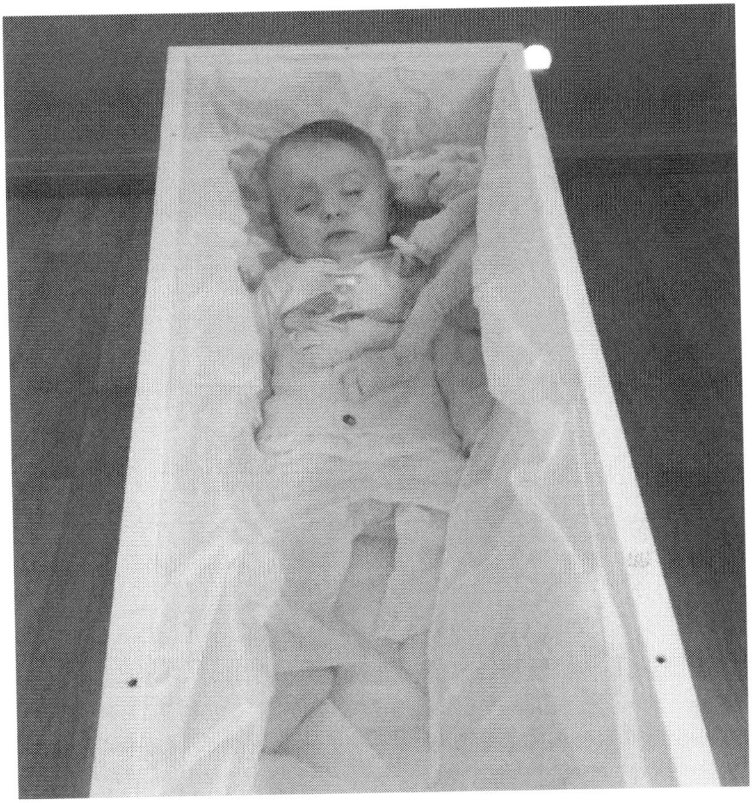

Nous commençons les démarches pour l'enterrement.

Nous appelons le prêtre.

Ce même prête qui l'avait baptisé un mois auparavant. Nous convenons d'une date. Nous prévenons les parents, la famille, les amis.

Finalement, la date ne sera pas possible, car le parquet n'a pas envoyé en temps et en heure le permis d'inhumer (ou a oublié de le faire).

Nous devons tout annuler. Trouver une autre date. Prévenir tout le monde. Tout est reprogrammé quelques jours plus tard, le 17 décembre. Encore plus proche de Noël.

Le matin même de l'enterrement, nous ne savions pas si le corps serait là.

Le petit cercueil blanc est finalement arrivé à l'heure pour la cérémonie.
La messe a été d'une émotion rare.
Tous nos amis étaient là. Tous sans exception. Certains sont venus de loin.
Le petit cercueil était là, ce tout petit cercueil entouré de centaines de fleurs blanches.

Et à l'intérieur, notre fils...

Léopold, son frère a assisté à la cérémonie. On nous l'avait conseillé.
Il était là et jouait avec ses petits Playmobil sans faire de bruit.
Mais il écoutait la cérémonie, il écoutait tout. Dès que le nom d'Augustin était prononcé, il s'arrêtait de jouer et levait la tête comme s'il s'attendait à le revoir.
À un moment, il m'a tiré la main et m'a demandé si Augustin était vraiment là, dans la petite boîte blanche. Si pour de vrai il était dedans...

Je crois que c'est grâce à lui que j'ai tenu. Je ne sais pas comment font les parents qui perdent un enfant et n'en ont pas d'autres. Il a été ma bouée de sauvetage. Je pense que je lui dirai plus tard à quel point il a été ma force ce jour-là...

Une partie de moi est partie de jour.
Bien sûr et surtout mon enfant. Mais pas seulement. Ce jour-là, ma joie de vivre, mon insouciance, ma tranquillité, ma confiance en l'avenir, ma confiance en moi, ma confiance en l'autre... C'est tout cela qui est parti ce jour.
Comme si mon monde, mes croyances s'écroulaient. D'un coup. Tout ce que j'avais mis durant ces quarante années à construire, tout se dérobe.

Augustin repose dans un petit cimetière dans la ville où vivent ses grands-parents.

Nous sommes récemment tombés sur un article de journal où le prêtre témoigne des faits marquants de sa vie. Dans cet article, il parle du moment le plus dur de sa vie de prête.
Ce jour où il a dû célébrer la messe d'enterrement d'un petit garçon qu'il avait baptisé un mois plus tôt. Cela l'a marqué très profondément.
Il a été fantastique. La cérémonie a été magnifique.

Nous avons fait fabriquer à Augustin une belle tombe toute blanche où il est maintenant en sécurité.
Ses grands-parents viennent toutes les semaines la fleurir.
Il est arrivé aussi que des inconnus déposent une petite fleur blanche.

Augustin aura vécu dix mois
Son grand frère nous parle de lui tous les jours.
Il est très triste comme il dit. Cela lui arrive d'en parler à ses camarades de classe ou à sa maîtresse. Il parle de son petit frère qui est parti dans les étoiles. Il a lui aussi été traumatisé.
Un jour, la maîtresse a demandé de dessiner la famille. Spontanément, il nous a dessinés.
Avec sa maman en noir. Et Augustin en haut dans le ciel, avec des ailes d'ange. J'ai dû prendre rendez-vous avec la maîtresse pour lui expliquer le contexte.
Maintenant, Léopold veut devenir pilote de fusée. Comme ça, plus tard, il nous emmènera sa maman et moi dans les étoiles voir son frère.
Nous lui avons dit la vérité.

Nous lui avons dit que son frère était mort.
Qu'il ne reviendra plus.
Pourquoi lui mentir ?

Dessin de Léopold, grand frère d'Augustin

Son bourreau présumé est toujours en liberté et vit à 300 mètres de chez nous.

Un jour, j'aimerais pouvoir écrire la fin de l'histoire et décrire comment la justice a géré cette histoire. Une chose est sûre : Augustin ne doit pas être mort pour rien. Les choses doivent changer. Une prise de conscience et des actions d'envergures sur le syndrome du bébé secoué doivent être menées par les pouvoirs publics.
Ce sont nos enfants qu'il faut protéger
Voilà l'histoire d'Augustin – 01/02/15 – 10/12/15

En 10 mois, nous avons eu le temps de faire plein de choses.
Nous avons de merveilleux souvenirs avec lui, des milliers de photos, de vidéos.

On lui a volé sa vie.
On nous a bousillé la nôtre

À chaque fois que je croise une ambulance du Samu,
à chaque sirène de pompier je pense à toi.
Je t'imagine tel que tu étais.
Seul,
tout seul.
Seul à lutter pour ta survie.
Seul dans cette grande ambulance avec ta petite couche trop grande pour toi.
Seul face à tous ces médecins s'activant autour de toi. À te demander ce qu'il t'arrivait.

Je vais me recueillir très souvent sur ta tombe.

C'est toujours un moment très douloureux.
J'admire ta force, ton courage.
Tu as su affronter seul la mort.
Tu n'avais aucun moyen de te défendre.
Mais tu as affronté la mort avec la plus grande des dignités.

Je suis fier de toi mon fils, tellement fier de toi.
Tellement fier de ton courage.

J'espère que la justice des hommes saura t'entendre.
C'est mon combat maintenant.
Mon combat pour toi.
Et celui-ci je ne le perdrai pas
Pour toi Augustin

Le papa d'Augustin

AXEL

Notre vie a basculé le mercredi 7 octobre 2015 à 17h quand mon téléphone portable a sonné, alors que j'étais au travail, en ligne avec une personne sur mon téléphone professionnel, à un quart d'heure de la fin de mon service. J'ai décroché immédiatement, voyant qu'il s'agissait de l'assistante maternelle agrée (ASSMAT) en charge de la garde de mes 2 enfants : Anaé, 2 ans et demi et Axel, 4 mois et demi, qui tentait de me joindre. J'ai mis l'autre personne en attente, en lui promettant de la rappeler, chose que je n'aurais jamais eu l'occasion de faire, n'ayant pas pu reprendre mon activité professionnelle depuis ce jour fatidique. Mon métier que j'aimais et qui m'apportait entière satisfaction, est depuis 4 années, mis entre parenthèses... Au bout de mon téléphone, l'ASSMAT me prononça les mots suivants : « il faut venir immédiatement, Axel ne se réveille pas... ».

J'ai donc sauté dans ma voiture, après avoir demandé à une stagiaire de ranger mon bureau.

Je l'ai rappelé dans les 5 minutes, pour lui demander davantage de précisions. Elle m'a répondu qu'Axel ne se réveillait toujours pas, qu'il gémissait n'ouvrait pas ses yeux, aussi, je lui ai ordonné d'appeler le SAMU. Pendant ce temps je conduisais ma voiture, mon cerveau en ébullition, mon cœur qui battait la chamade et les jambes en coton.

J'ai tout de suite pensé que quelque chose de grave se passait, notamment à la mort subite du nourrisson.

Évidemment, ce jour-là, les routes étaient particulièrement encombrées en raison d'une visite présidentielle au Parlement européen de Strasbourg. J'étais paniquée, je ne cessais de penser : « mon bébé a besoin de moi et je ne suis pas avec lui ».

J'ai téléphoné SAMU, pour être certaine que l'ASSMAT les avait bien contactés, puis mon époux pour lui demander de rentrer le plus rapidement possible.

Voyant qu'il me faudrait encore au minimum une demi-heure de route pour arriver chez l'ASSMAT, j'ai décidé de joindre plusieurs amies afin qu'elles se rendent sur place et prennent en charge ma fille.

À mon arrivée, les pompiers géraient la circulation. Quand je suis rentrée dans la maison, j'ai vu mon bébé inerte sur le plan de travail de la cuisine, entouré de l'équipe du SAMU. Il était blanc, livide, gémissait et ne bougeait plus.

On m'a fait remarquer des marques bleues (hématomes et pétéchies) sur ses genoux. Avait-il ces marques le matin ? Non, pas du tout.

L'équipe a longuement essayé de lui faire une prise de sang, mais ses veines avaient disparu.

J'ai alors dû choisir l'hôpital dans lequel je souhaitais que mon fils soit hospitalisé.

Étant donné que je venais de faire la route depuis Strasbourg, que la circulation était complètement saturée, j'ai choisi l'hôpital de Colmar, dans lequel je n'avais jamais mis les pieds.

Axel est parti avec le SAMU.

Ma voisine m'a proposée de m'accompagner à l'hôpital, après avoir récupéré quelques affaires.

À notre arrivée, Axel était toujours inerte. Les médecins avaient commencé diverses explorations : bilan infectieux, une échographie des intestins (invagination ?), sans résultats...

Nous sommes restées toute la soirée à attendre que toutes les pistes soient éliminées une par une.

Ma voisine et moi, étions dans le couloir, le temps que l'anesthésiste pose une voie à Axel. C'est à ce moment-là qu'une maman est arrivée en hurlant, avec son petit garçon tout bleu dans les bras. Son fils était décédé. Je l'ai entendue pleurer et crier, dans la chambre voisine, pendant des heures. J'étais effrayée à l'idée que moi aussi, j'allais peut-être perdre mon fils chéri, mon petit garçon de quatre mois et demi, si beau, si adorable, ce second enfant que nous avions tant désiré, tout comme sa sœur... Car, en effet, mes deux enfants sont nés après un long combat contre l'hyperplasie des glandes surrénales dont je souffre, maladie génétique qui engendre des troubles de l'ovulation et des fausses couches à répétition...

Mon époux, qui était en déplacement professionnel est arrivé. Il a cru que les cris de douleurs qui retentissaient dans le service étaient les miens. Je vous laisse imaginer dans quel état je l'ai vu arrivé en chambre.

Nous étions alors tous les deux au chevet d'Axel, toujours inerte, qui ne réagissait qu'à la douleur lors des soins, et qui de temps en temps ouvrait légèrement les yeux. Nous pouvions alors observer qu'ils étaient révulsés.

Nous avons beaucoup réfléchi ensemble, avec des éléments que nous étions les seuls à connaître.

En effet, notre fille ne voulait plus se rendre chez son ASSMAT depuis plusieurs semaines. Elle pleurait tous les matins en disant que cette personne était méchante.

Par ailleurs, nous l'avions récupéré à plusieurs reprises avec des hématomes sur le visage. Les explications de cette dame ne nous donnaient jamais entière satisfaction. Nous avions beaucoup de doutes, nous n'avions plus totalement confiance, nous étions en pleine réflexion sur un changement de mode de garde. Il est important de préciser que je venais de reprendre mon activité professionnelle depuis seulement un mois et demi, à temps partiel, après 8 mois de congés maternité. Pas évident, de trouver une nouvelle organisation dans l'urgence.

Même si nous avions bien conscience qu'un problème existait, car nous avions eu plusieurs expériences désagréables avec cette ASSMAT, nous n'avions pas conscience qu'un tel danger planait sur nos enfants...

Et puis, ces marques sur le genou d'Axel, d'où venaient-elles ?

Nous avons donc fait part à l'équipe médicale de nos doutes : nous pensions que peut-être cette ASSMAT aurait fait du mal à Axel. Suite à nos différents constats, il a été décidé d'organiser un scanner cérébral en urgence.

Le verdict est alors tombé dans la nuit : présence d'un hématome sous-dural, syndrome du bébé secoué !!! L'examen du fond d'œil mettra en évidence une hémorragie rétinienne et les examens sanguins confirmeront l'absence de problème de coagulation sanguine.

L'horreur, le cauchemar, l'épouvante ! Notre fils était là, dans le coma, à cause d'une personne qui l'aurait violemment secoué.

Pourquoi ? Pourquoi lui ? Que s'est-il passé ? Qu'avons-nous loupé ? Pourquoi avons-nous continué à confier nos enfants à cette personne...

Nous n'avons eu à ce jour aucune explication de l'auteure des faits, malgré quatre expertises concomitantes, qui confirment le diagnostic et l'horaire approximatif des faits.

Dans notre malheur, nous avons eu la chance de tomber sur une assistante sociale hospitalière à l'écoute. Elle a parfaitement compris que mon époux et moi-même étions au travail depuis des heures avant les faits, et surtout nos doutes, nos craintes vis-à-vis de l'ASSMAT, ainsi que notre attachement à notre fils. Je tiens d'ailleurs à remercier les différents professionnels qui ont su faire preuve d'humanité dans cette épreuve, cela nous a permis de mieux vivre cette situation déjà si dramatique... Grâce à ce professionnalisme, nous avons pu rester au son chevet d'Axel jour et nuit, jusqu'à son transfert en réanimation à l'hôpital de Strasbourg, où il n'est pas possible pour les parents de dormir sur place.

En effet, l'état d'Axel ne s'améliorant pas, malgré les antiépileptiques administrés, il a fallu le transférer dans un centre de plus haut niveau. Axel a dû être placé sous respirateur artificiel, afin d'augmenter les doses d'antiépileptiques ; doses si fortes que sans assistance médicale il risquait l'arrêt respiratoire. Axel se trouvait en état de mal épileptique, générant des lésions cérébrales irréversibles. Il était sous électroencéphalogramme en permanence, alimenté par voie veineuse, respirait à l'aide d'une machine. L'irrigation sanguine de son cerveau était contrôlée quotidiennement par échographie au niveau des tempes. Les médecins étaient de plus en plus inquiets en raison de l'affaiblissement croissant des pulsations sanguines enregistrées. Nous avons été convoqués par l'équipe médicale, qui nous annonça le pire : « votre fils est condamné, il va mourir. ».

C'est alors que je me suis effondrée, mon petit garçon allait nous quitter, lui qui venait à peine de voir le jour. Je l'avais porté plus longtemps dans mon ventre ! Jamais plus nous ne pourrions lui parler, le serrer dans nos bras, le voir grandir. Ma fille n'aurait plus son petit frère...

Puis, quelques heures plus tard, l'équipe nous a téléphoné pour nous dire que finalement, elle souhaitait tenter la chirurgie. Jusqu'alors, les médecins estimaient que l'hématome n'était pas compressible, et qu'il n'y avait pas d'hypertension intracrânienne. Mais compte tenu de la dégradation de l'irrigation du cerveau, elle souhaitait tenter l'opération de la dernière chance avec la pose d'une dérivation sous-duro-péritonéale. Cependant, on ne nous promettait pas la survie de notre bébé et surtout, on nous avisait que notre fils, s'il survivait, ne serait plus jamais le même, compte tenu des importantes lésions cérébrales observées aux IRM préalablement réalisées.

Pour récapituler : souhaitez-vous que l'on opère votre fils, qui restera handicapé, ou bien il sera mort dans les prochains jours... ? Évidemment, nous avons donné notre accord pour l'opération, parce que cela nous était impossible de faire le choix inverse. Comment nous, parents, pourrions décider de laisser notre fils mourir, malgré les risques de handicap. Nous ne pouvions nous résigner à une telle décision.

Pendant toute cette période d'horreur, nous avons également subi la procédure judiciaire. Mon époux a été convoqué comme témoin, car en déplacement professionnel au moment des faits, et moi en tant qu'auteur présumé. Je n'ai pas du tout mal vécu l'interrogatoire. Au contraire, j'avais tant de choses à dire à la gendarmerie à propos de cette ASSMAT et de ses proches. Je voulais que tout soit écrit, consigné, pour que cette dernière ne puisse pas s'en tirer, et que justice soit un jour rendue. Mon téléphone portable a également été exploré. On pouvait y lire plusieurs textos sur le sujet, car certaines personnes de mon entourage étaient au courant de mes doutes et de mes angoisses vis-à-vis de cette personne. Mes collègues et amis proches ont également été entendus. Elles connaissaient mes doutes et réflexions sur ce mode de garde qui ne me convenait plus.

L'opération d'Axel a été une réussite. Rapidement son état de santé s'est amélioré. Quelques jours plus tard, il commençait à lutter contre le respirateur, alors qu'il en avait encore besoin compte tenu de la forte dose d'antiépileptiques administrée. Mais, le petit guerrier ne voulait plus de cette machine. J'ai donc demandé aux soignants de lui enlever, car je sentais que c'était le moment. Et dès qu'il a été débranché, Axel a respiré de lui-même. J'ai décidé de le prendre dans mes bras, enfin, après plusieurs semaines pendant lesquelles les contacts étaient limités aux caresses et les heures de visites fixées par le service.

Je tiens aussi à préciser que je n'ai pas pu voir ma fille pendant toute une semaine. Cette dernière pensait qu'Axel et moi-même étions morts tous les deux, ce qui a nécessité de nombreuses heures de psychothérapie pour la rassurer. Anaé et Axel ont été séparés 3 semaines, les visites d'enfants étant interdites en réanimation et soins intensifs.

Axel est resté hospitalisé un mois, puis nous sommes rentrés à la maison, avec un enfant hypotonique, qui ne tenait plus sa tête, n'avait plus conscience de son côté gauche, ne voyait plus, ne savait plus boire au biberon, ne souriait plus, ne rigolait plus… Nous avons rapidement fait appel à une masseuse professionnelle pour apporter un peu de bien-être à notre petit bonhomme qui semblait prisonnier de son corps. Il a dû être réopéré en décembre 2015 pour remplacer sa dérivation qui s'était complètement bouchée. Nous sommes restés plus longtemps que prévu à l'hôpital, ses points de suture s'étant ouverts, ce qui laissait couler du liquide céphalo-rachidien. Le risque infectieux a nécessité la réalisation d'une ponction aux lombaires…

Pendant tout un semestre, Axel a été hospitalisé chaque mois, ce qui nous a contraints à mettre en place une organisation familiale en adéquation. Ma fille à beaucoup souffert de ces séparations, elle était encore très jeune, trop jeune, pour être si souvent séparée de sa maman, trop jeune pour tout comprendre…

Axel a été aussi traumatisé par le milieu hospitalier et les soins, parfois invasifs. Chaque prise de sang, EEG, IRM, était une épreuve de plus à endurer… À ce jour, il est encore régulièrement hospitalisé pour ses problèmes d'épilepsie. C'est à chaque fois une immense épreuve pour Axel et moi-même de retourner dans cet hôpital, malgré la gentillesse des soignants. Un jour, il sera nécessaire de lui retirer sa dérivation et probablement d'avoir recours à de la chirurgie orthopédique, actes que je redoute particulièrement.

Le cerveau d'Axel atrophié présente de très nombreuses lésions à tous les niveaux. Son périmètre crânien est stable depuis son opération, ce qui montre bien que son cerveau ne grandit plus.

Il souffre d'une hémiparésie gauche, il est épileptique, malvoyant…

Il est Infirme Moteur Cérébral (IMC), c'est-à-dire que tous les membres de son corps sont fonctionnels, mais que son cerveau n'envoie pas les bons messages pour qu'il puisse s'en servir correctement.

Son épilepsie n'est à ce jour pas régulée. Il a connu des périodes dramatiques de spasmes infantiles (syndrome de West), une forme d'épilepsie particulièrement dévastatrice, qui annule les acquis en un temps record… À ce jour, il s'agit d'une autre forme de crise, plus subtile, ayant néanmoins des conséquences sur son développement.

À quatre ans et demi, il ne marche toujours pas, ne dit que quelques mots simples, n'est pas propre…

Il est angoissé, peureux, irritable, parfois déprimé…

Il est très fragile, tombe régulièrement malade et met toujours beaucoup plus de temps que sa sœur pour se remettre de la moindre contamination. Une simple rhino-pharyngite peut durer deux à trois semaines, mettant Axel dans un état d'épuisement…

Les nuits sont agitées, son sommeil est léger, probablement à cause des phases qui ne sont pas régulées et de son épilepsie.

Son petit corps, très frêle, commence à subir des déformations en raison du manque de tonus et des informations erronées transmises aux muscles par son cerveau lésé. Ses pieds et son dos sont particulièrement vulnérables.

Son quotidien est ponctué de rendez-vous médicaux et paramédicaux et de prises de médicaments.

Nous consacrons une énergie considérable, ainsi qu'un budget important, pour permettre à Axel d'accéder aux différentes thérapies qui lui permettront peut-être, un jour, d'acquérir certains gestes de la vie quotidienne. Il a déjà participé à plusieurs stages de rééducation fonctionnelle à l'étranger, thérapies qui n'existent pas en France. Nous tentons tout ce qu'il est possible d'envisager, pour réduire au maximum sa dépendance, même si nous savons pertinemment, que jamais il ne pourra vivre en totale autonomie.

Axel bénéficie de trois à quatre séances de kinésithérapie par semaine, d'une séance d'ergothérapie, d'une séance d'orthophonie, d'une séance d'orthoptie, d'une séance d'éveil avec une éducatrice de jeunes enfants. Il est régulièrement pris en charge par une ostéopathe spécialisée en pédiatrie, par se*s différents médecins (neuropédiatre, pédiatre, ophtalmologue, ORL...). Je tiens d'ailleurs à remercier ces différentes personnes qui nous accompagnent depuis 4 ans et qui savent faire preuve d'optimisme, malgré la lenteur des progrès d'Axel.

Et moi, sa maman, je lui fais faire des exercices quotidiennement et des jeux d'éveil pour le stimuler au maximum. Je suis à la fois conductrice de VSL, infirmière, agent administratif pour les démarches auprès de la MDPH, veilleuse de nuit, éducatrice, kinésithérapeute, cuisinière, diététicienne...

La vie d'Axel n'est que souffrance, dépendance, prise en charge médicale et rendez-vous paramédicaux...

Notre vie tourne autour de celle d'Axel et de ses sœurs, car la famille s'est agrandie en 2018. Il ne m'est pas possible d'envisager une reprise d'activité, moi qui travaillais dans le domaine du social, je ne me sens pas capable d'aider les autres, alors que ma propre famille est en souffrance. D'autant plus qu'Axel n'a pas pu faire sa rentrée scolaire à 3 ans, ses retards étant trop importants, et ses angoisses en groupe n'étant pas compatibles avec la maternelle.

Notre fils avait tout l'avenir devant lui, il était éveillé, plein de vies et de joie. Il riait aux éclats quand on lui faisait des papouilles sur le ventre et son regard était si vif. Tout ceci a été détruit par une personne qui n'a pas su admettre ses limites, qui n'a pas su appeler au secours, qui n'a pas su garder son sang-froid.

Quelques jours avant ce drame, mon époux me disait : « notre fille fera la même école d'ingénieur que moi, Axel, lui fera polytechnique, il est tellement intelligent ! » Notre bonheur a été anéanti.

Nous avons vécu un traumatisme comparable à celui des victimes d'attentat. Nous avons tous présenté des symptômes post-traumatiques à différents moments au cours des trois dernières années (insomnies, dépression, maux divers et variés d'origine psychosomatique, énurésie pour ma fille...).

Même sa petite sœur a présenté un arrêt de croissance in utero à sept mois de grossesse, lorsqu'Axel a dû être hospitalisé en urgence pour une crise d'épilepsie.

Notre état de santé a été affecté par le choc émotionnel (mon époux souffre d'une infection de la cornée depuis cette période...), et le fait de s'occuper d'un enfant handicapé nécessite beaucoup de portages, ce qui nous épuise et endommage nos articulations, nos dos, etc.

Il est à ce jour difficile de continuer à évoluer dans cette société où le handicap est regardé d'un mauvais œil, il est compliqué de voir son fils grandir différemment des autres enfants et surtout il est impossible d'envisager l'avenir sans savoir ce qui s'est réellement produit ce mercredi 7 octobre 2015.

Jamais plus la vie ne sera aussi belle, jamais plus les anniversaires ou Noël ne seront aussi magiques qu'autrefois, jamais plus nous ne ferons confiance, jamais plus nous ne cesserons de nous en vouloir de ne pas avoir protégé davantage nos enfants, jamais nous ne pardonnerons...Notre famille restera à tout jamais marquée par cet acte odieux.

Le procès de l'assistante maternelle a débuté le 14 mai 2019, le jour du quatrième anniversaire d'Axel. Quand je l'ai mis au monde, je n'aurais jamais imaginé passer cette journée d'anniversaire, devant la Cour d'assises du Haut-Rhin, face au bourreau de mon fils.

Ce procès a été douloureux, angoissant, stressant... Il a fait rejaillir des maux qui s'étaient légèrement apaisés.

Nous espérions tellement de ce procès. Même si au plus profond de nous-mêmes nous savions que nos espoirs seraient vains, nous pouvions nous empêcher d'espérer des aveux, ainsi qu'une peine à la hauteur du préjudice subi.

Cependant, nous n'avons pas eu d'explications de la part de Madame X et n'en aurons probablement jamais. C'est pour nous, le plus difficile. Il manque et manquera toujours une pièce dans le puzzle de la vie de notre fils.

Au lendemain du procès, ma fille Anaé m'a demandé : A-t-on gagné le procès ?

Je lui ai répondu qu'il n'y avait pas de victoire. Que la personne qui avait fait du mal à Axel avait été condamnée, qu'elle était en prison, mais que cela ne changerait en rien l'état d'Axel et les difficultés auxquelles nous sommes confrontées chaque jour.

Sa seconde question fut la suivante : a-t-elle dit ce qu'elle a fait à Axel ?

Même elle, à 6 ans, elle espérait connaître la vérité.

Comment pourra-t-elle construire sa vie, sans cet élément si capital ? Une vie qui a débuté avec un évènement aussi traumatique, laissant son petit frère lourdement dépendant. Elle n'avait même pas 3 ans. Nous avons dû être séparées à de nombreuses reprises pour les hospitalisations de son frère. Elle nous a vu pleurer, déprimer, douter, craquer, bien trop souvent. Son enfance, sa vie sera à tout jamais marquée par ce mercredi 7 octobre 2015, mais jamais, nous ne pourrons lui apporter davantage de précisions.

Nous devrons nous contenter des conclusions d'expertises et des hypothèses sur le déroulé de cet après-midi du 7 octobre 2015.

Voici l'hypothèse évoquée par le Procureur de la République, qui semble tout à fait pertinente : Axel aurait été secoué en début d'après-midi, car il ne voulait pas dormir, risquait de réveiller les autres enfants déjà à la sieste et empêchait Mme X de ranger sa table et de faire son ménage, elle qui présente des troubles obsessionnels de l'ordre et de la propreté. Puis, Mme X aurait laissé Axel agonisé tout l'après-midi dans son transat jusqu'à l'arrivée de son époux au domicile. C'est à ce moment qu'elle aurait décidé de me téléphoner, avec son époux comme témoin.

Et pour ces faits, Mme X a été condamnée à cinq ans de prison, dont 3 ans avec sursis et interdiction définitive d'exercer un emploi en contact avec des mineurs.

Au moment du verdict j'étais rassurée, j'attendais qu'elle soit condamnée et cela était chose faite. Cependant quelques jours plus tard je me suis effondrée. Je réalisais que cette peine était si modeste au regard des séquelles de mon fils, des souffrances endurées, du combat que nous, ses parents, nous devrons mener à vie. Nous devons faire face aux dramatiques conséquences physiques, psychologiques, médicales, financières et matérielles de ce crime. Nos vies ont été brisées et celle d'Axel massacrée.

D'ailleurs Anaé a souvent parlé du « Syndrome du bébé bousillé » pour qualifier la « maladie » de son frère.

Ce n'est pas cinq années de peine pénale pour notre famille, mais toute une existence sacrifiée. Les sacrifices sont quotidiens et inévitables. Nos souffrances sont indescriptibles...

À cela s'ajoute le mépris et la diffamation d'un certain nombre de nos concitoyens ayant pris parti pour Mme X suite à des « rumeurs » véhiculées par certains de ses proches et surtout en raison de son absence d'aveux et d'explications...

Il est pour nous extrêmement difficile d'imaginer qu'un jour Mme X sortira de détention et viendra reprendre le cours de sa vie à quelques centaines de mètres de notre domicile familial, alors que cette personne a maltraité nos 2 enfants et a failli tuer Axel, le laissant pour mort l'après-midi du 7 octobre 2015 après l'avoir secoué avec une force extrême comme cela a pu être souligné par les différents experts judiciaires.

Notre souhait le plus cher serait que les autorités judiciaires puissent un jour revoir à la hausse les sanctions pénales dans les affaires de bébés secoués. Il s'agit d'un CRIME odieux et dramatique. De fortes sanctions, ainsi que davantage de prévention sont les seules armes nécessaires pour faire reculer ce fléau. Il est impératif que la France se réveille, pour ne plus qu'aucune famille ne souffre comme la nôtre, pour ne plus qu'aucun enfant ne soit ainsi massacré.

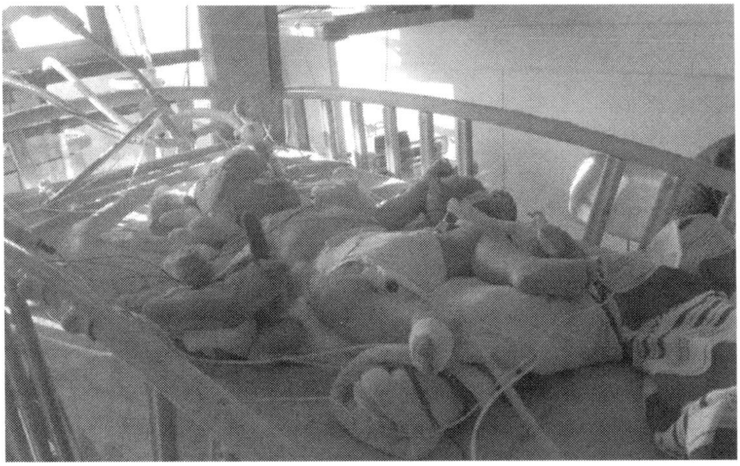

BAPTISTE

Témoignage de la maman de Baptiste.

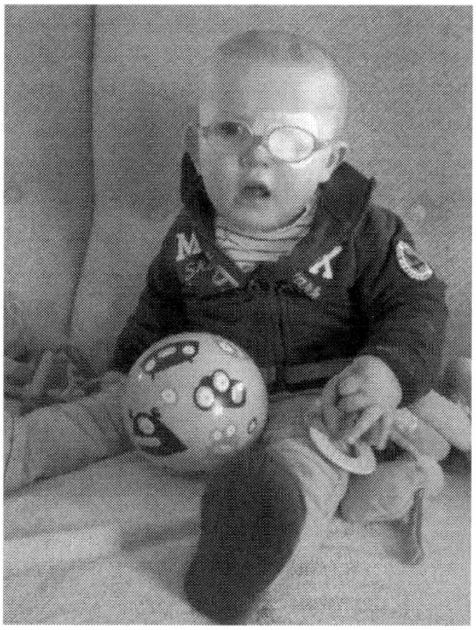

Dès l'annonce de ma grossesse, nous avions fait le choix d'une nounou pour le côté cocon familial, plutôt qu'une structure collective, où notre bébé aurait bien le temps d'y passer ses 20 prochaines années. Nous habitons également en campagne, les structures collectives sont rares, la solution d'une assistante maternelle était donc bien plus simple. Après 3 rencontres avec des assistantes maternelles, notre choix s'est porté sur cette femme avec qui « le courant » était bien passé et en qui nous avions confiance jusqu'à ce jour.

Ma grossesse s'est très bien déroulée, sans problème particulier. J'ai accouché le 4 mai 2012, soit 6 jours avant le terme, d'un joli bébé de 3 690 kg pour 52 cm en 4 heures et sans péridurale... Notre vie de parents commençait au mieux ! J'ai repris le travail mi-juillet lorsque Baptiste avait 2 mois et demi. J'ai ensuite pu profiter de 3 semaines de congés en août pour le voir grandir et s'éveiller de plus en plus.

Mon fils se développait parfaitement, malgré un torticolis lui ayant entraîné une plagiocéphalie, bien vite corrigé par des rendez-vous chez l'ostéopathe, sur les conseils de notre assistante maternelle. Le 2 novembre 2012, nous avions rendez-vous chez la pédiatre afin de faire son bilan des 6 mois : un petit garçon bien éveillé, tonique, en pleine forme !

Pourtant, 5 jours plus tard, le 7 novembre, alors qu'il avait 6 mois et 3 jours, le lendemain de sa première dent, tout allait basculer...

L'assistante maternelle m'a téléphonée à midi en panique et me disant de venir vite... Travaillant à 5 min de son domicile, j'ai donc sauté dans ma voiture (j'ai pensé à la mort subite du nourrisson ou qu'il était tombé de la table à langer... rien ne l'impliquant vraiment). Quand je suis arrivé, les pompiers étaient déjà arrivés, puis s'en sont suivi les gendarmes puis le SAMU. On m'a dit de rester à l'extérieur de la maison avec l'assistante maternelle. Elle m'a expliqué que Baptiste était en train de manger et qu'il a fait une fausse route, qu'elle l'a vu devenir tout mou, qu'elle l'a pris et a directement appelé les pompiers. Son mari serait arrivé à ce moment et aurait commencé les massages cardiaques... Mon fils vient de faire un arrêt cardio-respiratoire, mais je ne le sais pas encore (j'ai appris plus tard qu'ils ont mis 18 min pour le réanimer). Je ne comprends toujours pas ce qui lui arrive, car personne ne me dit réellement ce qui se passe. J'appelle mon mari, qui est ce jour-là en déplacement professionnel à 100 km de chez nous. Il me dit qu'il arrive le plus vite possible, les gendarmes me disent qu'il ne faut pas qu'il prenne de risque sur la route.

Les gendarmes me posent des questions sur mon fils, en posent à l'assistante maternelle et son mari. Elle se met à s'énerver sur le fait qu'ils posent des questions, son mari leur dit qu'ils la traitent comme si c'était une criminelle. On nous répond que c'est la routine, au cas où il y aurait une enquête. Encore une fois, j'étais à mille lieues de comprendre ce qui nous arrivait !

Au bout d'une demi-heure, les pompiers ont commencé à sortir de la maison. Ils m'ont informé qu'ils transféraient mon fils au CHU de Nantes. Nous avons suivi le camion des pompiers, dans la voiture du SAMU, accompagné de l'assistante maternelle qui a tenu à venir également pour avoir des nouvelles. Une fois arrivés au CHU, nous nous sommes retrouvés dans un hall, dans un monde hospitalier, qui m'était totalement inconnu et qui allait, sans que je le sache encore, devenir notre lieu de « vie » pendant les 3 prochaines semaines. Le personnel du CHU nous a ensuite conduits dans une salle d'attente en service de réanimation pédiatrique où nous avons passé toute l'après-midi à attendre avec l'assistante maternelle. Mon mari est enfin arrivé, sans que je sache quoi lui raconter précisément. L'assistante maternelle lui a raconté l'étouffement avec le petit pot. Nous en sommes restés sur ces explications.

Vient ensuite le temps de prévenir nos parents et frères et sœurs. Je me souviendrais toujours appeler ma maman à son travail, tombé en pleurs sur une de ses collègues, et ensuite lui annoncé que notre fils était au CHU, suite à un étouffement. Elle m'a dit « oh non ce n'est pas vrai. Je m'arrange avec mes collègues, préviens le boulot de papa, et nous arrivons ».

Toute notre famille est arrivée en fin d'après-midi sans savoir vraiment quoi leur dire. L'assistante maternelle est toujours avec nous. Un membre de notre famille la regarde méchamment et moi ça m'énerve, je prends la défense de mon l'assistante maternelle en disant qu'une fausse-route aurait pu arriver à n'importe qui et à n'importe quel moment.

Dans la soirée, nous avons alors eu une réunion avec le médecin de service qui nous a annoncé que Baptiste avait un œdème cérébral et qu'ils l'ont plongé dans le coma pour faire baisser la pression intracrânienne. Ce médecin nous annonce également que, si la pression ne redescendait pas, il risque de ne pas passer la nuit.... Le monde s'écroule... Notre petit bout'chou qui allait parfaitement bien à 9 h quand je l'ai déposé va peut-être mourir ce soir... Nous sommes complètement sous le choc de cette annonce. Mon mari part à la maison avec son frère pour nous chercher quelques affaires, et demander à nos voisins de s'occuper de nourrir nos animaux, car le CHU nous met à disposition une chambre pour passer la nuit au plus près de notre fils. Une fois tous les deux notre chambre aux 4 murs blancs, semblable à un studio d'étudiant, nous arrivons bizarrement à nous endormir, malgré le bruit du tramway juste en bas dans la rue. Le lendemain matin, notre première réflexion est que les médecins ne nous ont pas appelés, que notre petit bonhomme a donc passé une première nuit sans gros incident. Notre devise du moment : « pas de nouvelle, bonne nouvelle ».

Lors de sa deuxième journée d'hospitalisation, nous essayons de nous familiariser avec cette chambre, ces appareils qui bipent, ce petit bébé branché de partout, c'est très dur pour moi. Je ne reste que 5 minutes auprès de lui et j'ai besoin de redescendre dans le hall, de retrouver mes proches, de sortir de ce cauchemar. Et en même temps, c'est très dur psychologiquement, car je culpabilise de ne pas réussir à rester auprès de mon bébé. Le jeudi est une journée très compliqué pour lui, car les médecins essayent de le mettre en hypothermie pour faire baisser son activité cérébrale et tenter de protéger au mieux son cerveau afin de tenter de faire diminuer l'œdème. Nous partons donc dîner ce soir-là avec un couple d'amis dans un restaurant en face du CHU, la boule au ventre, car notre fils a encore plus de 39 °C de fièvre. Je peux vous dire qu'au bout de 10 jours de réanimation, nous connaissons tous les restaurants du secteur ! Au retour du dîner, nous repassons souhaiter bonne nuit à notre fils, et par miracle, la fièvre commence à tomber. Après quelques mots avec l'infirmière, nous partons nous coucher dans notre « studio d'étudiants ». Nouvelle nuit de sommeil sans appel des médecins…

Le vendredi matin, notre fils passe un examen ophtalmologique afin, selon les médecins, « de voir les hématomes ». « Ah bon, on peut voir des hématomes à travers les yeux… OK je vous laisse faire, après tout, je n'y connais rien ! » Puis arrive le moment où l'assistante maternelle vient me rendre le sac à langer de Baptiste, resté chez elle depuis le mercredi, avec les vêtements et doudous. Elle a tout lavé afin de pouvoir les installer dans son lit d'hôpital. Nous rediscutons de ce qui est arrivé à Baptiste. Je lui dis « mais pourquoi ça nous arrive à nous ? Qu'est-ce qu'on a fait pour mériter ça ? » Elle me répond qu'elle aussi, elle s'est souvent posée cette question pour son fils présentant des retards mentaux. Elle repart, et je passe la journée auprès de mon bébé. J'arrive enfin à rester auprès de lui, j'ai pris des revues, je lui tiens la main, je discute avec mon mari, je discute avec le personnel soignant très prévenant avec nous, je réponds aux SMS de nos proches nous demandant des nouvelles.

Ce soir-là, nous sommes convoqués dans une salle du service pour une réunion avec une dizaine de personnes (médecins, professeur, médecin responsable de l'unité des enfants en danger, des infirmiers et des aides-soignants) pour nous informer que notre fils présente tous les symptômes d'un bébé secoué. C'est alors la stupeur, car même si nous en avions vaguement entendu parler, nous ne savions pas ce que c'était vraiment et nous étions loin de nous imaginer que notre l'assistante maternelle ait pu faire du mal à Baptiste. Ils nous informent qu'un signalement sera déposé dès le lundi auprès du Parquet et qu'il faut que nous stoppions nos contacts avec notre l'assistante maternelle, qui prenait jusque-là beaucoup de nouvelles. Sous le choc, nous allons dormir chez des amis qui nous prêtent gentiment leur appartement situé à deux pas du CHU pour le week-end.

Le samedi matin, lorsque nous arrivons dans le service, on nous annonce que notre fils a fait des convulsions, qu'ils l'emmènent faire un scanner en urgence afin de vérifier si ses lésions intracrâniennes ont augmenté. C'est un moment terrible à vivre pour moi. Tous les médecins s'agitent autour notre bébé, ils installent la bouteille d'oxygène sur son lit à barreaux pour prendre le relais du système fixe de la chambre, déplacent également le matériel de perfusions. Nous suivons le train et passons de couloir en couloir, poussant les portes coupe-feu, prenons des ascenseurs, traversons les urgences pour enfin arriver devant la salle du scanner et d'attendre de nouveau qu'ils réalisent l'examen. Il n'y a heureusement pas de nouveau saignement. Les médecins décident de changer de médicament afin d'éviter toute nouvelle crise de convulsions qui abîmerait un peu plus son petit cerveau déjà meurtri.

Pendant ce temps, l'assistante maternelle ne cesse d'essayer de nous joindre mon mari et moi. Nous ne lui répondons pas, comme nous l'ont conseillé les médecins la veille au soir.
Mais alors que je suis à la cafétéria du CHU avec des amies en début d'après-midi, j'aperçois alors l'assistante maternelle et son mari dans le hall. Je me recule un instant pour me cacher et mes amies avancent dans le hall pour voir où ils sont. Personne à l'horizon, je respire à nouveau. Mais en remontant voir mon fils, j'ai la mauvaise

surprise de les voir dans le sas d'accueil du 4e étage où ils espéraient me croiser. Ils sont en panique, me demandent pourquoi je ne réponds pas à leurs messages et appels. Je leur annonce que nous avons eu une réunion avec les médecins la veille, que Baptiste a été secoué, et qu'ils nous ont demandé de ne plus donner de nouvelles. L'assistante maternelle ne comprend pas trop, mais son mari se met à pleurer, me dit qu'ils n'ont pas pu faire du mal à notre fils. Je les laisse donc sans trop savoir quoi dire, et décide de me re-concentrer sur les besoins de mon fils.

Nous passons le reste du week-end entre la chambre de notre fils, la cafétéria du CHU où nous sommes accompagnés de nos familles et amis. Nous passons une deuxième nuit chez nos amis, avant de transférer nos bagages chez mon oncle qui nous prête son appartement pour le reste du séjour en réanimation de notre fils. Petit à petit, nous connaissons les couloirs du service de réanimation, le personnel très présent et prévenant (une personne pour trois bébés), nous nous habituons à voir notre fils branché de partout, nous nous familiarisons avec les machines qui l'entourent. Ce milieu si hostile pour moi au départ devient familier et je passe mes journées là-bas. Avec l'accord du personnel, je diffuse dans la chambre un CD de berceuses que ma mère a acheté, je parle à mon fils, je le caresse.

Le lundi, soit cinq jours après son arrivée, les médecins tentent de le sortir du coma, afin de voir comment Baptiste réagit. Nous sommes à ses côtés, et ce moment est horrible pour lui, horrible pour nous. Horrible de le voir souffrir. Je garderais à jamais l'image de ses grimaces sur son petit visage en train de pleurer, mais sans le son puisqu'il est encore intubé. Ils ne le laissent pas souffrir plus longtemps et décident de le replonger dans le coma pour retenter dans quelques jours. C'est un moment très dur pour moi, car ce réveil est un échec. Comment va-t-il s'en sortir ? Est qu'il va garder des séquelles ? S'il garde des séquelles, comment sera notre vie future avec un bébé handicapé. Il faudra que l'on change de maison, car notre maison ne sera pas adaptée avec un enfant en fauteuil… Faut-il appeler l'aumônerie du CHU afin de le baptiser au cas où ? Mon mari reste quant à lui optimiste afin de me garder debout. Je sais qu'au fond de lui, il était aussi effrayé que moi, mais il fait tout pour me soutenir. Moi qui suis d'habitude hyper gourmande, malgré les Kinders et les Haribos que ma sœur m'a apportés pour me remonter le moral, j'ai bien du mal à avaler quoi que ce soit.

Le mercredi, après deux jours de moral à zéro, lorsque j'arrive dans la chambre de Baptiste, je remarque un changement sur le scope (oui, même si on n'est pas médecin, on finit par comprendre tous ces traits et bips !). L'infirmière m'informe qu'ils ont tenté un nouveau réveil et que notre fils a bien réagi. Ils lui ont retiré le respirateur artificiel, car ils le voyaient gêné. Il n'a plus qu'une toute petite sonde dans le nez pour lui apporter une aide en cas de besoin. Je passe une belle journée ensoleillée et envoie de bonnes nouvelles à tout le monde, y compris à l'assistante maternelle qui continuait de nous demander des nouvelles malgré tout.

Le jeudi, nous pouvons enfin prendre Baptiste dans nos bras ! Mais quelle terrible sensation que de retrouver notre bébé avec un tonus identique à un nouveau-né. Nous avons l'impression d'être retournés à la maternité.

Et puis son petit crâne est tout reluisant, gonflé et il est encore perfusé à plusieurs endroits. Pas facile de faire des câlins dans ses conditions. Lorsque nous lui parlons, ses yeux regardent dans le vide, ils ne nous suivent pas… Notre bonheur redescend aussitôt. Notre fils ne voit pas, car des hématomes rétiniens recouvrent sa vue. Ses nerfs optiques ont peut-être été endommagés et il risque de ne plus jamais voir. Mais au fur et à mesure de la journée, je pense aux Jeux paralympiques, à tous ces athlètes qui malgré leur handicap, réussissent à faire des choses extraordinaires et cela me donne un peu d'espoir. Ma seule grosse crainte est le handicap mental, car finalement je me dis qu'un handicap physique peut être surmonté, surtout s'il est petit, car il grandira avec, alors qu'un handicap mental le laisserait en marge de la société. L'équipe médicale décide également de le transfuser, car il manquait de globules rouges, dû à ses hémorragies au cerveau.

Le lendemain, alors que je suis sur la route du retour, après être passé chez nous afin de renouveler nos valises, mon mari m'appelle pour me prévenir que le médecin est inquiet pour sa vue, qu'ils l'emmènent passer un PEV (enregistrement des modifications de l'activité cérébrale liées à une stimulation visuelle – un genre de flash) afin de savoir si malgré l'hémorragie rétinienne qui lui occulte la vue, notre fils pourra recouvrer la vue ou non. C'est un moment très émouvant, car c'est le moment où nous saurons si notre bébé sera aveugle. Et à ce moment-là, j'ai pensé au tas de photos que j'ai adoré prendre de lui pendant ses six premiers mois, à son album photo qui ne servira peut-être jamais s'il ne voit pas...

En arrivant au CHU, je retrouve mon mari avec un énorme sourire ! Notre fils a réagi au flash, les liaisons ne sont donc pas coupées, il va revoir, c'est merveilleux ! Et pour compléter les bonnes nouvelles, le médecin nous annonce que notre fils sera transféré dans l'après-midi en service de pédiatrie pour poursuivre une hospitalisation plus légère. Baptiste sort finalement de réanimation au bout de dix jours pour passer deux semaines de pédiatrie. Ce passage en pédiatrie est finalement très dur pour moi, car notre fils se retrouve en chambre double, à côté d'un bébé qui a une « simple » infection urinaire ! Je suis dans l'incompréhension totale ! Notre fils a failli mourir la semaine dernière, ne voit pas et nous nous retrouvons au milieu d'enfants qui n'ont que de « petits bobos ».

La pédiatre vient examiner l'état de Baptiste. Cet examen est très compliqué à vivre pour moi, car Baptiste est totalement hypotonique, avec un tonus semblable à un nouveau-né, sauf que ce petit corps à six mois. Je garderais en mémoire ce moment où notre fils allongé se fait asseoir par la pédiatre, et sa tête ne suit pas du tout. Lorsqu'il est assis, sa tête penche complètement en arrière... nous constatons enfin l'étendue des dégâts ! Nous donnons à présent le premier bain depuis son entrée au CHU, et nous devons procéder comme à la maternité avec notre bras passé sous ses épaules...

Nous arrivons à avoir une chambre simple à la fin du week-end. Nous pouvons à présent rester dormir avec notre petit bout, nous relayé pour rester à ses côtés 24 h/24 puisqu'il n'y a plus qu'une infirmière pour huit ou dix enfants.

Le mardi, j'emmène mon fils de l'autre côté du CHU afin qu'il passe une radio du squelette et une scintigraphie osseuse. En effet, ces examens sont nécessaires pour savoir s'il a subi d'autres maltraitances. Je reviens de ces examens, bouleversés, car j'ai l'impression qu'on doute de nous, que nous puissions être les auteurs du secouement. Ma maman qui me voit avec le moral en berne décide d'en parler à l'équipe médicale qui me rassure et me dit qu'au vu de la gravité de la réaction (arrêt cardio-respiratoire), le résultat est quasi immédiat et ils savent donc que nous n'y sommes pour rien.

Baptiste continue de voir l'ophtalmologiste qui vient surveiller ses hématomes rétiniens, et un kinésithérapeute vient le mobiliser, afin qui retrouve au plus vite son tonus. Et c'est plutôt réussi, puisqu'à la sortie de pédiatrie deux semaines plus tard, il tient presque assis tout seul.

Côté judiciaire, nous n'avons encore rien lancé à ce moment, car nous préférons nous concentrer sur notre fils. L'assistante maternelle continue de prendre des nouvelles, auxquelles je réponds quand j'en ai envie. J'ai toujours du mal à assimiler qu'elle ait pu faire autant de mal à notre fils. Mais alors que nous avions autorisé la venue de son mari la veille, car il se disait avoir besoin de le voir, qu'il était vraiment chamboulé par ce qui était arrivé à notre petit bout, elle me demande si elle peut passer nous voir dans la soirée. Je refuse, car son mari étant déjà passé la veille, je n'ai pas envie d'être encore avec eux, d'autant que nous avons déjà mon beau-frère et ma belle-sœur. Mais en fin de journée alors que je quitte le CHU avec mon beau-frère et ma belle-sœur, mon mari restant à l'hôpital passer la nuit avec notre loulou, je la croise dans le hall. Je lui demande ce qu'elle fait là, que je suis étonnée de la voir puisque je ne l'avais pas autorisée à venir, elle me dit qu'elle n'a pas reçu mon texto et elle monte voir mon mari et reste une heure à « raconter la pluie et le beau temps ».
C'est à partir de ce moment que nous avons eu des doutes, qu'elle en faisait trop, comme si elle avait des choses à se reprocher. Nous sommes donc restés distants avec elle par la suite.

Nous sommes rentrés à la maison le 30 novembre, soit trois semaines après l'arrivée de Baptiste au CHU. Les médecins lui ont prescrit deux séances de kinésithérapie par semaine, qui se sont terminées au bout d'un mois, car Baptiste se débrouillait très bien. Nous sommes retournés au CHU pour de nombreux rendez-vous de suivi : IRM de contrôle pour savoir comment évoluaient ses hématomes sous-duraux, des électro-encéphalogrammes afin de savoir si le cerveau était toujours en souffrance et s'il y avait encore des risques de convulsions et des bilans avec une psychomotricienne.

Notre plus grosse inquiétude a été sa vue. Nous avons été au plus fort toutes les deux semaines au CHU. En effet, à la suite de ses hématomes rétiniens, le premier s'est résorbé au bout de deux mois et le second au bout de quatre mois. Le premier œil qui a recouvré la vue a totalement pris le dessus sur le deuxième, que le cerveau a donc oublié de faire travailler. Il a donc eu des lunettes à dix mois et un traitement avec des patchs à coller sur son bon œil pour faire travailler son œil feignant. Sa vue s'est bien améliorée et il a été une année sans lunettes. Depuis, il a de nouveau des lunettes, car je trouvais que, quand il était fatigué, son œil partait sur le côté.

J'ai repris mon travail deux mois plus tard. Mon médecin m'avait mis en arrêt pour pouvoir être à l'hôpital le premier mois, et le temps de trouver une solution de garde pour le deuxième. Les médecins nous ont conseillé de trouver un mode de garde en collectivité afin que Baptiste soit stimulé au maximum et entouré d'autres enfants. J'ai donc repris mon travail le 2 janvier après avoir trouvé une place en Maison d'assistante maternelle (trois nounous dans une maison individuelle dédiée aux enfants) où elles étaient trois à s'occuper de mon loulou. Fini la personne seule qui perd son sang-froid chez elle. J'avais essayé en vain d'obtenir une place en crèche, mais la crèche de mon secteur se trouvait à 10 km de chez moi, et pas sur ma route de travail, ce qui m'aurait fait faire 40 km en plus par jour. J'ai senti de plus que la directrice n'était pas motivée pour prendre notre fils, puisque nous ne savions pas comment il allait évoluer.

Baptiste a six ans aujourd'hui, il va toujours chez l'ophtalmologiste tous les 3 mois afin de contrôler l'évolution de sa vue et de son strabisme persistant. Il a récupéré une vision à 10/10e. Il continue de faire travailler sa vue grâce à un *ryser* (film transparent à coller sur le verre de la lunette) qu'il porte le mercredi et le week-end. Quant à son strabisme, s'il continue dans les années à venir, une opération sera à envisager.

Il est scolarisé en Grande Section, mais il va depuis le début de l'année scolaire dans un centre afin de travailler la motricité globale avec une psychomotricienne et la motricité fine avec une ergothérapeute. Il s'y rend seul grâce à un transport mis en place compte tenu de son état (taxi VSL). Nous sommes en train de monter un dossier auprès de la MDPH afin qu'il puisse être aidé par une Auxiliaire de Vie Scolaire l'année prochaine, car il prend actuellement trop de temps, et d'énergie pour essayer d'écrire le plus juste possible.
Nous allons également faire une demande auprès du SESSAD (structure interne à l'Éducation nationale) afin qu'il puisse suivre ses rendez-vous psychomotricité et ergothérapeute directement à l'école.

Sur le plan judiciaire, nous avons porté plainte vers mi-décembre, une fois Baptiste rentré à la maison. Le temps également de digérer cette réalité et tout ce que nous avaient dit les médecins... Et digérer la nouvelle que la personne avec qui tout se passait apparemment très bien ait pu faire du mal à notre fils... Nous avons été auditionnés, mon mari et moi-même, chacun dans un bureau, pour être sûr que ce que nous racontions tenait la route.

Du côté de l'assistante maternelle, elle et son mari ont été placés en gardes à vue 24 h, mais ils n'ont rien avoué. Ils ont contesté la première expertise faite lors de l'hospitalisation au CHU. La Juge a donc accordé une première contre-expertise dans le pôle « médecine légale et pénitentiaire »... je vous laisse imaginer l'ambiance ! Il en est ressorti qu'il avait bien été secoué et que la datation ne pouvait être que dans la matinée. L'assistante maternelle a de nouveau contesté la contre-expertise, donc la juge lui a accordé une deuxième contre-expertise à Paris avec les docteurs A. et R.S. Nous sommes donc partis pour la journée avec un aller-retour de quatre heures en train. Je suis à ce moment-là enceinte de six mois, et c'est assez éprouvant comme journée, d'être de nouveau presque interrogés comme avec la police par ces médecins. Nous en gardons cependant du positif puisque Baptiste à ce moment-là âgé de 3 ans veut voir La Tour Eiffel ! C'est donc avec un grand plaisir que nous passons lui montrer, ainsi que les bateaux-mouches, Notre-Dame, etc.

Il en ressort que notre fils a bien été secoué chez l'assistante maternelle dans la matinée, et ces médecins-experts, très reconnus, constatent également sur les imageries médicales qu'il a également été secoué dans les deux semaines avant son hospitalisation, car elles voient des hématomes d'une couleur différente, donc plus anciens.

Ensuite, il y a eu un changement de juge d'instruction, ce qui a entraîné une nouvelle attente, car la précédente juge n'avait pas ordonné d'expertise psychologique de l'assistante maternelle. Il en ressort qu'elle est pleinement responsable de ses actes.

Le magistrat a été requalifié le dossier de Baptiste puisqu'il était initialement désigné comme « violence volontaire ayant entraîné une infirmité permanente », et qu'il est désormais qualifié en « violence volontaire sur mineur de moins de 15 ans ayant entraîné une ITT supérieure à 8 jours par une personne ayant l'ascendant sur l'enfant » (donc traité comme un crime et dépendant des Assises, et non plus comme un délit traité par le tribunal correctionnel).

Le procès a fini par avoir lieu le mercredi 21 novembre 2018, soit un peu plus de six ans après les faits...

Cette ancienne assistante maternelle n'a toujours pas avoué. Elle est restée butée sur le fait qu'elle n'avait pas secoué Baptiste. En revanche, les juges ont été persuadés au vu de son expertise psychologique qu'elle n'était pas capable de s'avouer qu'elle avait failli à ses responsabilités auprès de notre fils.

Elle a donc été condamnée à trois ans de prison avec sursis avec 3 ans de mise à l'épreuve et interdiction d'exercer à vie.

Nous sommes soulagés de ce verdict auquel que je craignais de ne pas pouvoir obtenir, du fait de ne pas avoir eu d'aveu. J'ai vécu le procès plutôt sereinement, car je me suis dit que tous les éléments étaient contre elle, que nous avions beaucoup soufferts de tout ça, et que ce n'était pas à nous d'avoir peur de cet instant. J'ai bien évidemment eu peur de la revoir, mais finalement, lorsque je l'ai aperçue, j'ai trouvé qu'elle avait pris un coup de vieux, elle a pleuré durant tous le procès. Chacun son tour de souffrir !

Notre fils sera à présent convoqué auprès de médecins experts et neurologues afin d'établir la hauteur du préjudice....

Témoignage des grands-parents maternels de Baptiste.

Le 7 novembre 2012, je suis à mon travail, 17 h, une collègue m'annonce que ma fille est au téléphone et que cela a l'air grave.
Ma fille est en pleurs, elle me dit difficilement que Baptiste a fait une fausse route chez la nounou et qu'il est en réanimation au CHU de Nantes, que son pronostic vital est engagé.
J'abandonne mon poste à mes collègues. Je rentre à la maison et l'annonce à mon mari qui rentre du travail. Nous avons l'impression de faire un cauchemar.

Nous filons sur Nantes sans réfléchir. Vers 23 h, nous pouvons voir Baptiste très rapidement, il est branché de partout et il n'a que 6 mois. Par la suite, nous apprendrons que l'équipe médicale n'était pas sûre qu'il passe la nuit…

Le lendemain, on nous fait part qu'il s'agit certainement du syndrome du bébé secoué, nous ne savons pas ce « qui nous tombe sur la tête ». Nous sommes tous abasourdis, nous savons que cela est grave, mais nous ne connaissons pas encore toutes les conséquences.

Puis la machine se met en place :

- Signalements (suspicion et interrogation des parents et de la nounou)
- Examens de Baptiste (électroencéphalogramme, scanner, IRM, syntigraphie…)
- La douleur de Baptiste (température, œdème, convulsions, perte de la vue…)
- Attente des résultats
- Des petits espoirs qui retombent
- Arrêt de travail pour ma fille et moi qui me rend tous les jours à l'hôpital, j'y passe une nuit
- Des moments difficiles avec l'équipe médicale

Puis Baptiste sort du coma, il ne voit pas, ne tient plus sa tête, œdème au cerveau, mauvaises coordinations des mouvements.

Au fil des jours, les nouvelles sont plutôt rassurantes. Au bout de 2 mois, nous nous apercevons que sa vue revient un peu. Il réagit lorsque nous arrivons avec son biberon.

Baptiste est suivi par une pédiatre, une ophtalmo, un ergothérapeute, une psychomotricienne.

Aujourd'hui, il a 6 ans, il a toujours ses lunettes, est toujours suivi.
En septembre, il rentrera en CP, a priori accompagné d'une AVS.
Au niveau de son cerveau, il suit très bien, s'intéresse à tout, fait du foot, du vélo... mais il garde des séquelles au niveau de la motricité fine. C'est pour ceci qu'une demande d'Auxilliaire de Vie Scolaire est en cours, et qu'il est toujours suivi de prêt.
Le syndrome du bébé secoué a bien été prouvé lors des expertises médicales.
Ma fille a été en arrêt de travail plusieurs mois. Pour mon mari et moi, ces moments restent difficiles à se remémorer.
Pour le côté judiciaire, la nounou a été interrogée et mise en examen, malgré qu'elle nie toujours.
L'enquête est close, mais le procès n'est toujours pas passé 5 ans et demi après les faits.
Baptiste et ses parents ont dû se rendre à Rennes puis à Paris pour rencontrer des médecins experts.
Nous aurons toujours des interrogations sur son avenir, si ses difficultés plus ou moins importantes sont dues à cet acte ou tout simplement à son tempérament.

EMRYS

J'ai toujours cru avoir une préférence pour les petites filles et Emrys est arrivé, le 22 janvier 2013 à 20 h 16, et quand on l'a posé sur mon ventre et que j'ai vu son beau et doux visage, il a conquis mon cœur et je suis tombée folle d'amour pour lui, mon fils.
Le 19 septembre 2013, alors qu'il était chez sa nourrice agréée, on m'a appelée au bureau, il était parti en urgence à l'hôpital et quand on est arrivé avec son papa, on a compris que c'était très grave. Ce jour-là et les suivants, mon cœur s'est arrêté, je ne pouvais pas imaginer le perdre, lui, mon petit homme que j'aime à la folie.
Il était au service des polytraumatisés, on ne comprenait rien, on était perdu, hurlant de douleur de l'intérieur.

Le 22 septembre 2013, jour de ses huit mois, les médecins nous ont demandé de nous asseoir dans un triste couloir de l'hôpital, ils avaient la mine figée, pour nous annoncer que son état s'était aggravé, que sa pression intra crânienne était trop élevée et qu'il fallait s'attendre au pire…

Quand je suis rentrée à la maison, car nous devions aussi nous occuper de notre fille alors âgée de 4 ans, et fortement perturbée par ce que vivait son petit frère, je suis allée devant son petit lit et j'ai eu envie de hurler, je voulais que l'on me rende mon bébé.

Puis on nous a retiré la garde de nos deux enfants, et là, je me suis sentie vide, morte, mes enfants sont ma vie avec mon époux, et on me retirait une immense partie de moi. J'étais avant tout, morte d'inquiétude pour eux, pour la vie d'Emrys et pour ma puce, sa petite soeur, qui n'avait que quatre ans à l'époque, et avec qui j'ai un lien si fusionnel.

Bien évidemment, elle l'a très mal vécu, ma mère, à qui elle avait été confiée en tant que tiers de confiance, me disait qu'elle pleurait et « réclamait ses parents, son petit frère et sa chambre de princesse », elle pensait qu'Emrys était mort et s'inquiétait également de ce que l'on devenait.

On n'oublie rien de tout ce que l'on a vécu, cette détresse, je la ressens encore au fond de moi, cette injustice vis-à-vis de mes deux enfants, elle me prend aux tripes.
Je n'oublie pas non plus ce que l'on nous a dit lorsque l'on nous a dit qu'Emrys était finalement sorti d'affaires. On nous a annoncé qu'il serait « certainement handicapé moteur, attardé mental, peut être aveugle ».

Dans le métro, sur le chemin du retour, je titubais, mon mari me soutenait, mes larmes coulaient tout le trajet et je me souviens que les gens me regardaient, mais que j'étais dans un autre monde, celui d'une douleur atroce...

Emrys est beau, c'était un bébé doux, sage, câlin, qui rigolait tout le temps, et surtout choyé et il s'est retrouvé hospitalisé pendant un an. Quand il a enfin pu rentrer les week-ends, je me souviens du déchirement lorsque l'on devait le ramener à l'hôpital, de sa petite sœur qui pleurait au retour dans la voiture. J'avais alors perdu dix kilos en une année...

Je me souviens aussi que lorsqu'il a enfin ouvert les yeux, sortant du coma, il ne tenait plus sa tête, c'était un bébé de 8 mois avec la tonicité d'un nouveau-né, j'avais peur de lui donner le bain, peur de lui faire mal, de mal m'y prendre, et puis il avait une énorme escarre derrière la tête, due à son immobilisation prolongée. Où était mon petit bébé souriant et rieur ? Il avait perdu la position assise qu'il détenait avant les faits, se balançait régulièrement d'avant en arrière dans sa chaise haute et se tapait la tête...

Avec le recul, je comprends aujourd'hui que j'ai alors dû commencer un travail de deuil du bébé que j'avais mis au monde et que j'ai connu pendant presque 8 mois. Encore aujourd'hui, plus de

4 ans après, je refuse d'entendre ces mots, mais j'en suis pourtant malheureusement bien consciente.

Emrys a fêté ses un an à l'hôpital, pour ce jour si important, nous avions eu le droit d'aller dans une petite salle glauque de l'hôpital nous3 et ses grands-parents maternels, mais Emrys se basculait d'avant en arrière sur sa chaise haute, se tapait la tête. Ses cadeaux ne l'intéressaient pas... Son regard était triste. Je n'aime pas ce souvenir...

J'ai arrêté de travailler pendant 14 mois, je suis allée le voir des milliers de fois, des aller-retour incessants, qui se terminaient toujours par un déchirement : repartir et le laisser. Ce trajet de mon domicile à l'hôpital, je le déteste, j'ai tellement pleuré sur ce trajet... J'allais le faire manger tous les midis, lui donner le bain tous les soirs, assister aux séances de rééducation, je lui avais mis des peluches dans son lit froid d'hôpital et des photos de toute sa famille, des dessins que Faustine lui faisait, sur les barreaux de son lit, pour qu'il se sente entouré, pour que nous soyons à ses côtés malgré l'absence.

Ensuite, lorsqu'il est définitivement rentré à la maison au bout d'une année, il a fallu enchaîner les rendez-vous, IRM et électro-encéphalogrammes à l'hôpital, kiné en libéral une fois par semaine, rendez-vous avec le neuro chirurgien, avec la neuropédiatre...

Puis est arrivé le SESSAD pour une prise en charge complète, et depuis, notre vie est rythmée par les rendez-vous.

Emrys a en effet une séance de kiné une fois par semaine, une séance de psychomotricité une fois par semaine, une séance d'ergothérapie une fois par semaine, une séance avec l'éducatrice spécialisée une fois par semaine, une séance avec l'orthophoniste une fois par semaine, rendez-vous avec la psychologue du SESSAD, avec son médecin-référent au SESSAD, mais aussi avec la neuropédiatre de Necker... Sans oublier les rendez-vous avec mon psychiatre, pour travailler sur le traumatisme vécu, l'angoisse omniprésente de l'avenir pour Emrys, ses crises et troubles du comportement, notre manque cruel de sommeil...

En décembre 2014, j'ai repris le travail, car j'allais sinon passé à demi-traitement, mais j'étais pétrie d'angoisses d'être à 1 heure en transport en commun de lui, si j'avais été plus près en septembre 2013, la prise en charge aurait été plus rapide, puisque la nourrice agréée n'a pas prévenu les secours et que c'est sa petite fille de 20 ans à l'époque qui les a enfin prévenus quand elle est rentrée, alors qu'Emrys convulsait et ne se réveillait pas depuis une heure.

En septembre 2015, j'ai donc cherché et trouvé un emploi à 10 minutes en voiture de mon domicile, car il fallait que je me rapproche, je n'avais pas le choix. Trop de rendez-vous à gérer, trop d'angoisses dues à l'éloignement.

En avril 2016, nous avons décidé, avec l'aide de la psy du SESSAD, qu'il était temps qu'Emrys ne dorme plus dans son lit de bébé à barreaux, lit qui nous rassurait tellement par son aspect protecteur.

Un autre cauchemar a alors commencé, cela fait désormais presque deux ans que les nuits d'Emrys sont ponctuées de réveils nocturnes (1 à 5 fois par nuit). Cela prend du temps de le rendormir et mon mari ou moi restons à ses côtes jusqu'à ce qu'il se rendorme.

Nous sommes épuisés, le manque de sommeil est quelque chose d'insupportable, rendant tout plus difficile...

Je me sens seule face à tout cela, mes ruminations anxieuses face au drame vécu, les images que je n'arrive pas à enlever de ma tête de mon bébé dans le coma, le choc du procès aux Assises, l'incompréhension des autres, famille, collègues, amis... nous nous sommes renfermés sur nous-mêmes, moi et mon mari, face à notre sentiment d'impuissance face à Emrys, face à son handicap visible, mais aussi invisible.

À ce jour, Emrys a un gros retard de langage, souffre de son hémiparésie gauche qui l'empêche d'être autonome (mettre son pantalon seul, mettre son manteau seul, mettre ses pulls seuls...) et cela l'énerve et il nous le fait bien comprendre malgré son retard de langage qui, à bientôt 5 ans, ne nous permet pas d'avoir ne serait-ce que des mini-discussions concrètes avec lui.

Son mode de communication, c'est de crier, taper, s'énerver pour nous faire comprendre qu'il ne va pas bien ou que quelque chose l'agace ou le rend malheureux. Emrys est en perpétuelle activité, il ne sait pas se poser, s'apaiser, ne supporte pas les limites ou les contraintes. Il doit être constamment surveillé, car il peut facilement avoir des comportements à risque.

Nous allons débuter la sophrologie, à raison d'une fois par semaine, avec une sophrologue spécialisée pour les enfants, nous tentons tout ce qui est en notre pouvoir pour l'aider.

Pour sa rentrée à la maternelle en septembre 2016, l'école en accord avec le référent scolaire MDPH, ne l'a accepté que les matins, ce que nous avons mal vécu, car nous avons dû trouver un mode de garde, ce que nous ne voulions surtout plus.
Le maître nous disait qu'il était difficile à gérer malgré la présence d'une AVS, il voulait régulièrement sortir de la classe, se mettait à chanter en pleine classe, à aller déranger ses camarades et ne savait pas se concentrer....
Depuis sa rentrée en moyenne section, en septembre 2017, il a été accepté une journée complète à l'école, tous les lundis.
Depuis le retour des vacances de la Toussaint (lundi 6 novembre 2017), il y est accepté également le jeudi toute la journée.

Nous souffrons profondément de tout cela, tant pour nous que surtout pour lui et pour sa grande sœur qu'il veut régulièrement taper ou qui ne supporte plus qu'il chante ou crie très fort lorsqu'elle essaie de faire ses devoirs ou de se reposer...

En fait, personne ne garde Emrys sauf nous, nous n'avons aucune aide humaine et sommes littéralement épuisés tant physiquement que moralement. Cependant, malgré toutes ces difficultés et tout ce que nous avons vécu, ce qui doit ressortir, c'est que je suis extrêmement fière de lui et de sa sœur. Fière également de mon mari et de moi, qui nous accrochons très fort pour tenir.

Emrys s'est battu comme un petit lion pour vivre et continue de se battre comme un petit lion pour récupérer ce que cette femme lui a enlevé, son bras et sa main gauches, ses capacités psychologiques, son équilibre et sa vie de petit garçon de 4 ans et demi, qui ne devrait pas être celle qu'il a, emplie de colère, d'énervement, de frustrations, de contraintes, de rendez-vous médicaux, de rééducations et d'expertises judiciaires...

La nourrice a été condamnée à 5 ans de prison avec sursis par la Cour d'Assises en juillet 2017. Elle n'a pas fait appel.

ERWAN S.

Je suis Marie, je suis maman, et je suis malade.
Ma maladie est la dépression. Elle est venue voler ma joie de vivre le jour où l'on m'a annoncé que mon petit garçon âgé de 6 mois et demi à l'époque, n'allait pas passer la nuit.
Hypertension intracrânienne, collection d'hématomes cérébraux, hémorragie fond d'œil, sa fontanelle gonflait, ses yeux se croisaient et il n'était presque plus conscient. Les médecins m'avaient dit qu'il s'agissait d'un virus, quelques jours auparavant, puis son état s'est dégradé.
Le diagnostic nous a vite été donné : notre fils avait été victime de maltraitance, il souffrait du syndrome du bébé secoué. L'horreur ne faisait que commencer.
Qui ? Quand ? Pourquoi ? Tant de questions auxquelles il faudrait nous armer de patience pour avoir des réponses.
Les progrès de la médecine et la rapidité avec laquelle nous avons pris en charge notre fils dès les premiers symptômes, lui ont permis de passer cette fameuse nuit, puis toutes les autres. Une dérivation

interne a été installée de sa boîte crânienne jusqu'à son péritoine, afin d'évacuer les hématomes et lui sauver la vie.
Il avait perdu son sourire, une partie de l'audition et la mobilité d'un œil, mais il était vivant. C'était l'essentiel pour nous permettre d'affronter chacune des épreuves qui nous attendait.
Nous avons passé chaque journée de rétablissement à ses côtés à l'hôpital, en attendant tristement que le document arrive. Nous le savions, ce document allait nous éloigner de notre bébé pour une durée indéterminée. Pour sa protection immédiate, le Procureur de la République souhaitait le placer, avec une « ordonnance de placement provisoire », en attendant que l'enquête avance. Ce sentiment d'impuissance me hantera toute ma vie, je le sais. N'avoir pas pu protéger mon enfant de ce drame me procure déjà une immense tristesse et avoir les pieds et poings liés face au système français ne fait que l'augmenter, de la tristesse, de la colère et du dégoût.
C'est ainsi que le document a été faxé au CHU afin de placer notre enfant au sein d'une pouponnière. Ça peut paraître inconcevable, mais j'étais soulagée, soulagée d'avoir réussi à lui épargner un séjour en famille d'accueil pour une durée indéterminée. Deux femmes sont venues à l'hôpital se présenter à nous, elles appartenaient à l'Aide Sociale à l'Enfance et elles venaient prendre mon petit, de mes bras, pour l'emmener avec elles. Une mère ne peut jamais oublier cet instant, je ne l'oublierai jamais c'est certain. Il n'est pas nécessaire que je détaille les sentiments qui m'ont envahie, en regardant mon fils, ma chair, mon sang, s'éloigner de moi, accompagné d'inconnues...
Nous avons pris un avocat, au-delà de nos possibilités financières, nous devons beaucoup à notre famille, pour ça, entre autres. Cet avocat nous a permis de repartir de l'audience, devant le juge des enfants, avec de nombreuses larmes, des larmes de joie, des larmes de soulagement, des larmes d'amour. Nous pouvions aller chercher

notre bébé et le ramener à la maison, ce fut certainement l'un des plus beaux jours de ma vie.
Nous avons récupéré notre enfant après deux longues semaines de placement, à voir un lit vide chaque soir, au sein d'une maison qui n'avait plus été aussi calme et silencieuse depuis des mois. Le silence, c'est le plus dur. Sentir au fond de soi qu'il a besoin de nous, qu'il doit certainement être en train de pleurer, ayant besoin des bras de ses parents pour le réconforter, le bercer, le chérir et lui dire que tout ira bien. Mais on nous a retiré ce droit, ce devoir de présence et d'amour, et deux semaines à l'échelle de vie d'un nourrisson, c'est une éternité. Nous devions nous estimer heureux, nous avait-on dit, car nous avions la possibilité de le voir 1 h 30 par jour... Dérisoire, insuffisant, chaque au revoir était déchirant, mais il fallait prendre sur nous pour lui épargner notre peine afin de ne pas le traumatiser davantage. C'était la toute première fois que j'étais séparée de mon bébé plus de 48 heures depuis sa naissance, j'aurais aimé que ce soit par choix et non par obligation, d'autant plus dans ce contexte.
Nous devions défendre nos droits et surtout comprendre ce qui lui était arrivé, ce qui avait conduit notre fils à frôler la mort et à compromettre son avenir. Nous n'avons pas attendu que la police vienne à nous. Juste après son opération, nous sommes allés porter plainte, une plainte que la police n'a jamais voulu enregistrer, nous disant que nous étions des suspects qui nous présentions à eux. Incroyable ! J'ai été auditionnée durant quatre heures, ils n'avaient même pas de dossier, puisque le parquet n'était pas encore au courant, une audition à l'aveugle et pourtant une audition destructrice. J'en suis ressortie anéantie, comprenant que je n'obtiendrai pas d'aide, de leur part, pour venger mon enfant. Il m'a fallu beaucoup de force, à partir de cet instant, pour ne pas céder à mes pulsions premières et faire vengeance moi-même, et il m'a fallu

également des anxiolytiques et des antidépresseurs pour tenir debout et maintenir le cap face à tout ce qui nous attendait.
Depuis la sortie de la pouponnière, les services sociaux viennent à notre domicile, une fois par semaine, jusqu'à une nouvelle audience, qui nous redonnera, ou pas, sa garde définitive. Nous rencontrons divers psychologues et membres du corps médical pour nous accompagner, notre fils va beaucoup mieux, grâce à sa bonne étoile et à tout l'amour qu'il reçoit depuis toujours. Il a été de nouveau opéré, pour le retrait définitif de sa dérivation interne, six mois après qu'elle ait été posée, et il a pu recommencer une vie « normale » de petit garçon. Une vie qui, à jamais, sera marquée par ce drame. Un petit garçon qui demandera toujours une attention particulière concernant son développement. Les séquelles ne peuvent pas être prédites, il faudra attendre son développement et constater au fur et à mesure. Par chance, il se porte du mieux possible, considérant ce qu'il a subi, il n'y a aucune séquelle neurologique à déplorer.
Nous souhaitons depuis le tout début, mesurer la chance que nous avons que notre petit garçon soit toujours vivant, mais toutes les conséquences sur nos vies sont parfois très difficiles à supporter.
Nous voulions célébrer la vie et l'amour, alors, durant ces mois d'attente, nous avons organisé le baptême de notre fils et notre mariage, afin d'avoir un beau projet à chérir durant de sombres moments. Quelques jours avant ces beaux évènements, alors que nous n'avions aucune nouvelle des services de police depuis presque 7 mois, deux officiers se sont présentés à notre domicile. J'ai eu tellement peur qu'on m'arrache mon fils à nouveau, qu'on nous sépare de force sans raison encore une fois, c'est un cauchemar qui revient bien trop souvent. Ils venaient nous convoquer, car l'affaire reprenait enfin. En revanche, ils nous ont demandé de faire garder les enfants pour une durée indéterminée… Le juge des enfants a accepté que notre fils puisse aller chez mes

parents, « tiers dignes de confiance », dans le cas contraire, il aurait dû aller en famille d'accueil, temporairement. Nous avons décidé de ne pas gâcher notre week-end d'amour auprès de nos proches, en nous encombrant l'esprit avec l'enquête judiciaire qui reprenait. Nous attendions beaucoup de cette convocation, afin de savoir si des auditions avaient été menées, si des aveux avaient été donnés et quelles étaient les conclusions de l'expertise médicale, avec cette zone d'ombre persistante concernant la date des secouements.
L'expertise n'en était pas une digne de ce nom, vide d'information probante, si ce n'est une confirmation du diagnostic « syndrome du bébé secoué ». 14 h arrivée, 14h05 mise en garde à vue des deux parents. La police n'était pas pour, mais un magistrat avait pris cette décision, en espérant des aveux de l'un des parents, ce qui leur simplifierait les choses. Un magistrat, des officiers, un système qui ne maîtrisent pas du tout le « SBS ». C'est moi, mère de victime et suspecte, qui ai dû leur apporter des informations, orientant l'enquête et nous permettant de sortir de cette horreur.
26h00... de béton sous mes fesses, mon dos, mes hanches, des odeurs répugnantes, un lieu insalubre et surtout, un lieu où nous n'avions pas notre place. Mon mari était dans la cellule à côté de la mienne, et lorsque cela devenait trop difficile d'être enfermés loin de notre fils, nous tapions dans ces murs épais de béton qui nous séparaient, afin de nous apporter un soutien mutuel et nous rassurer. Mon corps est endolori, mon cœur est à nouveau meurtri. Nous voulons justice pour notre fils, mais nous avons le sentiment de devoir nous battre constamment contre elle.
Je reste positive, cette garde à vue aura permis de faire bouger les choses et d'orienter les enquêteurs vers d'autres suspects, qui ont beaucoup d'explications à donner, quant à leurs agissements. On nous répète depuis le début que le chemin sera long, pour nous disculper définitivement, et espérer obtenir justice pour notre petit

garçon. C'est même pire que cela, à mesure que le temps passe, je perds même espoir de lui rendre la justice qu'il mérite.
Les frais d'avocats pénalistes sont très élevés, autour de 300 € de l'heure... Je vous laisse faire un rapide calcul et constater qu'une fois de plus, sans argent, nous ne pouvons assurer correctement une défense digne de ce nom. Nous sommes dans la classe moyenne des Français, qui sont juste au-dessus des plafonds pour prétendre avoir des aides juridictionnelles, mais qui ne peuvent pas survivre sans le soutien financier de leurs proches. Le fait de ne pas pouvoir assumer financièrement ajoute une grande culpabilité et une certaine honte.
Je ne travaille plus, temporairement, j'ai mis ma carrière entre parenthèses afin de m'occuper moi-même de mon enfant et ne plus prendre de risques en le confiant. Je suis traumatisée, bien évidemment, et je dois réapprendre à vivre, à ne pas trop étouffer cet enfant qui grandit et a besoin de mener sa petite vie d'enfant, comme n'importe quel autre.
Nous reconstruisons nos liens familiaux après nous être enfermés dans notre bulle d'amour, nous avons hâte que tout ça soit derrière nous et devienne un souvenir, un souvenir amer, mais un souvenir, en nous concentrant sur notre avenir.
Qui est le coupable de maltraitance envers notre bébé ? À ce jour, nous n'avons toujours pas de réponse et nous ne pouvons pas nous permettre d'accuser sans preuve. La seule chose qui est sûre, c'est qu'il était gardé au domicile d'une assistante maternelle, qui se plaignait de ses pleurs et du peu de sommeil en journée... Différents adultes au domicile de celle-ci pourraient être l'auteur des secouements... Ne pas savoir est insupportable et nous espérons, plus que tout, obtenir des aveux afin de traîner en justice cette personne et la faire souffrir autant qu'elle a fait souffrir notre famille. Les envies de vengeance et de meurtre, qui sont tabous bien sûr, mais qui sont bien présentes, ont laissé place à des envies de justice. Nous savons malheureusement maintenant que les

sanctions pénales sont de toute façon pitoyables face aux actes commis. L'acte de secouement est le même, certains bébés s'en sortent sans trop de séquelles, d'autres en gardent des handicaps à vie et d'autres y laissent leur vie. Une roulette russe infligée à des êtres sans défense. Je préfère savoir le coupable en vie et l'esprit torturé, afin de nous assurer la plus belle des vengeances. La roue tourne, toujours, et si on fait du mal, le mal revient à nous, j'en suis convaincue.

Cette histoire, qui est la nôtre, nous a fait comprendre beaucoup de choses et nous recentrer sur l'essentiel pour être heureux : l'amour et la famille. J'ai une tendre pensée pour toutes ces autres familles, victimes du « syndrome du bébé secoué » et de toutes ses conséquences qui détruisent des vies.

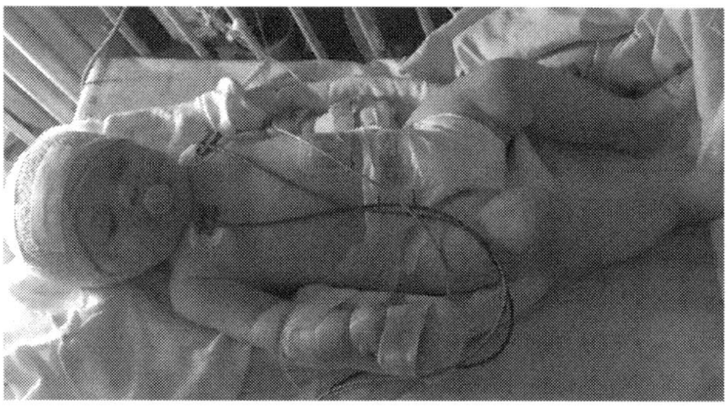

ERWAN B.

Il était une fois une femme et un homme, qui s'aimaient. Ils étaient jeunes, avaient l'avenir devant eux et décidèrent de vivre ensemble. J'aurais pu continuer en écrivant "ils se marièrent et eurent beaucoup d'enfants" comme dans les contes de fées.... Mais hélas, le beau prince s'est avéré être le méchant dans l'histoire que je vais vous raconter.

Je suis la maman d'un petit garçon né le 16 novembre 2008. L'accouchement s'est bien passé, je deviens maman d'un adorable bébé en bonne santé.

Les semaines passent et à l'âge de 2 mois, mon bébé ne va pas bien, il vient de faire son vaccin et est un peu grognon. Je le confie à son père le temps de prendre ma douche, et là il me ramène mon fils dans la salle de bain, mon bébé crie, mais c'est un cri pas habituel. Cela m'inquiète, il est comme une poupée de chiffon quelque chose ne va pas. J'appelle le SAMU qui est resté 2h à la maison. J'interroge son papa qui me dit qu'il avait régurgité et fait un malaise.

Mon fils est emmené à l'hôpital puis transféré, car trop de convulsions. Il est donc mis dans un coma artificiel pendant 1 mois et demi. Il faisait des convulsions, et on m'a informé que les 3/4 de son cerveau ne fonctionnaient plus. J'ai compris que la vie de mon fils ne tenait qu'à un fil lorsque les médecins m'ont parlé de l'éventualité de le débrancher. Ce terme est terrible, j'ai refusé... je n'étais pas prête, non, mon fils était tout ce que j'avais et je me devais de me battre pour et avec lui.

J'allais voir mon fils tous les jours, mais pas son père : il ne venait pas, il ne répondait jamais aux réanimateurs. Nous étions donc séparés, car lui ne se souciait pas du tout de nous. Je me suis donc retrouvée isolée et abandonnée. Je ne comprenais pas ce que mon fils avait. Les médecins m'expliquaient bien que le cerveau de mon fils était très endommagé et que donc il aurait de grosses séquelles neurologiques. Cependant, je ne pouvais me résoudre à le perdre.

Ce n'est que six mois après que nous avons été entendus par la police : ce sont eux qui nous ont annoncé que notre fils avait été victime du syndrome du bébé secoué et qu'il y avait donc suspicion de maltraitance donc un signalement judiciaire.

Depuis ce jour, ma vie est un combat quotidien. Mon fils est tétraplégique et épileptique. Il a beaucoup d'appareillages qui lui permettent de se déplacer ou de se maintenir en position assise.

Mon fils ne parle pas. Il crie pour interpeller les personnes, et se raidit lorsqu'il veut exprimer quelque chose. Il a du mal à contrôler ses gestes avec les bras, et donc ne peut pour l'instant apprendre à communiquer avec les mains. Avec le temps, j'ai appris à décoder ses cris et donc à comprendre ses besoins ou angoisses. Nous sommes très fusionnels et nous nous comprenons aussi avec le regard. C'est un lien très fort qui nous unit.

Il n'est pas du tout autonome, et nécessite donc de l'aide pour tous les gestes du quotidien comme pour se laver, ou manger. Mon grand garçon porte des couches, car malheureusement, il ne sera jamais propre. Il a beaucoup de médicaments à prendre tous les jours : anti-épileptiques, médicaments pour traiter sa constipation qui est une séquelle aussi.

Comme pour beaucoup de victimes du syndrome du bébé secoué, il a eu des hémorragies rétiniennes qui font que sa vue est fortement altérée. Il porte des lunettes en permanence.

Il est actuellement accueilli dans un centre de rééducation

pendant la semaine, car sa prise en charge au niveau de la rééducation est très lourde : il a 2 séances de kinésithérapie par semaine ainsi qu'une séance de balnéothérapie. Il a aussi de la psychomotricité, de l'ergothérapie. Il a une équipe éducative qui s'occupe de lui au quotidien. Les week-ends et pendant les vacances, mon fils peut rentrer à la maison. Quand je dis maison, il s'agit plutôt d'un tout petit appartement dont la surface empêche mon fils d'évoluer librement. J'ai bien fait la demande plusieurs fois pour avoir un logement plus grand, mais figurez-vous qu'avec un enfant lourdement handicapé et un tout petit bébé, sans salaire, je ne suis pas prioritaire m'a-t-on répondu. Alors mon petit guerrier doit se contenter de faire quelques "pas", en évitant son petit frère qui gambade à terre, en évitant les meubles, matériels divers...mission impossible en somme !

Malgré le fait que c'est un enfant courageux, un battant, un super héros, il faut savoir qu'il n'a pas beaucoup de perspective d'évolution. Il ne pourra jamais être autonome, jamais avoir la vie classique d'un enfant et encore moins d'un adulte. Il comprend tout à fait ce qu'on lui dit. Il sait ce qu'il s'est passé : je lui ai raconté l'histoire de petit Ours et de Papa Ours qui lui a été méchant et qui lui a fait du mal quand il était bébé. Je ne sais pas s'il comprend bien son histoire... mais une chose est sûre il manifeste son mal-être régulièrement en se mutilant. Lorsqu'il est stressé ou angoissé, ou quand une chose inhabituelle le perturbe, il se fait du mal, se frappe, se griffe volontairement.

Je peux vous dire que voir son propre enfant se faire du mal, souffrir et ne pas réussir à extérioriser est une épreuve tellement dure pour une maman... J'aimerais tellement prendre sa douleur physique et psychologique et trouver un moyen de le soulager...

Depuis ce 20 janvier 2009, je ne suis plus la même personne. Je n'imaginais pas que ma vie serait un combat, je n'imaginais pas non plus faire face à l'horreur : faire face à la violence d'un homme sur un bébé : l'être le plus innocent qui soit. Ce jour-là, j'ai tout perdu : l'homme que j'aimais, et l'innocence de jeune fille qui commence dans la vie. J'ai dû prendre seule des décisions très lourdes, j'ai affronté les policiers, le handicap de mon fils. J'ai tenté de me reconstruire et j'ai eu la chance d'avoir un merveilleux petit garçon il y a quelques mois.

L'arrivée de ce petit bonhomme a eu d'énormes conséquences psychologiques sur moi et sur mon fils. J'ai été très angoissée face à ce petit être fragile : je me suis replongée des années auparavant devant mon petit bébé. Aujourd'hui je n'ai plus confiance en moi, en ma capacité d'être une bonne maman. Quand on a été trahie, quand on a été soupçonnée de maltraitance, quand on a subi une enquête judiciaire, cela laisse des traces qui ne s'effaceront jamais, jamais....

J'ai revécu cette période, la plus dure de ma vie... ma dépression est revenue de plus belle... tout cela a fait que mon couple n'a pas supporté : comment refaire un jour confiance ? Je n'ai pas réussi et le père de mon deuxième fils s'est éloigné de nous.

Je me retrouve donc seule à gérer cette vie compliquée.

La solitude me pèse, car j'ai dû déménager pour me rapprocher du centre où est pris en charge mon fils, il y a deux ans. J'ai tout quitté : amis, famille pour lui offrir le meilleur.

Bientôt se déroulera le procès de son père ou plutôt son géniteur, car il ne mérite plus le nom de père.

Je suis dans une période très sombre : revivre tout, devoir se remémorer bientôt 10 ans de lutte, de souffrance, de colère, d'angoisse... Voilà mes cauchemars qui recommencent... Je me fais aider par un psychologue et bien sûr un traitement pour atténuer le stress, la colère, la peur de me retrouver face à ce monstre qui nie les faits.

Le comble : devoir me battre pour avoir des aveux, pour que mon loulou soit reconnu victime. Mais je me battrai jusqu'au bout pour mes fils, pour que nous soyons reconnus victimes et pour espérer avoir la vie a meilleure possible tous les trois.

Ta maman

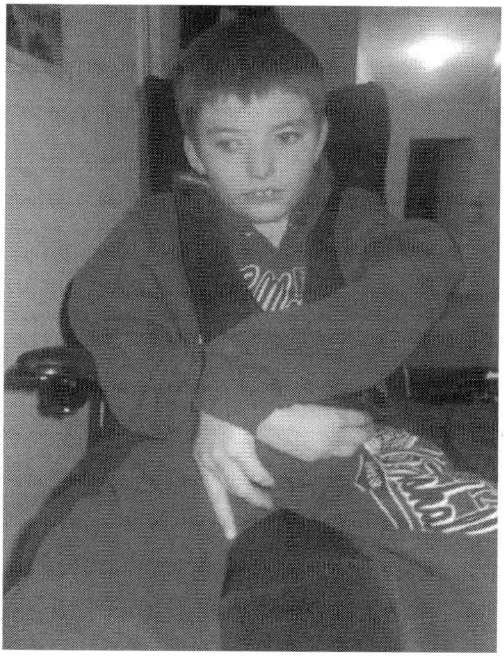

EVAN

Bonjour,

Moi c'est Evan, j'ai cinq ans et je vais vous raconter une petite histoire.

C'est l'histoire d'une femme : Jenny et son mari, Jean-Michel, qui avaient décidé d'avoir un enfant, mais la vie, elle, avait décidé qu'ils mettraient six ans avant de pouvoir connaître ce bonheur un magnifique petit garçon !

Tout se passait pour le mieux, ils avaient pris la décision d'aller vivre à la campagne en y faisant construire une maison où ils se sentiraient bien tous les trois...

Jenny avait longuement pu savourer ses journées avec son bébé, (son amour, son « mamoune » comme elle avait coutume de le surnommer) durant son long congé maternité.

Une relation fusionnelle ...Malheureusement, après un peu plus de sept mois de congés maternité, il a fallu qu'elle reprenne le travail.

Les parents du petit garçon étaient au fait des violences faites aux enfants via la télévision, les émissions et reportages ; mais étaient à mille lieues de s'imaginer ce qui leur tomberait sur la tête.

Afin d'écarter au maximum « ce danger », ils ont tenté de tout baliser et malgré deux refus en crèche, ils n'ont pas baissé les bras et ont fini par obtenir cette place en crèche familiale... Ils ignoraient que c'était là, la PIRE décision de leur vie qu'ils aient prise.

Leur petit garçon souriant, dynamique, enjôleur, allait, ce mercredi 23 octobre 2013, subir de plein fouet la cruauté humaine...

Aux alentours de 14 h, la maman du petit garçon reçut un appel du SAMU pour l'informer que ce dernier venait juste de faire des convulsions et un arrêt cardio-respiratoire.

À cet instant elle crut défaillir.

Elle qui se trouvait sur son lieu de travail à plus de 80kms... se sentait impuissante ...Ce que Jenny vit à son arrivée à l'hôpital la mit dans un état indescriptible...

C'était le début du cauchemar.

Un scanner plus tard, le verdict tomba comme un couperet pour Jenny et Jean Michel. Seuls ces 3 termes résonnaient dans leurs têtes : " hématome sous dural", "hémorragie rétinienne", "hémorragie cérébrale "

Départ immédiat en réanimation à plus de 90kms...par le SAMU direction l'hôpital Necker à Paris.

Vous savez, je vous raconte cette histoire comme si je l'avais vécue....

La machine judiciaire était en route (je vous passe bon nombre de détails qui n'en sont pas en réalité, mais je vais à l'essentiel).

Jenny tenta tant bien que mal de s'occuper de son enfant qu'elle ne reconnaissait plus ...Il ne souriait plus, ne rigolait plus, ne s'alimentait plus... était complètent A-MOR-PHE.

Et pour couronner le tout, Jenny passa pour la coupable idéale.

S'en suivit le placement, beaucoup, beaucoup, de péripéties et trois semaines ...Trois semaines au bout desquelles arrivèrent enfin des aveux.

Hourra ouf de soulagement !!! Le petit garçon qui, pendant cette longue période n'était plus autorisé à voir ses parents (car placement provisoire), a tout de même eu une chance énorme que sa mamie Simone ait eu le droit de se substituer de manière exceptionnelle à la famille d'accueil au sein de laquelle il aurait dû être placé...

Mais au fait, savez-vous que ce petit garçon, qui le 23 octobre 2013 n'avait que 7mois et demi porte le même prénom que moi : EVAN.

Cette histoire, je vous la raconte, mais au fond je ne la connais pas... personne ne me la jamais racontée, mais elle est ancrée au fond de moi.

Moi c'est Evan, j'ai cinq ans... je suis un bébé secoué et ma vie est désormais rythmée par des visites régulières chez les médecins.

PRÉVENONS CE GESTE GRAVE, MORTEL, ET INACCEPTABLE, CAR NOUS SOMMES DE PAUVRES INNOCENTS ET JAMAIS PERSONNE NE DOIT PORTER ATTEINTE À L'INNOCENCE D'UN ENFANT.

Evan, le 20/06/2018

ELLA

Un bulldozer est passé sur ma vie et a détruit tout ce que j'avais bâti.... depuis le 20 janvier 2017 j'ai cette phrase, cette métaphore en tête...

C'est le jour le plus noir de toute ma vie, le jour où il a osé secouer notre bébé de 24 jours.

Cet homme en qui j'avais donné toute confiance, cet homme que j'aimais profondément, il m'a trahie ; il a trahi notre famille. Ce père qui aurait dû pourtant protéger notre bébé, le chérir, lui apporter tout l'amour qu'il avait gardé en lui durant ces neuf mois d'attente...

Au lieu de cela, il l'a violentée délibérément dans le but de faire taire ses pleurs qui gênaient très probablement son sommeil, car cette nuit-là, il en avait la garde, d'un commun accord, il gérait les biberons de notre petit ange pour que j'ai un peu de repos, rien de plus naturel que de s'appuyer normalement sur son conjoint.

Si j'avais su...

Tout mon entourage m'avait conseillé de lui laisser sa place de père, "il s'investit maintenant", mais voilà cette nuit-là, le drame de ma vie est arrivé.

Cette nuit-là, justement, j'ai entendu Ella pleurer, au moment du réveil nocturne de sa grande sœur Lisou pour demander de l'eau, j'ai entendu au loin les pleurs d'Ella qui s'intensifiaient. Au moment où j'ai voulu aller voir, les pleurs de notre bébé s'étaient arrêtés, j'ai donc pensé qu'il avait réussi à la rendormir et me suis dit qu'il fallait le laisser gérer qu'il me demanderait s'il rencontrait une difficulté. Le lendemain, petit briefing entre nous, car celui qui gérait la nuit de bébé dormait dans la même pièce que bébé, afin que pour le premier mois, Lisou et Ella puissent avoir un sommeil non interrompu par l'une ou l'autre.

"Tout s'est très bien passé" m'a-t-il dit.

Notre fille était normale ce matin-là, il était prévu que je parte en après-midi emmener au parc, Lisou, sa sœur et il s'était porté volontaire pour garder notre ange, je suis donc parti le cœur léger pour accorder un peu de temps à notre aînée.

Tout a commencé par un coup de fil affolé de sa part en fin d'après-midi : "elle a beaucoup vomi, à plusieurs remises" m'a-t-il dit :"tu arrives quand ?" étant donné que c'était un papa qui ne s'était auparavant pas beaucoup investi pour s'occuper même de sa plus grande fille (grande fille est un terme tout relatif, car Ella a seulement 14 mois à ce moment-là), je me suis dit qu'il confondait vomis et régurgitations et lui ai répondu calmement "je suis sur le trajet du retour, nous arrivons".

De retour à la maison, je me suis penchée au-dessus de mon ange qui dormait.

Je la trouvais d'une pâleur affolante et les yeux très cernés. Je lui ai même fait remarquer qu'elle avait comme un petit bleu sur le côté du front, mais lui, plus détendu, car à présent, elle dormait, m'a fait remarquer, que c'était sûrement la lumière. Il a juste ajouté « on mange quoi ? »

Les rôles s'étaient inversés, je ressentais un très grand stress, quelque chose n'allait pas, je surveillais Ella, tout en donnant le repas à sa sœur. Un peu avant 20 h au moment où je couchais, la plus grande, il est arrivé, affolé, "elle vomit à nouveau cria-t-il "en me la laissant dans les bras.

J'ai vu ma fille d'une pâleur profonde, complètement amorphe, tentant de vomir sans trop y arriver ou régurgiter ce que j'ai pensé être de la bile puis s'endormir. Je me suis dit que ce n'était pas normal, un bébé ne vomit pas et ne s'endort pas tout de suite après, elle devrait pleurer...
J'ai couru prendre le téléphone pour appeler le SAMU, sur conseil du médecin, nous sommes partis aux urgences... le trajet fut interminable, mon bébé gémissait, ce n'était pas des pleurs habituels, chaque gémissement m'arrachait le cœur...

Nous avons été pris en charge aux urgences. Le père de notre bébé ne paraissait pas plus inquiet que cela, il patientait calmement, mais douce illusion, il demandait tout de même à porter Ella, moi je piétinais de cette longue attente. Je relatais ce que je savais et la réaction de ma fille après ses vomissements. Nous avons été acceptés pour la nuit afin que mon ange soit sous surveillance, son père lui n'a pas cherché à rester, il est reparti rapidement, certainement la faim qui le tiraillait puisque nous n'avions pas encore dîné.

Seule dans cette chambre avec Ella, je cajolais ma fille...impossible de dormir, la nuit fut très longue.... aucun biberon ne restait dans son petit estomac, à peine avait-elle fini de le boire qu'il ressortait en jet... Ella tentait de dormir entre deux gémissements....

S'en est suivi quatre jours interminables, faits d'examens, de prises de sang, de scanners, de radio de l'estomac, sans qu'aucun médecin ne se prononce réellement... je trouvais étrange que les infirmières mesurent son périmètre crânien et puis j'ai été très choquée de cet ophtalmologue qui m'a dit d'une froideur absolue, « elle a dû sang dans les rétines »...

Je ne suis pas médecin, je travaille dans le domaine de la finance, je ne comprends pas cette remarque ; pourquoi aurait-elle du sang dans les rétines ?! Quel rapport avec ses vomissements ?!

Je pleure, je pleure… c'est simple j'ai passé quatre jours à pleurer non-stop pour tout et rien, je suis perdue, je ne peux rien faire pour soulager la détresse de ma fille...

Une maman est là pour protéger son bébé, mais là je suis démunie. Je l'embrasse, la berce, la cajole, mais rien n'est suffisant. J'en viens même à m'angoisser pour chaque biberon à donner, à prier pour que cette fois-ci, elle puisse manger à sa faim et ne pas tout rendre, car je savais que sinon elle risquait la perfusion ce qui finira par arriver pour sa survie et éviter une déshydratation aiguë.

Et son père que faisait-il ? Et bien rien, il ne laissait paraître aucune angoisse, pas une larme n'a coulée sur ses joues... il jouait, oui il jouait à ses jeux sur son téléphone !!! Et parlait de la mise en vente de sa voiture... pffff... quoi de plus normal... je l'ai questionné à plusieurs reprises depuis le moment où nous sommes partis aux urgences : Que s'est-il passé ? S'il s'est passé quelque chose, dis le moi !

Ces questions, j'ai dû les poser une bonne vingtaine de fois ; pas parce que je le pensais capable de faire quelque chose, mais parce que je voulais qu'il aide les médecins s'il s'était aperçu de quelque chose d'anormal avant qu'elle commence à être dans cet état-là, vu qu'il avait passé la majorité du temps avec elle les derniers jours. Évidemment j'étais loin de m'imaginer ce qu'il avait pu faire...

Ses réponses étaient des plus banales : « Mais non chérie, je n'ai rien fait... je ne sais pas... et puis jamais je ne m'en prendrais à notre bébé enfin ! »

Paroles qui maintenant me reviennent en mémoire alors même, que jamais je n'avais insinué qu'il puisse s'en être pris à notre bébé ...

Quatrième jour, c'était un mercredi soir, qui restera gravé à jamais dans ma mémoire. J'étais seule avec Ella dans la chambre d'hôpital, évidemment son père était parti plus tôt manger chez mes propres parents pour retrouver aussi notre petite Lisou qui était prise en charge par eux.
Ce fameux soir, la chef de service, neuropédiatre de l'hôpital est venue me voir.

Ces mots résonnent encore dans ma tête. : "Madame, votre fille a un hématome sous dural gauche et du sang dans les rétines ». Moi : "un hématome sous dural je ne comprends pas ?" Réponse du médecin : "Ella a du sang dans le cerveau ! "J'ai eu l'impression à cet instant que mon cœur allait sortir de mon corps !!!

Elle reprend : "C'est signe de maltraitance. Est-elle tombée ? A-t-elle été secouée ? Elle a forcément subi un gros choc."

Je m'effondre... évidemment, ces paroles sont pour moi d'une violence extrême. À cet instant je ne réfléchis pas, je me sens surtout accusée. Entre deux sanglots, je dis que jamais je n'aurais fait du mal à mon bébé, que je ne comprends pas ce qu'elle me dit, je lui ai même raconté que quand je fais le biberon d'Ella, je l'ai souvent dans les bras et que je secoue le biberon et lui demande si ça peut être ça.

Évidemment non...

Elle m'informe qu'un signalement va être fait au Procureur et que rapidement nous aurons la visite de l'assistante sociale de l'hôpital et de gendarmes pour l'enquête ; puis elle me laisse là, seule avec mon bébé et le choc de ses mots...

J'avais la chance, enfin chance tout est relatif, d'avoir ce même soir, ma meilleure amie qui visitait son neveu qui était hospitalisé. Je l'appelle pour qu'elle vienne rapidement, dans le but qu'elle me soutienne et m'apporte son aide.

Mon amie demande à faire revenir un médecin pour qu'il lui réexplique, la chef de service étant déjà partie, même discours de sa part, mais plus diplomate et rassurant d'une femme médecin, interne, qui précise aussi que c'est possible qu'il y ait des maladies qui créent ces mêmes symptômes.

Je m'accroche donc à cela persuadée, qu'ils font erreur et que c'est une maladie... la vérité est parfois trop dure à accepter, je pense qu'à ce moment-là, je n'étais pas prête à émettre le moindre doute sur mon conjoint, malgré le fait que je savais que je n'avais rien fait.

Après mon appel, le père d'Ella est arrivé, mon amie lui a tout expliqué. Moi, je ne pouvais plus dire un mot, trop marquée par les révélations de la neuropédiatre et à vrai dire je ne me souviens même plus de sa réaction.

Mon amie m'a dit qu'il avait été impassible et quand elle avait parlé de maladie qui causait les mêmes symptômes, il a acquiescé en disant c'était sûrement ça !

En attendant, Ella est sous perfusion, elle est toujours d'une pâleur extrême, je ne retrouve pas mon bébé avec ses petits mouvements habituellement si dynamiques. Elle est faible, mais rien n'est alarmant me disent les médecins, ils la surveillent...

La descente aux enfers commence ! je pensais y être, mais je n'étais pas encore arrivée à ses abysses...

J'ai le droit à un interrogatoire de l'assistante sociale de l'hôpital et l'urgentiste qui nous avait pris en charge à l'arrivée. Je raconte à nouveau, mais je pleure énormément ; le père s'énerve, il est sur la défensive, je ne comprends pas pourquoi...

Puis arrivent des gendarmes, ils m'emmènent et d'autres gendarmes emmènent le père sur une gendarmerie différente de la mienne, qui est proche de notre domicile.

Je suis une maman sans histoire j'ai toujours était droite, toujours réglé mes impôts à temps et jamais eu aucune amende...

Se faire escorter par les gendarmes, traverser tout l'hôpital sous le regard des gens et monter dans leur camionnette fut une épreuve inimaginable et honteuse.

Arrivée sur place, la seule chose qui m'intéresse c'est de savoir quand je pourrais retourner auprès de mon bébé qui est toute seule à l'hôpital. Je les supplie de faire vite, je ne peux rester loin d'elle. Malheureusement, j'y passe toute l'après-midi avec promesse de leur part de pouvoir la retrouver le soir.

Après avoir passé des heures à expliquer ce que nous avons fait du vendredi de nuit à samedi au soir, ce fameux 20 et 21 janvier ; après être passés à notre domicile pour leur permettre de voir la maison et prendre des photos de chez nous, ils m'ont laissé partir en me précisant qu'ils me rappelleraient, mais que de son côté Monsieur était mis en garde à vue 48 h. Je leur demande pourquoi, ils me rétorquèrent que c'est la procédure. Comme je n'y connais rien, je trouve cela étrange, mais je ne m'inquiète pas plus que cela et puis ma priorité c'est mon bébé...un des gendarmes me précise, que l'hôpital va recevoir un fax pour préciser que je peux retourner auprès de mon Ella.

Mon père m'accompagne à l'hôpital. À mon arrivée, la salle des infirmières qui se trouvait en face de la chambre de mon bébé, fait que je me retrouve face à toutes ces femmes qui me regardent avec insistance. Je me sens obligée de les prévenir que je retourne auprès d'Ella, mais à ce moment-là elles me rétorquent que je n'en ai pas le droit. Je suis stupéfaite.

"Vous n'avez pas le droit d'être là Madame !"

Moi : "comment ça ?"

"Ella est mise sous protection de l'État vous devez partir. "

Mes larmes montent à nouveau,

"Mais c'est mon bébé il faut que je sois auprès d'elle, laissez-moi y aller"

J'ai dû encore les supplier pour pouvoir dire au revoir à mon ange, je m'effondrais totalement....Mon bébé se retrouvait seul, elle était mal et je ne pouvais rester, comment allais-je survivre à cela ?

Je suis au fond des abysses de l'enfer !

Loin de ma fille qui souffre, dans l'inconnu du lendemain et de ce qui s'est passé ou se passe.

Il y a ensuite beaucoup de rendez-vous...J'ai du mal à différencier les services et le personne : rendez-vous assistante sociale, rendez-vous psychologue qui demande, en plus la présence de la sœur d'Ella, Lisou, qui malgré son très jeune âge percevait bien que j'étais au plus mal...

Je sais que les services sociaux font ce qu'ils peuvent, mais je me sens jugée, décortiquée de mes moindres gestes et analysée dans mon rôle de maman, on ne devrait jamais avoir à se justifier sur le fait d'être une bonne mère.

J'ai bénéficié d'une faveur m'a dit l'assistante sociale, vous allez pouvoir voir Ella une heure par jour à l'hôpital, c'est exceptionnel (mais pas le dimanche, car c'est le Week-end). Vous, qui êtes peut-être parents, imaginez-vous passer qu'une heure par jour avec votre bébé d'à peine un mois, d'autant plus sous présence de l'assistante sociale évidemment.

Ces rendez-vous me tuent, de par, leur durée trop courte, et cette impression qu'on vous enlève votre bébé à chaque obligation de départ et je passe sur les regards accusateurs qui pèsent sur moi et ces week-ends interminables, où je ne peux appeler qu'une fois par jour pour savoir comment se porte mon ange, avec des réponses très vagues, « ça va... rien d'alarmant... elle dort... » Des personnes froides au téléphone... je comprends, je comprends le corps médical, il protège mon enfant et puis ils ont d'autres patients.

J'ai peur, peur de ne pas retrouver mon Ella, on m'avertit qu'elle va peut être placée en pouponnière, je ne veux pas !!!

Je me plis à tous les rendez-vous.

Je propose même que mes parents prennent en charge ma fille plutôt qu'elle aille en pouponnière, étant même prête à ne plus la voir, juste parce que je savais qu'Ella bénéficierait de tout l'amour, qu'elle n'aurait probablement pas là-bas où se trouvent tant d'autres enfants.

Si ce n'est pas mes parents, je propose ma tante et mon oncle, tous sont, visités, interrogés...

Et puis, j'ai eu rendez avec une assistante sociale du service judiciaire. À la première rencontre, je l'ai sentie très humaine... comme si mon histoire l'avait touchée... elle avait l'air très émue...

C'est d'ailleurs elle, qui était les yeux et porte-parole pour notre passage devant le juge pour enfant, prochaine étape afin de déterminer si oui ou non, je pourrais retrouver mon bébé.

Rendez-vous le 6 février m'explique-t-elle. « Ella reste à l'hôpital jusqu'à cette date et nous aviserons ce jour-là avec la juge », mais elle paraissait très rassurante, un peu d'espoir se profilait...

En parallèle, je subissais des rendez-vous avec les gendarmes, pleins de questions qui s'immisçaient dans notre vie privée, professionnelle et de couple, je leur en voulais beaucoup de ne pas m'avoir prévenue qu'Ella serait sous protection judiciaire. Et puis j'avais entendu un gendarme dire à un autre qui devait m'interroger "ne lui dit pas tout, dis-lui à la fin"... Cette phrase m'était restée en tête tout l'interrogatoire et le couperet a fini par tomber : « Madame, Monsieur a avoué depuis son premier interrogatoire donc depuis le début qu'il a secoué votre bébé »

La seule chose que j'ai su dire c'est « êtes-vous sérieux ? C'est une plaisanterie ? »... Je ne sais pas pourquoi j'ai dit cela, ils étaient pourtant très professionnels depuis le départ, mais le choc peut nous faire dire des choses aberrantes des fois j'en ai fait l'expérience...

À cet instant je ne réalise pas... mon amie demande à me voir en salle d'interrogatoire sous présence des gendarmes, un gendarme me dit "vous savez, Madame, il a vraiment besoin de vous voir il est au plus mal, accordez-lui un moment.... sur le coup, perdue, j'ai accepté. Ça a été silencieux.... Il s'excuse, je lui demande confirmation que c'est lui qui a fait du mal à notre bébé, il répond "oui" en baissant les yeux et de nouveau un silence de plomb.

Avec le recul, aujourd'hui, je lui sauterais dessus, je crierais et j'en passe... et puis quand je pense à ce gendarme qui prend pitié de lui, j'aurais dû lui répondre ",mais où va-t-on d'où ressentez-vous de la pitié pour un homme qui a secoué son bébé de 25 jours !!!!!

Bref pas de retour en arrière possible...

J'ai pu récupérer mon bébé d'amour. J'ai fait acte de "bonne maman" je ne sais pas si on peut dire cela, c'est un peu ironique, car depuis le départ tout le monde savait sûrement qu'il avait avoué, mais ils m'ont tout de même fait subir tout cela.

J'ai dû patienter au 6 février afin de prendre mon bébé dans les bras, sans cette peur connue de devoir à nouveau être séparée d'elle.

Il m'a privé de mon enfant durant son premier mois, des secondes, des heures, des jours perdus, ce sont les plus beaux moments, admirer son nouveau-né, être auprès de lui tout simplement...

Les jours qui ont suivi, je ne pouvais m'éloigner d'elle, je dormais à côté d'elle, l'écoutais respirer, la regardais, la berçais, je lui chantais des chansons, je ressentais beaucoup de culpabilité, car Lisou était un peu moins mon centre d'attention, mais j'essayais de partager, car j'aimais et j'aime mes deux filles très fort et de la même façon

Ce qu'il faut savoir c'est que je suis restée par besoin chez mes parents avec mes filles, mais aussi par obligation, car le père des filles est passé en comparution immédiate et a été mis simplement sous contrôle judiciaire.

Il a eu le droit de réintégrer le domicile, mais sans pouvoir s'approcher des filles ce qui est très contradictoire parce que personne ne s'est demandé où j'allais pouvoir vivre !

Il a fallu par la suite, lors de l'audience devant le juge pour enfant, une injonction du juge pour qu'il quitte le domicile afin que je puisse y retourner seule avec mes filles.

Je suis remontée de ses abysses tout doucement.... même si la vie n'est pas toujours évidente, mais cela devient presque une routine...

Je suis une maman qui se sent coupable...coupable cette nuit-là, de ne pas avoir écouté son instinct qui lui disait, « va voir ta fille, elle pleure beaucoup ». Je l'ai entendue pleurer, mais son père en avait la charge et mon entourage me conseillait de lui laissait sa place de papa et que cela l'aiderait à s'investir, mais voilà... la culpabilité fait désormais partie de mon quotidien, même si rien n'est de ma faute, je me sens coupable de ne pas voir pu être là quand mon bébé en avait le plus besoin, coupable d'avoir cédé toute ma confiance au père, de ne pas m'être débrouillée seule.

Je suis en rage, en colère pour son acte immonde, cette colère ne me quitte pas.

Je me sens épiée par les services sociaux, et à leur disposition, car monsieur a des droits de visite médiatisés 2 h par mois avec Ella sous présence de l'assistante sociale et des droits d'hébergement pour Lisou avec présence d'un tiers, le tiers étant la mère de Monsieur, je vous laisse deviner à quel point cela peut paraître sécurisant pour une maman.

L'assistante sociale a une mission envers moi, une réassurance envers monsieur ! Comprenez-vous la rage qui m'anime, douce illusion de croire que, qui que ce soit, me donnera à nouveau confiance en cet homme, ce lâche qui s'est attaqué à Ella, qui n'a pas pipé mot sur son acte durant tout le début de l'hospitalisation de notre bébé alors même que sa vie était en danger.

Il a fait semblant d'être l'homme qu'il n'est pas, il m'a trompé, il était très peu fiable à la naissance de notre aînée, Lisou, mais j'avais fait passer cela sur le fait que c'était un papa qui n'avait peut-être pas confiance en lui et peur de mal faire ; donc je gérais et cela convenait à tout le monde avec plus ou moins de discorde entre nous à ce niveau-là.

Avant la venue d'Ella, il m'avait promis de s'investir, il savait qu'il n'avait pas été présent comme il l'aurait dû pour notre aînée et effectivement après la naissance d'Ella j'ai découvert un tout autre homme, investi, sûr de lui, prenant des initiatives pour ses filles...

Tout cela pour en arriver là !!!

Il n'était pas capable, il ne l'a pas dit, il avait une part d'égoïsme et d'immaturité, je le savais, mais jamais oh non jamais je n'aurais imaginé qu'il puisse s'en prendre à une de nos filles, notre chair.

Je te dédie ces mots, à toi, qui a passé tes propres intérêts, avant la sécurité de ta fille, je ne te respecte pas, tu n'es qu'un lâche qui s'en est pris à un être sans défense c'était facile tu as cru que personne n'en saurait rien et bien saches que ton jugement viendra et tu rendras des comptes pour ce que tu as fait !

Vous l'avez compris, je suis toujours dans l'attente d'un jugement, dans la tourmente, des rendez-vous aux services sociaux pour ses droits de visite en tant que père, dans l'attente d'un passage aux juges aux affaires familiales pour une pension que Monsieur n'a peu ou pas versée parce que personne ne se préoccupe de savoir comment financièrement je fais, mais ce juge se préoccupe que le père puisse voir ses filles régulièrement, m'obligeant même à faire des fils avec elles ; une façon aussi pour lui de toujours avoir un œil dans ma vie.

J'ai engagé une plainte pour harcèlement avec tout ce temps à supporter ces messages, ces appels incessants... mais elle s'est finalisée pour lui juste par à un simple rappel à la loi devant un adjoint au Procureur.

Je m'inquiète pour la sécurité de mes filles, je souhaite, oui, qu'elles connaissent leur père, je ne veux pas de reproche de leurs parts plus tard sur le fait que je les ai empêchées, le voir, le connaître et créé un lien. Et puis j'ai fait le choix de faire des enfants avec cet homme aussi.

Mais aujourd'hui, Lisou a 3 ans, Ella aura 2 ans dans 1 mois et demi. Ella voit partir sa sœur avec son père et elle, restée avec sa maman. Bien qu'elle n'émette pas le souhait d'aller avec eux, elle réclame sa sœur quand elle n'est pas là et émet des pourquoi ?

C'est difficile, difficile, parce que les mots justes ne sont pas des mots de son âge parce que moi encore aujourd'hui, je n'ai pas les réponses de savoir pourquoi, pourquoi son père a fait cela, et ne comprendrais jamais comment on en arrive là.

Je souhaite que la vie que j'apporte à mes filles soit la plus équilibrée possible malgré toute la complexité de la situation... j essaie d'être une maman du mieux possible... je sais au fond que cela ne sert à rien, mais je pense qu'inconsciemment je joue le rôle du papa et de la maman et que vu le contexte je tente d'effacer ses mois passés hors normes.

Je ne suis pas du tout croyante, mais je pense qu'Ella à une bonne étoile qui l'a protégée.

Aujourd'hui, elle se porte très bien, elle a une évolution et une croissance dites normales, mais je sais qu'il y a malheureusement des séquelles invisibles qui peuvent apparaître et j'ai l'impression d'être sans cesse à l’affût du moindre petit détail de son comportement qui pourrait être anormal et se posait sans cesse cette question de quoi sera fait notre avenir ? Comment les filles vont évoluer dans ce contexte si complexe ? Comment expliquer à Ella ce qu'il s'est passé ? Va-t-il être sanctionné à la hauteur de son acte ?

Ella est la victime de son père, mais il y a des dommages collatéraux.

Les conséquences du bébé secoué pour le coup c’est aussi une maman secouée, une Mamie et un Papi secoués, une meilleure amie secouée... et j’en passe... pour toutes les personnes toujours présentes pour nous épauler nous sommes aussi les victimes de cette violence.

GABIN

Le syndrome du bébé secoué a été diagnostiqué à notre fils Gabin en octobre 2014 alors qu'il avait presque 10 mois. Gabin était en garde chez sa nourrice quand celle-ci nous a appelés pour nous dire, dans des explications confuses, que Gabin était tombé sur la tête et avait perdu connaissance. Il était revenu à lui, mais elle le trouvait « bizarre ».

À partir de là, tout s'enchaîne très vite. Un service, puis un autre. Gabin a du sang dans la tête. C'est grave. Gabin est transféré par hélicoptère au CHR de Rouen. Il y restera trois semaines. C'est là-bas que l'on nous annonce qu'il a été secoué. Nous ne supportons pas que les médecins puissent laisser entendre que la nourrice ait pu lui faire du mal. Elle est si parfaite !

Le temps passe, l'état de Gabin s'améliore et se veut rassurant. Les choses avancent. Nos pensées avancent elles aussi. Est-elle si parfaite ? Tu te souviens quand... Et puis il y a eu aussi la fois où... Ah oui tiens, c'est vrai, ça ne m'avait pas choqué sur le coup... Mais pourquoi n'a-t-elle pas appelé les secours ?...

Des questions, des peurs, et une nounou que nous ne connaissions peut-être pas si bien que ça.

S'ensuit la procédure judiciaire faisant suite au signalement émis par l'hôpital. Pendant notre garde à vue, nous avons la confirmation : cette nounou n'est pas celle que nous pensions connaître.

Je ne vais pas rentrer plus en avant dans les détails de l'histoire, simplement dire qu'après un placement de trois semaines pour Gabin en pouponnière faute d'éléments, les auditions de notre entourage et de celui de la nourrice, et un classement de l'affaire en 2017, Gabin va bien. Il a aujourd'hui quatre ans.

Je souhaite ici insister sur l'importance, dans ce genre d'évènement, des personnes à qui l'on a affaire, et qui peuvent soit nous être d'une grande aide, soit nous faire énormément de mal.

Dans notre cas, il y a bien sûr elle, et ses proches, qui avec ce qu'ils ont pu faire ou dire, nous ont fait énormément souffrir. Ces gens, qui étaient toujours très courtois lorsque nous nous voyions, que nous avions reçus chez nous, à qui nous confions nos enfants, ont notamment dit à propos de notre fils aîné, le grand frère de Gabin, qu'il était en manque d'amour. Je n'ai pas le souvenir d'avoir reçu, un jour, un jugement qui m'ait autant fait souffrir.

Il y a ces deux personnes de l'Aide Sociale à l'Enfance de Rouen qui auraient pu détruire notre vie si le juge pour enfants n'avait pas fait preuve d'autant de professionnalisme en ne tenant pas compte de leurs préconisations. Ces dames ayant, selon les dires d'une de leur collègue, trouvé lors de l'annonce du placement que j'avais eu un comportement violent, ont écrit au juge dans leur rapport qu'il était préférable de maintenir le placement. J'avais, ce jour-là, explosé comme peut le faire un père à qui on retire son enfant. Mais je n'ai fait preuve d'aucune violence. Puisqu'il est question de violence, que dire de leur annonce brutale, en présence de Gabin et de son grand frère alors âgé de trois ans ? Je garde une extrême rancœur contre ces deux personnes.

Il y a donc le juge pour enfant, qui, bien qu'ayant pris un temps atrocement long pour prendre sa décision, l'a prise en son âme et conscience en mettant fin au placement. Ce monsieur a pris la peine, à la fin de la mesure d'assistance éducative en milieu ouvert, de nous rencontrer pour faire un point et fermer cette dure parenthèse. S'il ne les a pas explicitement formulées, ses mots sonnaient comme des excuses. Cet homme fait son travail avec beaucoup d'humanité.

Quand les choses ont commencé à reprendre leur cours, il nous a bien fallu trouver une solution pour la garde de Gabin. Hors de question pour nous de le confier à nouveau à une assistante maternelle. N'ayant pas de famille habitant à proximité, il ne nous restait que la crèche. Mais comment obtenir une place en crèche en cours d'année, quand des familles sont déjà sur liste d'attente ? Notre seule chance pour que Gabin soit accepté serait une décision exceptionnelle du Maire. Celui-ci, dont l'agenda était rempli pour plusieurs semaines, m'a reçu dans son bureau, en compagnie de responsables de la petite enfance. Après avoir pris le temps de m'écouter, il a exigé auprès de son personnel que Gabin ait une place en crèche pour le restant de l'année, et qu'il soit d'office inscrit pour l'année suivante. Il s'agit de Monsieur Leroux, Maire de Lillebonne, et nous lui serons toujours reconnaissants.

Enfin, j'ai une pensée émue pour nos proches, familles, amis, collègues, voisins, qui par leur présence à nos côtés, leurs témoignages, leur soutien, leur aide, leurs conseils, ont fait que nous avons pu traverser cette épreuve. Ils sont les bras dans lesquels nous avons pu pleurer quand tout cela est arrivé. Ils sont ceux qui dès le départ ont cru en notre innocence. Ceux qui sont allés témoigner à la gendarmerie pour dire que nous n'étions pas ces parents mal aimants décrits par la nourrice. Ceux qui même de loin, nous ont envoyés ne serait-ce qu'un message de réconfort et de soutien. Ceux qui se sont démenés pour nous trouver un avocat. Ceux qui nous ont proposé leur aide. Je veux ici leur dire un grand Merci.

Quand on vit une pareille chose, il arrive un moment difficile où de l'extérieur tout semble rentré dans l'ordre. Parce que l'enfant va bien, parce que vous n'êtes plus inquiétés par la justice, parce que votre vie a repris son cours normal. Et vous avez l'impression que pour certaines personnes de votre entourage, tout cela est terminé, que beaucoup sont passés à autre chose. Alors que pour vous, rien n'est terminé, le coupable n'est pas puni, votre fils n'aura pas d'explications à ce qui lui est arrivé, et vous êtes tout simplement resté très marqué par ce drame. Certaines personnes, même, ne comprennent pas votre obstination à essayer de relancer l'affaire en cherchant de nouveaux éléments. Ils ne vous le diront pas forcément, mais vous le comprendrez. Tout cela n'est pas grave. Vous vous battez pour vous et surtout pour votre enfant.

Au moment où ces lignes sont écrites, la gendarmerie nous a recontactés pour nous entendre à nouveau suite à un courrier que nous avions écrit au Procureur après le classement pour dénoncer les incohérences de l'enquête. Tout cela n'est peut-être pas terminé.

KAÏS

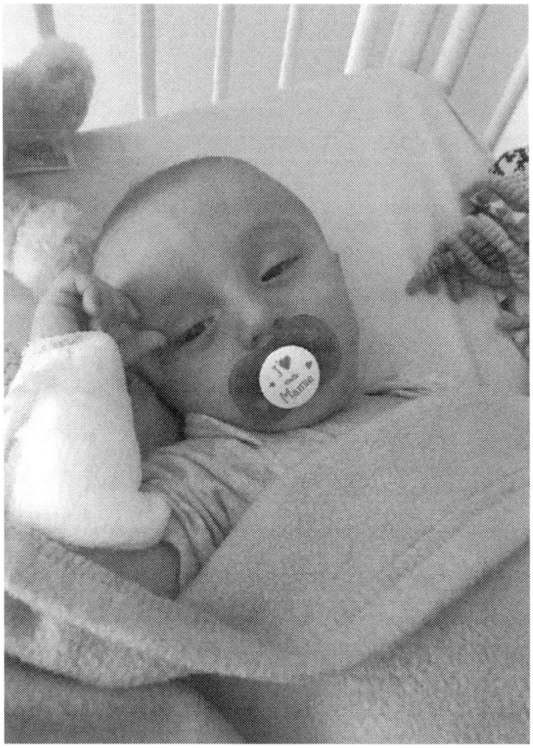

Je m'appelle Donattella, j'ai 18 ans et deux petits bouts qui remplissent ma vie d'amour depuis bientôt deux et un an (s). Quand mon Warrior est né, mon petit Kaïs ça a déjà été une grande épreuve, Kaïs est le dernier, un grand prématuré né à 28 semaines. Dès le début de sa vie, Kaïs a connu les hôpitaux, j'avais décidé à ce moment-là de ne pas chercher de travail, d'attendre qu'il rentre et de profiter de lui par la suite.
Chose dite, chose faite, quelques mois après la rentrée de Kaïs à la maison, il était temps pour moi de travailler, j'ai directement trouvé, après un CDD j'ai signé mon CDI. Je ne savais pas où trouver

e 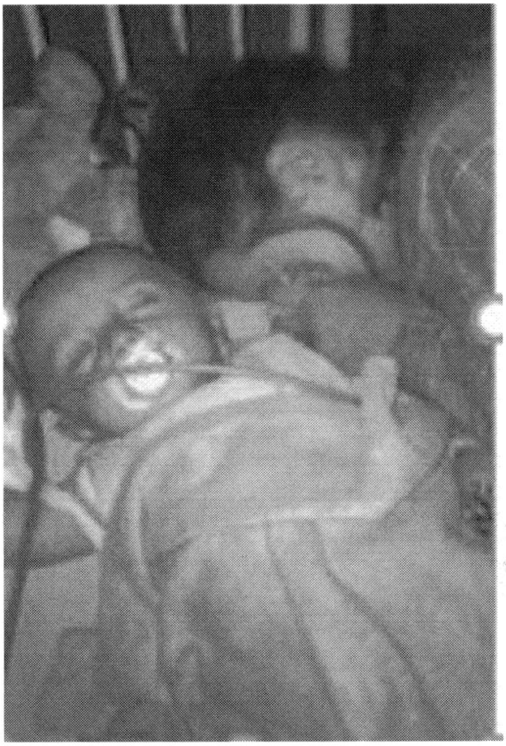

de nounou, la maman d'une amie à moi s'est proposée de me garder mes deux petits garçons, le temps de trouver une solution.

Alors que tout se passait bien, un matin la nounou m'a appelée et m'a dit que Kaïs ne voulait pas manger et pleurait. Quand je suis allée le récupérer, Kaïs avait changé de comportement, refusait de manger, pleurait énormément, dormait beaucoup plus. J'ai décidé de l'amener aux urgences quand j'ai constaté qu'il s'était mis à vomir et à ne plus pouvoir garder le contenu de son biberon (quelques heures après qu'il soit rentré.)

Jeudi 12 juillet 2018, première visite aux urgences, je leur explique la situation. Première constations des urgences « Madame, votre fils a une gastroentérite. », nous avions immédiatement dit, que non ce n'était pas qu'une simple gastro, notre fils n'allait pas bien et nous le voyions.

Vendredi 13 juillet 2018, rendez-vous à 10h00 chez mon médecin traitant qui confirme directement que Kaïs n'avait pas une simple gastroentérite, il décide d'appeler les urgences en disant que mon fils était dans un état comateux sans aucune réaction.

Vendredi 13 juillet 2018 11h00, nous sommes aux urgences, Kaïs est directement pris en charge, une IRM est faite, et là c'est le choc total au retour du médecin qui nous annonce le résultat.

Du moins, qui nous « agresse » … ou plutôt, voici ses mots : « Madame, faites sortir votre papa. Nous devons vous parler à vous et immédiatement. »

Suite à ça mon père est sorti, la dame m'a prise fort par le bras avant de me lâcher « avez-vous secoué votre enfant ?! »

Pardon ? Mon enfant ? Je ne comprenais rien, j'ai juste pu entendre qu'une enquête judiciaire allait être ouverte contre nous, parents, père et mère de Kaïs.

Immédiatement mon fils a été héliporté à l'hôpital de Besançon où les professionnels ont été d'une bienveillance totale, nous expliquant la procédure, sans prendre le temps de nous juger.

Kaïs avait des hématomes sous duraux, ainsi que des hématomes rétiniens.

Ils nous ont donc pris dans une pièce à part, nous disant qu'ils avaient l'obligation de prévenir la protection de l'enfance, qu'au vu des symptômes Kaïs souffrait du syndrome du bébé secoué.

Pendant ce temps, nous pouvions rester auprès de notre fils à l'hôpital. Mais quelques jours après on nous a annoncé que nous n'aurions désormais le droit qu'à trois heures de visites auprès de Kaïs chaque jour. Sois 1h le matin, 1h le midi, 1h le soir.

Trois heures auprès de notre bébé, notre deuxième cauchemar était en train de renaître, être séparés à nouveau de notre fils.

L'état de Kaïs s'est montré positif, le transfert à l'hôpital était donc possible. Mais après le transfert, on nous annonce désormais qu'on ne peut plus le voir plus qu'une heure par jours et en présence d'infirmières.

Une semaine s'est écoulée depuis son transfert à l'hôpital le jour où nous recevons une lettre du tribunal, nous convoquant pour l'affaire de notre fils.

Au tribunal, la juge a été très « compréhensible » au vu du dossier médical de notre enfant, un dossier rempli de sa naissance à maintenant, mais vu que nous n'avions pas encore été interrogés par le commissariat, le placement de notre enfant avait été ordonné, Kaïs est placé jusqu'au 1er décembre 2018, soit 4 mois de placement.

Des visites autorisées à 1h le lundi, 1h le jeudi.

Le jeudi d'après nous étions convoqués au commissariat, nous avons prévenu notre avocate.

Jeudi 08:00, nous sommes au commissariat, « madame L. on commence par vous »... Arrivée au bureau, je le savais quelque chose n'allait pas... « Madame L, vous êtes désormais placé en garde à vue pour maltraitance sur mineur de moins de 15 ans. »

Emmenée dans une cellule, je vois mon conjoint passé devant moi quelques minutes après pour le même motif... Nous sommes relâchés vers 16 heures 30, après avoir été entendus toute la matinée.

À ce jour, nous n'avons aucune nouvelle de l'enquête, nous ne savons pas s'il y aura un jugement et si oui la date de celui-ci… nous ne savons pas si la nourrice est suspectée ou non.

Kaïs a passé des examens courant septembre, l'IRM montrait un hématome sous dural de 11mm.
Le 13 novembre, la famille d'accueil a rendez-vous à Strasbourg avec un neurochirurgien et un médecin légiste, Me 15 novembre, la famille d'accueil a rendez-vous avec l'hôpital de Besançon, savoir comment s'il est opérable.
Et nous ? Ses parents ? Nous sommes détruits, autant moralement que physiquement, je n'arrivais plus à assumer mon travail, j'ai dû démissionner, son papa est tombé dans une déprime incroyable, son grand frère (23 mois bientôt) refuse de se nourrir quand nous voyons Kaïs.
Kaïs est également touché, la famille d'accueil nous explique qu'après chacune de nos séparations, Kaïs pleure énormément, il ne mange pas, ne sourit pas. Alors que quand nous sommes avec lui, Kaïs et un petit garçon génial !
Nous avons manqué les huit premiers mois de la première année de vie de notre fils, 8 mois où il a été hospitalisé, puis placé.
La famille d'accueil est notre plus grand soutien moral, une dame très gentille qui est à 100 % avec nous.
Mais moralement nous sommes morts, nous vivons pour notre fils à la maison.
Alors pourquoi ? Pourquoi nous retirer Kaïs s'il est en danger, et laisser le grand avec des parents « dangereux ? »
Nous attendons impatiemment que Kaïs soit opéré, et surtout, que Kaïs rentre auprès de nous, nous ne pourrons jamais récupérer le temps perdu, mais nous pourrons nous reconstruire, tous ensemble…

KEZIAAH

Il était une fois, toutes les jolies histoires commencent comme ça... la nôtre aurait pu s'arrêter au côté joli des contes de fées, mais le destin en a décidé autrement.

Avril 2013, mon fils Keziaah venait de pointer le bout de son nez et prenait toute la place au milieu de son petit monde. Il était enfin là, le plus beau, mon précieux, l'amour de ma vie, mon tout petit. Les débuts ont été difficiles, papa pas très présent, fatigue, un bébé qui n'aimait vraiment pas beaucoup dormir et une maman épuisée. Mais cela fait partie du jeu, un bébé, ça change une vie. Keziaah était un petit garçon accroché à sa maman, assez sensible et d'après les médecins cela venait sûrement de sa naissance difficile.

Effectivement, son arrivée au monde avait été très difficile, entre peur, stress et angoisse. Mon accouchement n'avait pas du tout été celui que j'avais en tête et m'avait vraiment vacciné !

Mon petit bonhomme grandissait bien, était tout en sourire avec ses yeux de charmeur. Et parfois râler pour ne pas dormir, un bébé, vous me direz.

Le temps passait à la vitesse de l'éclair et bientôt arrivait le jour de ma reprise. Et oui finit le congé maternité, bonjour, les collègues. La place en crèche m'ayant été refusée (étonnant en région parisienne ?), je m'étais donc adressée à la PMI de ma ville afin de trouver une assistante maternelle agréée. Après tout, j'avais tellement de bons souvenirs de mon enfance chez ma tata nounou, que ce type de garde ne me posait aucun problème.

J'ai donc rencontré trois nounous, et mon choix s'est dirigé automatiquement vers cette femme qui était si souriante et douce avec Keziaah, 11 ans d'expérience en crèche, proche de mon bureau. Je sors de chez elle ravie de l'avoir trouvée et dans l'attente de sa décision, car en région parisienne souvent ce sont les nounous qui vous choisissent et non l'inverse.

Je me souviens encore du moment où j'ai reçu son message, et de ce soulagement ressenti. Keziaah avait une nounou pour ma reprise, elle acceptait, je cite « c'est avec plaisir que je m'occuperai de Keziaah ». Nous étions en voiture avec mon petit et mes parents direction le Zoo de Beauval, cette super nouvelle tombée à pic. Je lui avais répondu combien j'étais heureuse de lui confier mon fils, car cerise sur le gâteau le deuxième petit garçon qu'elle aurait en garde était le fils d'une amie très proche. Il avait 14 mois, et l'idée que nos enfants soient ensemble chez la nounou nous avait beaucoup plu. On se disait qu'en cas de retard l'une ou l'autre pouvait récupérer les enfants, et puis on était toujours ensemble depuis au moins 3 ans donc pour deux amies cette situation était géniale.

Je finissais donc mon congé de maternité sereine, l'adaptation étant prévue pour la dernière semaine d'août. Je repris le boulot mi-août et ma maman du coup était venue de province s'occuper de mon fils pendant cette semaine entre-deux sans nounou et celle d'adaptation.

Le grand jour arriva, Keziaah commença son adaptation le lundi 26 août pour quelques heures, puis au fur et à mesure des jours un peu plus afin de finir sur une journée entière le vendredi 30 août. Ce fut un grand succès pour moi comme pour la nounou, à ce moment-là, je ne risquais pas de me douter de ce qui pouvait se passer une fois que j'avais le dos tourné. Tous les matins, je déposais la prunelle de mes yeux chez cette femme qui m'accueillait le sourire aux lèvres, je la revois avec Keziaah dans les bras et toujours ce même rituel, elle prenait sa petite main potelée pour me faire coucou et disait « au revoir maman, à ce soir ». La porte se refermait sur cette image. Il faut dire que ce système de garde était un succès à l'écouter, Keziaah faisait des grosses siestes, était sage et j'en passe. Moi qui avais l'habitude d'un petit coquin qui dormait peu et qui ne faisait pas ses nuits, je me remettais en question en pensant que cela venait de moi et que mon fils devait se sentir mieux chez elle. Après tout, on dit souvent que les enfants font toujours l'inverse chez les autres non ?

Durant la seconde semaine de garde, finie l'adaptation, Keziaah faisait la journée entière chez nounou et en fin de journée je le retrouvais enfin. Depuis que j'avais repris le travail et qu'il allait chez elle, il avait changé, il commençait enfin à faire ses nuits à 5 mois. Je bénissais cette femme qui gardait mon bébé, elle avait pour moi l'expérience qui réglait mon fils sur des nuits complètes... Mais où avais-je la tête à ce moment-là ? J'étais tellement aveuglée que je ne remarquais pas certains détails qui, quelque temps plus tard, m'ont paru évidents. Je me rappelle aussi un soir d'une conversation avec son papa, pendant laquelle je lui disais que c'était étonnant que chez elle notre fils fasse des siestes de 3 h alors qu'à la maison jamais, qu'il était plus calme quand je le retrouvais, moins souriant et que parfois j'avais l'impression qu'il avait beaucoup pleuré alors qu'elle me disait que tout allait bien. Il m'avait répondu en blaguant « tu crois qu'elle l'assomme ? », et m'avait rassurée en me disant que les enfants sont différents chez les autres, qu'il est calme, car c'est un changement pour lui, qu'il sourit moins, car il me fait peut-être la tête, mais que ça passerait sûrement. J'avais quand même répondu que si elle touchait un cheveu de mon bébé je la tuerais... ironie du sort ? Instinct maternel ?

Le week-end se terminait et nous allions commencer une seconde semaine entière de garde. Nous étions le lundi 9 septembre 2013, soit le 7e jour de garde entier, et surtout le début du cauchemar. Ce matin-là jamais je n'aurais cru que cette journée marquerait ma vie à tout jamais.

Comme tous les matins, je me garais dans le parking de mon agence et je me rendais à pied chez la nounou avec Keziaah. Comme tous les matins, je le prenais en photo et comme tous les matins il était souriant et joyeux. Ce matin-là, je le laissais une nouvelle fois avec une mauvaise personne. Une fois encore il allait pleurer sans que je le sache et avoir peur face à la méchanceté de cette femme. Tout allait basculer à la fin de cette journée.

On dit souvent que tout est écrit et prévu... peut-être, car ce jour-là, il a tellement plu que j'ai décidé d'aller le récupérer un peu plus tôt et en voiture pour éviter d'être trempée. Habituellement, le rituel du soir était que j'aille le chercher à pied, puis je repassais à l'agence récupérer ma voiture et surtout ma collègue pouvait voir le petit. Avec le recul, je me dis que le fait d'avoir été le chercher en voiture cette fois-ci m'aura sûrement fait gagner du temps. Il était 17 h enfin j'allais retrouver mon bébé, j'attendais le sourire aux lèvres derrière la porte.

Quand la nounou ouvrit la porte elle eut l'air surprise de me voir, un peu débordée, Keziaah dans ces bras, et le fils de mon amie à ses côtés. Je me souviens que le petit essayait d'attirer mon attention en me tirant par la veste et en essayant d'imiter quelque chose et puis je n'ai même pas eu le temps de prendre mon fils dans mes bras qu'il s'est mis à vomir en jet. J'ai encore cette image en tête de la nounou qui le mettait au-dessus de l'évier et qui le rassurait. Moi, jeune maman, je commençais à paniquer, mais je ne lui montrais pas, elle me dit donc que Keziaah depuis le goûter n'était pas très bien que ça n'était sûrement pas passé. Il était blême et ne me souriait pas. Je me suis donc dépêchée de le prendre, de sortir, d'appeler son papa pour le prévenir. Je pensais à une gastro, je voulais rentrer chez moi et aller consulter avec son papa. Installé dans son siège auto à côté de moi, je le voyais tout endormi et vraiment pas dans son assiette. Je le rassurais « maman est là, ne t'inquiète pas » en lui caressant la joue, sa tête. J'avais l'habitude de caresser ces petits cheveux, sentir sa fontanelle encore molle et ce jour là, ce ne fut pas le cas. Sa fontanelle était bombée et tendue. Je savais que ça n'était pas normal, mais j'avais bêtement un doute.

J'ai donc contacté mon amie qui avait son fils aussi chez la nounou pour me plaindre que la nounou ne m'avait pas prévenue que Keziaah vomissait depuis le goûter, qu'il était blême et la fontanelle étrangement bombée. Elle même dans le milieu pharmaceutique, elle me conseilla d'aller aux urgences et de demander plus de précision à la nounou. Arrivée en bas de la maison, j'envoyais un message à la nounou pour demander pourquoi mon fils avait la tête bombée... sa réponse fut inattendue, d'après elle l'autre enfant avait jeté un camion sur mon fils et elle avait omis de me le dire. Cette femme accusée donc l'enfant de mon amie tout simplement. Je me souviens que ce message allait beaucoup ébranler mon amie, comment peut-on accuser un autre enfant de 14 mois pour cacher ces propres actes ? Je me le demande encore.

Nous habitions au quatrième étage sans ascenseur, en montant Keziaah vomit encore dans les escaliers, la panique montait au fond de moi au point de me couper les jambes. J'étais incapable de réfléchir et encore moins de prendre ma voiture pour l'emmener aux urgences. J'ai donc appelé les pompiers qui ont été très réactifs, je pense que ma panique se sentait, je voulais juste que l'on vienne nous chercher.

À ce moment-là, je ne me rappelle plus beaucoup des détails c'est vrai, j'essayais de préparer des biberons au cas où on attendrait trop, Keziaah était inerte dans son transat, le teint gris. Les pompiers sont arrivés très vite, ils étaient trois, mon fils dans les bras, des questions dans les escaliers on filait aux urgences pédiatriques du Kremlin-Bicêtre.

Vous savez souvent les personnes qui ont peur ou qui ont mal parlent souvent de cette sensation de vivre la scène au-dessus de leur corps, c'était le cas pour moi je me voyais auprès de mon fils dans ce camion avec un calme olympien, mais au fond je ne voyais plus rien, et je ne comprenais plus rien, la peur avait pris le dessus.

Le personnel aux urgences nous a immédiatement pris en charge, je dois dire que le personnel a vraiment été remarquable avec nous. Keziaah a été ausculté sous tous les angles, nous étions dans une salle à part, avec des va-et-vient de différents médecins. Son papa m'avait rejoint, pour lui c'était une gastro, il fallait que je me détende, que je ne m'inquiète pas. On allait bientôt rentrer. Je crois que pour le coup les hommes ne savent vraiment pas à quel point l'instinct maternel est développé. Il était maintenant presque 20 h, on posait un cathéter à mon fils « au cas où » d'après l'équipe médicale et il allait passer au scanner, IRM quand il y aurait de la place. Mes premières larmes coulèrent à cet instant précis, je sentais que nous n'étions pas près de quitter cet hôpital et que non ça n'était pas une gastro. Le temps parut une éternité, je sortais quelques minutes à chaque fois pour prévenir mes parents et amis de l'avancée.

Nous étions toujours dans le vague, je nous revois dans les couloirs à emmener Keziaah de salle en salle pour les examens. L'attente des résultats fut encore plus longue, il était autour de minuit quand la porte de la chambre où notre fils était à moitié amorphe dans son petit lit à barreaux s'ouvrit sur 3 médecins. À l'instant où ils refermèrent la porte pour s'aligner face à nous, j'ai su, j'ai su tout simplement que ce n'était définitivement pas la gastro, et que c'était sûrement grave. Il y avait deux hommes et une femme, et le regard de cette femme je ne l'oublierai jamais, ce regard de compassion entre « mère de famille », ce regard qui vous dit : attention je vais te dire quelque chose qui va te briser le cœur, te changer à tout jamais, ce regard qui vous fait vaciller avant même que les mots sortent de leur bouche. Ce regard qui était tellement fort qu'avant même qu'ils parlent je demandais une chaise pour m'asseoir.

Je crois que même à ce moment-là, le papa de Keziaah était persuadé ou se persuadait que c'était la gastro. J'en suis même quasi certaine au vu de sa réaction de surprise au moment de l'annonce.

Car effectivement : « votre fils n'a pas la gastro, aux vues des examens, il apparaît que votre fils souffre de violences physiques ». Les mots étaient lâchés en plein visage. Le reste me parut flou, je passais de leur visage, au corps de mon fils endormi les yeux remplis de larmes.

Mon cerveau faisait le blocus et n'entendait que certains passages : « on attend l'avis de Necker », « état critique », « possibilité de décès dans la nuit ». Je vivais dans un cauchemar, le genre de cauchemar où tu n'arrives pas à te réveiller. Le monde s'écroulait, il fallait que je prévienne mes parents. J'étais redevenue en l'espace d'une seconde la petite fille qui avait besoin de ses parents, car la douleur était trop forte. Il fallait aussi que j'appelle mon amie qui se faisait un sang d'encre pour Keziaah et qui pensait que tout ça, était la faute de son fils. Les médecins étaient formels, l'histoire du camion jeté n'était pas envisageable.

Je dis donc à mon amie de ne pas mettre son fils chez la nounou le lendemain que c'était forcément elle qui avait fait quelque chose, mais quoi ? Et oui forcément, elle, non ? Car moi je n'avais rien fait et son papa non plus. Dans ma tête, le tri était vite fait. En très peu de temps, le Samu pédiatrique est arrivé pour emmener Keziaah à Necker où il était attendu. Mes parents avaient pris la route en pleine nuit avec 350 kilomètres à faire pour nous rejoindre, et moi je pleurais dans le camion du SAMU malgré les encouragements de ce gentil ambulancier qui me disait de parler à mon bébé, et d'essayer de ne pas pleurer devant lui. Il était quasi 1 h du matin, nous arrivions à Necker, Keziaah était amené en réa/soin intensif je ne pouvais plus le voir pour le moment et on me demandait de revenir le lendemain vers 8 h 30. C'est brut, atroce et assez inattendu.

Cette nuit-là, fut longue et la première d'une longue lignée. Nous ne pouvions pas attendre toute la nuit dans le couloir, l'équipe médicale nous conseilla de rentrer nous reposer un minimum. Mes parents arrivèrent autour de 4 h du matin à la maison, les visages étaient graves et fermés. Personne n'osait prononcer de mots graves, l'échange était timide et hésitant. Il manquait mon fils et tout était différent. Je restai un long moment, assise dans le noir dans la chambre de Keziaah à sentir son odeur et à prier pour que tout aille bien, cela ne pouvait définitivement pas nous arriver. J'ai dû m'assoupir vers 6 h en programmant mon réveil 1 h après pour enfin retrouver mon tout petit. Ce matin du 10 septembre, j'étais abattue, mon corps ne me portait pas, j'avais cette douleur dans le cœur et ce mal au ventre comme si on m'arrachait les tripes.

C'est bête, mais je n'arrivais même pas à enfiler des chaussettes, je me revois assise au coin de mon lit, les épaules basses, tête baissée. Comment j'allais réussir à faire face ? Ma maman me réconforta, c'est une maman et les mamans ont toujours les mots qu'il faut. Au jour d'aujourd'hui je me dis qu'elle avait sûrement aussi peur, mais a su le cacher pour me rebooster. Sur le chemin de l'hôpital, j'effectuais au téléphone les premières démarches, prévenir mon employeur, appeler mon médecin pour avoir un arrêt, répondre aux amis inquiets. Je ne l'ai pas évoqué, mais mes amis furent nombreux à se manifester et à s'inquiéter, leur soutien fut une bouffée d'oxygène.

8 h 30 tapante, je sonnais à l'interphone du service et encore une fois déception, Keziaah avait eu une nuit difficile, il dormait à présent donc il fallait attendre je ne devais pas le déranger… Je sortis de mes gonds et j'insistais. Après tout, j'étais sa maman je ne comptais pas le déranger, ni le réveiller juste être près de lui. 9 h, enfin je pus le retrouver, il était là… dans son petit lit d'hôpital, branché de partout avec une petite blouse pour enfant. Je ne pouvais pas le prendre dans les bras à cause de tous ces branchements, je pouvais juste poser mes mains sur son doux visage et rester à le regarder. À son réveil, un léger sourire adouci son visage qui était faible, et n'avait rien avalé depuis la veille. Autour de 10 h, un chirurgien nous rencontra dans une petite pièce adjacente, il nous expliqua ce qui allait se dérouler. Keziaah devait être opéré dans la journée, aux vues des examens, il souffrait d'une hypertension intracrânienne due à des hématomes sous duraux bilatéraux anciens ainsi qu'un saignement plus récent. Il avait également des hémorragies rétiniennes. L'explication fut simple et directe, d'après le chirurgien cela provenait sûrement de violence sur notre fils, que l'opération combinée aux résultats d'examens pourrait, permettre une éventuelle datation. Il allait donc poser un drain, appelé dérivation sous dur péritonéale, partant du crâne jusqu'à l'abdomen afin d'épancher les hématomes. Il serait ouvert à deux endroits sur le crâne et un autre sur l'abdomen. On nous annonçait donc qu'à quasi 5 mois, Keziaah allait se faire opérer du crâne sous anesthésie générale… Encore une fois, l'attente parut une éternité, Keziaah était parfois endormi, parfois agité par la faim, il était difficile de l'apaiser, nous étions tous là, son papa, mes parents et moi dans cette chambre silencieuse.

Il y avait aussi ces amis, ces amis extras qui ne cessaient de demander des nouvelles et qui m'envoyaient tous leur soutien. Et il y avait aussi cette femme qui était sûrement en cause, qui elle aussi m'envoyait des messages d'inquiétude… culpabilité ? Ou peur d'être découverte ?

Keziaah fut envoyé au bloc vers 22 h, l'opération dura environ deux heures, deux longues heures dans un couloir blanc et froid à attendre encore et encore. Les retrouvailles en salle de réveil furent douloureuses, mon petit toujours branché, mais cette fois avec en plus le crâne tout bandé tel un champion de jeux vidéo. Si petit et si courageux.

Le lendemain de son opération, Keziaah retrouva rapidement son grand sourire, mes parents pouvaient enfin le voir… je crois que ce moment fut le plus compliqué pour mon papa qui ne supporta pas sur le coup de le voir comme ça avec son bandage géant autour de la tête malgré son sourire. Ce bandage qui était l'élément qui nous rappelait que tout ça, était réalité. Nous étions le 11 septembre et tout allait s'activer. La journée se déroula un peu mieux que les précédentes, le personnel de Necker du service neuro pédiatrique est vraiment à l'écoute et avenant. Je prenais mes marques dans cette chambre mère/enfant qui allait être désormais notre « maison » pour quelque temps.

Ce soir-là, le chirurgien passa dans la chambre afin de voir Keziaah, mais surtout pour nous informer de ce qui était ressorti de l'opération. Les mots furent simples et clairs, Keziaah était victime d'un syndrome comme bien trop d'autres bébés, le syndrome du bébé secoué. Les secouements pouvaient d'après lui être datés, les faits s'étaient déroulés entre une semaine à quinze jours. La bombe était lâchée, notre fils était une victime, victime d'une personne mauvaise qui avait été violente envers lui. Le chirurgien nous précisait que lorsque l'on parle de bébé secoué on ne parle pas de bercements trop actifs, mais de violentes secousses intenses d'avant en arrière souvent effectuées dans le but de faire taire l'enfant. Il nous expliqua également que l'hôpital allait effectuer un signalement et que de notre côté le mieux serait de déposer une plainte. En parallèle, la nounou continuait à me demander des nouvelles de Keziaah, je restais vague et distante.

Dans ces moments-là, nous passons par toutes les phases, la haine, les pleurs, la douleur, le courage.

Le 12 septembre au matin, j'allais donc déposer plainte au commissariat le plus proche. Mon attitude commençait déjà à changer, je dis ça, car beaucoup au jour d'aujourd'hui me trouve changée et ce 12 septembre au matin quelque chose allait me marquer. Papa si jamais tu lis ces lignes, je suis désolé d'évoquer ce passage, car oui je sais les hommes normalement se cachent pour pleurer, mais les battants n'ont pas honte de pleurer. Tu me l'as montré ce jour-là, je crois que ce passage restera gravé dans ma tête. Assise à côté de toi sur le siège passager de la voiture, tu allais m'emmener au commissariat, mais avant de démarrer tu as pleuré, tapé sur le volant en me disant « je vais la tuer, je vais la tuer », je me suis mise à pleurer aussi et je t'ai dit de ne surtout rien faire, de te calmer. Je t'ai pris dans mes bras et je crois qu'une autre partie de moi s'est fermée. Il était inconcevable pour moi que mes parents souffrent aussi autant, je devais donc porter cette douleur pour tout le monde, gérer sur tous les fronts et faire face. Ce jour-là, une nouvelle moi est née, moins fun je l'avoue, mais je pense que le cerveau se met automatiquement en protection contre la douleur pour ne pas perdre pied. J'allais être forte, et j'allais être dure.

Le dépôt de plainte fait, on m'informa que je serai convoquée par le service saisi des faits.

L'hospitalisation à Necker s'arrêta le 17 septembre, soit sept jours après son entrée. Nous furent pris en charge à l'hôpital du Kremlin-Bicêtre pour le suivi post-neurochirurgical. Installé dans une chambre « box » de même pas neuf mètres carrés, je pense, sans toilettes, avec un évier où je l'avais presqu'assis dedans à l'étroit. Il y avait un lit à barreaux pour mon loulou et une espèce de matelas à déplier qui me servait de lit d'appoint. Cette chambre avait également une particularité, elle n'avait pas de murs, mais que des baies vitrées qui donnaient sur les box des autres. Aucune intimité, observée en permanence. Des regards échangés, avec les parents voisins. J'étais là seule à rester 24h sur 24h auprès de mon fils, il était hors de question que je le laisse et encore moins la nuit. J'ai compris bien plus tard en échangeant avec d'autres familles victimes comme moi du syndrome du bébé secoué que ce box que je détestais tant avait été une chance. Je ne sais pas pourquoi, mais Keziaah n'avait pas été placé en pouponnière le temps de l'enquête comme beaucoup de bébés l'ont été dans le même cas. Les nuits étaient compliquées, Keziaah qui avait l'habitude de dormir emmaillotée, car très sensible, peinait à dormir avec tous ces branchements. Je ruminais contre ces infirmières qui venaient en pleine nuit prendre sa tension et qui n'étaient pas délicates au point de le re réveiller... mais elles ne faisaient que leur travail après tout. Avec le recul, les moments qui m'ont paru insupportables sur le coup me paraissent à présent pas si compliqués quand je les compare aux autres familles. Les journées étaient longues dans l'attente de savoir si on pourrait enfin rentrer à la maison, je m'énervais souvent contre ces femmes qui n'avaient aucune réponse à cette question.

Je voulais rentrer chez moi avec mon enfant. Je n'avais pas le droit de m'éloigner du service avec mon fils, je devais être en permanence dans la ligne de mire des aides-soignantes. Je ne pouvais pas l'emmener prendre l'air sans que l'une d'elles soit avec nous. Mais c'était la règle, nous allions rentrer dans une enquête judiciaire et il fallait respecter les conditions si je voulais rester auprès de mon fils. La fenêtre de la chambre donnait sur un mur gris et moche.

Ma maman avait pris congés afin de venir le maximum auprès de nous, elle nous ramenait du linge propre, je pouvais aller me laver à la maison quand elle prenait mon relais, mais elle aussi était observée évidement. Le papa de Keziaah était en formation dans le sud, une opportunité prévue depuis un moment, il avait souhaité dans un premier temps tout annuler, mais après réflexion nous avions décidé qu'il fallait qu'il la fasse. Je pouvais gérer ces 15 jours, après tout je pouvais tout encaisser à présent.

Il faut le dire, les seuls moments de joie à Necker et dans ce service étaient les sourires de mon fils et les visites de mes amies. Certaines passaient tous les jours, s'organisaient entre elles pour se relayer, me ramener à manger. Elles étaient courageuses vraiment de venir supporter la personne que je devenais petit à petit... J'aimerais qu'elles sachent l'importance qu'elles ont eue dans ces moments et les biens faits qu'elles nous ont apportés à Keziaah et moi.

Du côté de l'enquête, nous avions été convoqués, moi, le papa de Keziaah, ma maman (qui l'avait gardé à ma reprise du travail quelques jours), mon amie qui avait son fils en garde avec le mien et la nounou. Cette dernière continuait à essayer de prendre contact avec moi, mais sous les conseils des brigadiers j'avais décidé de ne plus lui répondre pour ne pas perdre le contrôle.

L'interrogatoire a été très dur pour ma maman, les questions des brigadiers peuvent paraître très accusatrices et

pour une mamie aimante cela peut être très déstabilisant. Ils essayaient forcément de la faire craquer au cas où elle s'avérait être l'auteure des maltraitances. Bien évidemment, je n'avais aucun doute sur l'innocence de ma maman.
De mon côté, l'interrogatoire a duré 4 h environ, dirigé par plein de questions sur ma façon d'agir face aux pleurs de mon bébé, sur l'attitude de la nounou. Un interrogatoire durant lequel j'ai beaucoup pleuré, car guidé par la brigadière beaucoup de détails me revenaient en tête, qui aux premiers abords ne m'avaient pas marquée. Je me suis du coup demandé si je n'aurais pas pu intervenir avant. Je me rappelais des yeux un peu tristounets de mon fils, que l'on mettait sur le compte de la séparation, mais qui en fait était dû sûrement aux pleurs incessants qu'il avait chez cette femme. Une griffure sous l'œil, anodine, car un bébé des fois se griffe, qui avec le recul pouvait être dû également à de l'énervement durant des gros chagrins. Une nounou certains soirs un peu différente comme surprise ou débordée... Tous ces interrogatoires ont été positifs au final pour nous puisque le 25 septembre enfin une bonne nouvelle arriva, le Procureur de la République avait décidé de nous laisser enfin rentrer chez nous.

C'était jour de fête je crois que je n'ai jamais aussi vite rangé nos affaires. C'était un soulagement de pouvoir enfin rentrer, Keziaah n'avait plus de pansement et plus de fils sur les cicatrices. Juste ces cheveux rasés à l'endroit où il avait été ouvert. Il allait mieux, était souriant et de prochains examens étaient prévus début octobre. On reprenait nos marques sans savoir que la suite allait nous réserver à nouveau des moments difficiles. Les nuits à la maison aussi étaient difficiles... mais pour ne rien cacher les nuits seront difficiles jusqu'aux trois ans de Keziaah.

J'étais toujours en arrêt maladie à ce moment-là et j'allais passer en congés spécifiques quand un enfant a besoin de la présence d'un de ses parents. Le lundi 30 septembre, la brigade des mineurs de Créteil me contacta pour une convocation le lendemain dans leur bureau à 10 h. Le problème de garde pour Keziaah se posa, car ils m'avaient fait comprendre qu'ils ne savaient pas combien de temps tout cela allait durer. Deux de mes amies se porteront volontaires pour faire le relais pour s'occuper de Keziaah à la maison en attendant mes parents contraints à nouveau de remonter sur Paris pour m'aider.

Un gros câlin à mon fils et me voilà en route pour les bureaux de Créteil, la boule au ventre de ne pas savoir le dérouler de cette journée. Arrivée dans le hall, mon regard se posa directement sur cette femme coupable à mes yeux de ce cauchemar. Elle était là assise à attendre, accompagnée de sa maman, alors que moi j'avais eu le courage de venir seule.

Elle n'eut aucune gêne à me soutenir le regard, arrogant... Beaucoup qui ne vivent pas ce que l'on vit se permettent souvent de dire le fameux « moi à ta place, j'aurais fait ci ou ça », mais ce qu'il faut comprendre c'est que justement vous n'êtes pas à ma place et soyez en contents ! Les envies de meurtres, vengeance, etc. existent, mais le côté raisonnable prime le plus souvent. Allez en prison et ne plus voir mon petit, ou attendre que justice se fasse et m'occuper de lui ? Le choix est vite fait.

Ce 1er octobre fut donc le jour de ma mise en garde à vue, et par la même occasion celui de la nounou. On est innocent et on vous dit que vous êtes mis en garde à vue pour une durée indéfinie pour les besoins de l'enquête. Encore une épreuve à encaisser. C'est assez dévalorisant, et dur psychologiquement. Se sentir accusée de maltraitante sur la personne que vous aimez le plus au monde.

La brigadière a commencé par me lire mes droits, m'a à nouveau interrogée. J'avais décidé de répondre de suite à leurs questions sans attendre mon avocate pour aller plus vite. On me demanda mon téléphone, je n'avais plus le pouvoir de prendre de nouvelle de mon fils. L'interrogatoire dura environ 2 h, j'appris que la nounou essayait de tout me remettre sur le dos et n'était pas cohérente dans ses propos. De mon côté, mon discours restait le même, je n'avais aucun doute sur ma façon de m'occuper de mon enfant. Autour de midi on m'emmena dans ma cellule, oui, oui, ma cellule. Et pas importe laquelle, la cellule à côté de la cellule de cette ordure.

La rage en moi montait et ils avaient décidé de ne pas nous faire croiser dans les couloirs à partir de ce moment, car mes nerfs prenaient le dessus. Au cours de l'après-midi, j'éclatais dans ma cellule ne supportant pas l'enfermement à la limite de la crise de nerfs, je hurlais à en perdre la voix accompagnée de grands coups de poing dans la baie en plexi qui me donnait l'impression d'étouffer. Je voulais que quelqu'un vienne me sortir un moment, je devenais folle, je suppliais que quelqu'un vienne. Le temps me parut long jusqu'à ce qu'un brigadier vienne enfin me calmer. En voyant l'état dans lequel je m'étais mise, il demanda à la brigadière qui s'occupait de mon dossier de venir me sortir un peu. Elle était vraiment gentille cette brigadière, pour me calmer elle me ramena dans son bureau pour parler quelques minutes et me laissa allumer mon téléphone pour regarder des photos de mon fils. Il devait être quasi 17 h et elle m'annonça que nous allions faire la liste de ce qu'il y avait dans mon sac à main, car je risquais de rester ici en cellule toute la nuit, n'ayant pas eu de nouvelles du Procureur. J'encaissais l'information… mais au fond de moi je perdais pied.

J'étais sur le point de rentrer à nouveau dans la cellule pour la nuit quand l'ordre fut donné, le Procureur me laissait rentrer auprès de mon bébé pour la nuit à condition de revenir le lendemain matin pour une confrontation avec la nounou. Cette dernière allait rester la nuit pour être interrogée à nouveau et une satisfaction apparut.

Ce soir-là, en rentrant et en retrouvant mon fils et mes parents, j'explosais à nouveau : je hurlais comme une folle dans mon salon et la vision de mon bébé apeuré en pleurs dans son transat m'arrêta net. Je n'allais quand même pas perdre la tête à cause de cette personne odieuse. Oh non, elle ne gagnerait pas.

Le 2 octobre sera une date importante dans l'avancée de l'enquête, je devais me rendre à nouveau dans les bureaux de la brigade des mineurs à 10 h pour cette fameuse confrontation, nous étions, mes parents, Keziaah et moi au salon lorsque mon portable sonna... Je reconnu tout de suite le numéro qui m'appelait, c'était justement eux.

Au bout du fil, la brigadière de la veille enjouée qui m'appelait pour m'annoncer « une bonne nouvelle », ce sont ces termes, et m'informa que je n'aurai pas besoin de venir faire la confrontation. La suite allait à nouveau me toucher en plein cœur, la nounou était passée aux aveux dans la nuit, l'enquête était finie... elle avait bel et bien secoué mon fils. J'étais assise, mon fils sur les genoux, j'ai dû le donner à mon père pour m'asseoir au sol tellement l'annonce me figea.

C'est assez étonnant, car au fond c'était bien sûr forcement elle, mais le déni existe vraiment et jusqu'au bout j'espérais que c'était arrivé par l'opération du Saint-Esprit peut être. Je ne sais pas si le plus dur à encaisser a été de savoir qu'elle avait avoué, ou de savoir qu'elle avait avoué l'avoir fait à plusieurs reprises, sur des jours différents... La vérité éclate à ce moment-là en pleine face, comme un couteau qu'on remue dans la plaie, je tremblais et me forçais à ne pas pleurer. J'avais la nausée de repenser à tous ces matins où je le lui ai laissé en toute confiance. Elle n'avait, d'après ces déclarations, pas supporté les pleurs de

Keziaah qui n'arrivait pas à s'endormir. Elle le sortait de son lit en le tenant par les bras pour le secouer d'avant en arrière telle une poupée de chiffon.

Ces révélations je les ai trouvées dures sur le moment et puis plus tard, lire toute sa déposition sera à nouveau une preuve qu'elle est inhumaine.

À partir de notre arrivée à l'hôpital le 1er jour, je ne cessais d'encaisser des coups au cœur sans pouvoir répondre. On apprend à force à les appréhender et à gérer comme on peut.

À la fin de notre conversation, on me précisait qu'il serait bien que je vienne confirmer ma plainte et signer le procès-verbal. Pour la petite anecdote, l'équipe qui avait géré mon dossier me demanda même de venir accompagnée du petit, qu'ils seraient heureux de le voir à présent que tout était clôturé de leur côté.

Je tiens vraiment à préciser que l'équipe avait été d'une efficacité remarquable dans la gestion de mon dossier et je les remercie, qui sait peut-être que certains me liront.

À partir de ce moment-là, il a fallu intégrer le fait qu'une tierce personne avait tout simplement failli tuer mon fils. Keziaah n'avait donc plus de nounou et il était hors de question qu'il retourne un jour chez l'une d'entre elles. J'ai dû donc faire des démarches pour une place en crèche, car la vie allait reprendre un jour et il fallait que Keziaah reprenne ses marques petit à petit en collectivité et surtout sans maman. Bien sûr, nous avons eu une place en priorité vu notre dossier et à côté de la maison qui débuterait par une adaptation longue environ 2 mois à partir de décembre 2013.

Entre temps, je passais mon temps, entre urgences pédiatriques dès que Keziaah avait un peu la fontanelle bombée, dans des centres d'IRM, ou autres examens médicaux.
Nous nous étions constitués parties civiles et je savais que l'attente serait longue jusqu'à la première audience.

Étant désormais en congés de présence parentale pour une durée de un an, cela me permettait de m'occuper de mon petit, gérer l'administratif et de bientôt commencer une adaptation en crèche pour quelques heures.

Keziaah commença donc la crèche début décembre 2013 à 8 mois. Je pense que cela a dû en surprendre plus d'un que je décide malgré tout de laisser à nouveau mon enfant en garde. Mais j'avais décidé d'une part de ne pas le surprotéger, d'essayer aussi de le sociabiliser sur les conseils des médecins, de lui permettre d'acquérir des nouvelles connaissances avec une équipe pédagogique vraiment sympa et surtout je voulais aussi un jour reprendre une vie « normale » en allant au travail, car travailler n'est pas négligeable non plus dans la vie.

L'adaptation commença par une heure au début avec ma présence, la personne qui a accueilli mon fils dans la session des bébés était douce, à l'écoute de mes demandes et tout simplement adorable. Elle s'appelle Chantal et je pense ne jamais l'oublier, elle qui a fait de cette transition si difficile pour moi vraiment plus simple. Les premiers jours, j'ai pleuré de voir mon fils à nouveau avec une autre femme. Je sortais donc de la pièce pour ne pas qu'il le ressente et lui était focalisé sur Chantal. Il avait très bien compris qu'elle serait à lui aussi son pilier. Au début, lors des premières heures sans moi la pauvre ne pouvait pas quitter la pièce sans qu'il hurle, il ne voyait qu'elle. Petit à petit, il se plaisait de plus en plus là bas et je m'apaisais en voyant l'importance de leur dévouement envers les enfants qu'elles avaient dans cette crèche. Les journées un peu plus longues ont commencé environ 2 mois après. Au fil du temps, elle trouvait Keziaah de plus en plus à l'aise, certes les phases de sommeil étaient compliquées comme à la maison, mais il était un petit garçon souriant et assez solitaire. Le sommeil était devenu un vrai souci. Pour moi, les nuits étaient vraiment horribles avec je ne sais combien de réveils par nuit, et surtout les phases d'endormissement assez compliquées : je le berçais pendant des heures. Souvent, il voulait du lait.

Beaucoup me disait de faire ci ou ça, que je ne devais pas céder et j'en passe. Mais on parle d'un enfant ayant vécu un traumatisme et tout simplement le besoin d'être rassuré était très présent. La neuro pédiatre me dira d'ailleurs bien plus tard, autour de ces deux ans et demi qu'effectivement le lait la nuit rassure ces enfants-là.

À la crèche aussi elles m'expliquaient qu'il luttait contre le sommeil, et rouvrait les yeux pour vérifier qu'une personne restait près de lui. Il restera d'ailleurs dans cette crèche jusqu'en juillet 2015 avant notre déménagement pour la province. C'est avec une grande émotion que lors de son dernier jour, je les ai toutes remerciées une par une, pour le travail qu'elles avaient effectué avec mon petit et surtout pour l'évolution qu'il avait accomplie auprès d'elles. Cette crèche est celle de Villejuif « Robert Lebon » peut-être que certaines se reconnaîtront.

Au cours de l'année 2014, il y eut plusieurs épisodes. Keziaah avait régulièrement des examens en vue de sa prochaine opération pour l'ablation de son drain. L'hémorragie n'était plus présente, sa fontanelle était bien creuse, et l'opération était prévue pour début avril juste après son 1 an. Pour moi, ce fut un soulagement de le savoir enfin sans ce drain, l'opération eut lieu à Necker à nouveau sans complication. Il ressortit de l'hôpital avec seulement des petits pansements sur ces cicatrices, fini le drain. Une nouvelle étape était franchie.

Revenir à Necker pour cette opération avait été moins difficile que prévu, car le but était pour moi une finalité : retirer ce drain. Même si les cicatrices étaient toujours là, ce petit tube que je sentais à travers le crâne et le ventre de mon bébé ne serait plus. Cette année-là, je reçus aussi les conclusions d'expertises psychiatriques sur la nounou, je ne m'étendrais pas là-dessus, car pour moi aucune excuse au monde ne pouvait justifier ces actes, elle pouvait être déprimée, divorcée, etc., etc. rien, vraiment rien n'expliquait tout ça. L'essentiel qui en ressortait et qu'il fallait retenir : elle était tout à fait normale et consciente de ces actes. L'instruction suivait son cours.

Keziaah passa lui aussi devant des experts fin 2014, à la suite d'IRM et d'EGG. On nous convoqua à l'unité médico-légale judiciaire de Paris 14. Le médecin nous interrogea sur le quotidien de Keziaah, il lui demanda de courir, jouer, etc. L'expertise était demandée à ce stade par le juge d'instruction. À la suite de cet examen, je reçus des conclusions d'expertises avec des termes souvent pas très descriptibles si on ne fait pas partie du métier, mais pour faire court en l'absence de consolidation rien ne pouvait être définitivement fixé. Les ITT (incapacité totale de travail) retenues pour Keziaah étaient issues 22 jours, l'examen sensoriel et neurologique à ce jour était normal, mais cependant les lésions cérébrales n'étant pas consolidées, une infirmité permanente ne pouvait pas être exclue, les troubles scolaires pourraient être dépistés qu'après son entrée en cours préparatoire. Des déficiences pouvaient apparaître à distance du traumatisme ainsi que des séquelles neurologiques sous diverses formes : déficits moteurs, déficits sensoriels, épilepsie, trouble du comportement et du caractère, trouble du langage et retard mental. En gros, nous allions vivre avec une épée de Damoclès sur la tête.

À mon grand bonheur Keziaah avait fait ses premiers pas à 1 an, un soulagement même si la bataille est loin d'être gagnée et c'est à ce moment-là que vos proches commencent à vous répéter souvent « tu vois, il va bien », « tu vois, c'est derrière vous maintenant » et j'en passe. Je pense que pour eux c'est légitime de nous dire ça, mais pour nous c'est assez compliqué à entendre. À force, on prend sur soi, car après tout je pense qu'ils ne veulent pas faire mal et ne savent pas de quoi ils parlent. Mais vous lecteurs si vous avez des proches dans le même cas que nous, par pitié arrêtez ces phases-là. L'enfant est en vie, oui, l'enfant marche, oui, et il fera d'autres choses, oui. Mais vous ne le vivez pas au quotidien, cette peur que tout bascule. Même si c'est invisible pour vous, les séquelles sont là. Mon enfant ne sera sûrement pas celui qu'il aurait dû être quoiqu'il n'arrive ni même moi je ne serai plus jamais celle que j'étais. Savez-vous vraiment ce que ces bébés vivent, aussi petits qu'ils soient ? La peur ressentie, la douleur, et au minimum des hémorragies cérébrales. Non ce n'est pas rien. Et mon fils sera peut-être plus angoissé, plus sensible, plus colérique… on aura beau dire c'est son caractère, c'est l'âge, etc. je pense que la médecine est mieux placée que nous pour le dire. Les séquelles sont là quoi qu'on dît ?

De mon côté, je devais reprendre le travail après un an d'arrêt, les horaires ne correspondaient plus du tout au rythme de vie que j'avais avec la crèche et Keziaah, mon employeur ne souhaitait pas forcement me reprendre bien évidement et je souhaitais trouver un autre emploi avec des horaires plus adaptés au besoin de Keziaah. Je n'allais sûrement pas demander à une nounou de récupérer mon fils à la crèche en attendant mon retour à la maison.

Une rupture conventionnelle acta la fin de mon contrat.

Keziaah avait quasi vingt mois et les nuits continuaient d'être en dents de scie, je me reposais souvent quand il était à la crèche. J'étais triste, déprimée et j'avais l'impression que mon entourage ne comprenait pas ma souffrance. Pour eux, la page était tournée peut être je ne sais pas. Mais pour moi, le quotidien était toujours aussi compliqué.

L'année du changement fut pour 2015. L'instruction se termina en juin et nous attendions la décision du juge afin d'avoir une date de jugement.

Je décidai de quitter Paris afin de me rapprocher de mes parents en province, vous l'avez deviné et je ne m'étalerai pas beaucoup sur le sujet, mais je ne pouvais pas beaucoup compter sur le papa de Keziaah.

J'avais ce besoin de m'éloigner de Paris, j'avais peur de croiser la nounou quand je passais dans la ville où je travaillais. Je voulais essayer de changer de vie au calme, au vert et surtout retrouver du travail.

Été 2015, bye bye la capitale, un camion chargé de toute notre vie je quittais cette vie que j'avais tant aimé le cœur lourd, mais aussi que j'avais tant détestée. Cette femme avait vraiment tout gâché. Mon seul regret était de laisser mes ami(e)s, ceux qui étaient là avant, pendant et après. Qui l'est encore au jour d'aujourd'hui et qui nous manque tant.

Un nouveau page allait s'ouvrir avec son lot de surprise. Bonjour Clermont-Ferrand.

Je troquais un petit appartement au 4e étage sans ascenseur pour un super grand appart avec balcon à côté de tout, je me sentais bien ici malgré la solitude et Keziaah était heureux de profiter de ses grands-parents plus souvent.

Au vu de notre dossier, il eut à nouveau une place en crèche pour sa dernière année avant la maternelle. L'adaptation pour moi fut comme d'habitude : compliquée, mais Keziaah était comme un poisson dans l'eau. Toujours souriant et affectueux, je n'ai eu aucun problème à ce qu'il se fasse chouchouter ici aussi. Cela me permit de prendre mes marques avec cette nouvelle ville, et surtout de chercher du travail. En cette fin d'année, nous avions un rendez-vous à Necker avec la neuropsy, au cours duquel elle décida qu'il n'était plus nécessaire de se revoir sauf si besoin. Keziaah avait 2 ans et demi, elle le décrivait comme un petit garçon très mignon, bien intégré en crèche, avec un développement moteur parfait et en pleine forme. Une victoire de plus pour nous.

Et comme cette nouvelle ville m'apportait que du positif, je retrouvais un emploi qui débuta début 2016.

C'est en ce début d'année que je reçus l'avis d'ordonnance rendue par le juge d'instruction. Une demande de renvoi avait été faite devant le tribunal correctionnel. C'est d'ailleurs dans ce courrier que se trouvait une partie de l'audition de la nounou. Je découvrais alors ses mensonges : elle expliquait au brigadier que l'enfant de mon amie avait tendance à jeter des jouets sur mon fils. Qu'elle avait omis de m'en parler, qu'elle affirmait que pour elle ce jour-là, mon fils vomissait à cause de glaires dues à son rhume. Puis j'appris qu'elle s'était ravisée sur « le lancer de jouet » en avançant l'implication possible de ma maman, de mon amie ou même moi ! Finalement elle reconnaissait que face aux pleurs de mon fils elle avait « craqué » et avait secoué Keziaah d'avant en arrière en le tenant par les bras. Elle déclarait que le matin mon fils pleurait dans le lit sans arriver à s'endormir, et ne parvenant pas à le calmer elle avait commis les faits à plusieurs reprises sur des jours différents. Les derniers faits similaires s'étaient bien produits le matin du 9 septembre, jour où Keziaah a été emmené aux urgences, elle raconte que ce jour-là, les secousses avaient été moins violentes, mais que rapidement mon petit avait présenté un état de fatigue inhabituel et avait vomi à deux reprises.

J'apprenais donc qu'elle avait vu sa fatigue, mais n'avait rien dit. Que mon fils pleurait beaucoup, mais qu'elle ne le consolait pas, elle lui faisait encore plus de mal au contraire.

Je le savais, mais de le lire était encore plus dur. J'imaginais la scène et de ne pas savoir combien de temps mon fils a pu pleurer de peur me rend malade encore à ce jour. De ne pas avoir été là pour le protéger est quelque chose de très dur à digérer.

La culpabilité est un sentiment assez difficile à gérer, on pense toujours faire ce qui est bon pour nos enfants, et pourtant. Le chemin est long. Pour ma part, je ne me reproche pas vraiment le fait de l'avoir choisie elle plutôt qu'une autre, mais plutôt de n'avoir pas vu aux premières secousses que quelque chose clochait. Aveuglée par la légende qui dit « les enfants font toujours l'inverse chez les autres qu'à la maison » je n'ai pas été assez lucide pour voir que non mon fils faisait exactement chez elle ce qu'il faisait chez moi tout simplement. D'avoir cru ses paroles à elle sur le sommeil de mon fils par exemple, d'avoir douté de ma façon de m'occuper de mon petit vu qu'il agissait différemment à la maison avec moi, etc. Alors que mon fils était bien fidèle à lui-même.

La rentrée des classes pour Keziaah approcha à grands pas, on y était : première année de maternelle. Comme à son habitude, Keziaah s'adapta au 1er jour comme un poisson dans l'eau au milieu de ses petits copains de classe. Il enchaînait la garderie, école et garderie sans soucis. De mon côté j'ai dû passer mon temps à interroger son maître afin qu'il surveille bien l'évolution de mon fils et me signale la moindre chose. Malgré la positivité de son enseignant, je ne peux m'empêcher de douter, pas des capacités de mon fils, mais des vilaines séquelles invisibles qui pourraient apparaître. J'observe sa façon d'apprendre, de dessiner, de comprendre et je pense que cela sera mon quotidien pendant encore de nombreuses années.

Fin 2016, je reçus enfin cette nouvelle attendue comme le saint Graal. La convocation pour l'audience correctionnelle. On était mi-décembre et mon avocate m'annonça une audience pour le 2 janvier 2017.

Cette annonce déclencha en moi énormément d'angoisses et de stress, que je devais gérer comme je le pouvais afin de ne pas le faire ressentir à Keziaah. L'idée de me retrouver enfin face à elle m'oppressait, j'essayais de me conditionner à ce face à face au mieux.

Le jour J, il était évident que Keziaah ne nous accompagnerait pas, il alla donc chez sa marraine pendant que nous prenions la route pour Nanterre.

Sur place, le papa de Keziaah serait présent et mon amie (la maman du second enfant en garde) également. Comme à son habitude, elle était d'ailleurs toujours là fidèle au poste, afin de m'apporter son soutien. Une personne à l'opposé de moi, tempérée et calme qui je pense me connaît tellement qu'elle est mon tampon en cas de soucis. Une vraie amie.

À l'arrivée au tribunal, notre avocate nous attendait dans le hall afin que nous montions tous ensemble à l'étage supérieur. Mon cœur battait la chamade au moment de monter ces marches, et pour cause... Peut-être un sixième sens, je ne sais pas, mais en haut de cet escalier mon regard se posa directement sur la nounou. Elle était là, juste devant moi, celle que j'avais détestée depuis plusieurs années maintenant, celle qui était la fautive de tous mes tracas, celle que j'avais peur de croiser.

Mon regard, ou mon silence, ont dû être significatifs, car mes parents qui eux-mêmes ne l'avaient jamais vu compris de suite qui elle était. Pourtant nous n'étions pas les seules personnes à attendre au milieu de ce hall.

Ce qui est stupéfiant, c'est sa facilité à me fixer, à me regarder sans même baisser le regard. Je ne dirais pas les noms d'oiseaux prononcés par mon amie, mais elle aussi supportait très mal le regard de cette femme sur nous.
La convocation était pour 14 h, mais comme pour chaque audience, vous n'êtes jamais la seule affaire à être convoqué. L'attente allait être longue, assise face à elle.

La pression monta un peu plus lorsque nous furent appelés et que l'audience commença. Nous étions assis perpendiculairement au président, mes parents, le papa et moi-même. Elle, face à nous et la barre entre les deux parties. Les débats, à notre demande, ont été tenus en audience publique. Le président a donné connaissance des faits motivants la poursuite et la nounou a été appelée à la barre.

Elle était pour le coup face à moi, de profil, à même pas deux mètres. Moi qui pensais craquer, il n'en fut rien. Je l'ai observée de la tête au pied avec un calme olympien. Je l'ai écoutée répondre aux questions du président et pour tout vous dire tous ces propos me passaient au-dessus, car pour moi elle était devenue inexistante. La satisfaction de la voir questionnée et « malmenée » par le président prenait le dessus. Je crois que c'est la partie que j'ai le plus appréciée, c'est bête et mesquin peut-être, mais le président était ferme et assez dur dans ces propos et interrogations ce qui fut pour moi appréciable. Il évoquait Keziaah comme une personne à part entière, comme une victime, comme un enfant si petit qui ne pouvait pas se défendre, et rappelait à la nounou que c'était elle l'adulte qui devait en prendre soin, etc., etc. Des phrases bateaux retranscrites ici, mais en direct, et pour moi, d'entendre tout ça fut un soulagement. On prenait en compte mon enfant.

Ce fut ensuite mon tour à être appelée à la barre, mais le président ne me demanda que des nouvelles de Keziaah. Je pense qu'à mon regard, il comprit que je ne souhaitais pas m'étendre sur l'état de santé de mon fils face à elle.

Au tour des deux avocats, le mien puis le sien. Bien entendu ce dernier était là pour défendre sa cliente on s'en doute, donc le fait que Keziaah pleurait beaucoup fut le seul élément qu'il répéta à plusieurs reprises. Il répéta également combien sa cliente était inquiète pour mon fils et combien de fois elle avait demandé à avoir des nouvelles... Cas typique. Sa défense ne fut pas exceptionnelle à mes yeux, il bafouilla même plusieurs fois face à des reprises de mon avocate.

Le Procureur rappela l'importance de la prévention sur le syndrome du bébé secoué, et certifia que la nounou en connaissait les conséquences.

À la fin de l'audience, la nounou reprit la parole afin de s'excuser auprès de mes parents, le papa, moi-même et Keziaah. Vous vous doutez bien que ces paroles ne m'ont même pas effleuré l'oreille, car elle ne sera jamais pardonnée de mon côté.

Après délibération, nous furent à nouveau convoquées dans la salle d'audience pour connaître les décisions du tribunal. Les faits reprochés à la nounou étaient établis, elle était donc déclarée coupable et responsable des conséquences dommageables. Elle sera condamnée à 3 ans de prison avec sursis et interdiction d'exercer auprès d'enfants. Concernant les indemnités, une partie fut fixée à titre provisoire, avec un renvoi de l'affaire sur intérêts civils à une audience fixée fin décembre 2017. Dans ce type d'affaires, mon avocate nous conseillait de toujours demander sous réserve étant donné que Keziaah n'était pas consolidé. Je le savais cela serait long oui et la page ne serait jamais tournée tant que toutes ces convocations seraient présentes dans nos vies. Mais Keziaah avait enfin était reconnu victime aux yeux de tous et cette femme coupable. Officiellement coupable. C'était fait, c'était acté.

À la suite de cette audience, effectivement j'ai eu droit à toute sorte de débats, entre les personnes qui ne comprennent toujours pas comment je n'ai pas tué la nounou… qu'à ma place, etc., etc., etc., les autres qui ne comprennent pas pourquoi nous n'avons pas gagné le million en dommages et intérêts… ni même pourquoi elle n'est pas encore en prison.

C'est on va dire devenu habituel, j'essaie de rester correcte lorsque je réponds à ces questions, car après tout c'est une forme d'intérêt pour notre histoire et cela vient d'une bonne attention.

Mais je le redis, pour être à ma place il aurait fallu le vivre avec votre enfant. Je suis quasi sûre qu'après un tel événement aucun d'entre vous n'aurait d'ailleurs tué quiconque, même si vous pensez le contraire, et cela ne ferait pas de vous un parent moins aimant. Et puis concernant la loi, nous sommes en France et les lois sont comme ça.

La vie avait repris son cours dans notre jolie province, Keziaah rencontra deux pédopsychiatres du CMP de notre ville afin de voir son équilibre et de lui expliquer son histoire. Son histoire racontait par une autre personne que moi.

La séance se déroula très bien, il écouta cette femme qui lui racontait son passé, qu'une vilaine dame lui avait fait du mal quand il était un petit bébé, l'hôpital, l'inquiétude de ses parents, sa famille et nos amis. Keziaah était là les yeux rivés sur cette dame qui lui racontait sûrement dans sa tête une drôle d'histoire. Mais il comprit et je l'ai su tout de suite. Il comprit lorsqu'il remarqua que je pleurais à côté de lui. Il fallut lui dire que maman ne pleurait pas à cause de lui, mais à cause de ce que cette dame lui avait fait. Avec son innocence, et d'instinct, il vint directement sur mes genoux pour que je ne pleure plus. Mon petit garçon est si attentionné envers moi. Il est vrai que nous sommes très fusionnels et très complices.

Je me suis efforcée à lui trouver un équilibre malgré ces épreuves sans jamais que lui se rende compte de mes angoisses, mes tristesses et mes peurs.

C'est avec une certaine fierté que j'écoutais la pédopsychiatrie me donner ses conclusions sur Keziaah. Pour elle, il était équilibré et sain grâce au travail que j'avais effectué seule sans aide psychologique. Que j'étais une maman forte qui avait encaissé comme ça venait en essayant de m'adapter aux situations et que je m'étais construit seule une carapace à toute épreuve ! Eh oui, car il faut savoir que dans ce type d'affaires, les accusés ont des suivis pris en charge et les victimes... Et bien, il faut se débrouiller pour en avoir ou payer.

L'addition, quand on ne travaille plus, peut très vite monter. Donc j'ai fait effectivement avec les moyens du bord.

Nous décidions de ne pas assister à l'audience de fin 2017, car notre avocate allait faire une demande d'expertise sur Keziaah et pour le coup, il y aurait un nouveau renvoi. La nounou n'avait plus d'avocat qui avait décidé de ne plus s'occuper de l'affaire pour diverses raisons. Cette dernière ne s'est-elle même pas présentée non plus au tribunal... je trouve ça personnellement culotté. Une demande d'expertise a donc été demandée pour mon fils qui est à présent en deuxième année de maternelle. Au jour où j'écris cette histoire, avril 2018, Keziaah a eu 5 ans et nous attendons la convocation pour l'expertise. La prochaine audience est fixée en novembre 2018. Il devrait se rendre à Necker d'ici quelques mois pour faire un bilan neuropsychologique. À l'école, tout se passe bien même si pour moi il est un peu en retard sur certaines choses. Je ne sais pas si

c'est un manque de concentration, s'il apprend à son rythme ou s'il s'en fiche tout simplement. Les divers rendez-vous nous aiguilleront sûrement mieux et puis l'entrée en CP sera vite là. Il est vrai qu'autour de moi je vois des petits dans le même cas pour lesquels les séquelles ont commencé à arriver à 6 ans donc forcément… je ne suis pas très sereine.
Nous avons quand même dans notre malheur eu beaucoup de chance, je pense à ces parents qui n'ont pas la chance d'avoir leur bébé auprès d'eux, pour qui la vie s'est arrêtée à cause d'une nounou ou d'une tierce personne. Comment peut-on se permettre de briser des vies comme ça, de faire du mal à l'être le plus précieux de personnes qui vous donnent leur confiance ?

Tout ce chemin parcouru je le dois essentiellement à mon fils bien sûr, à sa présence, sa joie de vivre et tout son amour. Mais aussi à mes formidables parents qui n'ont pas été épargnés dans cette histoire. Les dommages collatéraux pour les grands-parents sont souvent aussi fort que pour nous parents. Leur présence permanente, leur persévérance à toute épreuve et leur amour inconditionnel pour leur petit fils sont aussi une des clés de notre avancée. Notre famille a été vraiment ébranlée et nous sommes devenus tous maladroits les uns envers les autres, mais au fond il reste toujours l'amour. Il y a enfin mes amis, mes chers amis, hommes ou femmes, présents ; avant, pendant ou même après. Ceux que je connais depuis des années, ceux que j'ai connus aussi après. Les amis quand ils sont véritables sont aussi source d'une force incroyable malgré les disputes. Keziaah et moi avons la chance d'être entourés de beaucoup de véritables amis, qui répondaient présents à l'hôpital, aux rendez-vous médicaux ou dans n'importe quelle circonstance. L'essentiel alors en résumant a été l'amour de notre entourage et leur positivité.

Keziaah, mon tout petit qui grandit si vite, sait que maman t'aime plus que tout au monde. Tu es la plus belle chose que j'ai accomplie et ne doutes jamais de ça. Toutes ces épreuves ne sont pas ta faute, mais la sienne. Tu es un vrai guerrier, courageux et aimant. Notre lien est unique et précieux. Je serais toujours là pour te guider. Un jour sûrement tu liras ton histoire, j'espère que tu sauras te l'approprier pour en faire ta force. Tu sauras que la vie n'est pas si facile en réalité, mais tu sauras aussi à quel point tu es aimé. Pardonne-moi de n'avoir pas su te protéger autant que je l'aurais voulu. Si j'avais pu prendre ta place, je l'aurais prise. Soit fier de ce que tu es.

Maman qui t'aime.

LAURA

Il paraît que nos témoignages sont rares et heureusement, néanmoins ils existent. C'est pourquoi je me livre à mon tour sur l'effroyable tragédie qu'est le SBS.

Il y a quelques années, fin 2009, je deviens maman pour la première fois une petite fille, Laura.

J'étais aux anges, elle était magnifique, un lien fusionnel s'était créé tout de suite, je passais des heures à la regarder dormir dans le creux de mes bras. Un visage doux aux traits fins, un petit bébé très tonique d'après les pédiatres de la maternité. C'était un bébé qui pouvait avoir comme beaucoup de bébés, des pleures très fort le soir, avec mon expérience (depuis j'ai mis au monde trois beau garçons) et l'expérience que j'ai pu acquérir en observant tout autour de moi, ce sont je pense les « premiers » bébés d'une fratrie qui peuvent pleurer beaucoup le soir, certainement dû aux propres angoisses des jeunes parents.

Reconnaître parfaitement les pleurs de son bébé au début ce n'est vraiment pas évident et ceux pour tout le monde... Mais j'ai toujours étais bienveillante à l'égard de ma fille, comme beaucoup de jeunes parents, il m'est arrivé parfois d'appeler « mamie » à l'aide (la maman du papa)... Néanmoins je n'ai jamais étais exaspéré au point de commettre l'irréparable, de plus, en lien avec mes études j'étais au courant que ce geste était de la maltraitance, mais à l'époque les professeurs n'étaient pas bien informés sur les symptômes, comme beaucoup d'autres professionnels qui touche au du monde de la petite enfance. Heureusement aujourd'hui les choses commencent à changer, grâce à des associations, les professionnels qui pointent du doigt le SBS, et nous les parents de ces petites victimes qui osent parler, d'où mon témoignage.

200 cas par an, certains diront que c'est peu pour un combat, nous, nous disons que c'est déjà trop, trop de douleur, de souffrance, juste parce qu'à ce moment-là bébé pleurait un peu trop fort depuis trop longtemps ! Lisez cette phrase puis fermer les yeux : vous parents, grands-parents, oncles ou tantes par n'importe quel lien, pensez à votre enfant quand il était bébé, ou pensez au bébé que vous avez le plus proche de vous. Imaginez qu'on vous appelle et qu'on vous annonce ce diagnostic violent, imaginez la personne qu'on place en examen pour ce crime, car oui il s'agit bien d'un crime. Que cette personne est attendue qu'aucun regard l'observe, il tient votre bébé à bout de bras au-dessus de sa tête, et là, il le secoue violemment plusieurs fois, jusqu'à ce qu'il prenne conscience de son acte, parfois il est trop tard, le bébé est déjà dans le coma, c'est ce qu'il est arrivé à ma fille.

Quand je suis rentrée dans la pièce, j'ai vu cet ignoble personnage porter ma fille à bout de bras, elle crier et elle était rouge écarlate, je n'ai vu aucun geste de secouement. Je lui ai demandé ce qu'il se passait il m'a dit qu'il ne savait pas, il avait un visage paniqué, je ne l'avais jamais vu comme ça, il me la tendu pour que je la prenne, mais je n'ai pas eu le temps, ma fille est devenue molle comme une poupée chiffon et aussi blanche que du papier, livide, plus aucun ne pleure, plus rien à part la panique... Que se passe-t-il ? Pourquoi mon bébé est comme ça ?

Tout ça s'est passé en quelques secondes...

Il me dit qu'il lui a donné son biberon qu'elle avait du mal à le prendre, il lui a donné en plusieurs fois, fait des rots puis elle a avalé de travers et tout est ressortis par le nez et la bouche et ensuite elle pleurait et c'est là que je suis arrivée après avoir été réveillée en pleine nuit par de gros pleures.

Les pompiers, le SAMU, ma fille héliportée je prends conscience qu'il se passe quelque chose de grave... Nous arrivons au CHU, après avoir attendus 5 heures sans savoir, on nous explique que notre bébé à des hématomes pariétaux latéraux sous-duraux, pour faire simple elle avait des hématomes des quatre coins de la tête, mais ce n'est pas tous, elle avait également de graves lésions au tronc cérébral, tous ses organes vitaux n'étaient plus viables, il y que ses reins qui fonctionnaient... horrible annonce, je comprends donc très vite que c'est fini, ma vie de maman s'effondre, que vais-je devenir sans elle ?

Je rentre dans la pièce de réanimation où elle est installée, je ne la reconnais presque pas, son visage est gonflé d'œdèmes, je vomis, j'ai des nausées, qui ne me quitteront plus depuis ce jour... Je tremble c'est un cauchemar ! Je parle avec ceux qui l'accompagnent dans ses soins, il ne me cache pas que c'est grave, parfois certains me parlent presque sans empathie, mais en même temps je sens qu'ils sont gênés.

Les médecins nous convoquent, nous poses des questions sur le moment du drame, c'est moi qui parle tout le temps, mais un des médecins le regarde lui, j'explique ce que je sais, ce que j'ai vu, je ne changerais jamais de version des faits depuis ce jour.

Lui, raconte ce qu'il m'a raconté, les médecins nous demandent si notre bébé n'est pas tombé, n'a pas subis de choc, à ma connaissance non, nous cherchons, mais en vain.

Je leur donne tous ce que j'ai sur ma princesse, notamment le carnet de vie sur lequel tout était noté, quantité bu, combien de fois, nombres de couches changés... Elle n'avait que cinq semaines... Ils l'ont laissé branchée dix jours pour chercher toute maladie qui aurait pu causer cela, ils ont fait tout un tas de recherches, ils n'ont jamais pu expliquer ce que mon bébé avait.

Mon bébé présentait donc des hématomes, mais elle n'avait pas les autres symptômes du SBS, à savoir une hémorragie rétinienne par exemple. En l'absence de tout ce symptôme, ils ont « écarté » le SBS, mais ils ont quand même fait un signalement au procureur. Contrairement aux autres parents n'ont n'avons pas étaient en garde à vue, nous avons pu rester jusqu'au bout pour lui dire « au revoir », on m'a même proposé de faire sa toilette mortuaire, j'ai refusée je ne pouvais pas avoir ce dernier souvenir d'elle... Je n'arrive toujours pas à accepter qu'elle ne soit plus là.

Plusieurs années plus tard, nous nous sommes séparés avec le papa pour violences conjugales, la gendarmerie à commencer à se poser des questions. Je n'ai jamais caché l'idée que je continuerais à chercher la vérité pour moi c'était incompréhensible de ne pas savoir de quoi mon ange était parti... Alors j'ai continué à écrire, des journalistes pour savoir si des décès similaires n'avaient pas eu lieu dans la région, peut être que si c'était le cas les parents auraient pu m'aiguiller ou simplement s'apporter un soutien mutuel, la gendarmerie, les magistrats et le procureur.

Ne pas savoir me ronger, je n'avais jamais perdu l'espoir même si je voyais autour de moi que personne n'y croyait, tout le monde me disait que sa mort resterait un mystère, certains me disaient même que parfois il ne valait mieux pas savoir... Mais je me suis toujours dit que la justice ne laisserait pas une mère dans l'indifférence... Puis un jour, une lettre arrive, je vois le logo du tribunal, le cœur

bas, car je comprends tout de suite c'est enfin une réponse ! Je déchire l'enveloppe tellement que je tremble, je pense à ma fille... Mes deux garçons sont là, ils me voient, ils comprennent qu'ils se passent quelque chose... Je lis et je vois un rendez-vous par un juge, enfin je vais pourvoir racontez l'histoire de ma fille ! Vient le rendez-vous, le juge m'explique qu'ils vont chercher les causes de la mort. Plusieurs mois passent, et le rapport d'expertise arrive, le diagnostic tombe, il s'agit bien du SBS, aujourd'hui les experts sont capables de dire avec certitude et ceux pour quasiment tous les dossiers quand les épisodes de secouements ont eu lieu, pour mon ange, elle a subi deux fois de violentes secousses pour qu'elle se taise, le dernier épisode était si violent que ces veines ponts ont était sectionnés, il lui a été fatal.

À ce moment-là je suis anéantie, j'imagine la douleur qu'elle a dû ressentir, c'est insupportable.

Les experts parlent d'un choc comparable à un crash de 90 km/h en voiture, comment peux ton infliger çà à un si petit être ? Je suis bouleversé, je suis enceinte de mon dernier garçon, avec les hormones ma tristesse est multipliée, et mes deux autres garçons ainsi que mon mari me voient de jour en jour plus triste, à l'abri des regards... À ce moment-là ils sont eux aussi des victimes collatérales... C'est souvent trop minimiser ainsi que ce geste, le geste de trop, celui qui a fait taire votre bébé à tous jamais... Celui qui vous empêche de le voir grandir, d'entendre vous appeler maman, de ne plus sentir son odeur... Celui qui vous fait vous sentir mal quand on vous demande combien d'enfants vous avez ? Parfois vous ne savez pas quoi répondre, quatre ou trois ? Il va falloir expliquer, il va y avoir se « désolé », ce malaise... Alors parfois je réponds trois, tous en m'excusant dans ma tête auprès de ma princesse, mais il y a des jours si tu parles tu éclates en sanglot, alors il vaut mieux se taire...

Je lis en boucle pendant plusieurs semaines ce rapport j'ai cherché des réponses aux mots complexes sur internet, je lis, tout un tas de documents... Puis je lâche prise un moment, je suis enceinte je protège mon dernier... Mais un jour des flashs reviennent, même en pleine journée, je me refais le film de sa vie, je cherche les moindres détails, car le rapport parle de deux épisodes... J'arrive alors à mettre des attitudes, à replacer des scènes qui aujourd'hui grâce aux mots des experts ne font plus aucun doute. Ces moments-là sont horribles à vivre, parce qu'à l'époque je n'ai pas su le repérer, sous l'emprise de cette personne, si j'avais été moins naïve, si j'avais su repérer les symptômes du SBS alors ma fille serait peut-être encore là, sans doute avec des séquelles, mais elle serait la...

Quelques jours avant son malaise ma fille après avoir bu un biberon s'est mise à vomir en jet et inconsolable puis finis par s'endormir pendant « une crise de pleure », j'ai appelé le docteur qui la suivait, la secrétaire malgré mon récit inquiet, me donne rendez-vous quelques jours plus tard, et me dit « vous savez les bébés ça régurgite et ça pleure beaucoup surtout le soir », je lui fais confiance. Je me rends au rendez-vous, j'explique tout ça au médecin et je rajoute que je trouve le côté de sa tête gonflé, elle prend son périmètre crânien et inscrit « RAS », ma fille pleurait très fort, nous avions du mal à s'entendre, mais pour le médecin c'était normal, là encore j'ai fait confiance.

Le rapport démontre qu'à ce moment-là le périmètre crânien était déjà anormal.

Aujourd'hui « le stress », « l'angoisse » de ne pas savoir la vérité encore à ce jour fait que je suis de jour en jour plus faible, je perds du poids de façon incontrôlée, je pèse aujourd'hui 45kgs pour 1m60, je pense tous les jours à ma fille, et je n'arrive toujours pas à me faire à l'idée que chaque année ce n'est pas un gâteau, mais un bouquet que sur sa tombe je viens déposer...

J'ai d'autres séquelles, j'ai du mal à faire confiance de nouveau au corps médical, j'ai toujours peur qu'il arrive quelque chose à mes autres garçons. Quand mon premier garçon est né pour le moindre petit bobo je dérangeais mon médecin, heureusement il est très compréhensif et fais toujours tous pour me rassurer.

Il m'est arrivé de penser à rejoindre mon petit ange, parce que cette douleur est trop lourde, parce que le silence de la vérité fait trop mal, parce que je n'arrive pas à accepter ce diagnostic surtout pour mon premier garçon, le frère direct de ma petite et seule princesse. Je ne veux pas qu'il grandisse dans un secret de famille. Je veux juste la vérité, voilà ce que je cherche... La vérité pour mon bébé, pour qu'elle repose en paix...

Je n'ai pas voulu croire en ce diagnostic avant, mais mon avocate, les juges et les experts, les seules personnes qui m'ont aidé a connaître cette vérité me font mettre tous mes sentiments de côté, me font retirer mes œillères pour ne voir que les faits...

Certaines personnes me parlent de rédemption, mais il n'y peut pas en avoir si le crime n'est pas jugé et puni...

Alors à tous ceux qui nient leurs gestes, sachez que vous ne faites pas qu'une victime, n'oubliez pas les victimes collatérales, comprenez dedans votre famille, car eux aussi vont en souffrir, ils ont eux aussi perdu un être cher, pensé surtout à la fratrie derrière, toute vérité ce sait un jour, et l'enfant qui naît derrière un bébé secoué va grandir, deviendra à son tour un adulte, un parent ; cet enfant cherchera à comprendre. Quand la vérité sera sue il aura grandi sur des mensonges et là, il y aura encore des conséquences, car certaines personnes qui ont grandi dans le mensonge n'arrivent pas à se construire, dans le plus triste des tableaux certains finissent même par s'ôter la vie... Il faut aussi que vous pensiez à ce schéma qu'on refait dans l'inconscient, sans savoir, quand la vérité est tu, ne voudriez-vous pas que cet enfant devenu adulte commette lui aussi l’irréparable ?

Pour moi peu importe nos origines, notre ascension sociale, notre éducation, ce geste est impardonnable, il peut enlever une vie, il est nécessaire d'en parler, de faire la prévention.

Je termine ces lignes en ayant une pensée pour ma fille, et tous ces petits anges, mais aussi à tous ces enfants qui ne peuvent plus vivre pleinement leur enfance...

Une Man'ange parmi tant d'autres.

Témoignage d'Anaïs, sa maman

MAËL

Mon fils Maël est né le 23 janvier 2018. Il est né prématurément, à 7 mois de grossesse. Sachant que ma grossesse s'est très mal passée. Je me suis battu pour donner la vie à mon petit garçon. Mon fils est resté 1 mois en néonatalogie. Le cauchemar a commencé trois semaines après sa sortie de l'hôpital. Trois semaines après être rentrée à la maison j'étais épuisée je voyais le changement de comportement de Maël. Il mettait énormément de temps à se rendormir après ses biberons.

Tout a basculé dans la nuit du 16 au 17 mars 2018. Mon fils ne cessait de pleurer ce qui était étonnant sachant que c'était un petit être très calme. Mon conjoint a eu un accident de voiture dans l'après-midi du 16 mars donc il est resté jusque minuit aux urgences. Lors du biberon de 22 heures, mon fils l'a vomi. À ce moment-là, je n'imaginais pas une seule seconde ce qui était en train de se produire. Suite à cela, Maël s'est rendormi. Entre temps, mon conjoint est rentré. Maël s'est de nouveau réveillé pour son biberon à 2 heures du matin, mais là rien n'était habituel. Mon fils ne pleurait pas, il hurlait. Il ne voulait pas boire son biberon donc je n'ai pas insisté. Ensuite nous sommes allés dans notre chambre pour essayer de calmer Maël. Mais rien à faire.

Alors, avec mon conjoint, on a décidé d'appeler le SAMU, car le comportement de mon fils était incompréhensible. Mon conjoint m'a alors dit « appelle le SAMU pendant que je garde Maël ». Bien évidemment c'est ce que j'ai fait. Mais le médecin du SAMU m'a demandé de quitter la chambre, car elle n'entendait pas ce que je lui disais avec les cris de mon fils. Peu de temps après, j'ai entendu mon conjoint crier "Maël, Maël, Maël". J'ai couru dans la chambre pour voir ce qui se passait. Et là je suis passé par toutes les émotions j'ai vu mon fils étendu sur le lit blanc comme un linge.

J'ai vu mon petit garçon mort. Je me suis mise à hurler sur le SAMU en leur criant qu'ils se dépêchent parce que mon fils était mort. Il fallait qu'ils se dépêchent, car mon bébé ne respirait plus. Par téléphone le médecin du SAMU m'a demandé de lui faire un massage cardiaque c'est donc mon conjoint qui lui a fait ce massage cardiaque le temps que les pompiers arrivent, car moi le SAMU m'avait demandé de descendre pour guider l'arrivée des pompiers. Mon fils est resté 20 minutes en arrêt cardio-respiratoire. Il a été transféré en réanimation à Lille. En arrivant à l'hôpital, les médecins lui ont tout de suite fait passer une IRM. À sept heures du matin le chef du service nous a demandé de le suivre il nous a annoncé que l'état de Maël n'avait rien de “Clinique”. Il nous a alors dit que Maël avait était secoué et qu'ils étaient obligés de prévenir la brigade des mineurs ; car bien sûr c'est la procédure.

Comment pouvaient-ils nous accuser de maltraitance ? Je n'en croyais pas mes yeux. Je me suis dit que c'était la procédure et que je n'avais rien à me reprocher. Mon compagnon ne disait rien, mais il était là avec moi. Il me disait que quoiqu'il puisse arriver, que nous serions unis et qu'on se soutiendrait. Le lundi nous avons était convoqué a la brigade de mineurs séparément. Je ne sais pas ce qui s'est dit de son côté, mais de mon côté, j'ai expliqué en détail ce qui s'était passé. Ils ont décidé de placer mon compagnon en garde à vue. Je ne comprenais plus rien. Nous étions innocents. Jamais on n'aurait pu toucher à notre fils. Le lendemain j'ai reçu un coup de téléphone de l'enquêteur en me disant qu'il fallait que je vienne pour une nouvelle audition sachant que j'étais à l'hôpital auprès de mon petit homme. En arrivant au commissariat, l'enquêteur m'a expliqué que c'était le papa qui avait fait du mal à mon bébé. Sur le coup je ne voulais pas le croire. Je lui ai demandé s'il lui avait mis la pression pour qu'il avoue, il m'a expliqué que non, pas du tout. Mon compagnon avait dit qu'il avait bercé Maël trop fort. Il leur avait même fait voir de quelle façon il s'y était pris. J'étais sous le choc,

mais je savais que l'enquêteur ne me mentait pas. Mon compagnon a était présenté devant le juge le lendemain.
Suite a tous ses aveux moi je suis restée auprès de mon fils. C'était là-bas ma place. Le 22 mars en arrivant à l'hôpital j'ai reçu un coup de fil je n'ai pas eu le temps de répondre... En fait les médecins m'attendaient. Je ne comprenais pas pourquoi. Quand je suis arrivé avec ma maman et mes sœurs, j'ai vu énormément de personnel médical dans la chambre de mon fils. La chef des pédiatres s'est avancée vers moi et m'a expliqué que le transport à l'IRM c'était très mal passé. Il fallait que je prenne la décision : soit "débrancher" Maël, soit le laisser partir seul.... Je n'ai pas réussi à donner la décision de le "debrancher". Les médecins me l'ont mis dans les bras. Mon fils a posé sa tête contre moi et en très peu de temps son petit cœur s'est arrêté. C'était la fin.

Il fallait préparer l'enterrement de mon fils. Ma décision était prise je voulais qu'il soit inciné, mais c'était sans compter sur la décision du Procureur. Eh oui l'incinération a été refusée au cas où il fallait refaire des expertises médicales sur le corps ou les os de mon bébé. Choisir le cercueil de Maël était pour moi impossible. J'étais paumée. C'est donc ma maman et ma grande sœur qui l'ont choisi. Ma maman a acheté une concession pour que Maël ne soit pas enterré comme un chien. On voulait juste quelque chose que mon fils mérite. Le jour de l'enterrement, je ne voulais pas laisser partir mon bébé. Jamais je ne veux revivre une telle chose, ma famille et à mes proches tout le monde dans le désarroi. Un mois après le décès de Maël c'est à ce moment-là, vraiment, que j'ai réalisé que mon fils n'était plus parmi nous et là ça a été l'enfer. Je voulais juste apaiser ma souffrance.

Oui j'ai fait une tentative de suicide.

J'avais honte de moi. Quand je me regardais dans le miroir, je voyais un monstre, une mauvaise maman, car je n'avais pas été capable de voir que mon fils était en danger. J'avais peur du regard des autres. Qu'est-ce qu'ils pouvaient penser ? Je culpabilisais et je culpabilise toujours. Mais maintenant tous les matins quand je me réveille je me répète cette phrase en boucle : “tu es une bonne maman. Ce n'est pas de ta faute. Cette ordure va payer.” Quand j'ai fait ma tentative je ne pensais pas du tout à ma famille. Ils ont pris la décision de me faire hospitaliser. Sur le coup je leur en ai voulu. J'ai sorti des horreurs à ma mère et à ma grande sœur ; des mots que je regrette énormément. Je suis restée hospitalisée trois semaines. Je n'ai pas honte de dire que ça m'a fait beaucoup de bien.

En sortant de l'hôpital, Ludivine ma grande sœur m'a parlée d'une association qui s'occupait « des cas comme moi ». Qu'est-ce que ça fait du bien de se sentir comprise et soutenue dans son combat.

La période après le décès de mon fils reste très difficile. Effectivement, sept mois après mon beau père a fait ce qu'on appelle une dépression. Il ne voulait toujours pas accepter le décès de notre petit ange. Comment lui en vouloir ? Il ne voulait qu'une chose c'était de venger son petit-fils. Quand j'ai reçu le rapport d'hospitalisation de mon petit prince, j'ai pris une claque. J'étais loin d'imaginer tout ce qu'avait enduré mon fils. Dans ce rapport les médecins disaient que mon bébé avait était secoué, qu'il avait une fracture de l'humérus gauche et le plus choquant était une suspicion du syndrome Silverman qui est en connu sous le nom du syndrome de l'enfant battu. Mon monde s'est écroulé. Comment je n'avais pas pu voir que mon bébé était battu par son papa.

Le 19 novembre 2018, j'ai enfin reçu la conclusion du rapport d'autopsie de Maël. Là c'était pire de ce que je pouvais imaginer. Le médecin légiste a osé comparer le syndrome du bébé secoué avec un bercement. Je cite ses mots “le secouement peut être compatible avec un bercement trop fort”. C'est à ce moment-là que je me dis que même les professionnels de santé ne connaissent pas du tout le syndrome du bébé secoué. J'ai du mal à me dire qu'un

jour les bourreaux qui produisent cet acte soient reconnus coupables. Est-ce qu'un jour pour les petites victimes décédées ce syndrome sera reconnu et ces bébés considérés comme victimes d'un meurtre ? Tant qu'on ne l'a pas vécu, on ne peut pas comprendre la douleur que, nous parents protecteurs, ressentons.
Mais il faut que les parents et futurs parents le sachent : secouer un bébé n'est pas jouer. Et oui ce syndrome est tellement violent que les petites victimes ont de très lourdes séquelles, mais ce syndrome peut aussi tuer. Quoi qu'il arrive une fois que ce syndrome se produit, la vie des parents protecteurs, mais aussi de l'enfant change a tous jamais.
La douleur de la perte de mon bébé jamais je ne pourrais l'oublier. C'est la douleur la plus atroce. Alors vous, parents, faites attention à vos gestes. Le SBS est un combat qu'il faut mener en permanence.

Si jamais vos nerfs sont mis à rudes épreuves, posez votre enfant dans son lit sur le dos et allez vous détendre ou alors confiez votre enfant à une personne de grande confiance. Et pour les assistantes maternelles, renseignez-vous quitte à faire des journées d'insertion, mais faites attention...

Pauline, la maman de Maël

Le diable au visage d'ange est entré dans ma maison.
Parfois la beauté cache l'horreur, sous ta gentillesse, ta gueule d'ange se cacher un visage de monstre diabolique sans pitié et sans remords ou compassion.
On a accueilli le diable en notre maison en n'y voyant que le visage d'un ange auquel on a confié notre fille qui rayonnait de bonheur.
Puis de deux vous alliez être trois, un triple bonheur et malgré une grossesse très difficile le petit bonheur est arrivé, avec difficulté il s'est battu pour survivre.

Puis la joie de ses premiers « arreuhs », ses premiers sourires, les premiers câlins à papy, à mamy, une journée de rêve avant cette nuit d'horreur où l'ange s'est à demi éteint à deux mois à peine et de par la bêtise d'un papa qui avait passé une mauvaise journée et qui ne supportait pas ses pleurs, et malgré les séquelles irréversibles il continua durant huit jours à se battre avant de déposer les armes et rendre son dernier souffle dans les bras de sa maman.
Le visage du diable avait fait son travail et emmené au ciel ce petit ange si courageux.
Laissant une famille dans le désespoir et une maman à jamais inconsolable... On dit que le temps apaise les douleurs, mais l'attente d'un procès et de réponse à nos questions nous empêche d'avancer réellement vers un processus de deuil comme il devrait en être.

Toi le diable à mes yeux, toi qui as pris la chair de ma chair nous t'avions accueilli dans notre famille comme un fils.
Cette famille détruite en quelques secondes pour juste un geste irréparable il ne reste que de la souffrance et de la colère.

Rien ne pourra me soulager ni la haine, ni la vengeance, ni même la peine de prison qui en résultera. Je le sais aujourd'hui.... Je voudrais juste pouvoir mettre des mots sur mes maux, mais il n'y en a pas d'assez forts.

Le Papy de Maël

PERRINE

Perrine est notre première fille. Elle est née presque prématurément à 8 mois et 4 jours de grossesse. C'était une petite fille pleine de vie, joueuse, souriante, curieuse, câline, bref le bébé dont tous les parents rêvent. Retour au travail oblige Perrine a dû aller chez une nourrice faute de place en crèche. C'était une réelle angoisse pour mon mari et moi de la laisser à une inconnue, mais nous n'avions pas le choix. Tout semblait bien se passer, puis le 20 mai 2014 tout a basculé…

La nourrice m'appelle en me disant de venir très vite, car Perrine ne va pas bien du tout et qu'elle a appelé les pompiers. Je pars en catastrophe de mon travail, le cœur serré et angoissé. Je fais le plus vite que je peux, mais c'est toujours dans ce genre de situation que les transports en commun sont d'une lenteur extrême, enfin c'était le cas à mes yeux ce jour-là.

J'arrive 35-40 minutes plus tard chez la nourrice. Il y a une vingtaine de personnes, les pompiers, le Samu, la police. Mon mari est déjà là, en pleurs et effondré. Les pompiers ne veulent pas le laisser voir Perrine. À mon arrivée j'insiste très lourdement et j'arrive enfin auprès de ma fille inconsciente, en arrêt cardio-respiratoire depuis 20 minutes. Elle est étendue sur la table du salon. Six pompiers s'affairent autour d'elle. Cette scène est irréelle. Je ne sais comment, mais je ne fonds pas en larmes. Mon cœur de maman me dit « Perrine a besoin de toi, vas-y ! ». Je n'écoute que mon instinct et je demande, enfin j'insiste auprès des pompiers pour pouvoir être à côté de ma fille pendant qu'ils s'occupent d'elle. Je lui tiens la main, lui chante sa chanson. Quelques secondes plus tard, son cœur repart ! Est-ce ma présence, je ne le saurais jamais, mais moi j'en suis convaincue.

Elle est maintenant stabilisée et est transférée à l'hôpital de plus proche qui se trouve à peine à quelques kilomètres. On part avec mon mari toujours effondré. Il est en pleurs, il me répète que Perrine est « morte », que c'est fini. Je m'offusque, car pour moi il y a peut-être encore un espoir et notre fille a besoin de nous battants.

Nous arrivons quelques minutes avant Perrine aux urgences pédiatriques puis en réanimation pédiatrique. Nous sommes cloîtrés dans une petite pièce en attendant qu'on nous donne des nouvelles. Cette attente nous a paru interminable. Je ne sais combien de temps cela a duré, mais cela semblait être des heures et des heures. Puis enfin, un médecin vient nous voir. Perrine est dans un état très grave, son cerveau est sans doute endommagé. Elle doit subir plusieurs examens pour savoir ce qu'il en est. Nous devons encore attendre et l'angoisse n'est que grandissante.

Des membres de notre famille arrivent. C'est normalement interdit, mais le personnel médical autorise leur présence dans cette fameuse pièce exiguë de quelques mètres carrés. On nous autorise à voir Perrine, enfin. Ma petite puce est étendue inerte sur ce lit bien trop grand pour un bébé de presque 10 mois. Plusieurs tuyaux, perfusions et sondes sortent de ce si petit corps. Nous restons à son chevet. Je m'aperçois que la poche d'urine se remplit. Ma fille réussit à faire pipi toute seule, c'est une petite victoire et l'espoir renaît. Notre enthousiasme sera de courte durée.

Plus tard, le responsable du service vient nous voir dans la petite pièce exiguë des parents et demande à notre famille de sortir. Il nous explique de manière très brève que Perrine va mourir dans quelques heures. Son cerveau ne présente plus aucune activité. Elle ne respire plus seule. Son cœur ne tiendra pas la nuit.

L'annonce est brève, claire et concise. C'est le choc ! On ne comprend pas ce qui se passe, notre vie bascule en quelques secondes. Mon petit bout de chou ne sera plus dans quelques heures...

Cependant, le cauchemar ne fait que commencer. Il continue et nous explique que Perrine présente tous les symptômes d'un bébé secoué et qu'il va devoir faire un signalement au Procureur de la République. Là c'est l'incompréhension et la colère. « Notre fille va mourir et vous croyez que c'est nous qui en sommes responsables ». Tout s'écroule, on ne comprend rien, les larmes, la colère, les cris, l'incompréhension, la douleur. On se recentre sur notre fille qui comme on nous l'a dit ne passera pas la nuit. Mon mari et moi allons passer la pire nuit de toute notre vie. Nous restons au chevet de notre fille toute la nuit. On lui parle beaucoup, on scrute les machines et chaque bip suspect sur l'électrocardiogramme. Au petit matin, Perrine est toujours là, mais sa vie ne tient qu'à un fil, celui du respirateur qui lui permet de rester en vie.

Je n'en peux plus de paniquer à chaque bip de cette foutue machine, je n'en peux plus de voir bébé dans cet état, étendue sans aucune réaction à nos paroles, bisous, chansons, caresses.

Le médecin nous précise que ce n'est qu'une question d'heures. Mon mari et moi devons prendre la pire décision de notre vie, celle de « débrancher notre fille et de la laisser partir paisiblement ». C'est à contrecœur, en larmes, paniqués à l'idée de ce qui va se passer, mais nous avons décidé que c'était préférable pour elle de lui éviter toute souffrance. Nous n'avons pas le droit de lui imposer cela. Nous décidons ensemble qu'il est temps de la laisser partir. Notre famille présente vient lui dire au revoir. Et nous décidons de rester tous les deux pour l'accompagner.

Le médecin débranche le respirateur. Nous disons plein de choses à notre fille, tout ce que nous avons à lui dire, nous pleurons, mais on lui dit qu'on l'aime et qu'on l'aimera toujours, qu'on est très fière d'elle, qu'elle s'est battue comme une grande. On est chacun d'un côté de son petit visage tout frêle à lui faire des câlins et des bisous.

Puis l'électrocardiogramme s'arrête, c'est le plat. Perrine est partie. Mon bébé n'est plus, il est 7 h 5 le 21 mai 2014 quand elle s'éteint.

On fond en larmes avec mon mari devant le corps sans vie de notre fille, notre bébé.

L'équipe médicale nous demande si nous souhaitons que Perrine soit habillée avant d'être transférée à la morgue. Oui bien sûr. Ils s'occupent d'elle, on retourne à la maison. On choisit ses derniers, ses tout derniers vêtements.

Nous revenons à l'hôpital. Perrine est étendue sur son lit sans plus aucun tuyau. Elle a l'air apaisée, elle est si jolie ma petite puce. L'aide-soignante me demande si je souhaite habiller ma fille. Je suis mitigée, mais ça sera la dernière fois que je partagerai ce moment avec elle. Le cœur serré j'accepte. J'habille ma fille sans vie en lui parlant comme à mon habitude : « on met le petit bras droit, le bras gauche, c'est très bien ma puce ». Ce seront les derniers moments de complicité que j'aurais pu partager avec elle. Ces moments resteront gravés dans ma mémoire toute ma vie.

Nous rentrons chez nous vide de toute envie, sans parler et remplis de tristesse. Nous rentrons dans cet appartement et toutes les affaires de Perrine sont là, ses jouets, son lit, ses affaires. C'est très dur à vivre. On se remonte le moral l'un et l'autre, on se soutient.

Puis arrive notre première fête des mères et fêtes des Pères que nous passerons sans notre fille. Nous sommes des parents, mais nous n'avons plus d'enfants avec nous... Il m'est d'ailleurs impossible de croiser des enfants, d'être en leur présence sans m'effondrer littéralement. Dès que je croise une personne avec une poussette, je vérifie que ce n'est pas Perrine dedans. Il me faudra plusieurs mois avant de pouvoir accepter la présence d'enfants et même de prendre un bébé dans les bras.

Puis arrive le moment des questions. Qu'est-ce qui a bien pu se passer pour que notre princesse s'en aille vers les cieux ? Beaucoup d'interrogations, de questions nous submergent. Nous appelons les policiers pour essayer d'avoir des réponses. Nous serons convoqués le lendemain pour une audition, sans davantage de réponses. Une semaine plus, tard, la Police nous convoque de nouveau. Nous arrivons plus d'une heure en avance, car nous avons besoin de réponses. Dès notre prise en charge, nous sommes séparés et placés en garde à vue, l'horreur. Mais pourquoi ? Ils pensent que c'est nous qui avons fait ça à Perrine ! 27 heures interminables durant lesquelles nous allons apprendre que notre fille a subi diverses maltraitances, plusieurs épisodes de SBS et un coup important à l'abdomen. Puis, nous serons finalement mis hors de cause, tandis que la nourrice et son mari seront placés en dépôt avant leurs incarcérations. Ils ont trouvé les coupables, nous sommes soulagés. Cependant, nous avons toujours les mêmes questions qui nous hantent et ce sentiment de culpabilité qui grandit. « Nous avons emmené notre fille chaque jour chez ses bourreaux », comme le dit mon mari.

Quelques jours plus tard, nous pouvons enfin enterrer notre fille après plus de deux semaines de bataille pour la récupérer. Une journée chargée en émotion, beaucoup de famille, d'amis, de proches, de collègues sont venus nous soutenir et dire au revoir à Perrine. Une cérémonie magnifique pour un bébé magnifique. Au lieu de réfléchir aux cadeaux pour sa première année, nous lui avons choisi un cercueil et une plaque funéraire.

Mon mari se rend au cimetière tous les jours pour demander pardon à sa fille.

Moi je ne peux m'y rendre qu'une fois par semaine. Il m'arrive souvent de croiser les enfants des deux responsables sur le chemin du cimetière, c'est insupportable. Je passe un peu de temps avec elle, je lui parle, lui raconte ce qui se passe et surtout je lui dis « je suis désolée de na pas avoir compris ma puce, je suis désolée ! ».

Les jours, les semaines, les mois passent et la tristesse et le manque de ce petit bout sont toujours aussi forts. Nous sommes suivis tous les deux par un psychologue. Ça nous fait du bien, on avance, on se reconstruit, on crache notre colère, on met des mots sur nos maux. Il y a des hauts et des bas, mais nous avançons.

Après plus de 2 ans d'instruction, la phase qui suit l'enquête de Police, le procès arrive. Nous sommes très mitigés, nous n'avons qu'une envie rentrer chez nous, mais on est là pour notre fille, pour Perrine, alors on prend notre courage à deux mains et on y va. Le plus dur est de croiser les deux accusés à l'entrée, dans les couloirs, partout. Ils sont libres comme vous et moi. C'est juste impensable, car si on voulait on pourrait « franchir la limite ».

Quatre jours forts psychologiquement, moralement et émotionnellement au bout desquelles le verdict tombe 15 ans pour le mari et 5 ans dont 6 mois avec sursis pour la nourrice. Nous sommes soulagés, Perrine a été entendue et écoutée.

Notre soulagement sera de courte durée, car le mari a fait appel de la décision de la Cour et le Procureur de la République également. Nous devrons donc repasser par la case procès et encore devoir vivre ses moments insoutenables à écouter les experts, notamment le légiste parler du « cadavre » de notre fille, écouter les accusés se confondre dans leurs mensonges, dans leurs dénis et toujours vides d'émotion et de regrets.

Un peu plus d'un an plus tard, le procès en appel débute. Il durera une journée de plus cette fois-ci. Nous sommes moins angoissés, car nous savons ce qui nous attend et pourtant les insomnies reviennent.

Ce procès en appel n'aura servi strictement à rien. Le mari qui précise qu'il fait appel « pour espérer avoir moins », mais qu'en même temps « il a peur d'avoir plus », donc il a pensé à annuler son appel. C'est une réelle mascarade ! La peine du mari a été réduite de 15 à 13 ans et celle de la nourrice est maintenue. Une aberration, surtout en appel. Comment peut-on se moquer de la victime, des parents, de la famille de cette manière ? La colère revient, elle nous submerge.

La justice française est faite ainsi, elle profite à l'accusé. La partie civile, les victimes, sont mises en second plan et sont peu écoutées. Mais il faut s'en contenter.

10, 15, 18, 20 ans, ça ne nous ramènera pas notre fille et nous nous devrons vivre toute notre vie avec son absence. Alors qui sont ceux qui sont véritablement punis ? Eux ou nous ?

Il faudra malheureusement encore beaucoup de « Perrine » avant que la justice ne reconnaisse la violence du SBS à sa juste valeur comme étant un crime d'une extrême violence et surtout volontaire qu'il entraîne la mort ou non.

Après la fin du procès en appel, sa sœur de 3 ans a commencé à poser des questions. Une phase que nous redoutions. Comment lui expliquer qu'elle a une grande sœur, mais qu'elle ne pourra jamais la voir, ni jouer avec. Comment du haut de ses 3 ans elle va comprendre ses choses si compliquées. Comment faire pour trouver les mots justes.

Perdre votre premier enfant, votre bébé vous change à tout jamais. Nous ne serons plus jamais les mêmes. Plus jamais ceux ne que nous étions avant, plus jamais le couple jeune et insouciant, croquant la vie à pleine dent avec leur petite puce. Non, c'est certain, notre vie est marquée au fer rouge.

Nous avons vite décidé de tourner la page, de réécrire notre histoire, ailleurs, loin de tout ça et surtout de donner une petite sœur à Perrine comme nous lui avions promis. Alors, nous avons construit un projet ensemble, tous ensemble, en incluant toujours Perrine dedans. Nous avons tout quitté et Perrine nous a suivis bien évidemment.

Nous sommes maintenant bien installés et parents de trois enfants. Eh oui Perrine a une sœur et un frère. Comme je le dis souvent, Perrine n'est pas là physiquement, mais elle est là dans tout ce que nous entreprenons ou faisons. Il y a un petit d'elle dans nos projets. D'ailleurs beaucoup de changements nous les avons faits, faisons et ferons grâce à elle. Elle est là avec nous tout le temps.

Comme mon mari le dit souvent « quand je regarde les enfants, je vois des petites ailes d'ange dans leur dos et je sais que Perrine est là à veiller sur eux ».

Il y a un texte que j'affectionne particulièrement, qui résume bien ce que nous ressentons.

« La mort n'est rien,

Je suis seulement passé dans la pièce à côté.

Je suis moi. Vous êtes-vous.

Ce que j'étais pour vous, je le suis toujours.

Donnez-moi le nom que vous m'avez toujours donné, parlez-moi comme vous l'avez toujours fait.

N'employez pas un ton différent, ne prenez pas un air solennel ou triste

Continuez à rire de ce qui nous faisait rire ensemble.
Priez, souriez, pensez à moi, priez pour moi.
Que mon nom soit prononcé à la maison
Comme il l'a toujours été,
Sans emphase d'aucune sorte,
Sans une trace d'ombre.
La vie signifie tout ce qu'elle a toujours été.
Le fil n'est pas coupé.
Pourquoi serais-je hors de vos pensées,
Simplement parce que je suis hors de votre vue ?
Je ne suis pas loi, juste de l'autre côté du chemin.
Vous voyez tout est bien. »
Henry Scott Holland

Au moment où je vous écris Perrine aurait bientôt 5 ans, une vraie petite fille.

Il y a encore des jours où le moral retombe et la tristesse revient. Il y a encore et toujours des chansons, des bruits, des films, des images que nous ne pouvons écouter ou regarder. Nous devons vivre avec ça, nous l'avons promis à notre fille. Alors, on surmonte, on reprend courage et on avance. Ce petit bout de fille du haut de sa courte vie nous donne une force incroyable. Comme je lui dis tous les soirs avant de m'endormir « Perrine veille bien sur ta petite sœur et ton petit frère. Ils auront toujours besoin de toi. Tu es leur grande sœur et je suis fière de toi. Et tu le sais tu seras toujours dans la tête et dans le cœur de maman et papa. Je t'aime très fort ma puce. Bonne nuit. Fais de beaux rêves et à demain ».

ROSE

À l'heure où j'écris ce témoignage, les obsèques de notre petite Rose ont 24 h.

Nous étions un couple avec un enfant, une jolie petite fille, tout ce qu'il y a de plus normal. Renaud travaillait, moi aussi et Rose était gardée par deux nounous. Une les lundis, mardis, et vendredi et une autre les mercredis.

C'est la « nounou » du mercredi qui le 6 juin 2018 a commis l'irréparable. On nous appelle pour nous dire de nous rendre à l'hôpital Necker où Rose est admise en urgence via le SAMU. Après 3 h 30 d'attente, une attente interminable, 3 médecins, une infirmière et une auxiliaire de puériculture viennent à notre rencontre. Le verdict est sans appel, Rose a chuté des bras de la nounou, mais pas que : elle a été violemment secouée. On apprend durant son hospitalisation que Rose est en état de mort cérébrale.

J'ai cru que le ciel me tombait sur la tête.

J'étais sidérée, anéantie, détruite, je comprenais ce qu'il me disait, évidemment je suis infirmière. Et le plus terrible (de par mon métier) je n'ai eu aucun espoir pour Rose, je savais que c'était dramatique et que l'issue pour notre jolie princesse serait fatale.

Les 56 heures que nous avons passées auprès de notre jolie petite fleur ont été très dures moralement et physiquement. Nous sommes restés avec notre fille, nos proches sont venus nous soutenir.

Rose est partie dignement, je lui ai fait son bain (post mortem), et j'ai enlevé ses dispositifs médicaux, j'avais l'impression de lui devoir, elle méritait ça.

Je regrette une seule chose, le don d'organe n'ait pas été possible pour notre Rose chérie pourtant sauver d'autres enfants et savoir que notre drame aurait pu rendre de nombreuses familles heureuses nous aurait fait beaucoup de bien...

Marie, la maman de Rose

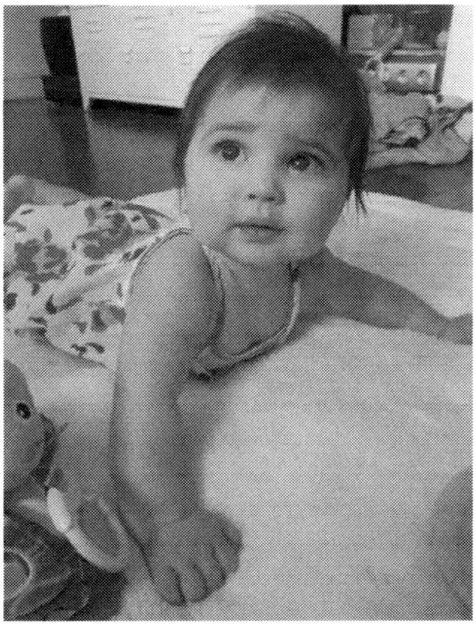

SWANN

Notre monde s'est écroulé mardi 20 septembre 2016.

Avant ce jour, nous avions une vie agréable. Nous étions les heureux parents de 2 beaux garçons en pleine forme (Naël 5 ans et Swann 11 mois), avions une vie professionnelle satisfaisante, venions d'acheter durant l'été une maison dans une petite ville de région parisienne où j'avais grandi, afin d'offrir un cadre de vie agréable à nos enfants. Nous avions eu la chance de trouver une assistante maternelle agréée qui habitait la même rue que ma maman, à quelques dizaines de mètres de chez nous. Même si nous n'avions pas eu pour elle un "coup de cœur" comme pour celle de Naël ou celle de Swann là où nous habitions auparavant, nous étions rassurés par le fait que cette assistante maternelle agréée d'une cinquantaine d'années avait gardé plusieurs enfants du quartier.

Nous lui avons confié Swann pour la première fois le lundi 05 septembre. Elle était rentrée de vacances la veille au soir, et comme nous reprenions tous les deux le travail, nous n'avons pas pu faire de période d'adaptation, mais ça ne nous inquiétait pas, car Swann était un bébé très sociable même s'il avait déjà du caractère, et qui s'adaptait facilement aux nouvelles situations et personnes.

Le lundi 12 septembre au soir, lorsque je rentre du travail, Swann est déjà couché. Mon mari me dit que quand il l'a récupéré chez la nourrice, Swann était complètement épuisé, qu'il a juste pris un petit biberon et s'est endormi dès qu'il l'a couché. Le lendemain matin, notre bébé n'est plus le même. Ce petit bonhomme très tonique qui venait de découvrir les joies du quatre pattes et riait sans cesse aux pitreries de son grand frère, est maintenant un petit être amorphe, qui reste immobile dans son transat et ne babille plus. Naël me dira d'ailleurs : "*c'est bizarre, Swann ne me regarde plus*". Nous mettons ça sur le compte d'un contrecoup tardif du vaccin qu'il a eu trois jours plus tôt, mais le lendemain son état ne s'améliore pas. Swann se nourrit, mais lui qui jusqu'à présent faisait parfaitement ses nuits, se réveille maintenant plusieurs fois dans la nuit en hurlant et en s'agitant, puis s'arrête brusquement et se laisse aller en posant sa tête contre nous. Le jeudi, lorsque je récupère Swann chez la nourrice, il se met à vomir très violemment, en jets. Mon mari est absent, car il est en séminaire, il insiste pour que j'appelle SOS médecins. J'explique au médecin que je ne suis pas une maman qui s'inquiète pour rien et emmène son enfant consulter au moindre rhume, mais que là son comportement est vraiment anormal et que je sais que quelque chose ne va pas. Bien que Swann n'ait ni fièvre ni diarrhées et qu'il n'ait vomi qu'une fois, il diagnostique "*un virus de type gastro*" et me dit que cela va passer tout seul.

Nous ne le saurons que bien plus tard, mais notre fils vient en fait d'être secoué une première fois. Je le garde à la maison le lendemain, et son état s'améliorant un peu durant le week-end, nous le confions à nouveau à l'assistante maternelle le lundi.

Le lendemain, mardi 20 septembre à 14 h, ma mère m'appelle au bureau. En entendant sa voix tremblante, elle qui ne panique jamais, je comprends immédiatement que quelque chose de grave se passe : "*les pompiers sont chez M., Swann ne va pas bien du tout, rentre vite*". Complètement paniquée, la peur au ventre, je saute dans un taxi pour rentrer chez moi, à 45 minutes de route. Durant le trajet ma maman me dit qu'elle a déjà prévenu mon mari et elle me passe un pompier au téléphone qui m'informe qu'ils attendent le SAMU. Un peu plus tard, ma mère me dit que le SAMU vient de faire appel au SMUR pédiatrique. À ces mots je comprends la gravité de la situation. Quand j'arrive sur place, j'ai juste le temps de monter à l'arrière de l'ambulance du SMUR pédiatrique pour voir mon fils quelques secondes avant son départ vers l'hôpital. Mon petit bébé métis que j'appelle parfois "ma petite brioche dorée" est livide, attaché sur une civière, entouré des deux médecins, il gémit sans arrêt et ses yeux font des mouvements continus de gauche à droite. Je lui parle pour le rassurer, je l'embrasse, le caresse, mais ses yeux ne se posent pas sur moi.

Aux urgences de l'hôpital, ce sont au moins cinq médecins et infirmiers qui s'activent autour de notre fils, et à leur attitude on comprend que la situation est urgente. Un scanner révèle des hématomes sous-duraux. On est sous le choc, on ne comprend pas ce que ça signifie, on nous l'explique en termes simples : son cerveau saigne. Quelqu'un a fait du mal à notre bébé, et on sait chez qui ça s'est produit.

Swann est transféré dans l'heure à l'hôpital Necker à Paris. Deux médecins dont un neurochirurgien, nous expliquent très calmement que ce qu'a notre fils est grave, que pour le moment nous ne pouvons pas le voir, car ils doivent stabiliser son état. Je pose alors la question qu'aucun parent ne devrait jamais avoir à poser : "*est-ce que mon fils peut mourir ?*". Ils ne nous répondent pas clairement et nous demandent s'il est arrivé quelque chose à Swann, une chute par exemple. On essaye de se souvenir comment il aurait pu se blesser, et on se rappelle que deux semaines plus tôt il est tombé du canapé en roulant, et la semaine précédente de notre lit sur des coussins posés au sol, des petites chutes pour lesquelles il n'a même pas pleuré. Le chirurgien a une sorte de petit rire nerveux et nous dit qu'en aucun cas de telles chutes ne peuvent avoir ces conséquences, qu'il s'agit forcément d'un choc très violent.

Et nous entendons pour la première fois le terme de "suspicion de Syndrome du Bébé Secoué".

Là c'est le monde qui s'écroule autour de nous, en un instant on bascule dans l'horreur. J'ai l'impression que tout mon corps se liquéfie, mes jambes ne me portent plus. La terreur que l'on peut ressentir à l'idée de perdre son enfant est une chose indescriptible, elle vous paralyse et vous vide de toute substance, c'est un véritable tsunami qui s'abat sur vous.

Mon mari est submergé par la colère et la haine, moi je suis dans une espèce d'état de choc, anéantie par la peur de perdre mon bébé, mais aussi par celle qu'il puisse rester handicapé, car je sais, pour avoir vu une émission sur le sujet, quel genre de séquelles le Syndrome du Bébé Secoué peut causer.

C'est horrible à dire, mais je me souviens très clairement m'être dit ces mots exacts "*je ne veux pas que mon fils soit handicapé*". Je refusais aussi l'idée même de perdre Swann, j'ai pensé à Naël, "*je ne peux pas annoncer une horreur pareille à son frère*". Et je répétais en boucle "*ce n'est pas possible, ça ne peut pas être vrai, pas à nous, c'est un cauchemar, ce n'est pas possible*".

J'ai aussi peur que mon mari ne se renferme sur sa douleur et sa colère, alors que j'ai plus que jamais besoin de lui à ce moment-là. Mais c'est heureusement très unis que nous allons traverser ces mois d'enfer.

On nous laisse rejoindre Swann, il semble dormir, branché de partout au milieu des bips des machines, avec sa tétine et son doudou. Je m'aperçois qu'il a encore sur lui la couverture jaune de la nourrice. Cette vision me donne la nausée, je demande brutalement à l'infirmière de lui enlever immédiatement.

Nous restons à son chevet de longues heures, main dans la main. Le personnel nous observe discrètement, nous savons que nous sommes suspectés.

Swann est opéré dès le lendemain matin pour la pose d'une dérivation sous-duro-péritonéale (DSP) afin d'évacuer le sang présent dans sa boîte crânienne et qui comprime son cerveau. Les scans et IRM réalisés à Necker la veille ont confirmé la présence d'hémorragies rétiniennes et de 2 hématomes sous-duraux bilatéraux d'âge différent.

Nous demandons au chirurgien si ce dont souffre Swann ne peut pas être dû à autre chose que le SBS, une maladie rare par exemple, car il est difficile pour nous d'imaginer que quelqu'un ait pu faire du mal à notre enfant. Mais il nous dit que les analyses ont écarté les autres possibilités et nous confirme le diagnostic de Syndrome du Bébé Secoué.

Nous sommes aux côtés de Swann quand il se réveille de l'opération, très angoissés, car nous ne savons pas dans quel état il va se réveiller. Avec son énorme pansement sur la tête, il ouvre les yeux, tourne son visage vers nous et nous tend la main en essayant de parler, les yeux fixés sur nous. Le soulagement qui nous envahit alors est indescriptible, car nous voyons que notre petit bonhomme est bien présent. Et une ophtalmo nous annoncera une heure plus tard après un fond d'œil que les hémorragies rétiniennes ne lui laisseront par chance pas de séquelles visuelles. Je me rappelle notre étreinte si forte et nos larmes de soulagement. Le seul souci que nous constatons est que Swann ne bouge pas sa jambe et son bras-droit. La mobilité de sa jambe revient dans les heures qui suivent, mais il ne se sert plus de son bras.

L'assistante sociale de l'hôpital nous interroge sur les jours qui ont précédé l'hospitalisation, nous informe de la procédure de signalement mise en place au sein des hôpitaux en cas de suspicion de SBS, et du fait que la Brigade des Mineurs de Paris sera peut-être saisie de l'affaire. Nous pensons naïvement que cela permettra que la personne qui a failli tuer notre fils soit rapidement arrêtée. Nous n'avions aucune idée de l'engrenage socio-judiciaire dans lequel nous allions tomber.

Swann se remet très bien de l'intervention et reprend des forces. Nous passons chaque jour à ses côtés, et nous relayons pour que l'un puisse dormir avec lui quand l'autre rentre s'occuper de notre fils aîné.

La deuxième annonce terrifiante nous est faite par téléphone, une semaine après son opération : une femme me dit d'un ton très froid : "*Mme K je vous informe qu'un Ordre Provisoire de Placement a été décidé et qu'à compter de ce jour votre fils Swann est placé sous la responsabilité des services de l'Aide Sociale à l'Enfance. Dès sa sortie de l'hôpital, il sera placé en pouponnière ou famille d'accueil*". Je suis effondrée, car le matin même les médecins nous ont annoncé que Swann pourrait sortir de l'hôpital dès le lendemain : après la peur de perdre notre bébé au sens propre, c'est désormais celle de le perdre avec un placement. Une heure plus tard, la chance met sur notre chemin une kinésithérapeute qui vient rencontrer Swann, car il a besoin de rééducation pour son bras dont il ne se sert plus. Elle travaille aux Hôpitaux de Saint Maurice et pourrait y accueillir Swann, mais seulement la semaine suivante. Nous la supplions de lui trouver une place, car sinon notre fils nous sera enlevé. Sensible à notre détresse, elle obtiendra une place dès le lendemain.

De cette semaine à Necker je garde certains souvenirs très précis, et d'autres sont très flous. Je me souviens de la grande cour de l'hôpital où je restais de longues minutes pour sortir prendre l'air quand j'avais l'impression d'étouffer de chagrin et de colère. J'y ai beaucoup pleuré, avec cette impression d'être assommée, dans une sorte de brouillard, comme anesthésiée. Je me rappelle avoir pensé que je n'allais pas tenir le coup, que je n'y arriverai pas. Puis je pensais à mon petit guerrier de 11 mois qui, lui, se battait dans sa chambre d'hôpital.

Swann est ensuite hospitalisé aux Hôpitaux de Saint Maurice dans le service de rééducation des pathologies neurologiques acquises de l'enfant : traumatisés crâniens, AVC, tumeurs cérébrales, et victimes du SBS entre autres. Je souhaite rendre ici hommage aux membres du personnel qui s'occupent de ces enfants si durement éprouvés par la vie, même si le poids de la suspicion dans le regard de certains soignants a été très difficile à vivre.

L'OPP nous interdit d'être seuls avec lui, nous ne pouvons pas aller le chercher dans son lit quand il se réveille de la sieste, nous devons demander à quelqu'un de nous accompagner pour aller le changer, nous ne pouvons pas lui donner son bain, ni sortir nous promener avec lui dans le parc de l'hôpital. Nous y restons du matin au soir pour pouvoir passer seulement 2 h 30 à ses côtés, durant les repas et les temps de jeu, toujours sous la surveillance du personnel médical. Swann mange peu, ne sourit que rarement, dort mal. Chaque soir le moment de le quitter est un véritable déchirement, mais nous devons rentrer pour Naël.

Swann rentrera à la maison le 10 novembre 2016. En tout ce sont 52 jours que Swann passera hospitaliser loin de son cocon familial, 52 jours durant lesquels nous avons perdu nos droits de parents, 52 jours de vie sous surveillance insupportables pour des parents innocents.

Du point de vue judiciaire, après des appels quotidiens de notre part pour être entendus, la Brigade des Mineurs de Paris nous auditionne enfin le 04 octobre, 2 semaines après les faits. Malgré le risque de mise en garde à vue dont notre avocate nous avait avisés, j'avais hâte de pouvoir enfin être entendue, de ne plus subir, mais agir. Ce furent trois heures d'audition éprouvantes, mais nous en sommes sortis soulagés, contents de voir enfin les choses bouger.

Trois semaines après nos auditions, trois policiers de la Brigade des Mineurs viendront faire des constatations à notre domicile, un moment pénible et humiliant, où vous vous sentez obligés de vous justifier pour tout et de faire bonne impression auprès de ces policiers qui vous soupçonnent de la pire des choses, avoir fait du mal à votre enfant.

Notre première rencontre avec la Juge pour Enfants fut un très grand stress, car c'est à elle que revenait la décision de prolonger ou suspendre l'Ordre Provisoire de Placement, ou de prononcer un placement qui pourrait durer plusieurs semaines voire plusieurs mois. Nous avons eu l'immense chance d'avoir la Juge X. : elle a à peu près le même âge que nous, la retenue et la distance propres à sa fonction, mais elle fait preuve d'une très grande franchise et nous dit des choses difficiles à entendre, certes, mais avec bienveillance. Nous devons beaucoup à cette Juge, c'est en partie grâce à elle que nous n'avons pas complètement sombré. Elle a choisi de se fier à son instinct, de prendre un risque personnel en ne plaçant pas notre fils. Elle a maintenu l'OPP le temps de son hospitalisation en rééducation, après quoi elle nous a rendu notre fils avec la mise en place d'une AEMO (Assistance Educative en Milieu Ouvert) encadrée par L'ASE (Aide Sociale à l'Enfance).

L'ASE... Une épreuve supplémentaire pour des parents innocents et aimants. Une plongée dans un monde inconnu, celle des familles en difficultés, loin de notre vie avant tout ça. Depuis que l'OPP a été prononcé, deux éducatrices sont en charge de notre dossier. Mme A est douce, elle nous rassure en nous disant qu'elles sont là pour nous accompagner, et nous dira à plusieurs reprises qu'elle est embêtée avec notre dossier, car elle n'a rien à nous apprendre sur notre façon d'éduquer nos enfants. Mme D est une jeune femme très sûre d'elle, limite agressive dans sa façon de parler. Elle a déjà eu un cas de bébé secoué, et depuis le début elle nous dépeint un tableau des plus noirs : placement inévitable durant plusieurs mois, procédure très longue et difficile…Elle semble désagréablement surprise quand la Juge des Enfants ne prononce pas de placement, à chaque bonne nouvelle elle nous dit de ne pas nous réjouir trop vite. Elle me dira que nous avons choisi très rapidement l'assistante maternelle (sous-entendant que nous avons une responsabilité dans ce qui est arrivé, alors qu'il s'agissait d'une assistante maternelle agréée).

Et surtout, elle me soupçonne d'être la coupable. Elle ne le dira jamais clairement, mais son attitude et ses questions pernicieuses à mon encontre ne nous laissent aucun doute. Elle mentionnera dans un rapport à la Juge que je suis "*fuyante, plus préoccupée par les faits et gestes de son fils que par nos questions lors du rendez-vous*". Swann marchait depuis quelques jours, j'avais très peur qu'il ne tombe et ne se cogne, alors qu'il avait été opéré une seconde fois deux semaines plus tôt. Cette seconde opération, totalement imprévue, avait eu lieu le 21 décembre suite à une IRM de contrôle qui avait révélé un saignement nécessitant la pose d'une deuxième dérivation. L'assistante sociale de l'hôpital avait informé Mme D que ce saignement était une conséquence des hématomes sous-duraux initiaux et en aucun cas dû à un nouveau secouement : Mme D l'avait alors menacée par téléphone de placer Swann le jour même dans une famille d'accueil qu'elle avait déjà trouvée, si le neurochirurgien ne l'appelait pas en personne pour le lui confirmer. Donc oui, lors du rendez-vous en question, je n'avais aucune envie d'adresser la parole à cette femme qui jouissait d'une façon sadique du pouvoir qu'elle avait sur les familles qu'elle était censée aider. Mais quand vous êtes soupçonnés de maltraitance sur votre enfant, vous apprenez à vous taire et à encaisser en silence.

L'autre victime collatérale de ce drame est notre fils aîné, Naël. Il avait moins de 6 ans au moment des faits, venait d'entrer deux semaines plus tôt au CP, dans une nouvelle ville, dans une nouvelle école où il ne connaissait personne. C'est un petit garçon intelligent et très sensible, très complice avec son petit frère. Nous avons toujours beaucoup parlé avec lui, et lui avons donc tout dit de ce qui arrivait à son frère, avec des mots adaptés. Tout, sauf l'OPP, car comment expliquer à un petit garçon que la justice peut priver des parents aimants de leur bébé maltraité par une tierce personne ? Nous ne voulions pas qu'il craigne lui aussi de nous être retiré, nous ne voulions pas ajouter de l'angoisse à sa peine. Durant toute l'hospitalisation de Swann, c'est ma maman, en face de qui nous sommes venus vivre et dont Naël est très proche, qui a pris soin de lui. Ma mère a été mon autre pilier durant ces longs mois, je lui dois énormément, elle a toujours été une formidable maman et elle est une merveilleuse mamie.

Sur demande de la Brigade des Mineurs, Naël a dû passer une visite médicale à l'Unité Médico Judiciaire de l'Hôtel Dieu à Paris, 1 h durant laquelle deux médecins lui ont posé de nombreuses questions et ont observé chaque centimètre de son corps pour vérifier l'absence de traces suspectes.

Un soir, alors qu'il s'amuse à sauter sur le lit au risque de tomber, je lui crie de s'arrêter et je vois qu'il ne comprend pas la violence de ma réaction. Je craque et en pleurs, je lui dis qu'il ne faut pas qu'il se blesse, que sinon ils risquent de penser que nous lui avons fait du mal comme à son frère. Je sais que je ne devrais pas lui faire part de mes peurs d'adulte, mais les mots m'ont échappé. Je me souviens de mon petit homme qui me prend dans ses bras, et me répète doucement à l'oreille en me berçant : "*chut, ne t'inquiète pas maman, ça va aller*".

Quand nous retrouvions Naël le soir, nous avions beau essayer d'agir comme d'habitude, de parler avec lui de sa journée, il n'était pas dupe et voyait bien que nos pensées allaient vers son petit frère. Son sixième anniversaire s'est fait autour d'un fast-food acheté à la va-vite, avec un cadeau que ma mère a acheté pour nous. Et lui qui avait très bien vécu l'arrivée d'un petit frère dans sa vie, a assez mal vécu son retour à la maison après presque 2 mois d'absence : il nous a reproché, sans doute à juste titre, de nous occuper plus de Swann que de lui. Nous avons aussi dû dire à notre petit garçon que les policiers feraient tout pour arrêter la personne qui a fait du mal à son petit frère, mais que, contrairement à ce que l'on dit habituellement aux enfants, dans la vraie vie les méchants ne sont pas toujours punis. Cette femme a enlevé aussi une part d'innocence et d'insouciance à mon grand garçon.

Nous avons également rencontré d'autres difficultés, plus terre à terre. Mon mari et moi avons été en arrêt maladie pendant plus de 2 mois pour pouvoir nous occuper de Swann à l'hôpital, nos employeurs étaient au courant de l'épreuve que nous traversions. Mon mari a découvert par la suite que son patron avait essayé de l'écarter durant son absence, et s'est entendu dire à son retour qu'il aurait dû appeler le bureau chaque jour, que ça lui aurait "*changé les idées*". Ma directrice, alors que Swann risquait d'être placé dans les heures à venir et que je n'avais même pas la force de parler à mes proches, m'a laissé un message me demandant de "*trouver le temps de briefer (ma) collègue sur (mes) méthodes de travail*". J'ai pris un congé parental d'un an pour garder Swann, le jour de mon retour au bureau j'ai découvert que j'avais perdu toutes mes responsabilités et les clients dont j'étais en charge depuis 6 ans. Je l'ai clairement ressenti comme une double peine, "punie" pour avoir fait passer sans aucune hésitation ni regret ma famille avant mon travail.

Ce congé parental nous a aussi plongés dans de grandes difficultés financières qui nous ont contraints à demander une place en crèche pour que je puisse reprendre mon travail au bout d'un an.

Bien que nous ayons eu un rendez-vous avec le Maire pour lui expliquer ce que Swann avait subi, cette place nous a été initialement refusée. La lettre de refus nous invitait à contacter les assistantes maternelles disponibles, liste sur laquelle nous avons découvert stupéfaits le nom de celle qui gardait Swann. À cette époque-là elle n'était pas mise en examen, elle avait donc récupéré son agrément après en avoir fait la demande. Voir son nom sur cette liste fût un choc psychologique violent, me donnant une fois de plus le sentiment de non-reconnaissance de la gravité de ce qu'avait subi Swann.

L'assistante maternelle habitant à quelques dizaines de mètres de chez nous, il ne se passe pas une semaine sans que nous ne l'apercevions ou l'entendions vivre sa vie comme si rien ne s'était passé. C'est extrêmement difficile à vivre, certains jours plus que d'autres.

Elle est mise en examen depuis juin 2017, elle n'a rien avoué malgré 2 gardes à vue. Le dossier est depuis entre les mains d'une Juge d'Instruction, nous savons qu'il faudra encore patienter pour que les choses avancent. Mais nous avons appris à être patients. Ma plus grande crainte est que l'affaire soit classée sans suite, comme c'est malheureusement souvent le cas. Comment gérer une telle injustice ? Comment expliquer cela à Swann lorsqu'il grandira ? Qu'en France, pays des Droits de l'Homme, une personne peut brutaliser un bébé au risque de le tuer sans qu'elle ne soit punie ? Et que même lorsque les coupables sont condamnés, les peines sont dérisoires ?

Nous avons dû apprendre à gérer et canaliser nos émotions, en tous cas nous essayons.

La culpabilité de n'avoir pas su protéger notre bébé, de l'avoir mis nous-mêmes entre les mains d'une personne qui lui a fait du mal, au moins à deux reprises en seulement onze jours de garde. La colère que nous devons combattre chaque jour, particulièrement mon mari.

Le ressentiment que j'ai à l'égard de certains proches dont j'attendais plus, même si d'autres au contraire nous ont montré tout leur amour. Nous avons entendu des choses blessantes, même si je sais qu'il s'agit de maladresses : "*mais vous ne vous êtes doutés de rien quand vous alliez le chercher chez elle ?*", "*je ne sais pas comment vous faites, moi à votre place je l'aurais tuée*", "*Swann va bien, il n'a rien*"......

Oui Swann va bien pour le moment, il évolue comme tous les autres enfants. Alors les gens pensent que tout va bien, qu'il faut passer à autre chose, arrêter d'en parler autant, tourner la page et reprendre une vie normale. Mais la réalité c'est que rien n'est plus normal, il y a un "avant" et un "après". Swann a subi un grave traumatisme crânien, dont on ne sort pas indemne.

Il est entré en maternelle l'année dernière, nous avons informé sa maîtresse de ce qu'il a subi, non pas pour qu'elle le traite différemment des autres, mais pour qu'elle soit plus particulièrement attentive à son comportement et à ses progrès. Elle nous a alertés sur des soucis de motricité fine, et il doit donc faire des séances de psychomotricité. J'ai parfois l'impression que certains ont oublié ce qui s'est passé, que c'est de l'histoire ancienne pour eux. Mais moi il ne se passe pas une seule journée sans que je pense à ce qu'il a subi. Je vois sa cicatrice au nombril chaque jour quand je lui fais prendre sa douche, je vois ses cicatrices à la tête chaque fois qu'on lui coupe les cheveux. Swann fait beaucoup de colères, ne tolère pas la frustration. À chaque crise je me demande si c'est lié au SBS, comme cela peut l'être, ou si c'est juste son caractère comme beaucoup de personnes me le disent.

Cette impression d'être seuls au monde, d'être incompris est omniprésente depuis le premier jour. J'ai découvert par la suite que je n'étais pas seule à vivre ça, qu'il y avait malheureusement beaucoup de parents qui me comprenaient, car eux aussi avaient connu cet enfer sur terre.

Je me suis renfermée sur notre noyau familial, éloignée de beaucoup de mes proches. Je supporte difficilement les plaintes des gens pour des détails qui me semblent désormais très futiles, je relativise à l'excès. Je me suis résignée à ne jamais savoir ce qui s'est passé : pourquoi s'en être pris à mon petit bonhomme si drôle et attachant, qu'est-ce qui a bien pu déclencher une telle violence, à au moins deux reprises ? Si la personne coupable avait avoué dès le début, cela aurait évité à notre famille de nombreux traumatismes. Si elle avouait maintenant, cela me soulagerait dans un sens car sa culpabilité serait révélée aux yeux de tous, mais je n'ai pas envie de connaître le déroulement et les détails de ce que mon bébé a subi, et rien ne saurait excuser les maltraitances qu'elle lui a infligées.

Trois ans ont passé à l'heure où j'écris ces lignes. Je pensais avoir surmonté tout ça, mais ce n'est pas le cas. Chaque moment heureux avec Swann (quand il danse dans les fêtes de famille, la première fois qu'il a mis ses pieds dans le sable et la mer, quand il nage tout fier dans le grand bain avec ses petits brassards.) me met les larmes aux yeux, car cela me rappelle douloureusement que cette personne aurait pu nous priver de tout cela. Il ne se passe pas un jour sans que je regarde mon petit guerrier comme un vrai miracle. J'ai changé, je ne serai jamais plus la même. Comme Swann ne sera jamais celui qu'il aurait dû être.

Nous avons vécu neuf mois d'enfer, libérés par la mise en examen de cette femme … neuf mois…Tout un symbole.

Malgré tout ça, même si cela peut paraître étrange alors que notre fils a failli mourir, nous nous répétons très souvent que nous avons eu de la chance. Celle que notre bébé survive. Celle qu'à ce jour aucune lourde séquelle ne soit constatée. Celle d'avoir eu une Juge pour Enfants pleine d'humanité qui nous fasse confiance. Celle que Swann n'ait jamais été placé en pouponnière ou famille d'accueil. Celle que l'expertise médicale soit faite rapidement et par une experte renommée, permettant la mise en examen de l'assistante maternelle et l'arrêt du suivi de l'ASE, une vraie libération pour nous. Celle que notre couple en sort plus uni. Celle de pouvoir chaque jour voir nos deux garçons jouer, courir, se disputer, rire, chanter, danser, vivre.

Oui, nous avons eu de la chance.

TOM

Voici la très courte histoire de notre fils TOM, 4 mois de vie...

Quelques éléments de contexte permettant de mieux comprendre comment nous sommes arrivés à devoir choisir cette nourrice, présumée coupable à ce jour.

Tout d'abord, pour notre aîné B né en 2012 (2 ans au moment des faits), mon épouse et moi-même avions décidé de prendre une assistante maternelle qualifiée comme mode de garde, car nous avions très peu de chance d'avoir une place en crèche là où nous habitions.

Lorsque, aux alentours de novembre 2013, nous avons su qu'un petit frère/sœur pointerait le bout de son nez en juillet 2014, nous avons immédiatement prévenu notre nourrice pour qu'elle nous réserve la dernière place disponible. En plus de ses 3 enfants, elle gardait déjà 1 autre enfant.

Malheureusement, 6 mois avant la naissance de TOM, malgré son accord verbal, notre assistante maternelle nous a fait faux bond au profit de l'autre maman attendant elle aussi un bébé pour fin 2014.

Et nous voilà repartis à trouver une nourrice/structure pouvant accueillir notre aînée et son futur frère... Après de nombreux contacts, une centaine d'appels téléphoniques, visites et beaucoup d'horreurs, nous hésitons entre un relais d'assistante maternelle et Mme X, assistante maternelle qualifiée depuis 2006. Après 24 h de réflexion, nous décidions de prendre Mme X, la maison est propre, bien entretenue et la personne semble dynamique. Le contrat d'accueil enfin signé, une épine du pied en moins, nous allons enfin profiter de cette grossesse et pouvoir trouver une maison pour accueillir toute la famille...

Et le 7 juin 2014, 1 mois en avance, arriva un bébé magnifique : TOM. Les jours et nuits se succédèrent alternant biberons et bricolage dans la nouvelle maison. Un quotidien digne de « la petite maison dans la prairie », un rythme à 4 vite trouvé grâce à un bébé vraiment facile, du bonheur, de la joie agrémentée par les couches, biberons et bonne fatigue... Un équilibre parfaitement épanouissant.

Arrivée à la fin août prise de contact avec la nouvelle assistante maternelle Mme X pour organiser la prise en charge des 2 enfants et définir le temps d'adaptation pour eux deux.

L'adaptation s'est faite sur 15 jours de façon tout à fait classique, en augmentant progressivement le temps de présence des enfants chez elle. Selon ses dires, tout se passait très bien et les enfants étaient fantastiques. Dès le 15 septembre, ma femme reprenant le travail, les enfants sont accueillis au domicile de Mme X de 8 h 30 à 18 h 30, 4 jours par semaine. D'après elle les journées se passent bien.

Le vendredi 19/09 je vais pour la première fois chercher les enfants chez elle. Je les retrouve dehors malgré la fraîcheur et TOM est TRÈS blanc, elle m'explique rapidement que Tom ne va pas bien depuis midi. Je mets Tom dans son cosy sur le pas de la porte. Tom régurgite. Je mets la famille dans la voiture et elle tourne le dos avant même que j'ai terminé.

Arrivé à la maison, je laisse Tom dans son cosy en train de dormir. À son réveil, je le prends il vomit dans mes bras. Je commence à le changer, ma femme arrive du travail et nous décidons d'aller chez le médecin le lendemain matin. Le biberon du soir fut également accompagné de vomissement. Très inquiet et pour pouvoir le surveiller dans la nuit, TOM dormit à côté de nous dans sa nacelle cette nuit-là.

Le lendemain matin le médecin pose le diagnostic d'une simple pharyngite. Le week-end se passe relativement bien avec un seul épisode de vomissement dans la nuit du samedi au dimanche.

Le lundi 22/09 : retour chez la nourrice, TOM va mieux. Je vais chercher Tom pour la seconde fois et cela se passe mieux malgré une remise des enfants plutôt expéditive.

Le mercredi 24/09 dans la matinée ma femme reçoit un SMS de Mme X expliquant que Tom pleur beaucoup, le midi elle appelle la nourrice par téléphone qui la rassure et lui dit que tout va bien, mais que Tom ne boit pas bien ses biberons. Face à ces symptômes persistants pour une simple pharyngite, ma femme tente de joindre notre médecin généraliste et le pédiatre tous 2 absents ; dans l'inquiétude elle décide de demander à mes beaux-parents de récupérer TOM pour l'emmener aux urgences. Lorsque mes beaux-parents le récupèrent, Tom est livide et complètement hagard. Arrivé aux urgences, il est immédiatement perfusé, car complètement déshydraté. Le soir même Tom passe une échographie abdominale pour écarter une éventuelle sténose du pylore ou invagination intestinale ; l'échographie est normale, le diagnostic tombe : gastroentérite...

Le lendemain je rentre en catastrophe de Paris (en déplacement depuis le 23). Nous nous relayons au chevet de Tom jour et nuit et vendredi midi notre petit bonhomme refait surface, se remet à sourire, arrête de vomir et fait des gazouillis à tout va.

Le samedi 27/09 nous sommes autorisés à rentrer à la maison, le cœur bien plus léger d'avoir retrouvé notre fils tel que nous le connaissions avec tout de même une suspicion d'allergie aux protéines de lait de vache et la prescription d'un lait adapté.

Le dimanche 28/09, TOM avait retrouvé son sourire, la journée était ensoleillée, parfaite. La dernière d'une vie normale à 4, mais ça nous ne le savions pas encore.

Le lundi 29/09 ma femme dépose les enfants chez Mme X à 8 h 30 avant d'aller au travail. Je décide de prendre mon lundi pour jardiner et me changer les idées après ces 3 jours à l'hôpital. Dans la matinée elle prend contact avec l'assistante maternelle pour savoir si tout va bien, pas de soucis selon elle mis à part le fait que Tom pleure beaucoup.

À 14 h 30 notre vie bascule, Mme X appelle ma femme sur son portable pour lui dire que Tom ne va pas bien du tout et lui demander ce qu'il faut faire, ma femme lui répond d'appeler immédiatement le SAMU, Mme X ne connaît pas le numéro du SAMU..., c'est ma femme qui lui indique que c'est le 15. Elle raccroche et part en trombe chez la nourrice, m'appelle au passage et me laisse un message, TOM ne va pas bien du tout. Il a fait un arrêt cardiaque. J'arrête tout et fonce chez elle.

Arrivé sur place avant les pompiers ma femme trouve Tom allongé sur un lit d'adulte, sur le côté excessivement pale et en couche, Mme X est au téléphone avec le médecin du SAMU. Elle passe le combiné à ma femme qui constate, avec l'aide du médecin régulateur, que notre fils est en arrêt cardiorespiratoire. Ma femme commence alors un massage cardiaque sur son propre fils jusqu'à l'arrivée des pompiers qui prendront le relais.

En parallèle, lors de mon arrivée en voiture je croise le SAMU que je laisse passer et le suis jusqu'au chevet de mon fils. Je le découvre, alors en couche allongé sur la table basse, un pompier en train de faire un massage cardiaque, mon épouse en état de choc. À ce moment-là, peu d'attention envers la nounou. Ma priorité était mon fils.

Après de longues minutes de massage et injection d'adrénaline, le cœur de notre fils redémarre... Une seconde équipe du SAMU arrive en hélicoptère et l'héliporte à l'hôpital adéquat le plus proche.

Dans l'incapacité totale de conduire c'est mon beau père qui nous conduit à l'hôpital à 1 heure de route. Arrivés sur place nous découvrons Tom intubé, perfusé et "monitoré" de la tête au pied, complètement immobile, ne respirant plus seul... dans le coma. On nous explique alors que l'attente va être longue avant de savoir quelles seront les séquelles définitives au niveau cérébral suite à son arrêt cardiaque.

Tom passera dans la nuit une première IRM et d'autres examens le lendemain notamment un examen ophtalmologique poussé.

Le mardi soir, la deuxième claque arrive de plein fouet, en entretient avec le pédiatre et l'infirmière pour faire un premier bilan, ces derniers m'annoncent qu'à la suite des premiers examens l'arrêt cardiaque de Tom faisait suite à un secouement d'une extrême violence et qu'ils avaient détecté au moins un épisode antérieur : notre fils était non pas malade, mais une victime du syndrome du bébé secoué.... J'ignorais alors tout de ce syndrome et de la violence d'un tel acte.

Pendant cette première semaine à tour de rôle mon épouse et moi-même restions nuit et jour à côté de TOM... Nous alternions nos seuls moments hors de l'hôpital entre notre aîné, la police pour porter plainte et les auditions. Nous avons bien évidemment coupé immédiatement tout contact avec Mme X malgré ses harcèlements téléphoniques.

Lors de la 2e semaine, l'absence de TOM, de ses parents (1 jour sur 2 il avait son papa ou sa maman), malgré la présence de ses grands-parents venus d'urgence nous seconder, le comportement de notre aîné s'est largement modifié. Sur le conseil de l'hôpital, nous avons emmené notre aîné voir son frère pour qu'il réalise situation et, afin de souffler nous aussi pour tenir le coup face à ce marathon émotionnel, nous primes la décision de rester le jour à l'hôpital et la nuit à la maison.... Et nous retrouvâmes notre aîné comme « avant ».

Durant ces quinze jours nous avons appris le suicide du mari de Mme X, ce qui faillit entraîner la perte de mon poste celui-ci travaillant dans la même entreprise que moi, la direction a pris peur….

Durant ces quinze jours, nous avons aussi attendu de savoir si un jour Tom allait rouvrir les yeux et dans quel état il serait en mort cérébrale

Le vendredi 10 octobre au soir, ultime convocation des médecins après une dernière IRM, les médecins nous ont alors confirmé que le cerveau de notre fils était détruit à 95 % seules les fonctions vitales cardiaques et respiratoires étaient maintenues, car le tronc était intact. Il n'y avait aucune chance de récupération possible. La seule chose que l'on pouvait désormais faire était de choisir la date et l'heure où nous souhaitions le débrancher et le laisser partir…

Le dimanche 12 octobre dans l'après-midi Tom a été désintubé sous morphine pour ne pas souffrir. Après 2 heures d'agonie… TOM est décédé dans nos bras.

La suite de notre nouvelle vie s'articula à donner du sens à la vie pour notre aîné et à rester soudés dans ces moments difficiles… et l'attente d'un signe de la justice.

Grâce à l'hôpital, nous avons réussi à obtenir une place en crèche pour notre aîné…plus possible de faire confiance à une nourrice. Me voilà à amener mon fils à la crèche et à le voir pleurer de douleur de le laisser seul chez eux. Vous n'imaginez pas la douleur de voir ces pleurs et la douleur de mon fils. Une douleur en plus de la douleur…

Sur l'aspect judiciaire :

Dès connaissance que TOM avait subi le SBS mon épouse a porté plainte et nous avons arrêté tout contact avec elle. J'ai été également entendu par la police. Une chance pour nous, l'hôpital a communiqué à la police que l'arrêt cardiaque était dû à un secouement qui avait eu lieu maximum 30 min avant. Cela nous a probablement évité une mise en garde à vue traumatisante et le retrait de notre aîné par mesure préventive.

La nourrice a été mise en garde à vue, mais a refusé de répondre à la police. Elle a été libérée suite à la garde à vue par manque d'éléments probants quant à sa culpabilité réelle (elle ou une autre personne présente au moment des faits).

En parallèle, c'est nous qui avons mis au courant la PMI de la situation pour que son agrément soit suspendu, oui car c'est aux parents de les informer… et nous avons mis fin au contrat pour nos 2 enfants sinon nous devions continuer à payer… Chèque à 4 chiffres envoyés qu'elle s'est empressée d'encaisser…

L'autopsie n'ayant pas donné plus d'éléments, une expertise a été demandée. Après 4 mois d'attente, celle-ci a confirmé que TOM avait bien subi des secouements : 3 fois !! en 10 jours.

Suite à la conclusion de l'expertise, nouvelle garde à vue de la nourrice et malgré l'expertise, elle refuse toujours de parler, mais fut enfin mise en examen et sous contrôle judiciaire.

Une contre-expertise a été demandée par la défense. Contre-expertise qui a confirmé les résultats de l'expertise et sans équivoque.

À ce jour, bientôt 4 ans après les faits elle a avoué 2 secouements sur les 3 et est toujours libre. L'instruction est maintenant terminée et nous attendons le procès.

Voilà les faits… et notre vie est restée et reste rythmée par ce drame… Presque 4 ans ponctués par des rendez-vous chez le psy ou l'orthophoniste pour notre aîné, 2 grossesses avec un suivi psychologique…

Nous avons dû adapter/modifier notre vie du fait que nous n'arrivons plus à faire confiance. Nous avons mis nos enfants en école privée, seule structure garantissant, périscolaire, cantine et éducation… au même endroit ; impossible de laisser notre fils prendre le bus…

Nous avons dû nous résigner à ne pas aller dans la ville où elle réside, pourtant la plus proche de la nôtre, par peur de la rencontrer ou vérifier dans un parking si on ne voyait pas sa voiture…

Nous sommes toujours incapables de faire garder nos enfants par d'autres personnes que nos parents très proches.

Toujours en alerte afin de s'assurer que rien ne puisse leur arriver…

Entretenir sa tombe… un crève-cœur à chaque visite

Ces 3 actes ont à tout jamais profondément changé notre vie et nous savons déjà qu'aucun deuil définitif n'est possible. Nous avons dû réapprendre à vivre, nous réparer, c'est comme une « 2e naissance », une naissance bancale à 38 et 30 ans où nous avons perdu notre insouciance et notre sérénité.

… quelques mois ont passé depuis notre premier témoignage et le procès a eu lieu mi-octobre 2018 : condamnation de la nourrice pour ses 3 actes de maltraitances à 7 ans de prison ferme et 5 ans d'interdiction d'exercer….

À toi notre fils, TOM…

ZACH

Mon bébé avait cinq mois et demi lors des faits. Il est né le 19 mars 2017 né pré-éclampsie par césarienne urgence à 8 mois, un beau petit bébé en parfaite santé qui ne pleurait pas pour rien. Il rigolait il souriait, bref un vrai petit amour de ma vie ...

J'ai décidé, par obligation financièrement, de reprendre le travail. Nous avions trouvé une nounou qui pouvait nous prendre notre bébé début septembre. Et jusqu'à cette période, nous avons décidé qu'il serait gardé par le papa, qui ne travaillait pas pour le moment.

Le papa et moi nous vivions ensemble, tout se passait parfaitement bien, nous commencions une vraie vie de famille ensemble tous les trois. Le 22 août je reprends le travail bien sûr avec l'appréhension : est-ce que tout va se passer correctement, car c'est le papa qui le garde toute une journée pour la première fois ... Effectivement tout s'est bien passé j'étais ravie et légèrement rassurée...

Le mercredi, son papi et sa mamie décident de le garder toute la journée, c'est avec plaisir que je leur confie mon fils. Le jeudi, je ne travaillais pas et j'avais devant moi toute une journée avec mon petit bébé... génial... Malheureusement je ne le savais pas, mais c'était la dernière journée auprès de lui...

Le lendemain le vendredi 25 août, je reçois un coup de téléphone alors que je suis au travail, mon conjoint me dit que notre bébé est inconscient et qu'il ne bouge plus qu'il a appelé les pompiers, je pars du travail, j'arrive directement à l'hôpital le voyant avec tout ce matériel médical et tous ces professionnels, infirmiers, médecins autour de lui.... Mon cœur s'effondre ...

L'hôpital décide de l'emmener à un autre hôpital spécialisé pour les enfants qui diagnostique un hématome sous dural au cerveau... nous ne comprenons exactement ce que cela signifie. Les jours passent ... je suis anéantie... Mon cœur, ma vie tout s'est arrêté ce jour-là !

Le dimanche, l'hôpital fait un signalement au Procureur auquel nous avons été convoqués le jour même pour nous auditionner. On nous demande si quelqu'un a pu faire du mal à notre bébé ...c'est pour moi impensable ! Qui ? Comment ? Ou ? Que s'est -il passé ??

Être dans cette incompréhension totale c'est tellement horrible je commencer à devenir folle !

J'avais le soutien de mon conjoint, je me suis dit qu'on allait combattre et vaincre c'est situation ensemble qu'on allait s'en sortir lui et moi, qu'on est dans la même situation, que nous nous comprenons, même si nous ne nous parlions pas ..

Lundi, ce fut le jour des révélations : j'apprends des enquêteurs que mon conjoint aurait avoué un « accident »... Comment ? Pourquoi ? J'ai ressenti à ce moment-là , comme une avalanche avec tout qui s'écroule ...comme si vous étiez pendant un long moment en apesanteur et à ce moment tout vous tombe dessus en cascade, je tombe de haut ! Mais j'ai ressenti aussi à ce moment-là un soulagement .. Celui de savoir enfin ce qui c'était réellement passé et de comprendre ce qui lui est arrivé .. Mais j'ai eu aussi énormément d'incompréhension à l'égard de mon compagnon : pourquoi n'a-t-il pas avoué depuis le début, pourquoi mentir encore à l'heure actuelle dès que je lui pose une question ?

Ce mardi je me retrouve seule, car il part en garde à vue ... je suis perdue, anéantie... que faire ?

Je vais au chevet de mon bébé qui est dans le coma. Mon amour de ma vie. Branché de partout, tuyaux, les bruits les sons les odeurs, ne réagissant pas, mon bébé à moi ...Par la suite nous apprenons qu'effectivement que son papa, que mon conjoint que j'aimais, avait secoué son propre enfant, mon enfant.

Encore un coup de massue !

Nous sommes jeudi 31 août . Un appel de l'hôpital me prévient que l'état de mon fils s'est dégradé. On me le met dans mes bras et celui à qui j'ai donné la vie, à qui j'ai tout donné, dont j'étais si fière, avec qui je me suis battue ces derniers jours ... Mon bébé s'éteint dans mes bras...

Son cœur a commencé à battre dans moi et s'est arrêté avec moi dans mes bras ... Ma vie s'est arrêtée, ma vie est depuis dans un black-out total.

L'incompréhension face au geste de son père est totale. Je n'ai plus aucun contact avec lui, car il est en prison et je n'ai plus le droit de communiquer avec lui je me suis porté partie civile.

J'ai tout perdu... mon bébé, mon conjoint...

Mon ressenti à l'heure d'aujourd'hui reste cette incompréhension et de la peine, une infinie tristesse .. Mais je ne suis pas en colère ... je ne sais pas pourquoi, mais c'est très dur il y'a des jours où ça va. Et des jours où je me dis ce n'est pas vrai, ce n'est pas possible ! Je veux retrouver mon bébé... j'aimerais tellement l'avoir dans mes bras.

Je suis inscrite sur des groupes sur Facebook, sur des forums sur Google, j'avais entendu parler du syndrome du bébé secoué, mais vraiment rapidement et brièvement. Avec le recul je sais combien c'est important d'en parler, même en maternité ... moi, je n'ai eu aucune prévention là-dessus... ils devraient en parler davantage, car ce n'est pas forcément les nounous ou d'autres professionnels qui comète ces actes. Ça peut être n'importe qui, la famille, un parent... On devrait nous aider à savoir quoi faire quand notre bébé pleure, comment réagir......

Je donne mon témoignage, car malheureusement cela peut arriver à tout le monde... mais malheureusement je n'aurais jamais pensé qu'un jour je serais concerné, c'est impensable inimaginable...

Je suis effondrée, mais mon entourage mes parents aussi.

Moi j'essaie d'être forte, de tenir le coup et c'est difficile, car je suis enceinte du même père ... Nous avions appris ma grossesse juste deux semaines avant que le drame ne se passe cela n'était pas prévue. Je ne peux pas baisser les bras et ne pas être forte... je dois me battre pour lui. Avec toujours cette peur qu'il lui arrive quelque chose pendant ma grossesse. Je n'ai pas décidé d'être suivie. Je me bats seule. Avec mon bébé dans mon ventre, je vais voir mon premier bébé au cimetière une fois par semaine pour renouveler les fleurs.

Il restera à jamais dans mon cœur.

Ma grossesse n'a pas été facile née à sept mois grand prématuré, deux mois à l'hôpital, en réanimation, avec les tuyaux, je me dis que je revis cette même scène, mais tout vas bien pour lui à l'heure d'aujourd'hui ...

En juin 2019 le procès a eu lieu, trois jours intenses en cours d'assises, je me retrouve face à mon conjoint que je n'ai pas revu depuis deux ans, il n'a même pas eu un regard vers moi la tête baissée tout au long du procès. Les résultats du procès après ces trois jours ont été une condamnation à huit ans de prison ferme...

Est-ce que cela me convient ? Je ne demande pas qu'il prenne 8-10-20 ans de prison, cela ne changera rien à cette situation, ce qui est fait est fait... on ne pourra jamais me rendre mon enfant.

Voilà mon petit témoignage si cela peut servir pour sauver des bébés innocents et sans défense ...

J'aurais bien sûr préféré lire des témoignages, que moi de témoigner....

Merci à vous.

ZÉHLIA

Témoignage de sa mamie.

Le choc de l'annonce...

Fin janvier 2012, mon portable vibre. Un SMS de mon fils s'affiche : « ta petite fille est malade. Elle rend. Elle a une gastro. » Une bouffée d'angoisse m'envahit.
Le coup de fil que je passe, le soir, ne me tranquillise pas. Zéhlia a commencé à rendre son biberon par jets chez la nourrice, il n'y a pas de diarrhée.
Les vomissements durent plusieurs jours puis s'étiolent.... Mon instinct me souffle que quelque chose ne va pas... L'absence de diarrhée m'interpelle, mais je ne suis pas médecin, juste une mamie un peu trop anxieuse....
Enfin, Zéhlia retourne chez la nourrice. Elle va mieux. Ouf ! Quel soulagement !De courte durée, hélas !
Le soir du 2 février, la sonnerie du téléphone retentit. Ma fille !J e décroche, heureuse de converser avec elle !Des mots résonnent à mes oreilles : Zéhlia pompiers, hémorragie cérébrale, coma.... Ses parents suivent l'ambulance qui l'emmène à l'hôpital Jeanne De Flandres à Lille ! Douche froide !
Je raccroche en hurlant de douleur, je ne peux retenir mes larmes !
Direction internet.... Je tape bébé... hémorragie cérébrale... Des mots qui me remplissent d'effroi s'affichent : syndrome du bébé secoué, plurihandicap, polyhandicap, cécité, hématome sous-dural... Qui a maltraité Zoé ? La nourrice ? Impossible une maman qui a un bébé quasiment du même âge ne peut commettre un tel acte ! Son mari ? Sa fille ? En tout cas, pas ses parents, j'en suis certaine...

Ma belle-fille, Marie, m'appelle d'une voix blanche, elle contient ses sanglots. Je l'assure de ma confiance en elle et en mon fils ... Elle semble ne pas comprendre...Elle ne sait pas...
Je ne fermerai pas l'œil de la nuit... Ni celle-ci ni les nombreuses autres qui suivront.
Non, impossible ! Zéhlia n'a pas été maltraitée ! Elle a une maladie du cerveau qui n'a pas été détectée ....C'est ce que nous croirons tous, un certain temps...

Flash-back

De ces semaines d'incertitude sur le pronostic vital de Zéhlia, il me reste des images, des mots qui ne s'effaceront jamais de ma mémoire, qui me hantent encore aujourd'hui !

Vendredi 3 février, je sors de ma classe, le portable que je garde maintenant en permanence sur moi vibre. Cédric... des trémolos dans la voix...une phrase qui résonne encore dans ma tête : « C'est fini, il n'y a plus d'espoir ! Si elle convulse encore, il faudra la débrancher ... ». Je suis glacée, on vient de m'arracher le cœur ... Je ne sais que répondre, les mots me manquent ! Comment réconforter un père (mon propre enfant) qui est en train de perdre sa fille de cinq mois ? Quelle douleur ! Je suis sans voix ! Mon impuissance m'étouffe ! Je ne peux être que spectatrice de son calvaire !
Une pensée folle m'assaille ! Je n'ai pas mis mon fils au monde pour qu'il connaisse une telle souffrance !Il souffre parce que je lui ai donné la vie !Je me sens coupable, Inutile !

Samedi 4 février : première rencontre avec Cédric et Marie. Devant leur pudeur, leur refus de s'épancher, tout le monde se mûre dans la dignité.... Notre souffrance est palpable.

Au-delà des larmes, au-delà des mots... Peu de mots sont échangés...Marie regarde sans cesse sa montre...Elle n'attend qu'une chose, retrouver sa fille.... Notre présence ne les aide pas, ne les soulage pas ....
Sur la route du retour, dans la voiture, l'ambiance est lourde !
Nous n'avons pas eu le droit de voir notre petite fille. Il faudra encore attendre de longs jours .... De longues nuits agitées, sans sommeil !

Fin février, première visite au service de réanimation. Zéhlia se bat pour chaque goulée d'air...Le bruit du respirateur est insoutenable ! Une infirmière agite les mains devant ses yeux :des yeux noirs, vides !Zéhlia est aveugle !Marie est pleine d'espoir: « Elle bouge un peu un bras et une jambe ! C'est ma fille et elle le restera toujours même si c'est un légume, je serai toujours fière d'elle ! » Je souris à travers mes larmes ....
Cédric est en train de changer la couche de sa fille. Leur courage m'émeut !
Zéhlia est portée par leur amour ! Je sais qu'elle survivra, mais dans quel état !?

Début avril : convocation au poste de police. On m'explique qu'il s'agit bien du syndrome du bébé secoué, que cela a été d'une violence inouïe et que la personne qui a secoué ma petite fille en est consciente ! On me demande qui est responsable !
Pour moi, il est certain que ni Cédric, ni Marie n'ont commis cet acte de maltraitance ! Je l'affirme haut et fort ! Le policier me rétorque: « Mais, madame, la mère du plus grand des criminels affirme toujours que ça n'est pas son fils ! » Je suis révulsée, en colère et en même temps, je comprends que c'est Cédric qui est soupçonné ! J 'appends aussi que Zéhlia est placée à l'ADAPT de Cambrai pour la protéger.

Je croyais qu'elle y était par nécessité de soins... Cédric et Marie n'ont pas encore reçu la lettre les informant de ce fait... On ignore alors que ce placement durera un an.
Je sors du commissariat effondré, plus mal que jamais ! Comme le dira plus tard mon fils, on bousille sa fille et c'est lui qui est soupçonné ?! Mon cœur pèse une tonne !
C'est moi la grand-mère qui devrait être handicapée ! Pas Zéhlia ! Pas elle ! C'est trop injuste !
Le lendemain, j'arrête de travailler ! C'en est trop ! Je ne peux plus, c'est trop dur !J'ai honte de mon inutilité, de ne pouvoir faire face, de mon impuissance...Je suis rongée par le désespoir, j'ai mal pour Zéhlia, pour Cédric, pour Marie... Je sombre dans la dépression, dans un puits sans fond....

Quelques jours plus tard, chez ma fille qui héberge son frère et sa belle-sœur depuis le début du drame : Je me retrouve un moment seule avec Marie, elle fond en larmes : « Ma fille va être lourdement handicapée et c'est de ma faute... ! Par ce que j'ai mal choisi la personne qui s'est occupée d'elle ! » Je m'écrie : « Non ! Marie ! Non ! Tu n'es pas coupable ! Vous êtes tous les trois des victimes ! » J'essaie de la réconforter, mais moi aussi, je me sens coupable...Coupable de ne pas avoir formulé mes craintes quand Zéhlia rendait, coupable de ne pas être intervenue pour que Ses parents l'emmènent aux urgences... !

Le présent
De toute cette période, il me reste aujourd'hui autant de colère pour la nourrice coupable de cet acte de maltraitance, coupable de s'être tue pendant un an, pour la justice qui a décrété le placement durant cette même année, mais aussi pour le médecin traitant qui n'a pas su détecter les symptômes du SBS.... S'il les avait connus, Zéhlia ne serait pas aussi lourdement handicapée !

Aujourd'hui, je la vois jouer à cache-cache, aidée par sa cousine, à peine plus âgée qui a appris à la diriger, à lui dire quand lever pied pour monter et descendre les bordures...à d'autres moments, elle joue seule parce que les autres sont trop rapides ou qu'elle est trop épuisée pour les suivre.

Ce qu'elle aime le plus ? Danser et chanter avec son frère ! Quels gais lurons !

Le présent, ce sont aussi les larmes dans les yeux de son cousin de quatre ans. Quand je lui explique que la nourrice de Zéhlia l'a secouée et que c'est pour cela qu'elle monte l'escalier à quatre pattes.

Heureusement les sourires et les éclats de rire de Zéhlia nous portent tous !

Elle est hémiparésique, malvoyante, mais tellement courageuse, volontaire et battante que nous n'avons pas le et droit de baisser les bras !

Elle est ma petite fille exceptionnelle !

ZOÉ

Tout commence le 3 août 2011 lorsque naît une merveilleuse petite fille prénommée Zoé : prénom signifiant « la vie ». Nous sommes les parents les plus heureux du monde et nous démarrons une vie de famille à 3 qui nous comble de bonheur.
Puis vient le moment de reprendre le travail, et donc de confier ma princesse à une assistante maternelle agrée.

Le 02 février 2012, ma vie a basculé à tout jamais..., ma fille fait un malaise chez cette assistante maternelle. Cette dernière m'appelle, je la rejoins chez elle et là, j'ai une vision d'horreur : ma Zoé nue allongée sur le canapé livide, blanche, ne bougeant plus... Je suis restée à la porte, n'osant pas m'approcher de peur de constater qu'elle ne respire plus. Les secours arrivent et je reste de longues heures à attendre, attendre un signe en écoutant les médecins se battre pour maintenir mon bébé en vie... Je l'entends gémir, mais je ne peux pas y aller.
Puis, le papa me rejoint et nous suivons Zoé à l'hôpital pour un premier examen. On ne sait toujours pas ce qu'elle a... Un scanner montre qu'elle a une hémorragie cérébrale, que son état est grave et qu'elle doit être transférée à Lille. Son pronostic vital est engagé.
Le lendemain, le diagnostic est posé... Zoé a des hématomes sous duraux, elle a des hémorragies rétiniennes. Les médecins sont formels : elle a été secouée. Il y a également des traces d'hémorragies anciennes.
Le ciel me tombe sur la tête, je ne comprends pas... C'est un cauchemar, je vais me réveiller.

Une procédure de signalement au Procureur de la République est lancée. La personne qui gardait ma fille ne comprend pas non plus. Son silence durera près d'un an.

Zoé passera presque trois semaines dans le coma avec son pronostic vital engagé. Période pendant laquelle, je ne la vois que quelques heures par jour ? Période pendant laquelle je ne vis plus, je survis... Je rentre le soir, pleure toutes les larmes que j'ai retenues auprès de ma chérie et serre la couverture de ma fille contre moi tel un tout petit accroché à son doudou.

Zoé se réveille enfin et est aveugle, ne bouge plus les bras... Je comprends vite qu'il va falloir que je fasse le deuil de ma fille d'avant... Ce mot est si dur, mais c'est vraiment ce que j'ai ressenti. Ma vie de jeune mariée qui avait plein de projets, de rêves pour sa fille, tout ceci s'est envolé pour faire place à une vie de douleurs, de doutes, de stress.

Zoé est placée dans un centre de rééducation et je vis avec elle nuit et jour pendant presque 1 an. Son papa parcourt des kilomètres dès qu'il peut pour passer du temps avec nous. Nous subissons les interrogatoires, les enquêtes sociales : se retrouver à devoir expliquer chaque détail de sa vie à des inconnus est très difficile, surtout quand on a peur que tel ou tel mot soit mal interprété. Nous obtenons (au bout de quelques mois et avec l'aide de l'équipe du centre de rééducation) le droit de rentrer quelques après-midi chez nous, mais en présence d'une TISF, une personne qui vient nous « surveiller ». Ceci est très difficile à vivre pour moi, d'être observée par une inconnue, mais nous n'avons pas notre mot à dire, car c'est mieux que rien.

Toute la semaine, je me retrouve seule dans une chambre de 9 m². À chacun de nos besoins à ma fille et moi, je dois sonner à un badge pour appeler le personnel soignant : une personne entre me demande ce que je veux et va le chercher. Psychologiquement, c'est très dur de se dire que je ne pouvais même pas me faire un café, ou cuisiner pour mon bébé.

Avec le recul, je me dis que je suis restée dans une « sorte de prison » pendant que la nourrice vivait sa vie chez elle en famille. On m'a volé tellement de petits moments précieux qu'une jeune maman a hâte de faire pour sa fille.
Notre plaisir l'été consistait à faire une petite promenade dans le parc au sein de l'établissement. Je regardais souvent la grille en me demandant pourquoi. Pourquoi je ne pouvais prendre ma fille et aller à la plage, ou manger chez ses grands-parents ?

L'auteure des faits avoue enfin un an après et nous pouvons récupérer la garde de notre fille et rentrer chez nous.
Depuis ce drame, la nouvelle vie de mon bébé c'est hôpital et rééducation tous les jours.

Petit à petit, Zoé fait des progrès, mais garde beaucoup de séquelles principalement au niveau de la vue et au niveau moteur.
Zoé a mis 9 mois de rééducation intense pour réussir à attraper un objet avec sa main droite.
Zoé a réussi à se maintenir assise à l'âge de quinze mois
Zoé a marché à l'âge de trois ans et demi.

Aujourd'hui, Zoé a six ans et est accueillie dans un IEM (Institut d'Éducation Motrice). Elle y reçoit beaucoup de séances de kinésithérapie, d'ergothérapie, de psychomotricité, d'orthophonie et d'orthoptie. Son emploi du temps est très lourd, elle est très fatiguée. Elle a un traitement anti- épileptique, car son dernier électro-encéphalogramme montre qu'il y a encore des foyers épileptiques.

Ma petite princesse est une petite fille très agréable, qui va facilement vers les autres. Elle parle très bien et comprend ce qu'on lui dit. Elle a cependant des troubles de l'attention et de concentration. Elle a beaucoup de problèmes de motricité et motricité fine. Elle porte des attelles aux pieds pour l'aider à marcher. Elle a du mal à prendre fermement des objets de la main droite.

Son principal problème reste la vue. On ne sait pas expliquer comment elle voit. Elle porte des lunettes ainsi qu'un cache oculaire 24 h/24 h. Elle a tellement compensé ses problèmes de vue par les autres sens. Aujourd'hui, elle a pris l'habitude de ne pas utiliser ses yeux. Elle regarde toujours en l'air et se cogne partout en marchant. Elle n'est donc pas du tout autonome dans ses déplacements.

Nous avons très peu de moyens pour l'aider et rééduquer sa vue.

Depuis ce jour de février 2012, je ne suis plus la même.

Je suis devenue une maman qui a très peu confiance en soi, incapable de faire des choix importants seule concernant ses enfants. Le souvenir du jour où j'ai décroché le téléphone pour faire entrer cette assistante maternelle dans la vie de ma fille me hante et me poursuivra toute ma vie. Je travaille sur ma culpabilité, mais cela reste tenace. Nous avons déménagé pour nous rapprocher de notre famille, car il m'est impossible aujourd'hui de refaire confiance en quelqu'un que je ne connais pas. C'est ma mère qui garde mes fils depuis leur naissance.

Le fait d'avoir été suspectés comme auteurs d'actes maltraitants vis-à-vis de notre fille... cela nous a anéanti mon mari et moi. Nous avons entendu des propos blessants alors que nous vivions déjà une période horrible.

Aujourd'hui ce qui fait que je vais mieux, c'est que ma fille progresse et a la joie de vivre. Elle semble être heureuse et ses deux petits frères aussi. Nous sommes une famille unie.

Ce qui est difficile c'est de vivre avec le handicap de son

enfant au quotidien, ce qui nous renvoie toujours à cet acte horrible, à cette colère. Il suffit de voir son frère qui est plus jeune et sait faire beaucoup plus de choses qu'elle, pour ressentir ce sentiment d'injustice, cette tristesse.

J'ai aussi très peur pour l'avenir. En effet, concernant le syndrome du bébé secoué, les séquelles sont tellement différentes d'un enfant à l'autre, qu'on ne peut savoir comment Zoé évoluera. Depuis qu'elle est sortie du coma, les questions restent sans réponses. Nous ne pouvons donc nous projeter, nous ne pouvons savoir si elle pourra avoir une vie sociale, amoureuse ou trouver un travail pour tout simplement vivre correctement lorsque nous ne serons plus là.

J'ai traversé aussi une période très difficile quand Zoé était plus jeune. Elle avait beaucoup d'angoisses face à la nouveauté. De vraies angoisses, pas juste des peurs que tous les enfants ont à cet âge. Lorsqu'on présentait des nouveaux objets (comme une poupée) à Zoé, elle avait un mouvement de recul, se raidissait, refusait de les regarder et encore moins de les toucher. De même quand son petit frère est arrivé dans notre foyer, elle avait 2 ans et était en pleurs ou angoissée à chaque fois qu'il pleurait, ou plus tard qu'il la touchait. Je ne savais quel comportement avoir.

Je me suis sentie très souvent partagée entre l'enthousiasme envers mon fils qui savait faire quelque chose de nouveau se la profonde tristesse concernant Zoé qui ne savait pas le faire ou avait travaillé dur, très dur pour réussir

Ce qu'il faut comprendre c'est qu'aujourd'hui, toute la famille est impactée par cet acte de maltraitance très grave.

Zoé bien sûr, qui a un retard psycho moteur et qui n'a pas du tout la vie qu'une petite fille devrait avoir à 6 ans...

Nous, en tant que parents comme j'ai pu l'expliquer ci-dessus, mais aussi ses frères. Le dernier est très jeune pour l'instant, mais son frère âgé de 4 ans se pose beaucoup de questions.

Il a très vite vu et compris qu'il pouvait faire des choses que sa grande sœur ne pouvait pas (courir, monter les marches d'escalier, construire des choses avec des *legos*, etc.).

J'ai expliqué à Zoé et son frère ce qu'il s'était passé en janvier 2016 lorsque nous avons dû affronter le procès et donc les laisser dormir quelques parts plusieurs jours. J'ai utilisé les mots « quelqu'un a fait très mal à la tête de Zoé ». À l'époque, je n'arrivais pas à employer le mot « secouer », je trouvais le terme trop violent. Avec le recul, je me rends compte que le mot était surtout violent pour moi. Mon fils a donc compris que si on se cognait la tête, on pouvait être comme sa sœur, il a donc exprimé plusieurs fois sa peur de tomber et se faire mal à la tête.

De même, je n'ai pas insisté sur une chose importante : celle que l'assistante maternelle m'avait menti et trahi. Que si j'avais su qu'elle ferait du mal à sa sœur, je ne lui aurais jamais confié Zoé ! Mon fils a demandé de nombreuses fois ce que je ferais si cette dame venait taper à la porte. Il a ainsi exprimé sa peur, celle que quelqu'un vienne et que je ne le protège pas. Il avait besoin d'être rassuré. J'ai une chance, c'est que mon fils s'exprime à ce sujet, mais si ce n'était pas le cas, il serait resté avec toutes ses peurs, craintes.

Zoé sait ce qui s'est passé, mais n'en parle jamais. Je n'en parle pas beaucoup avec elle, car c'est si dur. On a beau savoir que les questions viendront, on a beau essayer de s'y préparer... quand le moment arrive, on se sent tellement submergé par les émotions qu'on n'a pas toujours les bons mots ou réflexes.

Le combat de notre vie est loin d'être fini. Beaucoup de gens pensent que Zoé va mieux, donc que tout est derrière nous.

Mais non, malgré cette volonté d'avancer, de me battre pour

mes enfants... il ne se passe pas un jour sans que je pense à cette assistante maternelle. J'attendais avec impatience et peur le procès pour pouvoir tourner une page. Mais nous n'avons pas eu de réponses aux questions, et ce malgré 2 jours aux assises.

Nous avons entamé une deuxième procédure, celle de l'indemnisation qui durera jusqu'aux 18 ans de Zoé. En effet, pour les cas de bébés secoués, il faut attendre que le cerveau soit consolidé pour pouvoir définitivement évaluer le préjudice que subit la victime aussi en tant qu'adulte.

Nous sommes donc conscients que nous n'en avons pas fini avec les procédures, les expertises, les rendez-vous avec notre avocate, etc. Cela est donc très difficile de canaliser la colère légitime que l'on ressent, l'injustice que nous subissons. Tant de choses nous renvoient à ce geste destructeur de quelques minutes... Une réunion de famille avec les cousins, cousines qui jouent et Zoé qui a du mal à suivre à cause de son handicap et me revoilà à penser à ce drame.

J'ai accepté de témoigner, car je trouve ce projet de livre sur le SBS tellement intéressant.

À l'époque des faits, je ne connaissais absolument pas ce que secouer un bébé voulait dire. J'ai passé des semaines à me torturer l'esprit me demandant si ce n'était pas moi qui avais fait mal sans faire exprès à mon bébé en jouant avec elle, ou en étant brusque en portant son cosy, etc. Si j'avais su que secouer était un acte d'une telle violence que l'on ne pouvait que savoir si on était l'auteur ou pas. Si j'avais su que les lésions ne peuvent être provoquées par un jeu... cela m'aurait évité de me poser des questions sur ma culpabilité.

Ma fille a été victime plusieurs fois du SBS. Un jour, je l'ai récupéré chez l'assistante maternelle en pleurs, elle vomissait, était blanche. Le médecin généraliste a conclu à une gastro-entérite. Elle a mis des jours à se sentir mieux puis elle s'est remise à sourire et boire ses biberons. Nous sommes aujourd'hui sûrs que ces symptômes étaient dus à un premier secouement.

Je me bats donc aujourd'hui pour sensibiliser les gens, les professionnels.

Si ce médecin avait été d'avantages informés, peut être que le drame aurait pu être évité.

Il suffit de quelques secondes pour détruire plusieurs vies.

Ma fille se bat depuis qu'elle a six mois, nous nous battons pour survivre et construire un avenir pour nos enfants. Il manque tellement de structures pour accueillir les enfants et adultes en situation de handicap que nous avons peur pour la suite de la scolarité de notre fille.

Nous essayons tant bien que mal d'avancer, d'inculquer des valeurs à nos enfants. Nous leur apprenons la politesse, le respect, nous nous efforçons à montrer l'exemple : montrer que malgré les difficultés de la vie, il faut sourire, rire, profiter de celle-ci. Chacun de ses petits progrès est un vrai miracle pour nous. Ma fille est mon modèle : les enfants sont si forts, si courageux et ne se plaignent jamais.

Aujourd'hui, je sais que notre vie sera très compliquée, sera une bataille. J'ai compris que la page ne se tournera jamais, j'ai compris que je continuerai à penser chaque jour à cette femme qui a fait subir ça à un petit être sans défense. J'ai conscience qu'il va falloir répondre aux futures questions, expliquer l'inexplicable et peut-être gérer la colère de mes enfants.

Mais j'ai compris aussi que notre plus grande arme, c'est notre amour.

Julie, sa maman.

Témoignage de la mamie de Zoé

Je m'appelle Corinne, je suis maman d'une fille unique Julie. En août 2011, je deviens mamie pour la première fois : c'est une fille, elle se prénomme Zoé et c'est la plus belles de toutes.

Zoé a été secouée en février 2012 par l'assistante maternelle qui la gardait.

Depuis ce drame, je soutiens ma fille : je l'ai vu souffrir elle et son mari à un point que personne ne peut imaginer. Il faut l'avoir vécu pour le comprendre !

Ils ont été malmenés par la police, car suspectés, ensuite à l'hôpital, certaines personnes se sont permises de les juger sans savoir ce qui s'était passé.

Le jour du 2 février 2012, Zoé a été admise à l'hôpital, a été mise dans le coma pour survivre. Elle a subi 3 opérations du cerveau pour évacuer le sang, puis la pose du drain.

À chaque réveil, elle faisait des crises d'épilepsie.

Enfin nous pouvons la voir son papy et moi...et là c'est le choc : Zoé ne bouge plus, ne s'alimente plus, ne sourit plus, ne voit plus...ce n'est plus notre Zoé...pardonnez-moi l'expression, mais comme on dit dans le langage de tous les jours : c'était un "légume". Imaginez-vous notre souffrance.

Quelque temps plus tard, Zoé fait son entrée à l'ADAPT de Cambrai où elle va commencer un travail monstre : kinésithérapie, ergothérapeute, etc., etc...

Ma fille unique dormira pendant un an sur un petit lit de camp pour s'occuper de sa chérie. Pendant ce temps le papa doit aller travailler. Mon beau fils qui a dû après le drame, quitter son travail pour déménager afin d'être entouré par la famille. Par chance, il a pu retrouver un travail, mais il a été obligé de prendre un énorme risque.

Dans ce centre, ils ont tous les trois étaient très bien accueillis par le personnel, chose qui nous a fait énormément de bien. Nous allons, le papy et moi, les voir le plus souvent possible malgré la distance.

Des mois plus tard, il est temps pour Zoé d'enlever ses drains. Ma fille se rend à l'hôpital et est à nouveau malmenée. Elle ne peut rester seule dans une chambre avec sa fille et ceci malgré les démarches faites par l'assistante sociale garantissant qu'elle sera considérée en tant que maman qui accompagne sa fille pour l'opération et non jugée comme une personne maltraitante.

Un an plus tard, la nourrice avoue les faits, et enfin, ma fille récupère la garde de sa princesse. Il est temps pour la famille de se retrouver. Zoé fait son entrée à Zuydcoote. Lors du premier rendez-vous, on leur apprend qu'ils n'ont pas de chambre mère/enfant et que Zoé devra prendre l'ambulance, car il y a beaucoup de kilomètres qui séparent le centre et la maison. Pour nous tous, c'est impossible de refaire confiance en quelqu'un donc impossible de la laisser partir en ambulance.

De là, nous décidons ma fille, le papy et moi-même, d'assurer le transport quotidien de Zoé. Cela veut dire que nous nous consacrerons à Zoé pendant des mois. Dans un premier temps, Julie et moi, nous allions la conduire tous les jours et nous attendions dans la voiture de 8 h 30 à 12 h. Quelques temps passés, j'apprends que je vais à nouveau devenir mamie. Les allers-retours quotidiens ont eu raison de sa santé : elle doit absolument rester au repos, car il y a une menace d'accouchement prématuré. C'est donc tout naturellement que j'ai décidé d'arrêter de travailler, étant assistante maternelle agrée pour pouvoir prendre le relais avec le papy de Zoé. Le personnel de l'établissement nous avait surnommés "super papy" et "super mamie".

Mon premier petit fils né et je viens le plus souvent possible aider ma fille chez elle. En effet, Zoé ne marchant pas, ma fille ne peut sortir seule avec son nouveau-né et Zoé... Comment se balader en poussant 2 poussettes à la fois ?

Nous vivons des moments de joie, mais aussi des moments plus difficiles. Nous vivons au rythme des progrès de ma petite fille.

Depuis ce drame, toute la famille est touchée, a vu son quotidien bouleversé : nous vivons dans l'angoisse, nous nous posons tellement de questions, nous avons tellement d'inquiétudes face à l'avenir. Depuis ce mois de février, je pleure, je fais des cauchemars. Je suis très angoissée non seulement pour ma petite fille, mais aussi pour mon beau-fils et ma fille : comment vont-ils survivre à ça ?

Presque 5 ans après, un 2e petit fils est venu agrandir la famille. Un petit trésor, il a aujourd'hui 1 an et je suis consciente qu'il va falloir lui expliquer pourquoi sa sœur à de telles difficultés en espérant qu'il n'y aura pas trop d'incidence sur sa vie, car pour son frère de 4 ans, il y en a déjà...

Zoé a 6 ans aujourd'hui et travaille très très dur depuis l'âge de 6 mois. Elle est courageuse, souriante : c'est une battante tout comme ses parents, son papy, sa mamie. On vit au jour le jour, on ne sait pas ce que va pouvoir faire ma petite fille plus tard, donc pas de projet pour l'instant...

Quatre ans après les faits, est venu le temps du procès aux assises. Un procès très très dur pour tout le monde : se retrouver face à cette femme, expliquant comment elle a secoué avec les gestes notre petite fille : un geste d'une violence terrible.

Ma fille lui a demandé pourquoi elle avait commis ce geste,

elle nous a répondu qu'elle ne le savait pas. Cette "nounou" a menti dès le premier coup de téléphone à ma fille, si elle n'avait pas manipulé ma fille, notre vie serait normale... Elle a été punie de 7 ans de prison ferme ce qui est très peu... Ma Zoé sera enfermée dans son corps toute sa vie elle...

Aujourd'hui, je suis l'assistante maternelle de mon dernier petit fils, car il est inutile de vous expliquer pourquoi ma fille ne pourra plus jamais confier ses enfants à des inconnus.

Je me consacre à ma famille.

Quand je me retrouve seule, je cogite, je pleure, la colère revient parfois...

Je passe beaucoup de mon temps avec mes petits-enfants, ils sont ma bouffée d'oxygène... Avec eux, je souris, je ris... Je profite un maximum de ma famille, car on ne sait jamais ce que la vie nous réserve... Tout peut basculer du jour au lendemain.

Je suis fière de ma fille et son mari, de Zoé, mais aussi de son papy et moi-même d'avoir pu surmonter tout cela même si je sais que ce n'est que le début.

J'espère pouvoir apporter du soutien aux familles, car je sais mieux que quiconque à quel point des vies sont bouleversées après cet acte extrêmement violent.

Témoignage de Dominique, papy de Zoé

La première chose qui me vient à l'esprit, ce sont les coups de téléphone ou SMS de 19 h que notre fille nous envoyait : "ça va, Zoé est vivante aujourd'hui, ouf !", puis elle nous expliquait brièvement sa journée. Et cela a duré 4 mois, je tremblais dès 18 h, puis je pleurais comme un gosse pendant un moment. Je crois que c'est là que ma santé en a pris un coup. Imaginez ma fille suspectée de maltraitance sur sa propre fille. Imaginez l'assistante sociale lui demandant si Zoé était bien une enfant désirée, demandant si elle avait déjà entendu parler de "secouer" et ce pendant que sa petite se faisait ouvrir le crâne 4 fois en quelques jours. Je crois que si cela ne se passait pas au CHU à 120 km de chez moi, j'aurais fait le voyage et j'aurais envoyé cette femme par la fenêtre de la chambre.

Ensuite, cela a été une rééducation à Cambrai à 200 km de Calais où nous nous rendions Mamie et moi, tous les 15 jours pour voir notre fille et notre petite fille, car dès cet acte criminel de la nourrice, la maman n'a jamais quitté sa fille pendant plus de un an, ce qui me fait dire qu'elle a fait un an de prison dans une chambre de 12 m^2 pendant que la nourrice, qui n'avait pas encore avoué, roucoulait avec son amant. Rien que d'écrire ces mots, je dois prendre un cachet pour la tension tellement j'enrage et je m'en excuse.

Bref, chaque visite à Cambrai me mettait dans un état terrible, voir Zoé, avec ses beaux yeux bleus, mais qui ne voyaient rien et se révulsaient toutes les 30 minutes, me rendait dingue. Je ne vous parle pas de ma fille qui ne voyait son mari que le week-end, car il devait travailler bien sûr. Ma ou plutôt notre fille Julie a été formidable, aucun mot ne pourra décrire son courage, sa force exceptionnelle au point que c'est elle qui nous remontait un peu le moral. C'est dingue !

Pendant ce temps, je vivais seul dans une petite maison à Calais en tant que locataire et j'ai voulu à tout prix faire revenir Julie, son mari et Zoé près de nous si ils voulaient que l'on puisse les aider le maximum. Avec l'accord du propriétaire, j'ai pu trouver un petit appartement assez vite et nous avons pu envisager un déménagement pour moi en louant un garage-entrepôt dans un premier temps. En attendant ce moment, j'ai accueilli pendant quelques mois mon gendre qui avait retrouvé un emploi à Saint Omer. Quant à ma fille, elle ne quittait plus Zoé à Cambrai. Son état de santé s'améliorant, il a fallu aussi penser à lui trouver un établissement qui pouvait l'accueillir le plus près possible de Calais, mais aussi le plus adapté. Ce fut donc à Zuydcoote, soit 70 km de Calais où pendant 1 à 2 ans, nous nous sommes rendus Mamie et moi 3 fois par semaine, car notre fille (vous vous en doutez) n'avait confiance en personne d'autre dès qu'elle devait se séparer de Zoé.

Si je compte bien, cela représente environ 500 km par mois, sans compter l'essence. Cela, bien entendu, était à la charge des parents et non remboursable. Avec les allers-retours, le déménagement et autres frais inhérents, ces malheureux parents traumatisés ont dépensé une petite fortune. Leur malheur a été de faire confiance à une nourrice débile sur les bords, menteuse, magouilleuse qui faisait la petite malheureuse à son procès, et qui, si ce n'est déjà fait, va sortir bientôt de prison, blanchie de l'acte horrible qu'elle a commis. Comment voulez-vous que je n'ai pas toujours envie de lui faire subir le même sort ? J'en rêve toutes les nuit, d'où les somnifères que je suis obligé de prendre...

Ma petite fille Zoé (je l'appelle Bijou à Papy) fait beaucoup d'efforts et fait la fierté de sa famille, elle fait aussi beaucoup de progrès, cela est très encourageant pour tous. Hélas, certains aspects de ses handicaps ne sont pas guérissables pour le moment, notamment concernant le nerf optique très atteint (c'est vous dire la force à laquelle elle a été secouée). C'est incroyable comment une personne peut faire du mal à une famille entière, et ce, à vie.

Je suis conscient que, tel quel, mon récit ne peut pas être publié et je m'en excuse encore, mais il reflète exactement ce que je ressens aujourd'hui. Je dirai même que j'ai atténué certains passages tellement l'émotion est intense et le restera jusqu'à ma mort. Désolé, et merci de faire connaître ce témoignage.

PRÉVENIR LE SBS

LA PRÉVENTION EN PÉRIODE PRÉNATALE ET PÉRINATALE

Au cours de la période prénatale, le rôle de la sage-femme en termes de prévention est très important. Cette prévention concerne aussi bien la sage-femme hospitalière, la sage-femme libérale et la sage-femme de PMI (protection maternelle et infantile).

Les compétences de la sage-femme au cours de la période prénatale consistent à réaliser le suivi de grossesse dans la mesure où il est physiologique et également la préparation à la naissance et à la parentalité.

Il est réalisé par la sage-femme hospitalière ou la sage-femme libérale. Les consultations de grossesse peuvent avoir lieu au cabinet ou au domicile de la patiente. Les consultations durent en moyenne une demi-heure permettant l'établissement d'un dialogue et d'une relation privilégiée entre la sage-femme et sa patiente. Au cours de ces consultations, la sage-femme, outre les examens habituels du suivi de grossesse, peut transmettre des messages de prévention. Elle peut également dépister les femmes et les couples plus vulnérables, c'est-à-dire ceux présentant des facteurs de risques de secouer leur enfant (isolement social et familial, dépendance à l'alcool ou à la drogue). Ceci est d'autant plus facile lorsque la sage-femme a accès à l'environnement familial de la patiente.

Muriel Bruno

L'histoire de Christiane

Début 2018, Christiane, 24 ans, enceinte de son deuxième enfant (terme prévu le 15 février 2018), accepte de raconter le drame qui a fait basculer sa vie, en avril 2013. Ce jour-là, Gabriel, son fils, alors âgé de neuf mois, décédait du syndrome du bébé secoué (SBS).

La jeune femme, partie à un rendez-vous médical, a laissé son fils à son compagnon, personne de confiance, qui partageait sa vie depuis plusieurs mois. Elle rentre dans l'après-midi, se souvient *a posteriori* avoir trouvé son bébé fatigué. Le lendemain, Gabriel est sans vie. Le diagnostic de mort subite du nourrisson ou de crise d'épilepsie est posé. Souhaitant connaître les raisons exactes du décès, Christiane demande qu'une autopsie soit pratiquée. Le jour suivant, elle et son compagnon sont convoqués au commissariat. On lui annonce alors qu'il s'agit d'un meurtre, que Gabriel est décédé du SBS. Ils sont suspects. Monsieur dit alors qu'il s'agit d'un accident, qu'il a fait un massage cardiaque au nourrisson, car celui-ci manquait d'air. Ils sont ensuite conduits, menottés, au palais de justice. Monsieur ira immédiatement en détention provisoire, Madame sera placée sous contrôle judiciaire, soupçonnée de complicité. Un suivi psychiatrique mensuel lui est imposé. Commencent alors trois ans et demi de cauchemar, ne permettant pas d'avancer sur le chemin du deuil.

Christiane est engagée dans un long parcours judiciaire qui s'achèvera fin décembre 2017. Pendant toute cette période, son compagnon changera plusieurs fois de discours, accusant tour à tour la jeune femme ou des membres de sa famille. Suivront de nouvelles dépositions, de nouvelles confrontations extrêmement difficiles pour la jeune mère endeuillée. Parallèlement, elle subit quasi quotidiennement des pressions, des jugements négatifs de « mauvaise mère ». Soutenue par son médecin, sa famille et des amis, elle se bat pour échapper à cette suspicion de complicité. Elle se décrit comme un robot, allant d'échec en échec. Elle ne peut exprimer sa tristesse à sa famille, également très marquée par ce drame. Elle raconte plusieurs grossesses « nerveuses », « comme si Gabriel était encore là ». Lorsqu'elle débute effectivement une nouvelle grossesse, elle quitte la ville où s'est déroulé le drame pour s'installer sur le secteur où j'exerce ma profession de sage-femme.

C'est dans ce contexte que je la rencontre. Elle repartira quelques semaines plus tard pour se rapprocher de sa famille, la solitude n'ayant pas l'effet positif escompté. Au huitième mois de grossesse arrive le procès où elle comparaît en tant qu'accusée, au côté de l'agresseur potentiel de son fils. Durant ces trois jours de pression et d'horreur, elle apprend que Gabriel a subi non seulement des actes de secouement, mais aussi d'autres maltraitances type choc de sa tête contre les murs, pincements, doigts dans la bouche… Les experts reproduisent sous ses yeux les scènes de violence sur un poupon, des images des blessures de Gabriel sont projetées. Elle évoque alors une disjonction, une déconnexion pour survivre à l'horreur (« j'étais dans ma bulle »). Monsieur reconnaît tous les faits, demande pardon à Christiane et sa famille. Il semble impossible aux juges qu'elle n'ait rien remarqué. Elle affirme pourtant que c'est le cas. Son compagnon se préoccupait de Gabriel et avait l'habitude au quotidien d'aller le voir lorsqu'il pleurait. Le couple et le bébé ont vécu plusieurs mois chez les grands-parents de Christiane. Ni elle ni sa famille n'ont jamais soupçonné qu'il puisse avoir des gestes maltraitants. Elle lui faisait confiance, sinon elle ne le lui aurait pas confié. La seule justification de Monsieur explique : « j'ai été dépassé ! » La jeune mère ne comprend pas qu'il ne l'ait pas posé pour prendre l'air ou qu'il ne l'ait pas appelée lorsqu'il s'est senti dépassé.

Le message qu'elle souhaite passer à tous les parents et futurs parents est que le risque existe pour tous. « On dit toujours qu'être parent c'est tout beau, tout rose, mais ce n'est pas ça dans la réalité. Le bébé, il pleure, il ne fait pas ses nuits, il peut pleurer pendant 4 ou 5 heures. Et nous, nous sommes usées par la fatigue. Et ça nous affecte, forcément. Nous sommes affectées physiquement par la fatigue et nous sommes usées psychologiquement. Et il y a cette impuissance. Un enfant, on voudrait toujours qu'il soit bien, mais ce n'est pas la réalité ».

Elle dit avoir été, elle aussi, parfois dépassée par les pleurs. Mais, comme le lui avait dit la sage-femme à la maternité, elle a posé son fils et est sortie se calmer. Elle ne laissait Gabriel que rarement, et ne pouvait imaginer que son compagnon, personne de confiance, puisse perdre le contrôle si vite. « On est averti, mais on est inconscient du danger, on ne pense pas que ça peut se passer chez soi, on pense que cela n'arrive qu'aux autres ! », « j'avais confiance, je ne comprends pas ».

Maintenant que Christiane connaît la vérité et qu'elle est innocentée, elle espère avancer sur le chemin du deuil de Gabriel et dans sa vie avec son bébé. Elle est séparée du futur père, elle sait qu'il est victime de son histoire, qu'il sera très difficile pour elle de refaire confiance à qui que ce soit. Pour elle, toute personne est potentiellement dangereuse. Elle souhaite donc vivre seule avec sa fille. Aujourd'hui, elle n'envisage pas la possibilité de laisser sa fille à garder ni de pouvoir se séparer d'elle, même quelques heures. Elle sait qu'elle devra être accompagnée psychologiquement après l'accouchement, première grande séparation.

Le lendemain du jour où Christiane m'a confié son histoire, elle a donné naissance à Lyla, arrivée avec un mois d'avance, comme libérée.

Ce témoignage bouleversant nous met face au problème de la prévention du syndrome du bébé secoué par les sages-femmes.

Enquête régionale sur les connaissances du SBS par les sages-femmes

Une étude régionale concernant les « Connaissances et actions de prévention des sages-femmes à propos du Syndrome du Bébé Secoué » a été réalisée par E. Bergerat, étudiante sage-femme, en 2017-2018, dans le cadre de son mémoire de fin d'études.

Cette enquête, menée auprès de toutes les sages-femmes de Poitou-Charentes, entre mai et novembre 2017, avait pour objectif d'évaluer les connaissances des sages-femmes de Poitou-Charentes concernant le syndrome du bébé secoué. Les résultats portent sur 201 réponses soit 42 % des 483 sages-femmes interrogées.

Une question concernant la définition du SBS était posée, afin d'évaluer la connaissance de la nature intentionnelle de cette maltraitance et de sa gravité. Trois réponses étaient proposées, avec possibilité d'en choisir plusieurs :

1. Forme grave de maltraitance : 77 % des sages-femmes choisissent cette réponse.
2. Traumatisme crânien accidentel, 21 % de réponses
3. Traumatisme crânien infligé 65 % de réponses

Cette enquête nous montre que la définition complète, comprenant les réponses 1 et 3 (gravité et caractère intentionnel de la maltraitance), n'est connue que par 40 % d'entre elles.

Concernant la fréquence de la prévention, 26 % ne la pratiquent « jamais », 45 % « rarement ou parfois devant des facteurs de risques », 29 % « systématiquement ». 98 % pensent néanmoins qu'une prévention systématique serait nécessaire.

Les obstacles à cette prévention sont principalement le manque de connaissances (60 %), le manque d'outils et de supports (47 %), le sentiment de suspicion de la part des parents (41 %) et le manque de temps (38 %). 62 % n'ont jamais vu d'outils de prévention de ce syndrome.

Elles pensent que l'information orale sur les pleurs ainsi que l'affichage dans les salles d'attente sont les moyens de prévention les plus adaptés.

Les moments considérés comme favorables pour cette prévention sont la préparation à la naissance et à la parentalité (PNP), les suites de couches et la visite à domicile en post-partum. 92 % des sages-femmes interrogées pensent que cette information doit se faire en présence du père et 53 % au moment des pleurs du bébé.

L'enquête montre que la prévention du syndrome du bébé secoué par les sages-femmes de Poitou-Charentes est très insuffisante. Ceci s'explique par un manque de connaissances et de sensibilisation sur ce sujet, par la difficulté à aborder tous les thèmes de prévention en anténatal, mais aussi par un sensible manque de temps.

Pourtant, selon la Société Française de Médecine Physique et de Réadaptation (SOFMER) et la Haute Autorité de Santé (HAS), « la sensibilisation des parents au danger du secouement devrait être systématique en anténatal, à la maternité et dans les jours qui suivent le retour de la maternité, en abordant notamment la question des pleurs du nourrisson et la possibilité d'en être exaspéré ». Du fait de leurs compétences (prévention des situations de maltraitance, actions d'éducation pour la santé et détection des difficultés de mise en place du lien mère-enfant), les sages-femmes sont les professionnelles responsables de cette prévention.

Les sages-femmes-personne-ressource essentielles de la prévention

La sage-femme est une professionnelle essentielle dans la prévention du SBS, car elle rencontre la femme enceinte ou le couple à différents moments de la grossesse.

L'entretien prénatal précoce (EPP) pratiqué au plus tôt de la période de grossesse est un moment important de repérage des vulnérabilités. Ce temps d'échange libre permet à la femme ou au couple de poser toutes les questions souhaitées. Cependant, lors des premiers mois de grossesse, les émotions de la femme enceinte sont souvent difficilement contrôlables. Elle présente, à cette période, un état de susceptibilité où des fragments de l'inconscient viennent à la conscience ; c'est ce que l'on appelle la transparence psychique[6], avec surinvestissement de son histoire personnelle et de ses conflits infantiles. Ses fantasmes et ses affects sont plus accessibles, le discours sur soi plus spontané. Le bébé n'a alors pas le statut d'un objet externe repérable. L'EPP semble *donc* peu adapté à la prévention du syndrome du bébé secoué. La question des pleurs peut néanmoins être abordée, surtout chez la primipare[7] ne souhaitant pas participer aux séances de PNP.

Le suivi médical, à l'hôpital ou en clinique, laisse généralement peu de place à la prévention de la maltraitance. La consultation de grossesse, d'une durée de 15 à 30 minutes, se réduit fréquemment aux seuls aspects médicaux de la grossesse (interrogatoire, examen clinique, prescription des examens complémentaires). Les sages-femmes hospitalières

---

[6] Le concept de « transparence psychique » a été proposé en 1997 par Monique Bydlowski

[7] Femme qui va accoucher pour la première fois.

évoquent un manque de temps évident pour la prévention lors de ces consultations.

Les séances de préparation à la naissance et à la parentalité, PNP souvent perçues par le public comme préparant essentiellement à l'accouchement, ont aussi pour objectifs de « participer à la promotion de la santé du nouveau-né et du nourrisson en termes d'alimentation, de sécurité et de développement psychomoteur » (HAS). Une séance, habituellement la dernière, est consacrée au bébé. Les futures mères sont, pour la plupart, très intéressées par leurs besoins physiques (alimentation, sommeil, hygiène) et les soins à leur prodiguer. La sage-femme devrait alors insister sur leurs besoins émotionnels, tout aussi importants. Ce moment est très propice à donner une information sur les pleurs et les amener à réfléchir sur la gestion de ces pleurs, s'ils deviennent insupportables. Une information sur le syndrome du bébé secoué découle sans problème de ce partage. Mais seulement 78 % des primipares suivent la PNP (selon l'enquête nationale périnatale 2016).

Le séjour à la maternité est également un moment stratégique pour réaliser cette prévention. Chaque mère est alors confrontée aux pleurs de son bébé ; bébé enfin réel. Le moment des pleurs est repéré par les sages-femmes comme étant le plus facile pour aborder le sujet du SBS, et aussi comme le plus utile du fait de la présence fréquente des pères. Les professionnels de maternité (sages-femmes, mais aussi obstétriciens, puéricultrices et pédiatres) ont donc tous un rôle très important. La réduction du séjour en maternité et la surcharge de travail des sages-femmes en salles d'accouchement ou en suite de couches peuvent être un frein à cette information. Le soin l'emporte alors logiquement sur l'éducation. Et la prévention des situations de maltraitances ne peut être faite, par manque de temps.

La visite à domicile, en post-natal précoce, dans le cadre du programme d'accompagnement du retour à domicile (PRADO), par la sage-femme libérale ou de PMI, est l'occasion de répéter les informations sur le SBS. La femme et le couple sont à ce moment-là confrontés depuis plusieurs jours aux pleurs, à la fatigue, parfois à l'impuissance ou à la colère.
Il ne peut y avoir de règles quant au moment opportun pour parler du syndrome du bébé secoué. Mais chaque femme doit pouvoir bénéficier de cette prévention, quel que soit son milieu social, la continuité de son suivi médical, son éventuelle participation aux séances de préparation à la naissance et à la parentalité, la durée de son séjour en maternité ou son éventuel suivi dans le cadre du PRADO.
La période périnatale est, sans aucun doute, la plus adaptée, car l'attention psychique de la mère est focalisée sur le bébé. Les séances de PNP, le séjour en maternité et le suivi postnatal précoce sont donc des moments clés. Le père étant le premier auteur de cette maltraitance grave, chaque entretien avec le couple devrait être l'occasion de donner l'information.

Une prévention sur plusieurs axes

Comme le préconisent les professionnels du CHU Ste-Justine (Canada), dont la prévention de syndrome du bébé secoué est une priorité en promotion de la santé, c'est la répétition de la prévention qui est efficace. Ils comparent ces moments d'information à des doses de vaccin de prévention de la maltraitance avec un effet optimal lorsqu'ils sont cumulés.

Le syndrome du bébé secoué touche tous les milieux socioprofessionnels et toutes les cultures. En effet, en état d'épuisement psychique et sans ressource pour la soutenir, toute personne peut un jour être désemparée et exaspérée par des pleurs ininterrompus d'un nouveau-né, conduisant dans certains cas au secouement de l'enfant.

Cette prévention doit être systématique comme le recommande la Haute Autorité de Santé (HAS).

La sage-femme de suites de couches devra notamment aborder :

- Les besoins et les comportements normaux de l'enfant
- Les pleurs (signification, normalité)
- Les attitudes à adopter face aux pleurs
- Le syndrome du bébé secoué en lui-même : les différents facteurs de risque, les circonstances de survenue et les dangers d'un acte de secouement
- Les autres gestes de manipulation inadaptée (jeux tels que l'avion ou le lancer en l'air, réanimation maladroite après un malaise) qui peuvent aussi entraîner d'autres types de séquelles
- L'existence des différentes structures relais

Le but de cette information n'est pas d'inquiéter les parents, mais de les sensibiliser à cette forme de maltraitance dramatique et somme toute évitable. Ces informations doivent être données aux deux parents, sans oublier le père, car nous savons qu'il est dans la plupart des cas responsable du secouement.

Les manières d'aborder ce sujet sensible sont multiples. Pour une bonne prévention, il faut tout d'abord bien connaître le sujet.

L'urgence est donc la formation et la sensibilisation de toutes les sages-femmes au SBS.

Quant à celles qui en ont une bonne connaissance, le sujet est souvent tabou donc difficile à aborder. Elles craignent un sentiment de suspicion de la part des parents, pouvant se sentir déjà repérés comme de potentiels mauvais parents. C'est pour cela que, même si quelques facteurs de risque existent, tels que la primiparité, les addictions ou les antécédents de violence, la prévention systématique doit être la norme. Elle permet d'éviter de stigmatiser les populations « à risque », d'autant que chaque parent va être concerné par les pleurs de son bébé. Chacun peut donc, un jour de pleurs importants de l'enfant et de tension chez l'adulte, être responsable de ce terrible geste violent. Pour la majorité des auteurs, ils disent ne pas s'être rendu compte de la gravité d'un tel acte ; ne pas avoir réalisé qu'il pouvait conduire à de tel drame. Certains disent même « avoir secoué pour ne pas frapper… » Cette justification par une sorte d'irresponsabilité est inentendable pour les familles protectrices et les enfants survivants, elle est choquante. Mais c'est une défense fréquente, en particulier pour les rares cas où il y a des procès, comme si cela leur permettait de se dédouaner de toute responsabilité. C'est probablement ce qui rend les décisions judiciaires aussi incompréhensibles pour les survivants (proches, enfants) : cette sorte de banalisation qui ferait que ne pas avoir notion de la gravité du secouement permettrait de l'excuser .C'est ce qui mène à des classements sans suite, à des ordonnances de non-lieu où à des (rares) procès où les auteur(es)s sont condamné(es)s, à des peines ridicules, car l'acte de secouement est considéré comme « non intentionnel » et relève du registre de l'accident. Cette réalité est insupportable pour ceux qui ont eu leur bébé secoué, mais il est important de l'écrire pour comprendre les décisions judiciaires qui paraissent souvent si clémentes à l'égard de ceux qui ont fracassé les vies de familles entières. D'où l'importance de l'information et de la prévention, systématique, pour que plus personne ne puisse jamais dire « qu'il ne savait pas.

L'information doit être triple. Elle portera sur le danger du secouement, sur les pleurs du nourrisson et la possibilité d'en être exaspéré, et sur la gestion de ces moments de tension extrême, de colère ou d'impuissance.

Afin d'aborder la fragilité du bébé, principalement de sa tête, il est intéressant de partir des représentations des parents sur ce qu'est un bébé. La fragilité, la peur de le porter, de le baigner, de lui faire mal, permettent de préconiser la douceur pour tous les soins, et d'autant plus au niveau du crâne. Dans les cas où les parents ont une image idyllique du bébé et de ses besoins, les pleurs permettent de les centrer sur la réalité de sa prise en charge au quotidien, et de l'importance, pour le développement du nourrisson d'avoir des réponses cohérentes, prévisibles et non violentes. Ce traumatisme crânien, infligé avec force, non accidentel, est souvent responsable de décès du nourrisson ou de séquelles neurologiques graves. L'absence ou la faiblesse de la musculature du cou, la lourdeur de la tête ainsi que la mobilité du cerveau dans la boîte crânienne sont des réalités physiologiques qui, lorsqu'elles sont expliquées, aident à comprendre pourquoi le secouement intentionnel aura ces effets dramatiques sur le bébé. La tête ballotte d'avant en arrière de façon répétitive, les parties avant et arrière du cerveau vont en faire de même et s'écraser sur l'os. Les veines qui relient le cerveau à la boîte crânienne peuvent alors se rompre et entraîner une hémorragie. Il est essentiel d'expliquer que c'est aussi le rapport de force qui est à l'origine de la gravité du geste. Il s'agit bien de secousses très violentes intentionnelles, à différencier du jeu ou de l'accident. L'adulte est cinq à vingt fois plus lourd que le bébé (un bébé de 8 mois pèse environ 8 kg). Imaginer un adulte, secoué et lancé contre un mur par un géant dix fois plus gros que lui, peut être percutant et utile. Certains préféreront reproduire le geste sur un mannequin à grosse tête en chiffon ou montrer des vidéos, lors des séances de PNP.

L'information sur les pleurs est capitale, car ce sont les pleurs persistants du nourrisson qui sont l'élément déclencheur du SBS. Le pleur est source de stress pour chacun. Les futurs parents doivent savoir qu'un bébé pleure normalement deux à trois heures, en dehors de tout besoin primaire, mais aussi que les bébés qui « ont des besoins intenses », pleurent plus encore. La fréquence des pleurs évolue dans le temps : elle augmente le premier mois de vie avec un maximum au deuxième mois puis diminue progressivement jusqu'aux quatrième mois du nourrisson. La signification des pleurs est importante : il a faim, il a soif, sa couche est sale, il a froid ou chaud, il y a trop de bruits, il y a trop de monde, il veut un câlin ou être rassuré… Pleurer est le seul moyen dont bébé dispose pour s'exprimer. Mais c'est bien la frustration et le sentiment d'impuissance face à ces pleurs incessants qui sont responsables de cet acte de maltraitance grave. Si certains adultes ont des ressources pour faire face à leurs difficultés, ce n'est pas le cas de tous. Quand c'est le cas, ils doivent absolument comprendre qu'ils risquent de perdre le contrôle et de poser des gestes violents s'ils sont soumis trop longtemps aux pleurs d'un bébé. Encore une fois si de nombreux adultes, même épuisés ne feront jamais le moindre mal à leur bébé, cela ne peut pas être généralisé. Certains adultes, en état d'épuisement, ne sont pas à l'abri d'un geste dramatique. La fatigue d'un parent les premiers mois de son bébé (surtout s'il tarde à faire ses nuits), le manque de formation d'un professionnel, l'isolement et le surmenage de certains professionnels, accentue le risque de perte de patience et de passage à l'acte. D'où l'importance de soutenir les jeunes parents, d'éviter l'isolement des professionnels, de former et d'informer sur le SBS.

Le troisième axe d'information et de formation des parents et futurs parents est donc de les aider à élaborer des stratégies afin de faire face aux pleurs persistants. Comme personne n'est à l'abri d'une perte de contrôle qui pourrait dégénérer (en secouement), il est très utile de développer des stratégies permettant de s'adapter à ces moments de tension sans en arriver à maltraiter le bébé pour le faire taire. En premier lieu, en cas d'urgence et d'exaspération, coucher le bébé dans son lit et le laisser pleurer est le premier et primordial conseil à prodiguer. Mais il convient aussi de réfléchir, en amont, à comment prévenir cette colère. Le thermomètre de la colère, élaboré par les professionnels du CHU Sainte Justine au Canada peut s'avérer être un outil très utile. Il aide les parents à anticiper les solutions propres qu'ils trouveront lorsqu'ils se sentiront contrariés, impuissants, envahis, persécutés, en colère ou prêts à exploser. Basé sur une technique de *coping*[8], il permet de prendre du recul et de s'éloigner d'un bébé dont on ne supporte plus les pleurs avant de passer à un geste de violence.

L'anticipation permettra d'identifier les personnes-ressources, qu'elles soient familiales, amicales ou institutionnelles. De nombreux parents veulent absolument y arriver seuls, par crainte d'être jugés, d'où l'importance de leur expliquer que confier son bébé à une personne sûre, en cas de fatigue physique et psychique, est un comportement adapté de bon parent. Les interroger sur comment réagissaient leurs parents lorsque, eux, enfants, faisaient des bêtises, ouvre à un dépistage des vulnérabilités et à des discussions sur l'intérêt d'une éducation bien

---

[8] Ensemble des procédures et des processus utilisés par les individus pour appréhender le facteur stress et maîtriser les conséquences potentielles sur le bien-être physique et psychique.

traitante, au sein de laquelle la violence n'a pas de place. Des techniques de gestion de la colère peuvent être conseillées si besoin.

En résumé, la formation des sages-femmes sur le syndrome du bébé secoué est insuffisante et doit être améliorée. Un des rôles de la sage-femme est de faire une prévention de qualité auprès de tous futurs parents, en utilisant ou non des supports types dépliants, affiches, films ou poupons, au moment le plus adapté pour le couple. L'information doit porter sur trois axes : la connaissance du syndrome, les pleurs du nourrisson et les moyens d'y faire face. Cette prévention a eu un impact très positif dans les pays où elle est devenue une priorité. Tout parent étant un potentiel « secoueur », seule la systématisation de la prévention est envisageable. Un item dans le dossier médical commun pourrait aider à la sensibilisation de tous les professionnels de santé. Le séjour à la maternité est le moment le plus propice pour cette prévention, car les pères sont généralement présents et aussi pour la simple raison que la discussion peut prendre forme autour des pleurs, déjà réels. L'idéal serait que l'information débute en prénatal, avec des rappels en maternité et dans les premières semaines. Le message essentiel à donner à tous les parents est qu'ils doivent transmettre ces informations à toute personne amenée à garder leur enfant, même quelques heures. En effet, après les pères, les compagnons des mères et les assistantes maternelles, ce sont aussi les gardiens occasionnels qui sont responsables de cette maltraitance.

Les sages-femmes gagneraient beaucoup à pouvoir s'appuyer sur des campagnes nationales régulières autour de ce sujet.

MIEUX VAUT LAISSER PLEURER QUE SECOUER

Laurence Rameau

Le 20e siècle a vu le bébé changer de statut. De tube digestif peu réceptif qu'il était censé être, il est devenu une personne à part entière qui apprend avant même sa naissance et qu'il faut donc éduquer. Avec ce nouveau bébé, les nouveaux parents ont dû modifier leurs comportements. Ils sont devenus plus attentifs, plus disponibles, plus éducatifs, plus exigeants aussi. La mère, plus particulièrement, n'a plus le choix, elle doit être une « bonne » mère. Elle ressent cette pression sociale de la réussite éducative de son petit, dès la grossesse. Elle doit alors faire attention à tout : ne pas manger certains aliments, ne pas fumer, ne pas sortir faire la fête. Elle doit bouger et faire du sport, écouter de la bonne musique, se relaxer, etc. Le père a lui aussi ses contraintes : il doit soutenir sa femme, assister à l'accouchement, faire du peau à peau avec son petit à la maternité, etc. À la naissance du bébé, cette pression s'amplifie pour les parents. Il ne s'agit plus seulement de bien se comporter, mais aussi d'apprendre à se centrer sur le bébé pour lui donner les meilleurs atouts, afin qu'il devienne un adulte « réussi ». Ces pressions sociales se prolongent sur les accueillants, ou le plus souvent les accueillantes des bébés, les professionnelles de la petite enfance. Ce sont les gardes à domicile, les assistantes maternelles ou les professionnelles des crèches. Les parents confient leur bébé, un être des plus chers, à des personnes qui doivent poursuivre ce désir de perfection, de réussite.

Depuis que les psychologues ont investi la petite enfance et contribué à mieux connaître le développement psychologique des plus petits, depuis qu'ils ont défendu « la cause des enfants », améliorant nettement leur existence, ils ont aussi, autre face de cette réussite, conspiré à faire de cette période de la vie une nécessaire réussite éducative. Cela commence par le fait d'éviter que son bébé n'ait de carences affectives. Il ne faut pas qu'il pleure, car cela signifie qu'il ne va pas bien. Il faut alors trouver ce qui ne va pas chez lui et y remédier aussitôt. Le parent qui a un bébé qui ne pleure pas, ou peu, ou seulement lorsqu'il a faim, a de la chance. Son bébé est dit « sage » (même s'il n'y a aucun rapport entre le fait d'être bien et celui d'avoir un bon comportement !) et l'on se permet d'ajouter que c'est évidemment grâce à lui, surtout grâce à sa maman d'ailleurs. Elle est si « cool », si sereine, si parfaite, que son bébé le ressent et ne peut être autrement que « cool » à son tour. S'il ne pleure pas chez l'assistante maternelle ou à la crèche, c'est aussi que ce sont de bons professionnels qui s'occupent de lui et les parents ont eu raison de leur confier leur enfant. Concernant le bébé, pleurer quand il a faim est normal et bien compris, voire bien accepté. Dès qu'il ouvre la bouche, on lui donne à manger. Mais s'il continue après avoir été nourri, après avoir reçu tous les autres soins nécessaires à son bien-être, alors l'inquiétude monte. Que doit-on faire pour être un bon parent ou un bon professionnel ? Que faire pour que le bébé cesse ces pleurs insupportables pour des adultes normalement constitués ? Ne sont-ils pas justement intolérables parce qu'ils ne doivent pas perdurer ? Il faut donc qu'ils cessent. Il faut trouver ce qui ne va pas, utiliser telle ou telle autre méthode ! Changer le lait qui lui donne mal au ventre, le garder le plus possible dans les bras s'il en a besoin, dormir avec lui pour qu'il ne soit pas perdu, lui donner notre doigt à sucer ou une tétine, le bercer en lui chantant des chansons, le promener, etc. C'est dans cette quête que le parent ou le professionnel devient un expert de ce bébé, quitte à y perdre tout repère, tout bon sens, tout instinct, même celui de sa propre survie. Et cela est encore plus valable lorsqu'on est professionnel, car, par définition on se doit de savoir s'occuper d'un bébé, et donc de faire cesser ses pleurs. Ce qui n'est pas vrai. Car être professionnel c'est aussi savoir accepter qu'un bébé pleure pour s'exprimer, pour communiquer, et connaître ses limites. Mais la pression sociale de réussite est énorme. Les pleurs représentent l'échec auquel il faut remédier, les éviter serait encore mieux. Il faut que les choses entrent dans l'ordre. Pas de chaos, pas de désordre. Les pleurs sont un désordre. Les voisins se plaignent du bruit, jugent les parents mauvais, les amis donnent des conseils, les parents regardent des tutos sur les sites Internet et essaient. Si cela marche, ils se disent que la personne qui a proposé ce tuto est de bons conseils, si cela ne fonctionne pas, qu'elle est nulle ! Les parents ne supportent pas qu'on leur dise que leur bébé a beaucoup pleuré à la crèche. Les professionnels attendent des parents qu'ils fassent quelque chose pour que leur enfant pleure moins, car ce n'est pas normal de pleurer autant ! Mais quoi ?

Éviter que le bébé pleure peut devenir une obsession tant parentale que professionnelle. Quelle méthode choisir pour faire cesser cela ? Certains adultes, dépassés par les évènements, ne sont plus capables de choisir une méthode, ni même d'envisager qu'il puisse en exister. Ils ne se maîtrisent plus. Ils sont hors d'eux ! Ce ne sont pas eux d'ailleurs qui secouent ce bébé inconsolable pour qu'il cesse enfin de pleurer. Horrible catastrophe impardonnable, qui risque de nuire à jamais à la santé de cet enfant. C'est cela qu'il faut éviter, non pas les pleurs du bébé, mais bien la catastrophe que représente l'acte de secouer un bébé et donc de soumettre son cerveau à de rudes chocs contre les parois de sa boîte crânienne, causant des dégâts irréversibles allant jusqu'à la mort.

La prévention commence par le fait d'arrêter de croire qu'un bébé ne pleure pas pour rien et que le rôle des adultes est de trouver la cause de ses pleurs pour les faire cesser. Car s'il est vrai qu'un bébé pleure parce que quelque chose le dérange, parce qu'il est mal, parce qu'il ressent quelque chose de nouveau ou de particulier, plus ou moins désagréable, cela ne veut pas dire, d'une part que ses pleurs sont proportionnels à son mal-être, et d'autre part qu'il doit cesser de pleurer, séance tenante. Car pleurer est aussi le seul moyen d'expression qu'il possède à cette période de sa vie. Le bébé éprouve des sensations et des émotions encore incompréhensibles, son corps lui envoie des signes des perturbations qu'il ne peut contrôler, il peut être perdu, ne sait pas, n'a pas de mode d'emploi, n'a pas de solution. Il perçoit, ressent et s'exprime avec son corps, avec sa voix aussi, mais en pleurant, faute de pouvoir faire autrement. Il va apprendre comment tout fonctionne, lui, comme son environnement. Il va apprendre à se calmer, à pleurer à bon escient. Mais il faut du temps pour cela. Entre temps, il peut pleurer, cesser de pleurer, reprendre ses pleurs, pleurer longtemps ou pas, pleurer même en dormant. Lorsqu'on accepte que le bébé pleure, aussi sans raison, lorsqu'on accepte que l'expression du bébé ne soit pas uniquement un signe d'appel, mais aussi un signe de présence, un essai, une manière d'être, alors la pression sociale parentale et professionnelle, celle de faire taire le bébé devient moins forte. Un bébé pleure aussi parce qu'il est bien vivant, bien vif, bien décidé à être. Fut un temps cela signifiait qu'il était en bonne santé. Ma pratique d'infirmière puéricultrice à l'hôpital, avec des enfants très malades, m'a permis de constater à quel point les bébés qui vont mal se taisent ! Ils s'éteignent en fait. Ainsi si le pleur du bébé est un signe nécessaire à prendre en considération, il n'est pas une alarme qu'il faudrait éteindre à tout prix. La maison ne brûle pas, même lorsqu'un bébé ne cesse de pleurer.

Ces pleurs nous dérangent pour nous obliger à nous occuper du bébé, certes. Mais ils ne sont en aucun cas dirigés contre nous et nous pouvons tout aussi bien être impuissants parfois. Ce bébé a mangé, il est propre, il n'a pas de fièvre, ne semble pas malade, il pleure. Mais ce bébé a aussi peut-être mal, il peut avoir une otite ou des douleurs au ventre, ou bien autre chose, mais rien ne le calme. Cela ne signifie pas que nous sommes de mauvais parents ou de mauvais professionnels. Et ce bébé ne va pas moins nous aimer et ces parents pas plus nous en vouloir d'être impuissants. Lorsqu'il pleure, le bébé ne subit pas un traumatisme qui jouera sur sa santé mentale ultérieure ou sur son développement cognitivo-psychoaffectif ! Il a un épisode de pleurs incessants, difficilement supportables pour des adultes. Mais encore plus difficilement supportables si l'objectif unique premier est de le faire cesser de pleurer absolument ! Apprenons aux parents qu'un bébé pleure et aux professionnels que leur rôle n'est pas forcément celui de faire cesser les pleurs d'un bébé. Apprenons aux futurs parents et professionnels qu'un bébé peut beaucoup pleurer. Que cela n'est pas dramatique et n'a pas de conséquences ! Apprenons aux parents à ne pas exiger d'une personne à qui ils confient leur bébé qu'elle soit en capacité de faire cesser ses pleurs. Apprenons aux professionnels à relativiser les pleur

s des bébés dont ils s'occupent.

Sans pour autant revenir à une pratique ancienne qui prônait le fait de laisser les bébés pleurer, car cela était censé leur permettre de se faire les poumons ou de s'endurcir, ce qui a été démontré comme étant faux, il nous faut garder mesure et accepter aussi que nos petits pleurent plus que nous le voudrions et parfois plus que nous ne pouvons le supporter.

Je pense ici que toutes les méthodes sont bonnes pour supporter les pleurs d'un bébé du moment où, justement, elles nous permettent de le faire sans mettre ce bébé en danger.

Pour certains c'est dans l'action qu'ils supportent le mieux les pleurs de leur bébé. Il leur faut essayer de faire cesser ces pleurs. Le fait d'agir les aide à se sentir utiles et à oublier que ces pleurs les dérangent particulièrement. Et si certains actes sont suivis d'effet, si le bébé cesse de pleurer, alors ils sont particulièrement satisfaits.

Cela peut être un son familier, la berceuse chantonnée à l'oreille du bébé, un morceau de musique spécifique, le bruit du sèche-cheveux, de l'eau qui coule ou de l'aspirateur, un massage, un tour de voiture, quitte à tourner sans cesse autour du pâté de maisons, le bain, l'emmaillotage, l'installation dans une boîte en carton ou dans une écharpe, une position de repli sur lui-même comme un petit bouddha, le balancement dans une balancelle, un transat ou sur soi dans un rocking-chair, le sein en permanence dans la bouche ou le bébé porté contre soi dans le creux de son cou. Tout peut être essayé, sans arrière-pensée de faire bien ou mal. Car ce qui compte ici ce n'est pas de déterminer ce qui est bien pour le bébé ou pas, ce qui correspond à des modèles de bonne éducation ou de mauvaises pratiques qui pourraient rendre le bébé « capricieux » ou addictif, mais bien de trouver le moyen de faire cesser les pleurs du bébé, car l'adulte en a besoin. Certains diront qu'il s'agit d'un cercle vicieux, que le bébé n'apprend pas à se calmer seul, que l'on donne de mauvaises habitudes au bébé. Ce n'est pas vrai. Je pense que lorsqu'un adulte ne supporte plus les pleurs du bébé dont il s'occupe, il est en droit d'essayer de les faire cesser. Que la seule chose qu'il ne peut pas faire est justement de secouer le bébé parce qu'il n'en peut plus de ses cris. Mais le seul fait de crier sur un bébé pour lui dire « tais-toi ! » par exemple, ne peut que le terroriser et augmenter ses pleurs. Face aux pleurs d'un bébé, c'est l'attitude rassurante et protectrice qu'il convient d'avoir. Faire preuve d'empathie : « Oh que tu as un gros chagrin ! » Si au-delà de ce comportement qui devrait être naturel, les pleurs perdurent et l'adulte pense qu'il peut les faire cesser en agissant, alors il doit agir en proposant au bébé des actes respectueux de son intégrité physique, non violents, même si, parfois, cela semble original ou contraignant à d'autres personnes. Le chaos se traite aussi par toutes sortes d'expériences originales. Il n'y a de la place ici pour aucun jugement de valeurs éducatives, et ce, même pour les professionnels de la petite enfance.

Pour d'autres adultes, ce sera l'éloignement du bébé qui le protégera le mieux. Ils ont tout essayé sans que rien ne marche ou/et ils ne se sentent pas capables de recommencer ou même de s'approcher de cet être qui martyrise, sans intention malveillante (et cela, ils doivent absolument en être convaincus), leurs oreilles et/ou leur âme, leur cœur. Être un bon parent, tout comme être un bon professionnel d'accueil du jeune enfant, ce n'est pas forcément devoir trouver des solutions pour cet enfant, ou mettre en place des méthodes, c'est de le protéger, l'accepter comme il est et connaître ses propres limites. Il y a des fois où cela est impossible de supporter les pleurs d'un bébé, alors ne les supportons pas. Lorsqu'on est parent, confions ce bébé à ceux (le papa, les autres membres de la famille) ou le plus souvent celles (les professionnelles de la petite enfance) qui peuvent supporter les pleurs ou ont la volonté d'agir pour les faire cesser. Pas de culpabilité à avoir, bien au contraire, le parent fait ici ce qu'il y a de mieux pour son enfant. Lorsqu'on est professionnel, ne restons pas seul avec cet enfant qui pleure. Il nous faut appeler une collègue à l'aide, aller rencontrer d'autres collègues et savoir ne pas travailler seuls, même lorsqu'on est une assistante maternelle ou une garde à domicile. Les services de PMI doivent évoluer à ce niveau et cesser de culpabiliser les assistantes maternelles qui se reçoivent les unes chez les autres avec les enfants, ou qui font des activités communes. Parmi ces dernières, il est possible qu'il y en ait qui accueillent des bébés pleurant beaucoup et qui ne supportent plus d'être seules avec eux. Et même si ces réunions sont pour elles l'occasion de discuter chiffons et de laisser les enfants jouer entre eux, ce qui n'est absolument pas néfaste pour eux, bien au contraire, c'est aussi le moyen de supporter des pleurs incessants d'un bébé, en mettant ce bébé dans les bras d'une autre, afin de souffler. Ou tout simplement c'est aussi l'occasion d'en parler avec des collègues afin de se sentir moins seules, chacune ayant déjà fait l'expérience d'un bébé inconsolable. Alors qu'il est parfois difficile de connaître ses propres limites d'acceptation des pleurs d'un bébé, on se rend compte que des collègues arrivent à déceler si on est à bout ou pas. Le simple conseil d'aller voir un médecin, de s'arrêter un peu en maladie ou de prendre des jours de congés peut aussi sauver un bébé. Même si cela déplaît au parent, chacun conviendra que ce désagrément vaut bien la vie d'un petit. Il nous faut réfléchir en tant que parent employeur, assistante maternelle et service de PMI à la mise en place des collègues relais. À ce titre, le fonctionnement en binôme ou trinôme de professionnelles assistantes maternelles devrait être privilégié par les parents et soutenu par les services de PMI. Cela se fait encore bien trop rarement.

Et lorsque c'est impossible, lorsque personne n'est disponible, que pour une maman, ni le papa, ni les grands-parents ne sont présents, ni les oncles et les tantes, ni les amis d'ailleurs, que la crèche est fermée et l'assistante maternelle en congé, que pour une professionnelle il n'y a personne autour d'elle, et qu'il faut faire seul(e), alors une solution possible, même si elle n'est jamais idéale, car elle témoigne d'une impossibilité à apaiser son bébé, il vaut mieux avoir recours à l'éloignement du bébé si le logement le permet. Il faut mettre le bébé dans son lit ou son berceau, et l'emmener dans la pièce la plus éloignée de celle dans laquelle on souhaite se trouver : notre chambre pour nous reposer, la salle de bain pour prendre un bon bain chaud relaxant, la cuisine pour prendre le temps de siroter un café ou un thé, avec un petit gâteau. Les bouchons d'oreille ou le casque audio permettent d'atténuer le volume des pleurs du bébé et donc le ressenti agressif. On n'est pas en cela un mauvais parent ou un mauvais professionnel, un adulte abandonnique, bien au contraire. S'éloigner permet, quand aucune autre solution n'est possible, de se reprendre, de se calmer, de se recentrer sur soi, de respirer, pour revenir ensuite vers le bébé, de manière plus détendue. Lorsqu'on est enfin apaisé, on peut mieux s'occuper de lui, et bien souvent le bébé parvient à ne plus pleurer et à s'endormir. Il faut comprendre que dans certaines situations, les pleurs permettent de libérer une tension.

Si cette solution est momentanément utile, le professionnel doit aussi travailler pour sortir de cette impasse, car si ces situations perdurent le bébé peut finir par se sentir abandonné. Pourquoi est-il agressé par les pleurs du bébé ? Comment construire sa professionnalité en les acceptant mieux, en les comprenant mieux ? Comment cette professionnelle peut-elle se faire aider sur le long terme afin de poursuivre sa carrière ? S'occuper des bébés n'est pas inné, mais s'apprend. La formation professionnelle est nécessaire à ce niveau aussi. Et elle n'est pas encore suffisante. Parler de ses difficultés à supporter les pleurs d'un bébé ne risque-t-il pas de nuire à l'assistante maternelle ? Les services de PMI ne vont-ils pas retirer l'agrément nécessaire à l'exercice de sa profession ? Les tensions qui existent actuellement entre ces services et les assistantes maternelles ne sont pas propices à prévenir de telles situations. Sans confiance il est impossible d'y arriver. Un des moyens de prévention est d'établir plus de confiance que de méfiance et de suspicion vis-à-vis de ces professionnelles. En confiance elles peuvent parler et avancer ouvertement, donc la prévention peut avoir lieu, les conseils sont entendus. Là où les parents réclament plus d'encadrement ou de contrôle, c'est d'accompagnement et de formation dont on a besoin. Car tout contrôle comporte sa part d'ombre ou de silence pour y échapper, alors qu'au contraire, la confiance permet le lien, la réflexion, et le bien-être.

Tout adulte peut avoir eu un jour ou un moment, même bref, envie de ne plus être avec cet enfant, envie de s'en débarrasser, tellement il peut se sentir agressé par ses pleurs et impuissant à les faire cesser. La fatigue, les nuits sans sommeil, la déprime, la solitude sont autant de facteurs d'aggravation d'une situation déjà difficile, celle de devoir s'occuper d'un bébé qui pleure, parfois trop ou trop longtemps. Heureusement, peu d'entre nous passent à l'action. Mais on devrait toujours pouvoir appeler quelqu'un pour parler de cette trop grande pression, de ce désespoir, de cette envie de faire cesser les pleurs à tout prix. Des structures existent, des services de PMI qui ont un numéro d'appel d'urgence, des pédiatres, des psychologues, des professionnels de la petite enfance, des numéros verts, des associations qui accompagnent les parents et les professionnels, car personne ne doit se trouver seul en permanence avec un bébé qui pleure pendant des mois. C'est bien trop difficile à supporter. Et faire la démarche de trouver une personne de soutien c'est déjà protéger l'enfant.

Mais que faire pour ces personnes qui pourraient avoir du mal à faire cette démarche ? Là est toute la question, restée encore sans réponse. Je pense que ce que nous devons comprendre, c'est qu'un professionnel de la petite enfance ne s'occupe pas des bébés parce qu'il les aime, mais c'est bien parce qu'il s'occupe d'un bébé qu'il l'aime. Il faut donc lui donner les moyens de bien s'en occuper plutôt que d'attendre que, par amour des petits, cela convienne de fait et dès le départ. N'en est-il pas de même pour les parents et pour l'ensemble des adultes qui s'occupent de ce bébé ? Le fait qu'un nombre important d'adultes s'occupent d'un bébé est une particularité humaine très protectrice pour les enfants. C'est sans doute dans cette direction qu'il faut regarder et rechercher. L'éducation est un LIEU RESSOURCE.

Alors que faire pour justement essayer de supporter leurs pleurs ? Et si votre bébé est inconsolable ?

Assurez-vous : qu'il est nourri, a fait son rot et est propre

- qu'il n'a ni trop froid, ni trop chaud
- que ses vêtements ne sont pas trop serrés

Il pleure toujours :

- tenez-le contre vous, caressez-lui le dos
- bercez-le, chantez-lui une chanson, promenez-vous en le tenant dans vos bras
- faites-lui faire un tour de poussette ou d'auto
- offrez-lui sa suce
- créez un environnement calme et tamisé

Il pleure encore et encore :

- déposez-le dans son berceau
- prenez une grande respiration
- soyez patient et comptez jusqu'à 10
- appelez quelqu'un qui peut vous aider
- une fois l'enfant sous surveillance, allez prendre de l'air seul

L'absence de programme systématique sur la maltraitance des bébés et des enfants

La formation initiale reste sans aucun doute le point fondamental à renforcer pour que tous les professionnels intervenant dans le champ de la santé et de la petite enfance soient suffisamment formés pour informer les parents, repérer des attitudes parentales inquiétantes (perte de contrôle, énervement, épuisement), et évaluer un bébé au plus vite quand il présente des troubles qui pourraient être en lien avec des secouements.

Cela peut sembler évident et le préalable à tout diplôme professionnel. Mais si des programmes généraux existent d'un diplôme à l'autre, il reste une marge très large d'un lieu de formation à l'autre pour que certaines thématiques soient plus approfondies que d'autres (Metz, Nancy par exemple propose aux sages-femmes en formation une sensibilisation à ce sujet, mais aucune université de psychologie, ni d'IRTS (Institut de formations des travailleurs sociaux) ou d'IFSI (Institut de formations en soins infirmiers) ne le fait actuellement. Ou quand ces thématiques liées au SBS, aux manifestations post-traumatiques d'un bébé et d'un enfant, aux maltraitances, elles le sont sur l'aspect scientifique, technique, mais très rarement sur la dimension humaine : comment en parler avec les parents, comment aborder le sujet avec l'enfant, comment gérer ses propres réactions émotionnelles face à ces violences infligées à un tout petit.

Pourtant de nombreuses professions sont susceptibles d'être confrontées à une situation de SBS : les professions du soin (sages-femmes, infirmiers, médecins, psychologues), mais aussi celle de la justice (enquêteurs, magistrat), du secteur socio-éducatif et du milieu scolaire. Sans oublier les secouristes, ce qui pourrait conduire à aborder la prise en charge des bébés victimes de SBS lors des formations aux premiers secours. Bien des troubles non médicalisés vont conduire à des manifestations tardives de troubles des apprentissages et de troubles du comportement et il est exceptionnel que les professionnels pensent alors que cet enfant a pu subir des violences à la période préverbale. Et dans les formations initiales de toutes ces professions qui sont au contact des enfants, le SBS n'est pas abordé.

Il l'est davantage dans certaines formations continues (dont des Diplômes Universitaires), mais l'accès à celles-ci est volontaire et représente un coût financier et de travail que tous les professionnels ne peuvent pas engager. C'est sans doute ce manque de formation sur le SBS qui peut expliquer combien nombre d'enfants secoués ne sont pas pris en compte en tant que tel, car leurs troubles ne sont pas repérés comme les manifestations de secouements.

Il y a aussi tout ces professionnels qui se trouvent agréés, mais avec la formation pratique proposée des semaines plus tard et tout ce « marché » aux « nourrices » auquel se trouvent confrontés les parents contraints de reprendre leur travail et qui n'ont pas trouvé de place en crèche ou après d'assistante maternelle. Il n'y a qu'à constater l'été dans les parcs comment certaines se comportent en laissant des bébés en plein soleil dans la poussette alors que les autres enfants plus grands sont regardés d'un coin de l'œil, car elles sont bien plus occupées à consulter leur portable ou à papoter avec leurs copines. Quant aux nourrices recrutées sans être déclarées, le pire est souvent au rendez-vous... La prévention du SBS passe par la formation, mais aussi par le contrôle de ces organismes qui recrutent sur des curriculum vitae tronqués, avec des entretiens menés à la va vite tellement les demandes sont importantes. Là aussi ce n'est pas politiquement correcte de le dire, mais il existe un véritable « marché » lucratif de la garde d'enfant. Il serait grand temps que l'État se décide à contrôler toutes ces structures, à s'assurer des formations, à effectuer des visites à domicile pour vérifier la façon dont les enfants sont pris en charge. Cela nécessite des moyens bien sûr ; mais prendre en charge un enfant polytraumatisé à vie ou des parents en congé longue durée pendant des années du fait de ce qu'ils ont subi, aussi...et au final, sûrement bien plus cher.

Il serait aussi essentiel de sensibiliser davantage les futurs parents lors des temps de préparation à l'accouchement puis dans les premiers mois de vie du bébé, voire même aborder cette problématique dans les cours de biologie auprès des élèves de secondaire. D'autres solutions de prévention seraient envisageables dans des cadres en apparence plus anodins tels que des espaces pour la parentalité dans les médiathèques, les mairies, les écoles.

Pour illustrer la complexité des prises en charge du SBS...

Ethan est né avant sept mois de grossesse le 17 novembre 2017. Sa mère a juste seize ans, son père 20 ans. La grossesse a été suivi de près par le service de la PMI vu le jeune âge du couple et le sachant très isolé. La mère n'a plus aucun contact avec ses parents, elle est déscolarisée depuis deux ans et s'est installé dans un squat avec son compagnon qui est bien connu des services sociaux pour avoir été placé de 7 à 18 ans et confié aux services de l'aide sociale à l'enfance suite « à des sévices physiques répétés de sa mère et des viols subis de son père ». Les parents vivent de petits boulots non déclarés et d'aides sociales. Il n'y a pas notion de prises de produits toxiques. Au tout début de la prise en charge par la sage-femme de la PMI, la mère explique avoir pensé à faire une interruption de grossesse, mais « l'avoir finalement gardé pour obtenir des aides. »

le père ne dit rien quant à ce bébé à naître si ce n'est qu'il est « content que ce soit un garçon ». C'est donc un petit bébé qui naît dans un environnement parental bien insécure. Compte tenu de sa prématurité, Ethan reste hospitalisé trois semaines. Ses parents viennent peu, mais leur domicile étant très éloigné de la maternité, ils mettent en avant ces difficultés de transport pour justifier leurs absences. Au moment de la sortie possible du bébé, le Procureur ordonne un placement en raison de « l'absence de logement » puisque la PMI a constaté l'état d'insalubrité du squat. Aucune référence à l'immaturité affective des parents n'apparaît dans le signalement de la PMI, ni d'allusion à leur impossibilité manifeste de s'ajuster aux besoins d'un bébé et qui plus est, d'un prématuré. Ethan est donc placé en pouponnière, mais une semaine plus tard les parents obtiennent la levée du placement grâce à l'intervention d'un avocat qui fait valoir qu'ils ont trouvé un logement et qu'ils peuvent donc accueillir leu bébé. La PMI reste inquiète et organise des visites tous les deux jours. Étant est réhospitalisé en urgence une semaine après son départ au domicile parental pour une occlusion intestinale. Les parents expliquent que le lait prévu pour les prématurés coûte trop cher et qu'ils font les biberons avec du lait normal. La PMI met en place les aides financières pour que ce bébé soit alimenté normalement, mais les parents ne le font pas et la PMI ne peut que constater que les parents, sitôt la sortie d'hospitalisation ont repris les biberons avec du lait normal. À chaque visite de la PMI le père anticipe sur ce que la puéricultrice va constater : Ethan a des bleus, car il se cogne en dormant la nuit, il saigne au niveau de l'anus, car il lui fait des lavements plusieurs fois par jour pour éviter la constipation liée au lait »...

La PMI hésite à signaler de nouveau la situation, mais espère qu'avec un accompagnement à la parentalité soutenu, que ce jeune couple finira par comprendre les besoins de leur petit garçon. « Et puis c'était la période de Noël » expliquera une responsable. « On ne peut tout de même pas séparer des parents de leur bébé à ce moment de l'année ». Contact est pris avec le médecin de famille qui suit l'enfant et qui confirme les hématomes multiples sur le corps, mais qui répond à la PMI qu'ils « voient le mal partout. Un bébé ça marque facilement et des maladresses de parents pouvant conduire à des bleus ça existe sans imaginer de la maltraitance ». Noël passe...et Ethan est hospitalisé en urgence le 2 janvier suite à un appel d'un ami qui constate que le bébé convulse. Sa mère ne fait rien, comme totalement absente et indifférente à la détresse de son bébé. Le père se fâche après Ethan, lui ordonnant « d'arrêter sa comédie ».

Les premières fractures remontent, selon les spécialistes, entre quinze jours et un mois avant son décès. Ses ultimes lésions, elles, surviennent durant les sept jours précédant son décès. Hospitalisé d'urgence le 2 décembre,

C'est un minuscule bébé au corps brisé et convulsé qui est pris en charge par le SAMU. Cette seconde hospitalisation conduit à un examen général d'Ethan et à la découverte du cauchemar qu'à du vivre ce bébé d'à peine deux mois. Son anus est déchiré de façon significative à celui d'enfant sodomisé. Aux niveaux osseux les deux tiers de ses côtés sont fracturés. Des fractures diaphysaires sur tous les longs et d'âge différents, des fractures des clavicules et des factures digitales sont constatées avec plusieurs arrachements métaphysaires, des cales osseux d'âges différents sur les fractures constatées au niveau des bras et des jambes.

Il présente un hématome sous-dural et des hémorragies rétiniennes ; des bleus sur les joues et sur les fesses.

Après de multiples examens, les maladies de fragilité osseuse sont éliminées pour expliquer tous ces traumatismes squelettiques non expliqués par les parents si ce n'est par cette phrase répétée en boucle par le père « j'ai dû le serrer trop fort quand je lui ai fait un câlin ».

Ethan est un bébé martyrisé.

L'ordonnance de placement est immédiate, mais le magistrat accorde aux parents un droit de visite tous les quinze jours auxquels ils se présentent systématiquement. Et à chaque visite, Ethan change subitement de comportement, ne manifeste plus rien « comme s'il sortait de son corps » explique une auxiliaire. « Il met plusieurs jours à s'en remettre, puis récupère et à nouveau dépéris suite à la visite suivante ». Six mois après le placement Ethan parvient à établir avec les professionnels des interactions positives et adaptées à son âge, mais à chaque visite de ses parents, il exprime des troubles manifestes d'enfant maltraité par des attitudes de retrait, un évitement du regard de ses parents, des régressions de toutes sortes. Au sein de l'équipe des professionnels de la pouponnière apparaît un clivage violent (processus très fréquent dans ce type de situation) entre ceux prêts à demander le retour d'Ethan au domicile et ceux qui considèrent que les parents sont dans un tel déni, que le risque de récidive est majeur et qu'il serait même nécessaire de suspendre les visites compte tenu des manifestations de détresse d'Ethan. Pour les premiers, « ce qu'il a subi bébé, il va l'oublier, cela ne sert à rien de lui en parler…. Ça peut arriver à tous les parents…vu leur parcours ça peut se comprendre, il ne faut pas les stigmatiser…. Ce bébé c'est une chance pour eux et leur permettre de se reconstruire » …. pour les autres « ce n'est pas au bébé de réparer les parents et tant qu'il y a un déni de leurs responsabilités, il n'est pas pensable qu'il leur soit confié à nouveau.

Que les parents d'Ethan soient en grande détresse est une évidence et ce bébé est probablement comme un « porte-symptôme » de ce qu'ils ont vécu ; mais ce n'est pas à leur bébé de les réparer.

La vie d'Ethan est actuellement suspendue à la décision d'un juge ; à ce qu'il comprendra de cette situation et à ce qu'il fera pour le protéger

Cette situation n'est malheureusement pas si isolée. Le déni face aux conséquences des violences subies par un bébé reste majeur dans notre société et pour les professionnels insuffisamment formés ou trop isolés (médecins généralistes) il existe comme un voile, une véritable chappe de plomb qui les empêche de penser la réalité de ces actes même quand toutes les preuves sont là. Les collègues de la PMI avaient bien perçu qu'Ethan était en danger, mais « voulaient donner une chance aux parents et pensaient pouvoir y arriver seuls » ....

Un bébé n'est pas, et ne sera jamais un doudou conçu pour « réparer » des parents.

Isolés, sans formation, sans supervision, sans liens entre les équipes, il ne peut y avoir que des drames conduisant à ne pas protéger suffisamment les bébés.

Former les professionnels pour informer les parents

Comme l'ont expliqué précédemment Muriel Bruno et Laurence Rameau, la formation des professionnels est fondamentale, mais il s'agit vise aussi d'informer les parents. Dans notre société française très idéalisante de la maternité et où la performance prend tant de place, bien des parents se sentent impuissants et disqualifiés lorsque leur bébé pleure et qu'ils n'arrivent pas à l'apaiser. Et bien des expertises de « parents-secoueurs » permettent de constater que lorsqu'ils secouent le bébé, ce n'est pas pour lui faire du mal, encore moins pour le tuer, mais « pour qu'il se taise ». Nombre d'adultes n'ont pas notion de la fragilité du crâne d'un bébé et ne savent pas gérer leurs difficultés face à un bébé autrement que dans le passage à l'acte. Leur apprendre à anticiper sur les difficultés qu'ils rencontreront inévitablement un jour ou l'autre avec leur bébé, les aider à gérer leur stress et leur vécu d'impuissance à ne pas parvenir à calmer leur bébé, les soutenir dans leurs compétences parentales en leur apportant des repères pour faire face à ces situations difficiles sont autant de préventions qui limiteraient des secouements dramatiques. Nous citerons le témoignage de cette professionnelle qui a accepté d'expliquer sa passion et ce qu'est le quotidien d'une assistante maternelle :

> « Je suis assistante maternelle depuis 23 ans, et j'habite dans un petit village. J'ai un agrément qui me permet d'accueillir 4 enfants 0/6 ans.
>
> Avant de faire les démarches pour faire ce métier, mon mari et moi avions longuement réfléchi. En effet, nous avions 2 petites filles, et nous savions qu'il y aurait forcément des contraintes pour nos enfants qui allaient devoir partager leur maison, mais surtout leur maman avec d'autres enfants. Mon

domicile allait devenir mon lieu de travail, et ce métier allait nécessiter une réorganisation de ma vie familiale et je serais donc moins disponible pour ma propre famille.

Malgré tout, j'ai vu les choses positivement, et après avoir mûrement réfléchi, j'ai fait le nécessaire et obtenu mon agrément.

Je fais ce métier par passion et c'est pour moi une vraie vocation. Je suis heureuse de le dire, « j'aime mon métier » ! Il y a d'un côté beaucoup d'amour, et de l'autre un vrai métier, avec une posture professionnelle qui est indispensable de tenir.

Aucune journée avec les enfants ne ressemble à la précédente (chez Nounou, difficile d'avoir une journée type). J'ai une très grande amplitude horaire (6h – 19h), et je travaille 5 jours par semaine, ce qui peut vite devenir fatigant. Je suis seule dans mon organisation d'accueil, c'est pour cela qu'il faut aussi s'accorder un peu de temps pour soi.

Le joli métier d'assistante maternelle est plus complexe qu'il n'en a l'air et comporte des missions bien précises, ce qui n'est pas toujours facile. En effet, il faut avoir un grand sens de la communication, une parfaite organisation, respecter les attentes des parents, avoir les mêmes valeurs éducatives et mettre en place une relation de confiance.

Il faut également accompagner l'enfant dans toutes ses étapes d'apprentissage, assurer la sécurité et les bons soins. L'objectif principal étant de le guider dans l'acquisition progressive de son autonomie tout en étant pour lui l'adulte responsable et bienveillant.

Je suis pour chaque enfant que j'accueille, l'assistante maternelle que j'aurais aimé avoir pour mes propres enfants.

Après toutes ces années d'expérience, je continue à apprendre, à me former, à évoluer, à m'adapter et à rester informée sur ce joli métier. Je grandis avec tous ces enfants ! »

Une prévention qui devrait être des plus précoces

Si la prévention au moment des formations initiales des professionnels semble indispensable, elle pourrait se penser bien plus précocement, en particulier à l'occasion des cours de sciences et vie et de la terre au collège et au lycée. Sensibiliser les adolescents lors des programmes de biologie serait sans aucun doute un moyen d'informer sur l'absolue vulnérabilité du cerveau et cela permettrait de comprendre les conséquences dramatiques du secouement d'un nourrisson comme des pratiques d'asphyxie qui entraînent une hypoxie cérébrale avec des lésions bien souvent catastrophiques voire la mort. L'adolescence est un âge où la sensibilisation à ces risques devrait d'autant moins être absente que bon nombre de baby-sitters sont des lycéens, sans aucune formation pour s'occuper d'enfants.

Porter une attention aux professionnels(le)s isolé(e)s

Si les bébés peuvent être secoués par un parent, beaucoup le sont aussi par des professionnels(le)s et majoritairement par des nourrices : la question de leur formation se pose inévitablement, mais également celle de leur soutien au quotidien, car contrairement à une crèche où un relais peut se faire d'un(e) professionnel(le) à l'autre et une attention portée au comportement inadapté éventuel, un(e) assistant(e) maternel(le), une nourrice, un baby-sitter, sont seuls avec l'enfant.

La valorisation des métiers de la petite enfance reste à réaliser dans notre pays où ce ne sont pas toujours des personnes particulièrement intéressées par les jeunes enfants qui deviennent assistant(e)-maternel(le)s ou nourrices, mais des femmes/ des hommes en reconversion professionnelle, sans plus de motivation que la question alimentaire. Du côté des personnels chargés de la reconversion ou de la recherche d'emploi, il reste aussi profondément ancré dans leurs représentations, que s'occuper de bébé « c'est facile ». Or c'est probablement l'un des métiers les plus difficiles, car il faut en permanence être attentif aux besoins d'un tout-petit qui n'a que son babil infantile pour s'exprimer.

> Pour exemple, ce pôle emploi en région parisienne, proposant en reconversion à des femmes tout juste sorties de la prostitution de devenir assistante maternelle ou des responsables de la reconversion professionnelle d'une institution publique, envisageant pour des agents épuisés psychiquement des postes comme famille d'accueil.

Des espaces de régulation et d'analyse de la pratique indispensable

Au-delà de cette formation indispensable, se pose également la question fondamentale, de la régulation des pratiques professionnelles pour que les intervenants puissent libérer leurs émotions, poser leurs questions, faire part de leurs doutes, à d'autres professionnels sans crainte d'être jugés négativement. Ces espaces devraient être institués de principe (et non à la demande comme cela peut exister dans certains Conseils départementaux), car un professionnel en grande souffrance dans sa pratique n'ose pas solliciter de l'aide.

Ces temps, réguliers (une fois par mois au minimum), permettent à chacun de revenir sur des situations, d'exprimer ses ressentis, en étant contenu dans sa réflexion par un superviseur connaissant les métiers concernés. Ils peuvent être des temps individuels ou collectifs et quand ils réunissent un groupe ils permettent aussi d'apprendre de l'expérience des uns et des autres ; chacun construisant sa pratique à partir de ses échanges. Cela participe non seulement à la prévention de l'épuisement professionnel et entre totalement dans les actions à mener en termes de prévention des risques psychosociaux, mais surtout, en prenant soin des professionnels, en veillant à éviter qu'ils ne dépassent un stade de non-retour de passage à l'acte lié à un épuisement psychique et physique, cela contribue à prévenir la maltraitance sur les bébés et les enfants.

Pour conclure

Être parent ne saurait se résumer à la dimension administrative de l'état civil et aux obligations légales. Être professionnels de la petite enfance ne saurait se limiter à de la bonne volonté et aux expériences vécues, à titre personnel, comme parent.

Les maltraitances sur enfants concentrent la préhistoire du sujet et témoignent de la singularité de chacune de ces situations. L'attention médiatique portée aux situations de maltraitance extrême, comme récemment la découverte d'une petite fille dans un coffre ou la mort de la petite Adélaïde noyée à Berck par sa mère ou de Lubin, Kenzo, Nino, Angèle, Marina, Thiphaine, Fiona et tant d'autres, nous rappelle que la spectacularisation de telles violences exposées sans limites sur les chaînes télé, conduit à une absence de mise en perspective des violences quotidiennes. En stigmatisant ces parents ordinaires comme des monstres, la société tient à distance la réalité des maltraitances domestiques quotidiennes et expulse du champ clinique les violences commises sur les enfants, en particulier sur les tout-petits.

La fabrication d'une maltraitance infantile labélisée médiatiquement interroge sur les capacités de notre société et sa capacité à réinscrire les parents dans leur fonction initiale et à les soutenir lorsque le lien de filiation avec leur enfant est en souffrance. Elle ne peut que nous interpeller sur la place que notre société souhaite, réellement faire aux enfants et à l'attention qu'elle lui porte.

Ces adultes maltraitants, s'ils agissent des actes monstrueux et condamnables, sont aussi des adultes en souffrances, qui peuvent être compris comme des symptômes d'une société qui n'a pas su penser la fonction parentale autrement que comme un objet de procédures et d'évaluations. Ces bébés battus, ces toutes petites personnes massacrées à l'aube de leur vie nous rappellent combien la prévention devrait se construire avant la naissance et combien il serait précieux de permettre aux parents de comprendre que leur autorité ne saurait se réduire à l'instrument de contrôle que représentent un climat de terreur et des coups. De l'attention portée à ces touts petits, de la réinscription de la maltraitance prioritairement dans le champ clinique, de la mise en place de prise en charge psychopathologique générale, de l'attention portée aux intervenants exposés à des réactions défensives face à des situations sources fréquentes de conflits institutionnels, pourront s'inscrire des modalités d'intervention plus adaptées à cette dynamique spécifique de la maltraitance.

Face au traumatisme, parvenir à s'adapter au désastre, survivre et reprendre un devenir possible est un processus psychique complexe qui implique le bébé, son entourage, la société tout entière et qui peut permettre ce qui s'appelle la résilience. En construisant notre approche dans la perspective d'une résilience possible, il s'agirait de penser un contexte thérapeutique où interviendrait l'ensemble des professionnels et des ressources institutionnelles qui entourent la famille, mais également les parents eux-mêmes en tant qu'écosystème thérapeutique. Autrement dit, permettre une évaluation non suggestive, attentive et prudente, qui puisse proposer des espaces où les carences personnelles de chaque parent ou professionnel en difficultés pourront être verbalisées, écoutées et pensées. Pour que chacun puisse reconnaître la vulnérabilité de son enfant et décrypter ce que ce petit être vient réactiver des angoisses archaïques de sa propre histoire infantile. L'évaluation permettrait alors une restauration psychique du lien parent (professionnel mis en cause) /enfant et préviendrait de nouvelles violences.

Contrairement à ce que certains penseraient, la maltraitance ne condamne pas l'enfant à répéter ces violences subies. Elle n'est ni une pathologie héréditaire, ni une malédiction inéluctable, ni une condamnation irrémédiable à n'être que le clone de son parent maltraitant ou à être condamné au statut de victime. Elle est bien davantage un héritage dont la dimension traumatogène ou créative dépendra de ce qui en sera dit à l'enfant. La mise en récit de cette histoire traumatique ne peut être envisagée sans la rencontre d'un « un témoin secourable éclairé » (Alice Miller), un adulte transitionnel (Hélène Romano ; 2018). Autrement dit, une personne capable d'offrir une écoute et une attention source d'élaboration des événements reçus.

Pour ces bébés secoués survivants, pour la fratrie de ces enfants qui ont survécu ou ceux qui ont perdu un frère ou une sœur de secouement, c'est toute leur vie qui se trouve inéluctablement bouleversée. Mais de ce chaos, un devenir est possible, si des mots sont posés sur les faits, si l'histoire peut être mise en sens et permettre à l'enfant d'en faire un récit, de comprendre l'impensable.

De la capacité de notre société à redonner une place psychique à l'enfant, à respecter ses besoins de petit d'homme, dépendra sans aucun doute la qualité de la reconnaissance parentale, sociale, médicale et judiciaire que notre société lui accordera. Si l'enfant est une « personne en devenir », tout adulte conserve sa part de vécu infantile. Le dénier, mène à ne plus être en capacité de s'ajuster aux besoins de chacun et entraîne bien des souffrances qui auraient pu être prévenues. Mais surtout, cela condamne ces touts petits à ne plus être sujets de leur histoire, mais objets d'enjeux conflictuels, transformant leur berceau en cachot… ou en cercueil.

SAMU : 15
Centres hospitaliers
Centres de rééducation

PMI : centre de protection maternelle et infantile. Les professionnels présents peuvent être d'un recours précieux pour soutenir les parents face aux difficultés de leur enfant. Malheureusement si le bébé est décédé et s'il n'y a pas de fratrie avec de jeunes enfants, la PMI ne peut pas intervenir. Mais elle a souvent un réseau avec des relais et des noms de professionnels qui peuvent être sollicités.

DSDEN - Direction des Services Départementaux de l'éducation nationale pour la mise en place de dispositifs permettant d'aider l'enfant s'il a des séquelles des secouements subis :

- PAI
- SAPAD
- SESSAD
- RASED

MDPH – Maison Départementale des Personnes en situation de Handicap

Pour l'obtention d'aides par exemple pour que l'enfant puisse avoir un professionnel à ses côtés si de besoin pendant les heures de classe, pour qu'il ait des aides si nécessaire pour les transports, pour que les parents puissent bénéficier d'allocations s'ils doivent arrêter leur activité professionnelle, qu'une carte de stationnement pour personne à mobilité réduite puisse être donnée si le handicap de l'enfant le justifie, etc. Les dossiers sont complexes à constituer et les MDPH étant très sollicitées les réponses peuvent être très longues à obtenir (un à deux ans dans certains département).

CMP – Centre Médico-Psychologique

Ce sont des structures de soins psychiques rattachés au service hospitalier du secteur et composées d'équipes pluridisciplinaires. Leur prise en charge est intégralement assurée par la sécurité sociale et est donc gratuite, mais les délais peuvent être très longs (plusieurs mois d'attente). Les CMP sont sectorisés cela veut dire que l'on ne peut être pris en charge que sur le CMP dont dépend son domicile. Certains organisent des visites à domicile (mais de moins en moins en raison du manque de moyens). Le premier rendez-vous est habituellement effectué par un infirmier qui relaie ensuite à l'ensemble de l'équipe pour orienter ensuite le patient vers le professionnel le plus adapté à sa problématique. Certains CMP sont dédiés pour les enfants, d'autres pour les adultes (et adolescents à partir de 16 ans).

CMPP – Centre Médico-Psycho-Pédagogique

Ce sont des établissements médico-sociaux le plus souvent gérés par des associations ou par des collectivités territoriales (Conseils départementaux, municipalités). Comme pour les CMP ils sont composés d'équipes pluridisciplinaires. Ce sont des structures exclusivement destinées aux enfants qu'elles peuvent accueillir de 0 à 20 ans. Ils sont soumis au code de la santé publique et leur financement est également assuré par la sécurité sociale, donc les consultations sont gratuites avec là aussi, des délais très longs avant un début de prise en charge.

Pour les parents il n'est pas toujours évident de comprendre la différence entre CMP et CMPP. Ce sont souvent les troubles de l'enfant et les conseils de l'école ou du médecin traitant qui permet de savoir quelle est la structure la plus adaptée.

Services sociaux

La plupart des institutions (milieu scolaire, mairie, lieux d'activité professionnelle) sont des endroits où exercent des assistantes sociales qui peuvent conseiller sur les aides possibles, accompagner les parents dans les démarches multiples qu'ils ont à effectuer, en particulier quand un changement de domicile s'impose vu le handicap de l'enfant.

Maison de la justice et du droit

Les MJD ont été instituée par la loi de 1998 pour assurer une présence judiciaire de proximité dans les zones de grandes agglomérations. Il en existe actuellement près de 150 en France. Elles sont créées par arrêté du Ministre de la Justice après la signature d'une convention avec les partenaires locaux. Elles sont sous l'autorité du Procureur et du Président du tribunal de grande instance du lieu où elles sont implantées. Elles ont pour mission à la fois de prévenir la délinquance, de soutenir les victimes dans leurs démarches et d'informer sur l'accès au droit. Elles peuvent être amenées dans certains cas, à gérer des mesures alternatives de traitement pénal comme la résolution amiable de conflits de voisinage. Elles sont composées de magistrats, d'éducateurs de la Protection Judiciaire de la jeunesse, de conseillers d'insertion et de probation, des conciliateurs, des médiateurs, des avocats, des huissiers, des notaires, des délégués du Procureur de la République, des associations d'aide aux victimes. Elles permettent à tous de pouvoir bénéficier, gratuitement de permanences juridiques gratuites et confidentielles.

Certaines mairies proposent également des rendez-vous gratuits avec des avocats pour être informés sur les procédures possibles

PROFESSIONNELS DU SECTEUR PRIVÉ

Dans le privé les professionnels sont multiples mais malheureusement ils ne sont pas tous remboursés. Il est important de demander à sa mutuelle ce qui peut être pris en charge (par exemple certaines couvrent les suivis psychothérapeutiques, les séances d'ergothérapie), d'autres non. Les délais de rendez-vous sont souvent plus courts que dans le public. Si une procédure judiciaire est en cours, avec par exemple saisie de la CIVI, il est possible de demander le remboursement des prises en charge à partir de factures transmises par le professionnel.

ASSOCIATIONS

Il existe des associations d'aide aux victimes mais le plus souvent elles ne sont pas spécialisées dans les situations liées au SBS. Leurs coordonnées se trouvent le plus souvent en lien avec les tribunaux ou les mairies avec qui elles travaillent étroitement. Ce sont des professionnels qui les coordonnent. Les intervenants ne sont pas tous des professionnels mais souvent des étudiants ce qui nécessite de bien s'assurer des informations transmises auprès des permanents de l'association. Ces lieux ne sont pas des espaces de prises en charge thérapeutique mais des lieux d'information et de soutiens socio-judiciaires. Ce type d'association peut par exemple aider à rédiger une plainte ou être présente auprès d'une famille lors d'un procès.

Les associations de victimes, sont créés par des personnes directement concernées. Elles ne sont pas des professionnels même s'il arrive souvent qu'il en existe parmi les bénévoles. Sans soutien financier des autorités pour la plupart d'entre elles, ces associations ne fonctionnent que par un bénévolat sans limite de ses membres. Pour les parents et les proches en détresse elles sont une ressource précieuse mais il est important de ne pas oublier que la majorité des membres et généralement leur fondateur, sont très personnellement impliqués, avec tous les risques d'épuisement que cela peut conduire en raison des reviviscences traumatiques que chaque situation prise en charge réactive.

Soutien aux parents de bébés secoués

Tatiana -Soutien & Prévention du SBS : cette association a soutenu pendant des années les parents protecteurs de bébés secoués à tous les temps possibles des innombrables démarches (hospitalisation, décès du bébé, survie du bébé et devenir scolaire, procédures). Le travail incroyable réalisée par sa fondatrice a permis que cette association soit reconnue et intervienne dans le cadre de formations, de sensibilisations et lors des travaux de recommandations de la HAS. Au moment de la publication de ce livre la fondatrice a quitté l'association, épuisée par tant d'années données sans limite aux autres. Une autre association sera certainement crée pour faire suite à tout le travail déjà réalisé en tous cas nous le souhaitons.

Soutien aux parents de bébés décédés

Il existe une multitude d'associations accompagnant les parents endeuillés par la perte de leur bébé (quelles que soient les causes). Nous citons les plus expérimentées et actuellement reconnues pour la qualité de leur soutien, en précisant que cette liste n'est pas exhaustive :

- **Naître et vivre** : accompagne les parents endeuillés par la perte de leur bébé
- **EKR :** accompagne les personnes endeuillées
- **Vivre son deuil** : accompagne les personnes endeuillées
- **SPAMA** -Soins Palliatifs et Accompagnement en Maternité spécialisée dans les l'accompagnement des situations où les parents sont confrontés à une démarche de soins palliatifs pour leur bébé
- **Une fleur une vie** : collectif d'associations dédiées à la perte d'un bébé pendant la grossesse ou autour de la naissance.

BIBLIOGRAPHIE

Une bibliographie est toujours inévitablement succincte. Nous avons choisi de citer les articles qui font actuellement référence.

ALEXANDER, R., CRABBE, L., SATO, Y., SMITH, W., & BENNETT, T. (1990). Serial abuse in children who are shaken. *American Journal of Diseases of Children*, 144 (1), p. 58-60.

ALTIMIER L.(2008). Shaken baby syndrome. *Journal of Perinatal & Neonatal Nursing*, 22 (1) : 68 — 76 ; quiz, p. 77-8.

AMERICAN ACADEMY OF PEDIATRICS. (1993). Shaken baby syndrome : Inflicted cerebral trauma. *Pediatrics*, 92 (6), p.872-875.

AMERICAN ACADEMY OF PEDIATRICS. (2001). Shaken baby syndrome : Rotational cranial injuries [Technical report]. *Pediatrics*, 108 (1), p. 206-210.

ANDA R, TIETJEN G, SCHULMAN E, FELITTI V, CROFT J. (2010). Adverse childhood experiences and frequent headaches in adults. *Headache* ; 50 (9), p. 1473-1481.

ANDRE C. Syndrome du bébé secoué. Prévention en maternité. Mémoire de sage-femme : Université d'Aix-Marseille ; 2012.

BALENÇON M, GARNIER-JARDIN C, LEMESLE M, & al. (2016). Société française de pédiatrie médicolégale (SFPML) : l'alliance de deux spécialités au service de l'enfant. *Arch Pediatr.*, 23 (12), p. 1222-1224.

BARLOW K, THOMPSON E, JOHNSON D, MINNS RA. (2005). Late neurologic and cognitive sequelae of inflicted traumatic brain injury in infancy. Pediatrics ;116, p. 174-85.

BARLOW K, MINNS RA. (2000). Annual incidence of shaken impact syndrome in young children. *Lancet* ; 356, p. 1571-1572.

BARR, RG, CARR, M., FUJIWARA, T., CONWAY, J., CATHERINE, N. & BRANT, R. (2009). Do educational materials change knowledge and behaviour about crying and shaken baby syndrome ? A randomized controlled trial. *Canadian Medical Association Journal* ; 180. DOI:10.1503/cmaj.081419.

BARR RG, RUNYAN DK. (2008). Inflicted childhood neurotrauma : the problem set and challenges to measuring incidence. *American Journal of Preventive Medecine*, 34 (4 Suppl) : S106-11.

BAUBET T., MORO M. R. et al., (2006). *Bébés et trauma*, Grenoble, La Pensée sauvage.
BECKER, J. C., LIERSCH, R., TAUTZ, C., SCHLUETER, B., & ANDLER, W. (1998). Shaken baby syndrome : Report on four pairs of twins. *Child Abuse and Neglect*, 22(9), p. 931-937.
BENOIT du REY R., BRIAND E. (2000). *La mort subite du nourrisson. Comment vivre sans lui ?* Paris, Ellipses (seconde édition)
BEN SOUSSAN P. (2011). *Tout n'est pas (forcément) psy !* Paris, Larousse.
BEN SOUSSAN P. (1999). *Le bébé imaginaire.* Ramonville-Saint-Agne, Erès.
BERGERET J. (1984). *La Violence fondamentale*, Paris, Dunod.
BERGOUNIOUX J. & M., BRIAND E., & al. (2014). Infant death associated to baby carriage. *Pediatric Critical Care Medicine*. 15, 170, 10,109 7/01.
BYDLOWSKI M. (1997). *La dette de vie. Itinéraire psychanalytique de la maternité*, Paris, PUF fil rouge.
BLOND, B. (2001). Bébé secoué, un pronostic neurologique catastrophique. *Soins pédiatrie-puériculture*. Mars-avril 2001 ; 199, p. 8-9.
BONNIER, C., NASSOGNE, M. C., & EVRARD, P. (1995). Outcome and prognosis of whiplash shaken infant syndrome : Late consequences after a symptom-free interval. *Developmental Medicine and Child Neurology*, 37(11), p. 943-956.
BONNIER C, MESPLES B, GRESSENS P. (2004). Animal models of shaken baby syndrome : revisiting the pathophysiology of this devastating injury. Pediatr Rehabil ;7, p. 165-171.
BOUVIER-COLLE M-H, VARNOUX N, BOUVIER S, HOLLEBECK V. (1992). Fréquence des autopsies en France — Conséquences sur l'estimation des taux de mort subite par régions. Résultats d'une enquête épidémiologique sur la mortalité post-néonatale. *Arch. Fr. Pédiatr* ; 49, p. 181-186.
BOURGEOIS M, DI ROCCO F, GARNETT M, CHARRON B, BODDAERT N, SOUFFLET C, et al. (2008). Epilepsy associated with shaken baby syndrome. Childs Nerv Syst ;24, p. 169-172.
BRIAND E. (1999). Parents d'un nourrisson mort subitement : un parcours exposé à de nombreux facteurs de survictimation. Mémoire de DU de victimologie, Paris V,

BRIAND-HUCHET E., IMBERT M.C, BOUGUIN M.A., DEHAN M. (1994) Mort subite du nourrisson. Editions Techniques, *Encycl. Méd. Chir. (Paris-France), Pédiatrie*. 4-013-J-10 ; 14 p.
BRIAND-HUCHET, E., COOK, J. (2011). Le syndrome du bébé secoué. Dossier Maltraitance à la petite enfance. *La revue du praticien*, 61, p. 655-656.
CAFFEY J. (1972) On the theory and practice of shaking infants : its potential residual effects of permanent brain damage and mental retardation. *American Journal of Disease of Children* ; 124, p. 161-169.
CAFFEY, J. (1974). The whiplash shaken infant syndrome : Manual shaking by the extremities with whiplash-induced intracranial and intraocular bleedings, linked with residual permanent brain damage and mental retardation. *Pediatrics*, 54 (9), p. 396-403.
CARTY, H., & RATCLIFFE, J. (1995). The shaken infant syndrome : Parents and other carers need to know of its dangers. *British Medical Journal*, 310 (6976), p. 344-345.
CENTRE RESSOURCE FRANCILIEN DU TRAUMATISME CRANIEN. « Il ne faut jamais secouer un bébé. Secouer peut tuer ou handicaper à vie ». Plaquette d'information. Disponible sur www.crftc.org, consulté le 14/12/2012.
CHIOCCA, E. M. (1995). Shaken baby syndrome : À nursing perspective. *Pediatric Nursing*, 21 (1), p. 33-38.
CLEMENT, M. E., BOUCHARD, C., JETTE, M., & LAFERRIERE, S. (2000). *La violence familiale dans la vie des enfants du Québec,* 1999. Québec, QC : Institut de la statistique du Québec.
CODE DE LA SANTÉ PUBLIQUE. Disponible sur www.legifrance.gouv.fr/, consulté le 25/02/2019.
CONWAY, E. E. J. (1998). Non accidental head injury in infants: The shaken baby syndrome revis, 11 ited. *Pediatric Annals*, 27 (10), p. 677-690.
COODY, D., BROWN, M., MONTGOMERY, D., FLYNN, A., & YETMAN, R. (1994). Shaken baby syndrome : Identification and prevention for nurse practitioners. *Journal of Pediatric Health Care*, 8 (2), p. 50-56.
COUSER, S. (1993). Shaken baby syndrome. *Journal of Pediatric Health Care*, 7 (5), p. 238-239.
DASHTI, S. R., DECKER, D. D., RAZZAQ, A., & COHEN, A. R. (1999). Current patterns of inflicted head injury in children. *Pediatric Neurosurgery*, 31 (6), p. 302-306.

DE BECKER E., WEERTS F. (2009). Syndrome du bébé secoué : des lésions somatiques à la psychopathologie parentale. *Neuropsychiatrie de l'enfance et de l'adolescence* ; 57, p. 429-436.

DIAS M-S., SMITH K., DE GUEHERY K. et al. (2005). Preventing abusive head trauma among infants and young children : A hospital-based, parent education program. *Pediatrics* ; 115, p. 470-477.

DUHAIME, A. C., CHRISTIAN, C., MOSS, E., & SEIDL, T. (1996). Long-term outcome in infants with the shaking-impact syndrome. *Pediatric Neurosurgery*, 24 (6), p. 292-298.

DUHAIME, A. C., GENNARELLI, T. G., THIBAULT, L. E., BRUCE, D. A., MARGULIES, S. S., & WISER, R. (1987). The shaken baby syndrome. A clinical, pathological, and biomechanical study. *Journal of Neurosurgery*, 66, p. 409-415.

EWING-COBBS L., KRAMER, L., PRASAD, M., CANALES, D. N., LOUIS, P. T., FLETCHER, et al. (1998). Neuroimaging, physical, and developmental findings after inflicted and non-inflicted traumatic brain injury in young children. *Pediatrics*, 102 (2), p. 300-307.

FELDMAN KW, BETHEL R, SHUGERMAN RP, et al. (2001). The cause of infant and toddler subdural hemorrhage : a prospective study. *Pediatrics* ; 108, p. 636-46.

FONDATION MARIE VINCENT. (2003). Pour deux Québécois sur trois, l'endurance aux pleurs de l'enfant ne dépasse pas 30 minutes : Avec un bébé, perdre les pédales peut s'avérer fatal. [Enquête CROP]. Montréal, QC : Fondation Marie-Vincent.

FORTIN S., FORTIN G. (2007). Un traumatisme crânien pas comme les autres : Le syndrome du bébé secoué. *Revue professionnelle du Conseil multidisciplinaire* ; 3, p. 4-16.

FRASIER LD. (2008). Abusive head trauma in infants and young children: a unique contributor to developmental disabilities. Pediatric Clinics of North America, 55(6):1269-85. Fulton, D. R. (2000). Shaken baby syndrome. *Critical Care Nursing Quarterly,* 23 (2), p. 43-50.

GILLILAND, M. G., & FOLBERG, R. (1996). Shaken babies. Some have no impact injuries. *Journal of Forensic Sciences*, 41 (1), p. 114-116.

GOLDBERG, K. B., & GOLDBERG, R. E. (2002). Review of shaken baby syndrome. *Journal of Psychosocial Nursing & Mental Health Services*, 40 (4), p. 38-41.

GOLDSTEIN B., KELLY, M. M., BRUTON D., & COX C. (1993). Inflicted versus accidental head injury in children. *Critical Care Medecine*, 21 (9), p. 1328-1332.

GUTHKELCH AN. (1971). Infantile subdural haematoma and its relationship to whiplash injuries. *Br Medicine Journal* ; 2, p. 430-431.

HAS. Bébé secoué : une forme mal connue de maltraitance aux conséquences irréparables. Communiqué de Presse. Septembre 2011.

HAVILAND, J., & RUSSELL, R. I. R. (1997). Outcome after severe non-accidental head injury. *Archives of Disease in Childhood,* 77 (6), p. 504-507.

JENNY, C., HYMEL, K. P, RITZEN, A., REINERT, S. E., & HAY, T. C. (1999). Analysis of missed cases of abusive head trauma. *Journal of the American Medical Association*, 281 (7), p. 621-626.

KAËS R. (1989). Le pacte dénégatif dans les ensembles transsubjectifs. In Missenard et al., *Le négatif, figures et modalités*. Paris, Dunod.

KAËS R. (1993). Le complexe fraternel. Aspects de sa spécificité, *Topique*, 51, p. 5-42.

KEMPE CH., SILVERMAN F.N., STEELE B.F., DROEGEMUELLER W, SILVER H.K. (1962). The Battered Child Syndrom, *JAMA,* 7 ; 181, p. 17 - 24.

KING W-J., MACKAY M., SIRNICK A. Shaken baby syndrome in Canada : Clinical characteristics and outcomes of hospital cases. *Canadian Medical Association Journal* 2003 ; 168 (2), p. 155-159.

KIVLIN, J. D., SIMONS, K. B., LAZORITZ, S., & RUTTUM, M. S. (2000). Shaken baby syndrome. Ophthalmology, 107(7), 1246-1254. Labbé J., & Fortin, G. (2004). Le syndrome du bébé secoué (SBS) : l'identifier et le prévenir. *MedActuel FMC*, 4 (11), p. 17-23.

LAZORITZ, S., BALDWIN, S., & KINI, N. (1997). The whiplash shaken infant syndrome : Has Caffey's syndrome changed or have we changed his syndrome ? *Child Abuse & Neglect*, 21(10), p. 1009-1014.

LEE C, BARR RG, CATHERINE N, WICKS A. (2007). Age-related incidence of publicly reported shaken baby syndrome cases: is crying a trigger for shaking? *J Dev Behav Pediatr*; 28, p. 288-293.

LEROY, B., RENIER, D., MEYER, P. (2011). Prise en charge en réanimation des traumatismes crâniens non accidentels de l'enfant « Syndrome du bébé secoué ». 53e congrès national d'anesthésie et de réanimation, p. 7-11.

LOH, J. K., CHANG, D. S., KUO, T. H., & HOWNG, S. L. (1998). Shaken baby syndrome. Kaohsiung *Journal of Medical Sciences*, 14 (2), p. 112-116.

LUDWIG, S., & WARMAN, M. (1984). Shaken baby syndrome : À review of 20 cases, *Annals of Emergency Medecine,* 13 (2), p. 104-107.

FRAPPIER J-Y., FORTIN S., GOULET C. et al. Le syndrome du bébé secoué : projet de prévention du CHU Sainte-Justine. 2007.

Jr. (2001). The prevention of shaken baby syndrome. *Journal - Oklahoma State Medical Association*, 94 (11), p. 512-515.

MANCIAUX M. (dir.) 1997. *Enfances en danger*, Paris, Fleurus.

MEYER PG, DUCROCQ S, RACKELBOOM T, et al. (2004) Surgical evacuation of acute subdural hematoma improves cerebral hemodynamics in children : a transcranial Doppler evaluation. *Child's Nerv Syst*; 30, p. 108-112.

MILLER A. (1985). *C'est pour ton bien. Racines de la violence dans l'éducation de l'enfant*, Paris, Aubier.

MILNER J. S., & DOPKE C. (1997). Child physical abuse: Review of offender characteristics. In D. A. Wolf, R. J. McMahon & R. D. Peters (Eds.), *Child abuse: New directions in prevention and treatment across the lifespan* (p. 27-54). Thousand Oaks, CA: Sage.

MIREAU, E. (2005). *Syndrome du bébé secoué. Hématome sous dural du nourrisson et maltraitance, à propos d'une série de 404 cas*. Thèse pour le doctorat en médecine. Université Paris 5e René Descartes.

NASSOGNE, M-C., BONNIER, C. (2001). Diagnostic et devenir à long terme du bébé secoué. *Journal de pédiatrie et de puériculture* ; 4, p. 235-239.

NATHANSON, M., OXLEY, J., ROUYER, M. (2011). Maltraitance envers les enfants et les adolescents. *Journal de pédiatrie et de puériculture* ; 24, p. 295-298.

NEWTON AW, VANDEVEN AM. (2205). Update on child maltreatment with a special focus on shaken baby syndrome. Curr Opin Pediatr ;17, p. 246-251.

OVERPECK, M., BRENNER, R., TRUMPLE, A., TRIFILETTI, L., & BERENDES, H. (1998). Risk factors for infant homicide in the United States. *New England Journal of Medecine*, 339 (17), p. 1211-1216.
PETIT C. (1983). Étude des relations de la fratrie avec un enfant déficient mental. *Sem Hôp*, 12, p. 850-854, Paris.
Le syndrome du bébé secoué, un problème de santé publique mal identifié. *Soins pédiatrie-puériculture*. Janvier-Février 2010 ; 252, p. 9.
PIERRE-KAHN V, ROCHE O, DUREAU P, UTEZA Y, RENIER D, PIERRE-KAHN A, et al. (2003). Ophthalmologic findings in suspected child abuse victims with subdural hematomas. Ophthalmology ;110, p. 1718-1723.
PRASAD, M. R., EWING-COBBS, L., SWANK P. R., & KRAMER L. [2002]. Predictors of outcome following traumatic brain injury in young children. Pediatric Neurosurgery, 36 [2], 64-74. Reece, R. M. (2001). Controversies in shaken baby/shaken impact syndrome. S.E.P.V.J.E. In S. Lazoritz & V.J. Palusci [Eds.], The Shaken Baby Syndrome : A multidisciplinary approach (pp. 367-388). Binghamton, NY : *The Haworth Press. Santé Canada*. (2001). Déclaration conjointe sur le syndrome du bébé secoué. Ottawa, ON : Ministère des Travaux publics et des Services gouvernementaux.
RAMBAUD C. (2004). Mort subite de l'enfant et autopsie. *Annales de Pathologie*. 24. 135-135.
RAMBAUD C., MIREAU E. DURIGON M. (2005). Forensic pediatric autopsy and medical responsibility. *Annales de pathologie*. 25, p. 197-203.
RAMBAUD C, GUILLEMINAULT C. (2005). Pediatric autopsy and informed parental consent. *Archives de pédiatrie*. 12, p. 1478-1482
RAMBAUD C, IMBERT M.C. (1993). Protocole d'autopsie d'une mort subite du nourrisson. *Ann. Pathol.*; 13: n° 2, 131-4. RAUL JS, ROTH S, LUDES B, WILLINGER R. (2008). Influence of the benign enlargement of the subarachnoid space on the bridging veins strain during a shaking event : a finite element study. *Int J Legal Med* ; 122, p. 337-40.
RAMEAU L. (2017). *L'itinérance ludique*. Paris, Dunod.
RAMEAU L. (2009). *Le lendemain des crèches. Réinventer l'accueil de la petite enfance.* Toulouse, Erès
RENIER D. (2012). Syndrome du bébé secoué. *Journal de pédiatrie et de puériculture ;* 25, p. 158-164.

RENIER, D. (2001). Du danger de secouer un nourrisson. *Journal de pédiatrie et de puériculture* ; 6556, p. 28.
RENIER, D. (2001). *Le bébé secoué. Traumatisme crânien du nourrisson.* Paris, Karthala.
REY-SALMON C. [2007). L'examen dans les unités médico-judiciaires in AFIREM *États des savoirs sur la maltraitance.* Paris, Karthala, p. 245-247.
ROMANO H. (2018). *Quand la vie fait mal aux enfants*. Paris, Odile Jacob.
ROMANO H. (2009). *Dis c'est comment quand on est mort ? Accompagner l'enfant sur le chemin du chagrin*. Grenoble, La Pensée sauvage.
ROMANO H. (2013). *L'enfant face au traumatisme*. Préface de B. Cyrulnik, Paris, Dunod.
SCELLES R. (2001). Processus de résilience dans les familles de personne handicapée, in F. Marty [dir.] *Figure et traitement du traumatisme, Paris. Dunod.*
SCELLES R. (1995). Les frères et sœurs : les oubliés de l'intégration scolaire des enfants porteurs d'un handicap. In *L'intégration des personnes présentant une déficience intellectuelle.* Sous la direction de Ionescu, S. ; Magerotte, G. ; Salbreux, R. Ed techniques Colette Jourdan-Ionescu, Michèle Déry, Trois rivières : Québec, p. 229-235.
SCELLES R. (1998). *Fratrie et handicap*. Paris, L'Harmattan.
SCHEERINGA MS. (2008). Developmental considerations for diagnosing PTSD and acute stress disorder in pre-school and school-age children. *Am J Psychiatry* ; 165, 10, p. 1237-1239.
SHERWOOD D. Chronic subdural hematoma in infants. Am J Dis Child 1930, 39, p. 980-1021.
SHOWERS, J. (2001). Preventing shaken baby syndrome. *Journal of Aggression, Maltreatment & Trauma*, 5 (1), 13, p. 349-365.
SHOWERS J. (1992). Don't shake the baby » : the effectiveness of a prevention program. *Child Abuse Negl*; 16 (1), p. 8-11.
SINAL S. H., & BALL M. R. (1987). Head trauma due to child abuse : serial computerized tomography in diagnosis and management. *Southern Medical Journal*, 80, p. 1505-1512.
SOFMER-HAS. Syndrome du bébé secoué. *Recommandations de la commission d'audition*. Mai 2011

SPAIDE, R. F., SWENGEL, R. M., SCHARRE, D. W., & MEIN, C. E. (1990). Shaken baby syndrome. *American Family Physician*, 41 (4), p. 1145-1152.
STARLING, S. P., HOLDEN, J. R., & JENNY, C. [1995]. Abusive head trauma : the relationship of perpetrators to their victims. *Paediatrics*, 95(2), p. 259-262.
STARLING S-P., PATEL S., BURKE B-L. et al. Analysis of perpetrator admissions to inflicted traumatic brain injury in children. *Archives of pediatrics and adolescent medicine* 2004 ; 58 (5), p. 454-458.
STARLING, SUZANNE P. [1] ; SIROTNAK, ANDREW P. (2); HEISLER, KURT W. [2007] Inflicted skeletal trauma : The relationship of perpetrators to their victims. *Child abuse & neglect*, vol. 31, n°. 9, p. 993-999.
STATISTIQUE CANADA [2008]. Naissance 2006. Statistique Canada, Division de la statistique de la santé. Septembre 2008.
STIPANICIC A, NOLIN P, FORTIN G, GOBEIL MF. (2008). Comparative study of the cognitive sequelae of school-aged victims of Shaken Baby Syndrome. *Child Abuse & Neglect* ; 32(3), p. 415-28.
STONEMAN Z et coll. (1984). Research with families of severely handicaped children. Theorical and methodological considerations. In J Blacher (Ed), *Severely handicaped young children and their families*, New-York, Academic Press, p. 179-214.
SWENSON, J., & LEVITT, C. (1997). *Shaken baby syndrome. Diagnosis and prevention*. Minnesota Medicine, 80 (6), p. 41-44.
THOMAS, N. (1994). Shaking infant s: a case for public education? *Professional Care of Mother & Child,* 4(3), p. 59-60.
TILMANS-OSTYN E., MEYNCKENS-FOUREZ M. (1999). *Les ressources de la fratrie.* Eres : Ramonville Saint-Agne.
TISSERON S. (1992). *La honte : psychanalyse d'un lien social*. Paris : Dunod.
TOGIOKA BM, ARNOLD MA, BATHURST MA, et al. (2009). Retinal hemorrhages and shaken baby syndrome : an evidence-based review. *J Emerg Med* ; 37, p. 98-106
TURSZ A., CROST M., GERBOUIN-REROLLE P., ROMANO H., BEAUTE J. (2005). Quelles données recueillir pour améliorer les pratiques professionnelles face aux morts suspectes de nourrissons de moins de 1 an ? Rapport à la Mission de recherche droit et justice, ministère de la Justice.

TURSZ A., GERBOUIN-REROLLE P. (2001) *Les accidents de l'enfant en France. Quelle prévention, quelle évaluation ?* Paris, INSERM.

TURSZ A, COOK J. [dir.] (2015) *Les violences faites aux enfants.* Paris, La documentation française.

TURSZ A., GERBOUIN-REROLLE P. [2008] *Enfants maltraités : les chiffres et leur base juridique en France.* Paris, INSERM.

TURSZ A. (2010) *Les oubliés. Enfants maltraités en France et par la France*. Paris, Seuil.

VINCHON M, NOIZET O, DEFOORT-DHELLEMMES S, SOTO-ARES G, DHELLEMMES P. (2002). Infantile subdural hematomes due to traffic accidents. Pediatr Neurosurg ; 37, p. 245-253.

WINNICOTT D.W. 1969, L'agressivité et ses rapports avec le développement affectif, in *de la Pédiatrie à la psychanalyse*, Paris, Payot.

ZERO TO THREE (2005). *Diagnostic classification of mental health and developmental disorders of infance and early childhood* : revised edition. Washington : Zero to Three Press.

Printed in France by Amazon
Brétigny-sur-Orge, FR

20380069R00278